금융사고

금융사고

정 창 모 지음

Financial Incidents

사 례와 대 책

매일경제신문사

추 천 사

　최근 국내 금융산업은 개별 회사의 건전성이 회복되면서 시스템
도 전반적으로 안정적인 기조를 유지하고 있다. 그렇지만 급변 하는
환경 속에서 실로 무한대의 생존경쟁에 직면해 있는 것 또한 피할
수 없는 현실이다. 금융산업 전체적으로 대형화, 국제화, 겸업화가
동시에 진행됨에 따라 개별 금융회사 입장에서는 안정적인 수익성
확보와 경쟁력 제고가 관건이 되고 있다.

　이러한 여건변화는 금융회사를 유례없는 도전이자 기회의 장으로
내몰고 있는 셈이다. 이는 곧 미래에 있어 생존 여부는 치열한 경쟁
과정에서 파생되는 각종 리스크를 성공적으로 관리할 수 있는지 여
부에 달려있음을 주지시켜 주고 있는 것이다.

　그럼에도 국내 금융회사의 경우 여전히 전통적인 형태의 리스크
요인인 내부통제에 자주 실패함으로써 금융사고를 차단하지 못하고

있는 것 같아 안타깝기만 하다. 크고 작은 금융사고가 연간 영업일 기준으로 매일 1.9건씩 발생하고 있다니 놀라지 않을 수 없다. 이는 마치 선진 금융으로 올라서야 하는 고지가 저만치 보이는데 사고로 인하여 앞으로 나아가지 못하고 있는 양상이다.

각 금융권역에서 일어나고 있는 사고는 그 규모의 대소를 떠나 당해 금융회사의 평판에 상당한 악영향을 끼치고 있을 뿐만 아니라 금융업계 전체의 신뢰도를 떨어뜨리는 요인으로 작용하고 있다.

그동안 금융회사들은 내부통제시스템을 개선시키고 사고 발생을 방지하기 위해 다각적으로 노력하여 왔다. 그러나 지금의 영업 환경은 내부통제 부서의 노력만으로는 한계가 있을 수밖에 없다. 리스크의 양과 내용이 더욱 복잡 정교해지는 상황에서는 경영진과 부문별 관리자는 물론이고 조직의 모든 구성원이 적극 대응해 나가야 한다. 특히, 내부통제의 중요성에 대한 인식이 조직문화로 뿌리내리기 위해서는 금융종사자의 도덕성 재무장과 철저한 직업의식 확립이 한층 필요한 때이다.

이러한 요청에도 불구하고 그동안 금융회사의 내부통제 실태와 사고 예방에 관하여 체계적으로 정리된 책자는 없었다. 마침 금융감독당국의 실무자가 이 책을 집필한 것은 최초의 시도이자 시기적으로도 매우 적절한 것으로 평가된다.

이 책에 기술된 내부통제의 중요성과 여건변화, 다양한 사고 사례, 사고의 발생 원인과 대책을 읽다보면 느끼는 바가 적지 않다. 그 이유는 오랜 기간 감독업무의 경험에서 우러나온 생생한 현장감과 더불어 금융종사자에게 전하려고 하는 진솔한 메시지 때문이다.

아무쪼록 이 책의 내용을 통해 각 권역의 금융회사와 경영진, 영업점장을 비롯한 각급 관리자들이 내부통제시스템을 재점검하고 주변 환경을 되살펴보는 계기가 되었으면 한다. 그리고 무엇보다 금융사고가 더 이상 발붙이지 못하도록 모두가 각자의 위치에서 최대한 지혜를 발휘할 수 있기를 간절히 바라는 바이다.

금융감독위원회 부위원장 겸 증권선물위원회 위원장

양 천 식

우리는 일찍이 경제 · 금융위기를 겪으면서 그동안 말로만 강조해 왔던 금융회사의 건전성과 금융시스템의 안정이 국민경제에 얼마나 중요한 역할을 하는지를 뼈저리게 느꼈다.

정부는 기업과 금융부문의 구조조정을 위하여 약 168조 원의 공적자금을 쏟아 부어야 했고 많은 금융회사들이 퇴출되거나 인수합병되었다. 이로 인하여 금융권에 종사하던 인력의 3분의 1이 감축되는 혹독한 시련을 겪었다. 대규모 구조조정이 금융산업에 미친 영향은 이루 말할 수 없다.

그 가혹했던 시기를 벗어난 시점에서 전 · 현직 금융종사자 개개인이 느끼고 있는 소회와 교훈은 저마다 다를 것이다. 그러나 모든 사람들이 절실하게 공감하는 것을 한 가지 들라고 하면 단연코 '금융회사 리스크관리의 중요성' 이 아닐까 생각한다.

금융업은 본질적으로 이익창출을 위해 리스크(위험)라는 대가를 치루어야 하는 사업이다. 개별 금융회사와 금융산업이 직면하고 있는 리스크는 겉으로 노출된 것도 있고 보이지 않은 채 잠재된 것도 있다. 그리고 리스크의 종류도 매우 다양하다. 금융업무가 국제화·복잡화되면서 금융회사가 부담해야 할 리스크의 양도 더욱 커지고 있는 것이 주지의 사실이다.

금융회사가 건전성과 안정성을 유지한다는 것은 결국 영업활동에서 비롯되는 제반 리스크의 양과 수준을 얼마나 효율적으로 통제하느냐에 달려 있다고 볼 수 있다. 그러므로 "리스크 관리 그 자체가 금융업무이다"라는 말이 통용되고 있는 것이다.

오늘날 국내 금융회사들은 복잡하고도 급격한 경제·사회 구조변화의 소용돌이 속에서 치열한 경쟁에 직면해 있다. 이러한 생존경쟁을 두고 흔히 '금융대전'으로 부르기도 한다. 최근의 국제적인 산업환경에서는 해당 업종의 선두그룹만 살아남는다는 것이 엄연한 현실로 나타나고 있다. 우리 금융회사들이 국내에서 선도적인 위상을 차지하고 나아가 국제적인 경쟁력을 확보하기 위해서는 무한경쟁의 높은 파고를 넘어야 한다.

여기서는 금융의 선진화를 위한 하나의 요건인 완벽한 내부통제 시스템 구축, 그것도 범위를 더 좁혀서 금융사고 예방부문에 주목하고자 한다. 최근 여러 금융권역에서 발생되고 있는 크고 작은 금융사고를 접하고 있으면 마치 과거 분쟁지역에서 일어나는 지뢰사고를 보는 것 같다. 실로 안타까운 일이 아닐 수 없다. 비유적으로 표현하면, 앞으로 나아갈 길은 멀고도 험한데 사고 발생으로 인하여 많은 금융회사들이 '내부통제의 함정'에 빠져 있지 않느냐 하는 생각이 든다.

지금 우리 주변에서 일어나고 있는 금융사고 즉, 내부통제시스템의 오작동에서 비롯되는 불미스러운 사고를 단절시키지 못한다면 우리 금융업의 위상제고도 기대하기 어렵다.

금융산업 전체로 봐도 그렇다. 매년 수백 건, 수천억 원씩 발생하고 있는 사고를 최소화하지 못하고서는 금융강국의 길은 멀기만 하다. 금융회사와 그에 종사하는 금융인들, 그리고 감독당국은 이 시점에서 금융사고를 줄이기 위한 획기적인 노력을 해야 한다. 감히 '금융사고 제로', '사고 없는 금융회사 만들기'에 도전해 보기를 권장하는 바이다.

이 책은 금융산업과 금융회사가 현재 직면하고 있고 일반적 의미로 인식되고 있는 리스크 관리에 관한 문제를 논하려는 것이 아니다. 그 범위를 보다 구체화시켜 금융현장에서 일어나고 있는 사고사례를 주로 다루고자 한다. 그 이유는 매우 간단하다. 그리고 명백하다. 지나간 역사와 사건을 통하여 가르침을 찾듯이 이미 발생한 사고사례라는 나침반을 이용해 내부통제의 함정에서 벗어나는 길을 찾고자 함이다.

이 책은 다음과 같이 구성되어 있다. 먼저, 금융업의 본질과 리스크관리에 대한 개념을 바탕으로 금융환경과 내부통제 여건의 변화에 대해서 간략하게 살펴 볼 것이다.

다음으로 내부통제시스템에 대한 이해와 함께 금융회사에서 그동안 일어났던 다양한 사고사례를 소개하고자 한다. 사고사례를 보면 아이러니하게도 과거에 일어났던 유형의 사고가 여전히 재현되고 있음을 보게 될 것이다. 실제 일어났던 사례이므로 그 개요와 문제점, 특징 등을 가급적 소상하게 설명하였다. 지난 20년간 금융감독기관에 몸담고 있으면서 하루가 멀다하고 접했던 금융사고 중에서 그런대로 사례에 해당되는 것들을 간추려 보고 나름대로 소견을 정리한 것이다.

그리고 마지막 부분에서는 금융사고의 발생 원인을 진단해보고 또 이에 대한 해법을 찾아보려고 한다.

한편으로는 소개된 금융사고 사례가 오히려 사고를 저지르려는 자들에게 길잡이가 되지 않도록 집필과정에서 일종의 리스크를 관리하는 자세로 세심한 주의를 기울였다.

이러한 반추의 과정을 통해서 더 이상 불미스러운 금융사고가 재발되지 않기를 희망하고, 한편으로는 금융회사 관계자들이 내부통제시스템의 유효성 여부를 되짚어보는 계기가 되었으면 하는 지극히 순수한 마음으로 책자발간을 기획하였다. 그런 점에서 책자에 제시된 의견은 전적으로 개인의 소견이지 금융감독원의 공식적인 견해가 아님을 밝혀둘 필요가 있겠다.

아무쪼록 금융회사의 내부통제장치를 보다 견고하게 할 목적으로 최초로 시도된 본서가 저자의 부족함이 적지 않음에도 불구하고 각 권역 금융회사에 종사하고 있는 경영진, 영업점장, 초·중급 관리

자, 내부통제업무 관계자 등에게 많은 도움이 될 수 있기를 기대한
다.

끝으로 책자발간을 지켜봐 주시고 감수해 주신 하나증권 박윤호
감사님 그리고 자료확보에 많은 도움을 주신 금융감독원 총괄조정
국 검사총괄팀 직원 여러분께 감사의 뜻을 표하고자 한다.

아울러 매경출판사 관계자의 배려와 적극적인 협조에 대해서도
깊은 감사를 드린다.

정창모

C o n t e n t s

참고 목차

PART 1

금융업과
리스크관리

"우리가 안고 살아가는 수많은 위험과 현재 벌어지는 비극은

미래에 대해 주도적으로 맞서지 않았던 결과에 불과하다. 그것이 자연재해이든

회사의 도산이든 개인의 불행이든 간에 모든 결과에는 원인이 있다. 실제 결과가 나오기

전에는 징조에 해당하는 신호가 몇 단계에 걸쳐 나타난다. 질병도 마찬가지다. 발병하기 전에

반드시 어떤 징후가 있다. 다만 그런 신호를 가볍게 보고 넘긴다거나 알면서도 무시해 버리는

것뿐이다. 따라서 아무리 미미한 전조(前兆)라도 그냥 지나치지 않는 자세가 중요하다."

(하마다 가즈유키, ≪미래 비즈니스를 읽는다≫ 중에서)

1. 금융업의 본질과 위험

(1) 금융업과 금융회사

금융업은 자금을 중개하는 일을 주된 영업으로 하는 산업이다. 경제학에서는 경제주체를 크게 가계, 기업 및 정부로 구분한다. 각 경제주체들이 경제행위를 하면 재화뿐만 아니라 화폐의 이전을 수반하게 되는데 금융업은 경제주체들이 필요로 하는 구매력이나 화폐의 이전을 원활하게 매개하는 역할을 하고 있다.

이러한 금융업을 영위하고 있는 영리 또는 비영리기관을 통칭하여 금융기관 또는 금융회사라고 한다. IMF(International Monetary Fund, 국제통화기금)의 기준에 따르면 금융회사는 '다른 부문을 위하여 금융자산을 창조하고 또 이들에게 필요한 자금을 빌려주는 경제단위'로 정의된다.

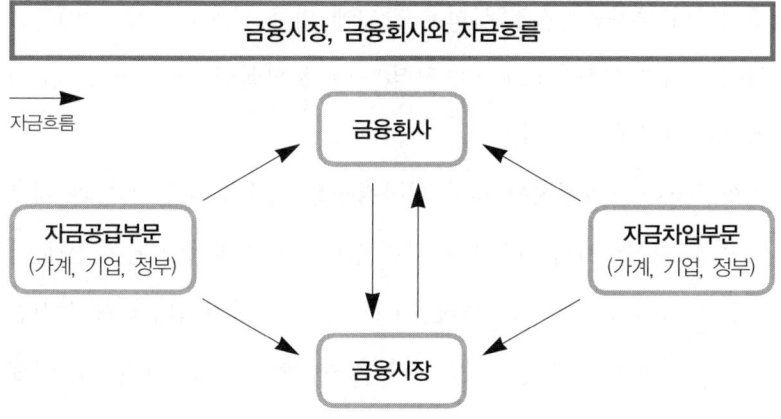

여기에 해당되는 기관은 그 기능에 따라 통화당국인 중앙은행과 예금은행, 기타 금융회사로 구분된다. 예금은행은 예금통화의 창출을 주요 기능으로 하는 일반은행(시중은행, 지방은행, 외국은행 국내지점), 특별법에 의거 설립된 특수은행이 해당된다. 기타 금융회사는 다시 자금조달 및 운용행태에 따라 개발기관과 투자회사, 저축기관 그리고 보험회사 등으로 구분된다.

그러나 1980년대 이후 금융회사의 기능별 분류는 그 의미가 퇴색되고 있다. 금융자율화와 금융혁신이 진전됨에 따라 예금은행에서만 취급하던 상품이 비은행 금융회사에서 속속 출현하는 등 다양한 복합 금융상품이 나타나고 있다. 또 금융업무의 국제화 및 겸업화가 확산되면서 금융회사간 업무영역이 허물어지고 있기 때문이다.

(2) 금융업은 본질상 위험을 수반

금융업은 본질상 위험을 수반하고 있다. 경제활동에 있어서 경제주체들의 투자의사결정 상황은 장래에 대한 정보수준 또는 예측능력에 따라 확실성(certainty), 위험(risk), 불확실성(uncertainty)의 세 가지로 구분할 수 있다.

확실성과 불확실성에 의한 의사결정은 미래에 대한 정보와 예측이 각각 확실하거나 완전히 무지한 상태에서 이루어진다. 그런데 금융업은 확실성도 아니고 불확실성도 아닌 그 중간행태에 해당된다. 그런 의미에서 금융업은 항상 위험을 수반하고 있는 산업으로 이해할 수 있다.

금융업을 영위하는 금융회사의 의사결정은 불확실한 상황을 배경으로 이루어지므로 행위의 결과는 이익이 될 수도 있고 손실로 나타날 수도 있다. 수익을 위해서는 어느 정도의 위험을 감수해야만 하고 또 수익을 상당히 확보하였으면 위험을 최소화하는 방향으로 나갈 수도 있다. 반대로 손실이 나면 이를 만회하기 위해 더 큰 위험에 도전할 수도 있는 것이다. 어떠한 의사결정을 하든지 필연적으로 불확실성과 위험성을 수반하게 마련이므로 금융업은 항상 변동성 아래에 놓여 있는 것이다.

2. 금융리스크의 유형

금융회사가 본질적으로 지니고 있는 리스크의 유형과 그 분류방식은 매우 다양하다. 그리고 영위하는 금융 행태에 따라 리스크의 종류도 다르다.

일반적으로 은행 금융회사를 중심으로 거론되고 있는 리스크는 시장리스크(금리변동리스크, 환율변동리스크, 가격변동리스크), 신용리스크, 유동성리스크, 운영리스크, 기타 리스크(전략리스크, 법적리스크, 결제리스크, 국가리스크 등)로 구분하고 있다. 이러한 리스크의 유형과 분류는 여타 금융회사에서도 크게 다르지 않다.

선진국의 주요 은행들은 이미 1970년대 이후 시장리스크(market

risk)를 중시하여 왔다. 우리나라의 경우 전통적으로 신용리스크가 주된 문제였으나 1980년대 후반 들어 자본시장 개방 확대와 금융규제 완화 진전으로 주가·금리·외환 등의 변동성이 커지게 되자 시장리스크관리에 대한 중요성이 부각되었다.

국제결제은행(BIS, Bank for International Settlements) 은행감독위원회도 1998년부터 시장리스크를 적용한 자기자본산출 기준을 제시하였으며 이에 2002년부터 국내은행에서도 시장리스크를 반영한 자기자본비율을 산출하게 되었다. 그러나 최근에 와서는 리스크관리가 더욱 선진화되어 새로운 바젤협약(Basel II)을 제시하기에 이르렀다. 이는 신용리스크를 보다 세분화하고 운영리스크에 대한 측정 및 관리를 강화해야 한다는 시대적 요청에 따른 것이다.

그동안 우리는 금융리스크에 어떤 종류가 있고 또 어떻게 관리하여야 하는가 등에 대해서는 수도 없이 들었고 관련된 자료도 많이 접하였다. 이 책은 머리말에서 밝혔듯이 금융회사의 내부통제제도와 관련된 사항을 다루기로 한 만큼 일반적으로 거론되고 있는 각종 리스크의 종류와 이에 대한 설명은 다루지 않는다. 다만, 내부통제를 이해하기 위한 전제로서 주변에서 보고 겪은 경험과 교훈을 나름대로 소개하면서 주제에 접근해 가고자 한다.

3. 금융리스크 관리의 중요성(위기의 경험과 교훈)

IMF체제로 불리우던 외환위기의 발생 원인이 무엇인가에 대한 논란은 아직도 분분하다. 그동안 많은 연구가 있었고 일부 정책당국자에 대한 법원의 판단도 있었지만 시원스런 결론을 얻지는 못하였다. 이는 그만큼 원인이 매우 복잡한 것임을 반증하는 것이다.

외형적으로 보면 1997년 초부터 한보, 기아 등으로 이어지는 대기업 부도사태와 태국, 인도네시아 등 동남아 외환위기 여파에 따른 외화유동성 부족에서 비롯되었다는 것이 일반적인 분석이다.

그러나 보다 근본적인 원인은 일시적 외화유동성 부족이나 자금경색이 아니라 과거 우리경제가 지니고 있었던 본질적이고 구조적인 문제가 누적되었던 데에 있었다.

먼저, 정부주도에 의한 성장제일주의와 이에 수반된 개발주도형 관치금융의 부작용이 한계에 봉착하면서 금융부문과 실물부문이 동반 부실화되었다는 점을 들 수 있다.

금융회사들이 지나치게 실물부문에 대한 정책지원 수단으로 활용된 경우가 많았다. 더욱이 은행의 중심영업인 여신활동이 정부의 정책적 고려나 정치적 영향력에 크게 좌우됨으로써 은행 스스로 수익성 목표 설정 및 리스크 관리가 합리적으로 이루어질 수 있는 여지가 적었다. 금융회사 리스크관리의 핵심대상인 여신활동에 있어서 리스크 관리가 정착되지 않았던 것이다.

그리고 시장경제에서는 경쟁력이 취약한 기업이나 금융회사는 자연스럽게 퇴출되어야 한다는 것이 기본원리임에도 대기업이나 금융회사가 부실누적으로 인한 부도상태에서도 정치, 사회, 경제적인 충격과 파급효과 확산을 우려하여 시장원리에 벗어난 보호정책을 고수하였다. 이로 인하여 대마불사(大馬不死)식의 기업경영이 용인되었고 금융회사는 결코 망하는 일이 없다는 보신주의가 팽배하였던 것이 결국 금융과 실물부문이 동시에 부실화된 원인으로 작용하였다.

뿐만 아니라 준비가 덜된 상태에서 실시된 무리한 세계화 정책도 중요한 원인으로 지목되었다. 기업과 금융부문 할 것 없이 모두 개방의 물결에 휩쓸려 외채를 끌어들여 외형확장 및 해외진출에 경쟁적으로 나선 결과 부실화가 빠른 속도로 진행되었다. 마침 이 시기에 금융과 관련된 규제완화의 속도가 건전성 확보를 위한 감독체계 구축보다 더 빨리 진전됨으로써 감독의 부실마저 초래하였다.

아울러 사회·경제 전반에 만연된 도덕적 해이도 하나의 원인으로 거론되었다. 시장경제에서 중시되고 있는 원칙, 예컨대 권한 뒤에는 책임이 있고, 수익이 크면 리스크도 크다는 기본원리가 무시되었다. 기업은 물론 예금자, 투자자, 근로자 등 사회구성원 모두가 권리와 이익확보에만 주력할 뿐 책임과 위험을 도외시하는 실정이었다.

이와 같은 복합적인 현상은 결국 초고속으로 진행되던 개방추세하에서 거품현상으로 나타났다. 그간 누적되어온 우리경제의 구조적 취약성이 한순간에 노출된 것이다. 2005년에 발간된 ≪대한민국의 생존 속도≫[1]에서는 외환위기의 원인을 다음과 같이 기술하고 있음을 볼 수 있다.

"IMF환란도 영양과잉 상태에서 빚어진 일이다. 재정지출 과다와 설비투자 과잉이 부른 재앙이었던 것이다. 재정지출 과다는 초과수요를 일으켰고, 초과수요는 수입의 급증을 불러 국제수지 적자를 눈덩이처럼 키웠으며, 국제수지 적자의 급증은 외환보유고의 고갈을 불러왔다. 또한 과다한 재정지출은 정부부문 비중을 키워 민간부문을 위축시켰고, 이것이 국제경쟁력을 결정적으로 약화시키는 결과를 초래했다. 한편 설비투자 과잉은 공급과잉을 불렀고, 공급과잉은 기업의 수익성을 악화시켰다. 기업의 경영수지 약화는 금융회사의 부실채권을 키웠고, 부실채권이 급증하면서 금융시스템 전체가 위기에 처하게 된 것이다."

가. 금융회사 지배구조의 취약성

외환위기 이전만 하더라도 대부분의 국내은행은 은행장의 권한이 지나치게 비대하여 모든 의사결정 및 정책집행기능이 일원화된 수직적 조직에 의해 은행장을 중심으로 이루어졌다. 그렇지 않아도 은행장이 정치권이나 정부의 영향력에 의해 선임되거나 해임되는 시대적 환경에서 내부조직구조와 의사결정시스템마저 경직성을 면치 못하였다. 그 결과 경영에 대한 견제장치는 효과를 제대로 발휘할 수 없었다.

돌이켜 보면 은행장을 여신위원회에서 배제하고 여신위원회의 실질적인 활동보장, 경영위원회 설치 운영, 사외이사 활성화, 감사위원회제도 도입 등이 이루어진 것은 그리 오래된 일이 아니다.

이러한 정책들은 은행을 비롯한 금융회사의 지나치게 경직된 지배구조를 개선시킬 목적으로 새롭게 시행된 제도이다. 비싼 대가를 치루고 난 뒤에, 그리고 금융혁신이라는 환경변화가 급진전되고 있는 근년에 와서야 관행으로 정착되고 있다.

금융회사의 취약한 지배구조는 리스크관리의 핵심인 여신결정 활동에 악영향을 끼쳤다. 당시 상당수의 시중은행장이 임기가 끝나자마자 구속되는 일이 빈번하였는데 이는 은행의 여신결정에 외부의 영향력이 얼마나 거세었는지를 단적으로 보여준 것이다. 외국계 자본으로 넘어간 한 시중은행의 경우 대략 설립된 지 36년 동안 무려 26명의 은행장이 교체되었는데, 지배구조의 취약성을 극명하게 보여주는 하나의 사례이다.

금융회사의 소유 및 지배구조와 관련하여 낙후된 단면을 보여주는 또 다른 대목이 있다. 이는 소위 주인이 없어 자율경영이 저해될 수도 있었지만, 주인이 있는 금융회사의 경우에도 경영에 대한 책임의식이 소홀한 예가 적지 않았다는 것이다. 금융구조조정 당시 퇴출되거나 피인수된 회사에는 소위 주인이 있는 금융회사들도 다수 있었는데 주인에 의한 경영이 반드시 책임 있는 경영을 의미하는 것이 아니라는 점을 보여 준다. 어쨌든 지배구조의 불투명성은 금융회사의 리스크 관리에 지대한 영향을 미쳐 왔던 것은 분명한 사실이다.

나. 낙후한 여신관행과 리스크 불감증

과거에는 담보 및 차주의 지명도에 의존한 여신관행이 만연하였다. 시대적으로 자금의 초과수요 국면에서 공급자 중심의 금융은 원천적으로 여신심사기법의 개발을 저해하는 요인으로 작용하였다. 차주기업 대표이사의 경영 능력, 향후 기업 전망, 현금흐름 분석 등에 의한 상환능력 심사가 소홀하였다. 심지어 여신지원을 사전에 결정해놓고 여신심사서를 작성하는 사례도 있었다고 한다.

특히 대기업을 중심으로 거액여신 업체에 대한 여신한도 관리, 정기적인 신용등급평가, 부실징후 여신에 대한 사후관리가 여러 가지 사정으로 인해 형식적으로 이루어지고 있었다. 현재의 기준으로 과거를 되돌아본다는 것이 참으로 우스운 일이지만 과거 국내 금융회사들의 여신관행과 리스크관리에 대한 인식은 현저하게 낮은 수준이었다.

퇴출된 한 은행의 경우 한때 건설업종에 대한 여신지원 비중이 과도하여 몇 번이나 어려움을 겪었다. 건설·부동산업은 우리가 익히 아는 대로 산업의 전후방효과가 크지만 경기변동에도 매우 민감하다. 이에 따라 건설경기가 좋을 때는 은행의 수익에 크게 기여하지만 반대의 경우 은행에 큰 손실을 끼치는 상황이 반복되었다. 그런데도 이 은행의 건설업종 여신지원액은 전체 기업여신의 15% 수준을 상회하고 있었다.

이는 국가경제를 단순화한 경우와 비교해 보면 국내 GDP 비중에서 건설업이 차지하는 비중을 초과하는 수준으로서 특정업종에 여신을 과다하게 운용하였던 것이며, 소위 산업(업종별)리스크에 대한 인식이 도외시된 결과였다. 또 다른 은행의 경우에는 섬유산업에 대한 여신지원을 이런 식으로 운영하였는데, 다른 원인도 있었겠지만 결국 부실누적으로 퇴출되었다.

다. 쏠림현상과 과당경쟁의 후유증

(1) 해외진출의 밀물과 썰물

필자는 외환위기라고 불리우는 환란시절을 국제금융시장에서 보냈다. 1997년 봄 홍콩 사무소에 부임한 후 중국에서 6개월간의 어학연수를 끝내고 그해 10월 초 홍콩에 도착하였다.

당시만 해도 이미 동남아 금융시장이 매우 어수선한 시기였다. 동남아 외환위기가 7월부터 진행되기 시작했고 홍콩달러에 대한 국제적인 환투기로 인해 홍콩의 중앙은행이자 감독당국인 홍콩금융관리국(HKMA, Hong Kong Monetary Authority)은 유례없는 외환전쟁을 치열하게 치루던 시기였다.

바로 직전월인 1997년 9월에 제52차 IBRD/IMF 연차총회가 홍콩에서 열렸는데 그때까지만 해도 외견상 한국경제는 호언장담(?)되고 있었다. 하지만 이 무렵 해외사무소에서 보고한 국제금융정보들은 상당히 비관적인 것으로 점철되어 있었다.

아무튼 구조조정의 거센 회오리는 해외에서도 예외일 수가 없었다. 5개 은행 퇴출을 계기로 HKMA 한국계은행 감독부서 관계자는 하루가 멀다 하고 국내 금융상황에 대한 설명을 요구했다.

여기서 강조하고 싶은 것은 우리 금융업의 극단적인 쏠림현상이다. '쏠림현상(herd behavior)'이란 개인들이 상호협의 없이도 비슷한 행태를 취하는 것으로 경제활동에 있어서는 개인들이 각자의 정보에 의하기 보다는 남의 행동을 따라가는 것을 말한다.

그런데 이러한 현상이 금융업에도 나타나고 있어 큰 문제점이 아닐 수 없다. 예컨대, 1997년 외환위기 이전의 무분별한 대기업 여신 확대, 2000년 벤처기업 주식매입 열풍, 2001년 이후 신용카드 남발 등에 의한 가계신용 대란 등이다. 최근에는 금융회사들의 PB고객 쟁탈전, 방카슈랑스 유치 과열, 주택담보대출의 경쟁적 확대 등 실로 다양하게 나타나고 있다.

지나간 일이지만 필자가 겪은 전형적인 쏠림현상 사례를 들고자 한다. 1997년 당시 홍콩에 진출한 우리나라의 금융회사수는 제1·2금융권의 현지법인, 지점, 사무소 등을 포함하여 총 82개였는데 종금사와 리스사는 모두 진출해 있었다. 심지어 대부분의 지방은행도 점포개설을 준비하기 위해 사무소 형태로 진출해 있을 정도였다.

당시 한국경제가 아무리 고도성장을 구가하고 또 금융의 국제화에 올인했다 하더라도 82개사라는 숫자는 도무지 이해될 수 없는 것이었다. 어떻게 해서 이런 해외진출이 이루어졌는지 알 길이 없으나 진출초기에는 한 달이 멀다하고 사무소 개소식이 열리는 등 분위기가 매우 좋았다고 한다.

적어도 1997년 봄까지는 그랬다. 1996년 어느 봄날의 신문스크랩을 보면 'OO리스 OO현지법인 분기 중 수백만 달러 수익 시현'이라는 장밋빛 기사가 큼직하게 실려 있는 것을 볼 수 있는데 제2금융권 현지법인이 이만큼 수익을 올리는데 은행 해외지점은 무엇하고 있느냐는 식의 경쟁유도 기사였다. 이때까지만 해도 참 좋은 시절이었다. 해외에 진출한 국내금융회사 영업점들이 저마다 수익 올리기에 열을 올리고 있었기에 리스크 관리는 아예 필요 없는 시기였다.

그러나 정확히 2년 후 종금사와 리스사는 물론 많은 은행들이 홍콩에서 철수해야 했고, 1999년 말에는 홍콩에 진출한 국내 금융회사는 37개사로 줄어들었다. 거품이 꺼진 것일까, 어느 순간 거침없이 밀려 왔다가 눈깜짝할 사이에 썰물처럼 빠져나간 것일까.

(2) 대규모 기업 부실채권

1997년 상반기부터 시작된 대기업의 부도사태는 1997년 11월 시작된 IMF체제 하에서 더욱 확산되었다. 높은 환율과 고금리가 지속되면서 경제 각 부문이 위축되고 산업기반이 급속히 와해되는 양상이었다. 이러한 상황은 즉각적으로 금융부문의 부실을 급증시키는 결과를 초래하였다.

1997년 한 해 동안 금융회사 순여신 100억 원 이상인 상장기업의 부도발생 업체수는 163개사로 이는 전년도 132개사에 비해 무려 23.5%나 증가하였다. 1998년 3월 말 기준으로 은행 및 비은행 금융회사를 합한 총여신 774조 원 중 부실채권은 81조 원(10.5%), 고정이하 여신은 57조 원(7.3%)이었다.

이와 같은 부실채권의 양상은 기업의 부채비율에서도 확인할 수 있다. 1997년 말 당시 국내기업의 평균부채비율은 396%였다. 문제는 기업의 부실이 금융부문에 고스란히 옮겨져 왔던 데에 있다.

대기업에 대한 대표적인 예로서 1998년 8월 말 당시 금융회사의 대우계열사에 대한 채권신고액은 총 66조 8,000억 원[2]이었다. 이는 당시 우리나라 국가예산의 3분의 1 수준이었다. 대기업 집단에 대한 무분별한 지원은 외부적 요인도 많았겠지만 금융회사 스스로 올가미에 묶인 양상이었다. 금융회사들은 대기업 부실화로 인해 원리금 상환유예, 금리조정, 출자전환 등의 혹독한 대가를 치루어야 했다.

이런 사태가 초래된 원인은 분석하기에 따라 다양하게 해석될 수 있겠지만 사회경제적 요인에 더하여 금융회사의 불합리한 의사결정 구조에서 비롯된 방만한 경영이 큰 몫을 했고 금융시스템 자체가 무너진 탓이다. 결국 넓은 의미에서 신용리스크 관리가 제대로 이루어지지 않았기 때문이다. 대규모 기업부실채권에 대한 교훈은 새로운 변화의 물결을 불러오는 계기가 되었다.

1998년 들어 금융개혁 작업이 가속도를 내면서 그 다음 해부터 본격적인 여신관행 혁신을 추진하였다. 소위 국제적 정합성에 부합되도록 차주의 미래 채무상환능력을 반영한 자산건전성 분류제도(FLC, Forward Looking Criteria)[3]를 비롯하여 주거래은행제도 개선, 담보대출 위주에서 신용대출 확대를 위한 여신관행 혁신, 여신업무 조직체계개편 등의 통렬한 혁신이 요청되고 있었다.

(3) 중견 기업 부실화와 워크아웃

IMF체제를 계기로 새로운 제도와 용어가 많이 도입되었는데, 워크아웃도 그 중의 하나다. 워크아웃(Workout)이란 '재무적 곤경에 처했으나 경제적으로 회생가능성이 있는 기업을 대상으로 채권단과 당해기업이 협력하여 구조조정을 추진하는 과정'으로 풀이된다.

이는 외환위기 당시의 부도유예협약으로는 대량 부실사태를 해결할 수 없어, 1990년대 초에 성공한 런던방식(London Approach)[4]에 기초를 둔 중견규모의 부실기업 회생방안을 도입하였던 것이다. 5대 계열기업은 자체 구조조정이 가능했으나 중견기업은 달랐다. 앞서 살펴본 대기업 부실채권만큼이나 중견기업의 부실화도 심각한 상황이었다.

1998년 7월 고합계열 4개사를 시작으로 1998년 8월 대우계열 12개사까지 83개 기업을 대상으로 워크아웃이 적용되었다. 이들은 주로 6~64대 계열소속이었고 영위업종도 다양하였다. 이들 기업에 대한 금융회사의 채권규모는 총 104조 원이었다. 이 숫자가 무엇을 의미하는가. 금융회사들의 부실기업 여신지원액을 말한다.

물론 처음부터 부실기업은 아니었을 수 있으며, 대량부도 사태하에서 피할 수 없는 측면도 있었다. 어쨌든, 금융회사들은 대규모 부실채권에 대한 출자전환, 원리금 상환유예와 금리조정이라는 고통을 감수해야 했다. 이들 부실채권은 결국 충당금 적립요인이 되어 자본적정성을 크게 악화시키는 단초가 되었다. 대부분의 워크아웃 기업이 채권단과 협력하여 혹독한 구조조정을 거치고 눈물겨운 자구노력 덕분에 회생되기는 했지만 그동안 금융회사가 치른 대가는 환산하기도 어려울 정도이다.

이러한 과정을 통해서 금융회사들이 철저하게 느껴야 하는 것은 무엇일까. 부실기업 처리를 위해 새로이 도입된 워크아웃제도가 화의나 법정관리보다 성공적이었다는 것은 지극히 사실이면서도 드러내놓고 자랑할 거리는 아니라고 생각된다. 오히려 대규모 워크아웃을 계기로 금융회사들이 부실기업 회생기법에 대한 노하우를 축적하게 된 것을 더 큰 소득으로 평가할 수 있겠다.

워크아웃을 이루어낸 경험이 오늘날 400조 원에 이르는 중소기업 대출을 다루는 데 큰 도움이 되고 있음이 분명하다. 그러나 진정으로 금융회사들이 교훈으로 삼아야 할 것은 부실여신이 발생하게 된 요인에 대한 반성이다.

은행의 여신은 이제 중소기업 중심으로 이루어지고 있다. 1998년 말 당시 총여신 중 대기업 여신비중은 20%정도였으나 최근에는 7~8%에 불과하다. 국내 산업구조는 수출대기업을 중심으로 많은 중소기업이 포진하고 있으며, 중소기업에 대한 여신지원을 하지 않고서는 적어도 한국에서는 기업여신을 운용할 수 없다는 것이 금융현실이다.

외국자본에 인수된 모 은행은 1998년 말 당시 기업여신과 개인금융비중이 대략 65:35였다. 그러나 2005년 말에는 35:65로 완전히 역전되었다. 그런데 기업여신 비중을 줄여놓고 보니 더 이상 성장할 여력이 없어졌다. 2003년의 가계신용 악화와 그 후 주택담보대출 요건강화 등으로 개인금융 부문의 신장에 한계가 왔다. 대기업 여신은 줄어들고 개인금융마저 사정이 이러하였으니 중소기업 여신으로 방향을 돌리지 않을 수 없었다는 것이다.

중견 내지 중소기업에 대한 지원이 기업여신 운용의 블루 오션 (blue ocean)일 수밖에 없겠으나 과거 금융회사들이 겪었던 부실경험에서 얻은 상처와 교훈을 잊어서는 안 된다.

(4) 개인신용 대란

외환위기 당시 대기업 대출확대로 금융회사들이 곤욕을 치루었던 기억이 다 가시기도 전에 2003년 초에는 신용카드사를 중심으로 개인신용 대란을 겪었다.

소위 전업계 카드사들이 주인공이었고, 대부분의 은행 겸업신용카드사도 비슷한 사정이었다. 은행계 카드사들은 경영실적이 좋은 때에 은행으로부터 독립·분사되어 한동안 좋은 시절을 보냈다. 그러나 전업계 카드사들이 무차별적으로 공격적 영업을 펼치는 마당에 은행계 카드사라고 가만히 있을 수는 없었을 것이다.

경쟁은 밀물처럼 도도하게 밀려오는 것이어서 나홀로 경쟁대열에서 비켜 서있는 것은 결코 쉬운 일이 아니다. 그러나 우리가 주목해야할 점은 모든 은행계 카드사가 그런 것은 아니었다는 데에 있다.

과당경쟁의 후유증은 얼마가지 않아서 현실로 나타났다. 모(母)은행에서 분사 당시 자산규모 3~4조 원이었던 몇몇 은행계 카드사는 대부분의 자산이 부실화되자 더 이상 독자생존할 수가 없어 만신창

이가 된 채 모(母)은행의 품으로 되돌아가야만 했다. 당시 간부급으로 승진해 나갔던 종사자들은 돌아올 자리마저 없었다. 누가 어떤 리스크를 어떻게 잘못 관리하였기에 이런 일이 일어난 것일까.

신용카드 산업은 2001년 4/4분기에만 1조 원의 수익을 냈다. 한마디로 황금알을 낳는 거위였다. 그런데 그 다음 분기인 2002년 1/4분기에는 1조 6,000억 원의 적자로 반전되었다. 설상가상으로 SK글로벌 사태로 채권시장마저 불안해지자 카드채 부실 우려로 확대되어 심각한 유동성 위기가 초래되었다.

다행스럽게 당국의 종합적인 시장안정대책(2003년 3월 및 4월)으로 시장위기는 바로 진정되었지만 남긴 상처는 적지 않았다. 2001년 말 신용카드업 연체율(1개월 연체기준)은 불과 2.5%였는데 2002년 말 10%대로 단기간에 급상승했다. 이에 따라 대손비용도 2조 3,000억 원에서 2002년 말 7조 원대로 급증했다.

수익성을 간과한 무분별한 성장전략이 문제였다. 현금서비스라는 위험자산의 지나친 확대로 위험대비 자산비율인 레버리지가 급증(2002년 말 11.4배로 미국의 9.9배 보다 높음)하였고, 자금조달 구조는 당시 약 80조 원의 차입금 중 60%정도가 단기차입금으로 편중되어 있었다.

반면 운용자산은 회전대출 등으로 거의 고정화되어 만기구조의 불일치로 인하여 변동성에 취약할 수밖에 없었다. 무분별한 카드발급, 소비진작 정책과 오도된 규제완화에 편승한 무리한 사업확장과 같은 외부환경도 빠지지 않고 거론된다. 금융회사의 리스크관리가 얼마나 중요한지를 다시 한 번 되새겨주는 교훈이었다.

그런데 또 하나 중요한 교훈은 경기변동에 둔감했다는 점이다. 앞서 건설업에 대한 여신확대 사례에서 보았듯이 금융회사의 리스크 관리는 매우 다양하게 이루어져야 한다. 기업여신이 산업경기의 부침에 민감하듯이 개인금융 역시 거시지표 변동에 매우 민감하다. 한마디로 말해서 경기변동에 직접적으로 영향을 받는 경제적 시스템 리스크(체계적 위험)에 노출된 것을 간과하였다. 개인의 가처분소득 변화, 한계소비성향의 변화, 실업률, 금리 등과 같은 지표, 이른바 거시환경변화에 대한 리스크 인식이 미흡하였던 것이다.

리스크에 대한 인식없는 무분별한 영업확대 전략이 얼마나 위험한 것인가에 대한 또 하나의 사례는 2002년~2003년 중 상호저축은행의 영업형태에서 찾아 볼 수 있다.

당시 일부 저축은행의 경우 소액신용대출을 전략적으로 확대하면서 대출모집인을 활용하였다. 저축은행에서 대출모집인에게 건당 소액대출 유치실적에 따라 보상을 해주자 노숙자에게까지 대출이 이루어지기도 하였다. 저축은행의 대출이 상당히 고금리이기 때문에 초기의 수익기여도는 매우 높다.

그러나 이러한 수익은 원리금이 정상적으로 상환될 때 이루어지는 것이지 일정기간 예컨대, 이자를 미리 받은 기간에 해당하는 3개월 내지 6개월이 지나면 연체가 늘어나고 1년 후에는 고스란히 부실화되었고 해당 저축은행은 시장에서 퇴출되기도 하였다.

결국 쏠림현상과 과당경쟁은 금융부문 어디에서도 나타날 수 있음을 보여주었고, 일단 나타나기만 하면 엄청난 후유증을 남긴다는 것을 다시 한 번 더 보여준 셈이다.

(5) 주택담보대출의 급증과 특판 경쟁

담보위주의 대출관행은 여신의 부실화를 방지하는 데에 분명히 유리한 점이 있다. 그러나 이러한 긍정적인 면에도 불구하고 여신심사기법이나 리스크관리를 퇴보시키는 부작용을 초래할 수 있다.

금융회사들은 경기침체와 저금리기조에서 비교적 쉽게 수익이 확보되는 주택담보대출을 경쟁적으로 늘려왔다. 은행권의 경우 2006년 6월 말 기준으로 주택담보대출규모는 201조 원으로 이는 예금은행 전체 대출잔액 815조 원의 25%선, 가계대출 잔액 322조 원의 62%선이었고 2000년 말 55조 원에 비해 무려 4배 가까이 증가하였다. 2000년 말 당시 주택담보대출비중은 총대출의 11.4%였던 것과 비교하면 단기간에 과도하게 늘어난 것이다.

물론, 여신의 급증이 바로 리스크 증가로 연결되는 것은 아니다. 감독당국의 선제적인 LTV[5]하향 지도, 주택가격의 하방경직성, 그간의 경험에 따른 금융회사의 리스크 관리 강화 등이 금융회사가 위험에 노출되는 것을 예방하는 역할을 한다. 부동산 거품현상이 크지 않을 것이라는 전제로 두고 본다면 주택담보대출에 대한 리스크 인식과 대응이 비교적 충실하게 이루어졌다고 볼 수 있다.

그러나 일부에서는 기업대출 등에 적용되는 LTV 예외 한도를 무리하게 개인사업자에게 적용하는 경우도 있다.

한편으로는 가계성 대출의 80%가 변동금리부 대출인데 이는 금리 상승이 지속될 경우 개인의 상환능력에 악영향을 주거나 경우에 따라서는 부동산 가격하락으로 이어질 소지도 있다. 우리가 늘상 경계해야 하는 것은 쏠림현상과 과당경쟁에 쉽게 휩쓸리는 금융행태를 잊어서는 안 된다는 점이다.

지금도 전개되고 있는 고금리 예금 특판 경쟁도 그렇다. 금리의 변동성이 심한 상태에서 고객의 요구는 안전하면서도 보다 수익이 높은 금융상품에 몰려들고 있다. 따라서 단기성 상품에 대한 선호가 어느 때보다 높아지면서, 금리변동에도 매우 민감해졌다.

그래서 은행들은 0.5~1.0% 포인트를 더 얹어주는 고금리 예금 특판이 불가피한 실정이다. 그런데 2003년 10월경부터 시작된 특판 경쟁은 지금도 거의 분기단위로 이루어지고 있는 실정이다. 예컨대 합병기념으로 내놓은 특판상품이 1년 후 만기가 돌아오면 어떤 명분으로도 붙잡아야 하고 그렇지 않으면 다른 은행에 뺏기고 만다.

일부에서는 제살 깎아먹기이자 악순환의 반복이라고 우려하고 있다. 이것은 비단 은행에만 국한되지 않고 상호저축은행과 같은 비은행 금융회사도 마찬가지 현상이다.

이런 시기에 필요한 것은 금융회사의 선제적 리스크관리이다. 실적 경쟁도 좋지만 그에 따른 부작용을 경계해야 한다는 것을 쏠림현상과 과당경쟁이 우리들에게 가르쳐 주고 있는 교훈이다.

라. 경기변동의 시사점

금융시장에서 자금을 중개하고 있는 금융회사는 실물경기 변동에 직접적으로 영향을 받는다. 그런데, 시장에 참가하고 있는 주체들이 경기변동 상황을 예측하는 것은 매우 어려운 일이다. 같은 연장선에서 금융회사도 경기침체나 부실여신 집중발생 가능성 여부를 예측하는 것이 쉽지 않으며, 이는 감독당국도 마찬가지이다.

경기상황에 따라 금융행태는 다양하게 나타나는 것으로 알려지고 있다. 경기변동은 신용카드사의 개인금융 대란에서 보았듯이 개인신용의 건전성과 신용리스크관리에 상당한 영향을 준다. 한편, 금융회사의 여신담당자나 애널리스트는 경기침체에 의한 부실여신 증가 가능성에 대한 판단을 소극적으로 하는 경향이 있다. 지나간 십수년간의 경기변동과 금융행태 분석[6]에 따르면 경기호황기에 은행의 여신이 늘고 수익성이 좋아졌으나 경기침체기 전후에는 자산건전성이 나빠지면서 수익성이 악화되는 것을 실증적으로 보여주고 있다.

이러한 경기변동하에서 금융회사가 인식해야 할 교훈이 있다. 즉 경기변동에 대한 예측이 어려운 상태에서 급격한 경기변동에 의한 리스크를 줄일 수 있는 방법은 '리스크 민감형 활동(risk-sensitive activities)'이다. 새로운 전략, 과도한 경쟁, 리스크 확대 등의 여건 변화에 민감하게 대응하여야 하듯이 경기변동에 대해서도 예의주시하면서 장기적인 건전성을 유지할 수 있도록 리스크 실태 및 차주의 신용도를 정교하게 평가하여야 한다.

수익성이 높고 부실여신비율이 낮은 호황기에는 지나친 여신확대를 경계하면서 충당금적립비율과 자기자본비율을 높게 유지하여 향후 닥쳐올 경기침체시기에 리스크를 흡수할 수 있는 능력을 갖추어야 한다. 호경기에 이러한 전략을 실행하는 것은 결코 쉬운 일이 아니다.

리스크관리의 요체는 귀찮고 어려운 일을 과감하게 이행하는 데 있다. 결국 리스크민감형 영업활동의 성공여부는 좋은 시기가 아니

경기호황기 및 불황기의 특징	
호황기	**불황기**
▶부동산 등의 실물경기가 빠르게 상승하면서 대출이자가 정상적으로 납입되고 있고 마치 주식시장 상승기에 장밋빛 전망이 득세하듯이 일부에서는 과거와 상황이 다르다고 강변하기도 한다.	▶기업의 수익성이 악화되면서 한계기업을 중심으로 연체발생이 증가한다. 채무불이행과 문제여신이 증가하고 이러한 현상은 몇몇 금융회사에 집중되기도 한다.
▶낙관적 전망이 대세로 작용하면서 금융회사는 과거의 부실 경험에 대한 기억을 잊어버리고 실물부문의 자금수요에 적극 호응하여 대출기준을 완화하고 자산운용을 공격적으로 확대한다.	▶자산건전성이 악화되면 수익성이 낮아지고 대손충당금 적립 및 부실기업 workout 비용이 급증한다. 일부 금융회사는 문제의 심각성에 대한 인식을 회피하거나, 손실을 만회하기 위하여 더 큰 위험을 무릅쓰기도 한다.
▶자산의 건전성이 좋아지고 수익성지표도 양호하다. 불건전 여신이 많지 아니하여 여신 부실화를 거론하기는 이른 시기인데다 잠재적 부실도 노출되지 않는 상태여서 대처방향이 분명하지 않을 수 있다.	▶이러한 시기에 익스포져에 대한 review를 강화하여 손실최소화에 만전을 기하고 손실 발생시 대응 가능한 수준의 자기자본을 유지해야 한다.
	▶경기침체가 깊어지면 자본확충이 어려워지고 부실자산의 처분도 용이하지 않다. 적기에 조치해야 할 타이밍을 놓치거나 유예(forbearance)시키는 것은 나중에 심각한 비용을 유발하게 됨을 인식해야 한다.

라 나쁜 시기에 확연히 드러난다. 그리고 경기침체기에 있어서 여신을 기피하고 회수만 하려고 한다면 신용경색으로 이어져 부실의 악순환에 의해 다시 금융회사가 어려워지는 현상 즉, 시장의 실패가 초래될 수 있다는 점도 고려하여야 할 것이다.

이에 대한 선진금융회사의 사례는 이렇다. 미국은 1980년대 중반 이후 10년 이상 호황기가 지속되었는데 금융회사들과 감독당국은 리스크 중심의 정책을 통하여 문제발생 소지를 예방하는데 주력하였다.

감독당국은 1980년대 초의 도산사태를 경험삼아 1990년대 후반 들어 은행들의 여신심사기준을 강화하고 자산건전성 악화에 대비할 것을 수차 경고하였다. 이에 부응한 금융회사들은 대손충당금 적립 및 자본의 적정성 유지, 신용리스크 측정 및 관리절차를 강화하였고, 1990년대부터 정착시켰던 리스크 중심의 경영활동을 철저히 수행한 결과 1998년 아시아 금융위기로 인한 피해를 예방할 수 있었다는 견해[7]가 있다.

마. 빈번한 금융사고와 신뢰손상

이제 이 책의 중심 주제인 금융사고에 대해서 개략적으로 짚고 넘어가고자 한다. 금융업무에 연계하여 위기의 경험과 교훈을 간략하게 설명하기로 한 이상 초입부문에서 금융사고의 실상을 좀 알고서 접근하려는 의도에서이다.

먼저, 국내의 금융사고 현황을 살펴보자. 국내 금융사고는 2002년 이후 그 건수가 증가하였으나 2005년부터 감소세로 전환되었다. 2002년~2005년 기간 중 평균적으로 매년 약 470여 건의 금융사고가 발생하였다. 매일 1.9건의 금융사고가 발생하고 있는 셈이다.

한편, 금융사고 금액은 2003년 이후 계속 증가하고 있다. 특히 2005년의 경우 금융사고 건수가 감소하였음에도 사고금액이 증가한 것은 100억 원을 초과하는 대형 금융사고가 크게 늘었기 때문이다.

금융사고의 형태를 보면 과거에는 불법대출이나 외부인에 의한 금융사기가 주류였으나 최근에는 내부직원에 의한 횡령사고가 주류를 이루고 있다. 2002년~2005년 중 전체 금융사고의 약 64%가 횡령사고이다.

한편, 이러한 금융사고의 원인으로는 금융종사자의 윤리의식 약화, 구조조정과 고용불안, 사회전반의 한탕주의 만연 등 여러 가지

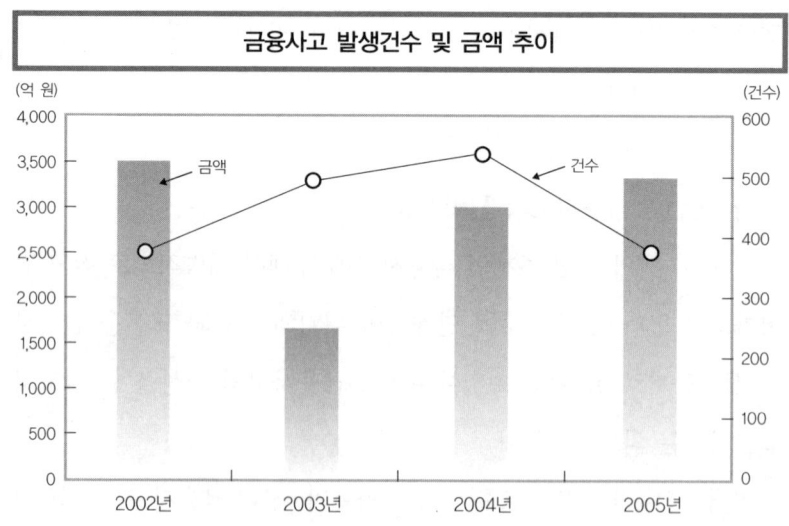

금융사고 발생건수 및 금액 추이

가 있을 수 있다. 그러나 가장 중요한 원인으로는 환경변화에 대응할 수 있는 내부통제를 운영하지 못한 데 있다. 즉, 금융사고는 한마디로 금융회사의 내부통제 실패에서 비롯된다고 할 수 있다.

부끄럽게도 국제금융시장에서 우리나라는 금융사고가 많은 나라로 통한다고 한다. 우리가 지금 글로벌화를 지향하면서 선진금융으로 나아가고 있지만 현실에서는 빈번하게 발생하고 있는 금융사고 때문에 그 발목이 잡혀 있는 양상이다. 신용을 근간으로 하는 금융회사에서 내부직원에 의해 저질러지는 사고를 이제는 종식시켜야 할 때이고, 이는 20만 금융종사자의 자존심이 걸린 문제라고 생각된다.

4. 미래 생존의 Key Word : 리스크 관리

≪미래 비즈니스를 읽는다≫[8]라는 책이 있다. 이 책에서 다루고 있는 주제는 당연히 미래학(futurology)이다. 현재를 살면서 비즈니스 사회에 있어서 미래를 어떻게 대응해야 하는가에 대한 지혜를 주기 위한 것이다. 그런데 이 책이 강조하고 있는 내용을 보면 금융업의 리스크관리와 너무 흡사하여 일부 인용을 겸하여 비유적으로 소개하고자 한다.

미국에서는 매년 약 50만 개의 회사가 도산하고 있다. 대기업도 예외는 아니다. 포춘지 선정 500개 기업의 역사를 보아도 30년 이상 존속하고 있는 기업은 열 손가락으로 헤아릴 정도에 불과하다는 것이다.

이는 경영자의 시간적 개념이 1년도 되지 않고 장기적인 경영 마인드가 부족하기 때문이라고 지적하고 있다. 눈앞에 보이는 이익 확보에 지나치게 매달린 나머지 1년 후, 5년 후의 장래를 생각하지 않는다는 것이다.

기업뿐만이 아니라 지방자치단체도 마찬가지여서 지방도시와 학교가 파산을 선언하는 경우도 있는 실정이다. 장기적 시야와 대국적인 발상의 결여로 기업을 성장시킬 수 있는 기회를 놓치는 경우가 비즈니스 역사에는 비일비재하다고 기술하고 있다.

그런데 미래학에서 던지는 질문, "10년 전에 오늘 당신의 모습을 상상했습니까?" "앞으로 5년 후의 당신 모습을 얼마만큼 상상할 수 있습니까?" 이런 질문을 우리 금융회사에 대입해 보면 어떨까. 즉 "10년 전에 오늘의 OO금융회사의 모습을 상상이나 해보았습니까?" 그렇다면 "앞으로 5년 후의 귀 금융회사의 모습은 어떻게 되어 있을까요?" 하고 바꾸어서 물어 보자. 사람들은 대체로 두렵고 귀찮고 싫은 일에 대해서는 눈도 막고 귀도 막아버리고 생각조차 하기 싫어하는 경향이 있다. 금융업에 있어서 리스크관리 인식도 그런 것은 아닐까 염려스럽다.

이 책에서 얻은 가르침은 이렇다.

"우리가 안고 살아가는 수많은 위험과 현재 벌어지는 비극은 미래에 대해 주도적으로 맞서지 않았던 결과에 불과하다. 그것이 자연재해이든 회사의 도산이든 개인의 불행이든 간에 모든 결과에는 원인이 있다. 실제 결과가 나오기 전에는 징조에 해당하는 신호가 몇 단계에 걸쳐 나타난다. 질병도 마찬가지다. 발병하기 전에 반드시 어떤 징후가 있다. 다만 그런 신호를 가볍게 보고 넘긴다거나 알면서도 무시해 버리는 것뿐이다. 따라서 아무리 미미한 전조(前兆)라도 그냥 지나치지 않는 자세가 중요하다."

이 대목을 곰곰이 읽다보면 이런 생각이 든다. 그간 많은 국내 금융회사가 도산하거나 피인수된 것도 결국은 미래에 대한 예측, 즉 리스크 관리를 소홀히 한데서 비롯되었다고 생각된다.

그러면서 미래학은 "개인이나 조직, 비즈니스가 직면하는 위험을 사전에 감지함으로써 예기치 않은 충격이나 피해에 대비하게 하는 실천적 학문이다."라고 정의하고 있는데 이 말은 정말 금융업의 리스크관리와 너무 정확하게 일치하는 것이다. 5년 후 그리고 10년 후 어떤 은행, 어떤 금융그룹이 살아남을지 여부는 결국 리스크 관리 여하에 달려있다고 하겠다.

"우리가 겪은 역사의 흐름을 파악하여 '밝은 미래'와 '어두운 미래'의 시나리오를 머릿속에 가정해 보고 다양한 '미래 시나리오'를 항상 준비하고 있어야 한다. 그런 뒤에는 무슨 일이 일어나더라도 이 시나리오들 중에서 가장 효과적인 것을 선택하여 재빠르게 대응하면 된다"는 것이 미래학의 논리이다. 바로 금융리스크관리의 본질이라고 생각한다.

이 같은 논리에 따르자면 경제정책이나 금융환경의 변화가 개별 금융회사와 개인에게 어떤 영향을 미치는지에 대해 끊임없는 성찰이 있어야 한다. 이는 곧 지금 생각하기 싫은 사실이더라도 외면하지 않아야 한다는 것이고 또 현재의 상황을 보다 정확히 파악해야 한다는 것이다.

외환위기 때 겪은 것처럼 버블붕괴에 의한 금융회사의 무더기 도산이나 금융시스템의 불안조짐을 그냥 흘려보내는 어리석음을 다시 범하지 않기 위해서는 나름대로 노하우를 축적해야 한다. 그런 노하우는 그냥 얻어지는 것이 아니다.

PART **2**

금융환경과
내부통제 여건 변화

"위기는 어느 조직, 어느 사회에서든 느닷없이 찾아오지

않는다. 겉으로 보기에는 예고없이 닥친 것처럼 보일 수도 있지만 어느 정도

예견할 수 있다. 또 대부분의 위기는 처음 소식을 들었을 때 상상했던 것 보다 훨씬 심각한

경우가 많다. 위기는 서서히 확산되다가 어느 선에 이르면 급속히 퍼진다. 위기는 마치 산에서 굴러

내려오는 눈덩이처럼 장애물에 부닥치기도 하고 이리저리 구르면서 무게와 속도를 증가한다.

위기를 느끼지 못하는 것이 위기이다."

(잭 웰치, ≪위대한 승리≫ 중에서)

1. 금융구조조정의 후폭풍

1990년대에 들어 금융자유화 및 개방화가 본격화되면서 금융회사 간 경쟁이 격화되고 금융업무의 리스크가 증가되었다. 그동안 고속 성장을 유지하던 우리 경제는 세계적인 공급과잉 및 수요감소 영향으로 성장이 둔화될 조짐을 보였다.

이러한 금융환경변화에도 불구하고 국내 금융회사들은 각종 리스크를 체계적으로 관리하는 선제적 경영체제를 갖추기 보다는 외형성장 위주의 경영을 지속하여 왔다.

그 결과 금융회사와 금융산업은 1997년 초부터 시작된 대기업들의 연쇄도산과 1997년 말 외환위기의 충격에 직접적인 영향을 받으면서 부실화로 치달았다. 이로 인해 금융중개기능이 제대로 발휘하지 못하면서 산업 전체의 위기로 발전되었다. 결국 은행, 종금, 투신, 보험을 비롯한 금융산업 전반에 대한 구조조정이 불가피한 상황이었다.

(1) 금융구조조정 개관

금융구조조정은 외환위기를 초래한 금융부문의 불확실성을 제거하고, 장기적으로는 금융산업을 개혁하여 경쟁력있는 시스템으로 만들기 위한 데 초점이 맞추어져 있었다. 금융구조조정은 크게 외환위기 직후인 1998년부터 1999년까지 1차 구조조정과 1999년 대우사태로 인해 다시 부실화된 금융회사의 정상화를 위해 2000년부터

2001년 기간 중에 추진하였던 2차 금융구조조정으로 나눌 수 있다.

제1차 금융구조조정기에는 5개 부실은행이 자산부채이전(P&A, Purchase and Assumption)방식에 의해 퇴출되었다. 이와 병행하여 은행산업 전반에 걸쳐 합병, 해외매각, 자본참여 등이 본격적으로 이루어졌다. 먼저 은행의 정상화를 위해 공적자금 64조 원을 투입하였는데 주로 은행, 종금사 등의 퇴출 금융회사의 예금대지급 형태로 지원되었다.

제2차 금융구조조정기에는 건전성이 떨어지는 은행을 금융지주회사로 통합하거나 우량은행간 합병 등이 이루어졌다. 추가로 조성된 40조 원으로 6개 구조조정대상 은행에 지원하였으며 투신, 보험, 저축은행, 신협 등 제2금융권의 구조조정에 따른 예금대지급에 사용되었다.

(2) 구조조정의 경과

금융구조조정은 금융시장 및 경제에 미치는 파장을 고려하여 은행 및 종합금융회사, 기타 제2금융권 금융회사의 순으로 추진되었다.

먼저 은행에서는 1차 구조조정중에 동남·동화·대동·충청·경기 5개 부실은행이 인가취소되고, 보람은행, 충북·강원은행, 장기신용은행이 각각 하나은행, 조흥은행, 국민은행에 합병되고, 상업은행과 한일은행이 합병하는 등 부실은행에 대한 구조조정이 이어졌다.

2차 구조조정 이후에는 농협, 우리은행, 국민은행, 하나은행이 축협, 평화은행, 주택은행, 서울은행을 각각 합병하여 대형화를 추진하였다. 이에 따라 1997년 말 33개였던 은행은 2001년 말 20개로 감소하였으며 다시 5년이 지난 뒤에는 19개로 줄었는데 2006년 신한, 조흥의 통합으로 18개인데, 이제 국민과 외환의 통합을 눈앞에 두고 있다.

또한 외환위기를 불러온 주요 원인중 하나였던 종합금융회사는 1차 구조조정중에 17개사가 퇴출되고 3개사가 합병되었으며, 그 이후에도 지속적으로 부실종금사가 퇴출되면서 2005년 말 현재 2개사만이 남아 있다. 여신전문금융회사는 리스회사, 할부금융회사를 중심으로 시장에 의한 자율 구조조정이 진행되어 1997년 말 68개사에서 2001년 말에는 53개사로 15개(22%) 감소하였다.

한편, 서민금융회사인 상호저축은행과 신용협동조합은 상시구조조정을 통해 1997년 231개, 1,666개에서 2001년 말에는 121개, 1,268개로 각각 110개(47.6%), 398개(23.9%) 감소하였다.

반면, 증권회사의 경우 투신사의 증권사 전환 및 중소형 증권사의 신설 등으로 인해 1997년 말 36개사에서 2001년 말에는 46개사로 증가하였다. 투신운용회사(자산운용사 포함)의 경우 투신사 부실화로 신세기투신, 한남투신 등 6개사가 퇴출되었음에도 불구하고 외국계 투신운용사의 진입, 자산운용사 등장 등으로 1997년 말 31개사에서 2001년 말 30개사로 1개사만이 감소하였다.

생명보험회사의 경우 1998년도에 국제, BYC, 태양 및 고려생명 등 4개사, 1999년에는 국민, 한덕, 태평양, 동아, 조선, 두원생명 등 6개사, 2000년 중에도 현대, 삼신, 한일생명 3개사를 합병 또는 계약이전 방식으로 정리하면서 1997년 말 31개사에서 2001년 말 19개사로 크게 감소하였다.

금융회사 수는 1 · 2차 금융구조조정 등을 거치면서 1997년 말 2,140개에서 2001년 말 1,574개로 566개(26.4%)가 감소하였다. 금융권 전체로 보면 1997년 말 2,140개에서 2005년 말 1,349개로 줄어들었다.

1998~2001년 중 주요 금융회사 수¹⁾의 변화내용					단위: 개

	'97 말	1998~2001			2001 말	2005 말
		퇴출²⁾	합병³⁾	신설		
은행	33	5	8	–	20	19
종합금융회사	30	22	6	1	3	2
증권회사	36	6	1	17	46	39
투자신탁(운용)회사	31	6	1	6	30	46
생명보험사	31	7	5	–	19	21
손해보험사	14	–	1	1	14	15
여신전문금융회사	68	16	12	11	53	45
상호저축은행	231	96	26	12	121	111
신용협동조합	1,666	305	102	9	1,268	1,051
계	2,140	461	162	57	1,574	1,349

주: 1) 가교금융회사 및 외국금융회사국내지점 제외
    2) 인가취소(신청), 파산, 해산 포함
    3) 합병으로 소멸된 금융회사수
자료: 금융감독원 2001 〈연차보고서〉

(3) 구조조정의 영향

금융구조조정 이후 금융회사의 건전성이 회복되기 시작하면서 생산성 및 수익성이 개선되었다. 외형적으로도 대형화, 외국자본 국내

진출 등 다양한 변화가 초래되었다.

먼저, 대규모 공적자금 투입과 건전성 강화 등을 통해 누적 부실을 정리한 결과 금융회사의 부실채권 규모는 크게 축소되었다. 우리나라 전체 금융회사의 부실채권 비율이 1999년에는 11.3%까지 이르기도 하였으나 2001년 말 기준으로는 5.6%로 크게 하락하였다.

은행의 경우 부실채권비율이 1997년에는 6.0%이었으나 1999년에 13.6%까지 상승하였으며, 2001년 말에는 3.3%, 2005년 말에는 1.3%까지 하락하였다. 부실채권 감소와 더불어 은행의 BIS자기자본비율도 크게 개선되어 1997년 말 기준 7.0%였던 비율이 2001년에는 10.8%까지 높아졌다. 2005년 말 기준으로는 12.4%인데 실로 구조조정의 영향이 장기적으로 나타나고 있음을 볼 수 있다.

은행의 건전성 추이[1]						단위: %
	1997	1998	1999	2000	2001	2005
부실채권비율[2]	6.0	7.4	13.6	8.8	3.3	1.3
BIS자기자본비율	7.0	8.2	10.8	10.5	10.8	12.4

주: 1) 일반은행, 연말 기준 2)총여신대비 고정이하 여신 비율
자료: 금융감독원 〈금융통계월보〉, 〈은행경영통계〉 각 호

은행의 생산성도 크게 향상돼 1인당 총자산이 1997년 말 53억 2,000만 원에서 2001년 말 93억 8,000만 원으로 76.3% 증가하였다. 1인당 예수금도 1997년 37억 4,000만 원에서 2001년에는 66억 9,000만 원으로 78.9% 증가하였다. 수익성도 개선되어 2001년 일반은행의 순이익이 5년만에 흑자로 전환되었고 근년에 와서는 대형은

행들은 순이익 1~2조 원을 시현하고 있는 것을 보면 실로 격세지감(隔世之感)이 아닐 수 없다.

은행의 생산성 추이[1] 단위: 억원, %						
	1997	1998	1999	2000	2001	2005
1인당 총자산	53.2	74.7	75.2	82.6	93.8	128.5
1인당 예수금	37.4	51.6	54.0	59.8	66.9	82.2

주: 1) 일반은행 기준(말잔)
자료: 금융감독원 〈금융통계월보〉, 〈은행경영통계〉 각 호

구조조정 과정에서 금융회사의 대형화가 활발하게 진행되었다. 이러한 대형화는 주로 부실금융회사 퇴출과 인수·합병 등으로 진행되었으나 국민·주택은행의 합병(2001년 11월)과 같은 금융회사 간 능동적인 인수·합병이 이루어지기도 하였다.

이에 따라 구조조정이 일단락된 2001년 말 현재 금융회사들의 평균 총자산 규모는 1997년 말에 비해 은행의 경우 83.3%, 증권사는 65.4%, 보험사는 75.5% 증가하였으며, 2005년 말 현재로 본다면 각 권역 모두 2~3배 수준으로 증가하였음을 알 수 있다.

회사당 평균 총자산 규모변화 추이 단위: 억원			
	1997 말	2001 말	2005 말
일반은행	233,290	427,613	614,167
증 권 사[1]	6,770	11,195	12,967
보 험 사	22,173	38,913	56,756

주: 1) 국내 증권사 기준
자료: 금융감독원 〈금융통계월보〉 각 호

구조조정과정에서 외국계 금융회사의 국내금융시장 진출이 본격
화 되었다. 이들은 인수, 지분참여 등의 형태로 은행업의 주도세력
이 되었다. 증권업의 경우에도 경영상태가 악화된 증권사를 인수하
는 형태로 국내에 진출하였으며, 보험업도 예외없이 외국자본의 진
출이 매우 활발하게 진행되었다.

(4) 구조조정과 인력감축

금융구조조정 과정에서 상당한 고통도 있었다. 금융회사의 퇴출,
합병, 매각 과정에서 수많은 종사자들이 명예퇴직, 정리해고 등의
형태로 회사를 떠나야만 했다. 노동부 통계에 의하면 외환위기 이후
2002년 9월 말까지 금융업 종사자의 이직(離職) 건수가 약 42만여
건에 달하며 이 중 41.3%는 비자발적으로 이직했으며 비자발적 이
직중 약 50%가 사업주의 권고에 따른 명예퇴직이었다.[9]

금융회사 종사자 수도 큰 폭으로 감소하였는데 일반은행의 경우
1997년 말 인원이 11만 3,000명에 달하였으나 2001년 말에는 6만
8,000여 명으로 40% 감소하였으며, 보험사의 경우에도 1997년 말

주요 금융권별 인원 변동			단위: 명
	1997 말	2001 말	2005 말
일반은행	113,994	68,377	66,888
증 권 사[1]	25,271	34,985	28,914
보 험 사	83,304	50,818	51,455

주: 1) 국내 증권사 기준
자료: 금융감독원 〈금융통계월보〉 각 호

8만 3,000명이었으나 2001년 말에는 5만여 명으로 39%나 줄어들었다.

한편, 금융 구조조정 과정에서 수익성 위주의 경영전략을 추진하면서 비정규직 인력이 크게 증가한 것도 큰 특징이다. 비정규직 인력활용은 금융회사의 비용을 절감시키고 조직운영의 유연성을 제고시키는 긍정적인 면도 있으나 비정규직의 전문성 부족, 조직만족도 약화로 인해 생산성 저하를 초래할 소지도 있다.

비정규직의 낮은 임금, 복리후생 차별 등은 고용안정성을 저해하고 금융회사뿐만 아니라 우리 사회 전체의 불안 요인으로 작용하고 있다. 2004년 5월 말 6개 시중은행의 경우 전체 임직원 5만 2,386명 중 1만 7,262명이 비정규직원으로 전체의 33%에 달한다. 또한 이들의 월평균임금은 정규직의 40%에 불과하고 평균 재직기간(1년 11개월)도 정규직(16년 8개월)에 비해 크게 짧은 것으로 나타

6개 시중은행[1] 정규직 및 비정규직 인원, 임금, 재직기간 추이

단위: 명, %, 100만원, 년

	2000		2001		2002		2003		2004. 5 말	
	정규	비정규	정규	비정규	정규	비정규	정규	비정규	정규	비정규
인원	49,323	11,481 (23.3)	48,932	11,563 (23.6)	51,557	14,942 (29.0)	52,597	17,748 (33.7)	52,386	17,262 (33.0)
임금	3.1	1.2 (38.7)	3.3	1.3 (39.4)	3.9	1.4 (35.9)	4.2	1.6 (38.1)	4.3	1.7 (39.5)
재직 기간[2]	14.8	1.1	13.8	1.3	13.11	1.1	13.4	1.5	16.8	1.11

주 1) 조흥, 우리, 제일, 외환, 국민, 하나은행
   2) 해당년도 퇴직자의 평균재직기간

났다. 여기서 주목해야 할 것은 비정규직 인력 양산이 자칫 금융의 안정성을 저해하는 요인으로 작용하지 않도록 지혜를 모아야 한다는 점이다.

2. 금융관행의 혁신

(1) 여신관행의 혁신

외환위기 이후 국내 금융산업에 대한 구조조정 과정에서 기존의 금융관행에 상당한 변화가 있었는데 그중에서 가장 큰 변화는 여신관행의 혁신을 들 수 있다.

과거 국내 금융회사들은 신용분석능력의 부족으로 거액 부실여신이 발생할 수 있는 토양에 놓여 있었으며, 담보위주의 여신관행을 고착화시킴으로써 경기침체기에 신용리스크의 급격한 증대를 가져오는 요인이 되기도 하였다. 1998년 중반부터 은행은 담보위주 여신관행에서 벗어나 여신심사와 사후관리 기능을 정상적으로 발휘할 수 있도록 혁신하였다.

여신관행의 혁신은 마케팅 개념에 기초한 여신상담, 신용대출 정착 등을 위한 여신심사기능 제고, 주거래은행제도 개선 및 여신사후관리 강화, 여신업무 조직체계와 인력운용의 효율화 등이 주요 내용이었다. 이에 따라 은행들은 차주의 신용등급에 바탕을 둔 신용평가

모형 개발, 여신심사·여신취급결정과 관련한 심사역 합의체 도입, 부실징후여신을 선별하기 위한 여신감리(loan review) 강화, 이와 관련한 전산시스템과 내부인력·조직 개편 등 하부구조를 대대적으로 정비하였다.

이러한 변화는 은행뿐만 아니라 여타 금융권역이나 중소 금융회사들에게도 광범위하게 확산되었다. 요컨대 전반적인 여신관행의 변화는 그간 국내 금융회사의 가장 큰 취약점이었던 금융리스크관리에 있어 획기적인 선을 그은 것으로 평가할 수 있다.

(2) 지배구조의 변화

금융회사의 건전성 유지 및 금융시스템의 안정을 도모하는 3대 근간이 금융감독, 시장규율, 지배구조라는 말에서 보듯이 금융회사의 지배구조는 매우 중요하다. 금융회사의 지배구조가 취약하여 내부경영에 대한 자율감시기능이 제대로 이루어지지 아니한 것이 외환위기의 한 원인이었다는 평가도 있다.

외환위기 이후 금융회사의 경영효율성 제고와 경쟁력 강화를 위해서 책임경영체제를 확립하는 것이 시급한 과제로 대두되어 지배구조 선진화를 촉진하였다. 이에 1999년 상법, 증권거래법 등의 개정을 통해 전체이사중 2분의 1이상을 사외이사로 구성하도록 함으로써 사외이사 중심의 이사회가 경영진을 견제할 수 있도록 하였다.

또한 이사회 산하에 이사회운영위원회, 감사위원회, 리스크관리위원회, 경영발전보상위원회 등을 설치하여 이사회가 의사결정을 효과적으로 수행할 수 있도록 하였다. 아울러 준법감시인제도를 도입함으로써 금융회사 임직원이 직무를 수행함에 있어 스스로 법규를 준수해 나갈 수 있도록 하는 한편, 내부통제 기준의 운영 및 점검을 강화하도록 하였다.

그 외에도 소수주주의 경영감시기능 제고, 은행장후보 추천위원회 운영개선 등의 조치를 통해 지배구조의 투명성을 강화하여 왔다. 그러나 이러한 제도와 관행의 실제 운영면에 있어서는 여전히 개선 여지가 많다는 것이 일반적인 평가이다.

(3) 경영 및 회계의 투명성 제고

외환위기 이전의 회계처리기준은 임의로 손익을 조정할 수 있는 여지가 있었고 금융업종별로 회계처리방법을 달리 적용하는 등 회계제도가 국제적인 수준에 미달하였다. 그리고 일반기업의 재무제표 작성에 있어서도 당기순이익 실현에 대한 유혹과 경영진에 대한 견제제도의 미흡 등으로 분식회계 소지가 자리 잡고 있었다.

또한 감사인의 부실감사에 대한 손해배상 소송이나 처벌 등 사회적 행정적 조치가 미흡하여 부실감사의 원인이 되기도 했다. 낙후된 회계제도와 그릇된 관행은 우리 기업의 재무정보에 대한 국내외적인 불신을 초래하였고 이는 결국 국제사회에서의 신뢰도를 저하시키는 요인으로 작용하였다.

이에 재무정보의 투명성과 신뢰성을 확보하기 위하여 국제적 수준의 회계처리기준을 제·개정하였다. 아울러 기업의 분식회계와 감사인의 부실감사에 대한 예방적 효과가 극대화될 수 있도록 감리 대상을 확대하고 분식회계 등에 대한 조치를 한층 강화하였다.

3. 외국자본의 본격 진입

(1) 외국계 자본의 진출 현황

외환위기를 계기로 국내 금융산업의 건전성과 효율성 제고를 위한 구조조정을 위해 외국금융회사의 국내금융회사 주식 취득을 허용하는 것이 불가피하였다. 이에 1998년 1월 은행법을 개정하여 국제적 신인도가 있는 외국금융회사에 대하여 동일인 주식보유한도를 초과하는 은행주식의 보유를 허용하였다.

외국계자금은 초기에는 주로 펀드형태로 들어왔으나 그 후 씨티

외국계 금융회사의 시장점유율 추이[1] 단위: %				
구분	1997	2000	2002	2004
은 행	6.7	9.2	8.8	21.8
증권사	4.0	15.2	15.8	22.3
보험사	1.3	9.6	13.3	17.0
자산운용	0.1	6.0	12.3	24.6

주 : 1) 은행은 총자산 기준(말잔), 증권은 거래대금 기준(연중), 보험은 보유계약기준(말잔), 자산운용은 설정고 기준(말잔)
자료 : 금융감독원 〈은행경영통계〉, 증권거래소 〈주식〉, 생명보험협회 〈월간생명보험〉, 자산운용협회 〈투신〉

은행 및 스탠다드차타드은행의 국내은행 인수로 은행자본의 진출이 본격화되고 있다. 외국계은행의 경우 국내 은행산업에서 차지하는 비중은 IMF 체제 이전인 1997년의 6.7%에서 2004년에는 21.8%에 이를 정도로 크게 늘어났다. 이러한 현상은 증권, 보험, 자산운용에 있어서도 마찬가지이다.

외국자본이 국내 금융회사의 경영권을 소유함으로써 사실상 지배하고 있는 현황은 별도 논의하더라도 은행을 비롯한 주요 금융회사의 주주분포를 보면 외국인 투자자의 비중도 급격하게 높아졌다.

소위 국책은행과 일부 공적자금 투입은행을 제외한 시중은행·지방은행 등은 모두 외국인지분이 국내 주주보다 현저하게 높다. 한편, 국내 주식시장의 외국인 주식지분율도 1999년 말 18.5%에서 2005년 말 37.2%로 급증하였다.

국내 주식시장의 외국인의 주식지분 비율							단위: %
구분	1999	2000	2001	2002	2003	2004	2005
유가증권 시장	21.7	30.2	36.6	36.0	40.1	42.0	39.7
코스닥 시장	7.5	6.9	10.3	10.5	14.4	15.4	13.5
합계	18.5	27.0	32.2	32.8	37.7	40.1	37.2

주 : 시가총액 기준(말잔)
자료 : 증권선물거래소

(2) 외국계 자본 진출에 따른 영향

외국계 자본의 진출로 인하여 나타나는 영향은 매우 다양한 것으로 분석되고 있다. 우선 외국계를 중심으로 신설회사 진입이 크게 늘어난 증권 및 자산운용사의 경우 산업의 경쟁도를 높여 시장 효율을 높이고 있는 것으로 평가되고 있다. 은행산업의 경우 외국 자본이 신규 설립이 아닌 기존 은행 인수로 나타나면서 대형화 추세를 더욱 고조시키고 있다.

외국계 금융회사 주도로 신금융상품 및 선진금융기법이 활발하게 도입되고 있고, 국내 자산운용사들은 사모펀드 운용이나 장외파생상품에 대한 투자 등 간접투자자산운용에서 노하우와 경쟁력을 갖고 있는 외국계 운용사와의 협력을 강화하고 있다.

외국계은행의 회전신용카드, 주가지수연동예금, 긴급소액대출, 외국계 보험사의 종신보험상품 도입 등은 국내금융회사에도 즉각 파급되었다. 외국계 생보사는 전문영업사원에 의한 상품판매를 통해 종래 연고위주로 영업해온 국내 생보사의 영업방식 개선을 촉진하였다.

차주의 소득수준 및 현금흐름 등에 기초한 여신심사, 거액여신에 대한 본부집중심사제도 등 선진적인 여신관리기법이 확산된 것은 리스크관리 측면에서 순기능에 해당되는 것들이다.

은행의 건전성(고정이하 여신비율) 추이 단위: %						
	2000	2001	2002	2003	2004	2005
내국계	8.9	3.1	2.3	2.4	1.9	1.2
외국계[주]	9.0	5.4	2.1	1.9	1.6	1.3

주 : 외국인이 실질적으로 경영권을 행사하는 제일, 외환, 한국씨티은행 기준
자료 : 금융감독원 〈은행경영통계〉 각 호

한편, 외국계 금융회사의 선진 기업심사기법은 자금배분의 효율성 제고에 기여하였다는 긍정적인 평가가 있는 반면에 보수적인 자금운용으로 기업대출 위축, 안정성 위주의 가계대출 선호 등으로 자금중개의 효율성을 저하시키고 있다는 평가도 있다.

이러한 외국계 은행의 영업행태를 두고 금융의 공공성 기능에 대한 논란이 야기되기도 한다. 외국계자본이 지나친 수익성 위주의 경영으로 실물경제 지원을 소홀히 하는 것이 아닌가에 대한 지적이 있고 특히 기업대출(특히, 중소기업 대출) 감소 및 저소득층 등 금융소외계층에 대한 금융지원 위축 등이 거론되고 있다.

기업대출 비중 추이[1]					단위: %, %P	
	1999 말		2005 말		증감	
		중소기업[2]		중소기업[2]		중소기업
A외국계은행	68.2	39.4	23.1	18.4	△45.1	△21.0
B외국계은행	69.1	59.1	38.2	32.0	△30.9	△27.1
일반은행	61.2	43.1	42.1	42.1	△19.1	△6.4

주 : 1) 원화대출금 중 기업자금대출 비중
　　2) 원화대출금(은행간대여금 제외) 중 중소기업대출 비중
자료 : 금융감독원 〈은행경영통계〉 각 호

그리고 일부 외국계 금융사가 고배당이나 유상감자 등을 시도하고 있어 장기적으로 금융회사의 성장 동력 약화 소지가 있다는 주장도 있다. 고배당 실시시 유보금액 감소로 금융그룹 전환 등 대형화 전략에 상대적으로 불리하게 될 수도 있고 기본자본의 감소를 보충하기 위한 신종자본증권 등 보완자본의 발행 증가로 BIS 자기자본비

율 개선에 부담으로 작용할 소지도 있다. 금융회사가 외국자본에 의해 인수된 이후 상장폐지될 경우 정보의 시장(market of information)이 박탈됨으로써 시장규율기능이 저해될 가능성도 지적되고 있다.

금융국제화와 외국자본 진입의 긍정적인 역할에도 불구하고 국내 금융의 효율성 제고면에서는 아직 가시적인 성과를 내지 못하고 있다. 금융의 효율성 제고는 기업지배구조, 회계제도 등 하부구조의 개선 없이는 기대하기 어렵고, 또 본래 구조 개선에는 장기간이 소요되는 것인 만큼 지금까지의 결과로 금융개방의 성과를 평가하는 것은 다소 이른 감이 있다.

(3) 외국계 자본과의 무한경쟁체제

① 안정적인 수익구조 확보 경쟁
먼저, 외환위기 이후 꾸준한 구조조정과 경영혁신으로 국내 금융회사의 수익성이 크게 개선되고 있으나, 전반적인 경쟁력은 여전히 미흡하다. 은행의 경우 경영지표상으로는 건전성과 수익성이 선진국 은행 수준에 근접하고 있으나 이자수익에 대한 높은 의존도, 리스크 관리능력 미흡 등이 개선해야 할 사항으로 거론되고 있다.

그리고 프라이빗뱅킹(PB, Private Banking) 등 신상품에 대한 노하우 및 전문인력 확보 등이 부족하고, 은행별로 차별화된 영업전략이 없어 경쟁격화시 수익성 저하가 우려된다. 예대금리차의 지나친 확대는 대출거래처에 대한 금융비용 부담 가중 및 우월적 지위의 남용이라는 사회적 비난 소지가 있으므로, 자기자본의 확충 및 요구불예금 등 저원가성 자금 조달의 확대를 통한 순이자마진 제고와 비이자부문의 수익제고를 통한 안정적 성장기반 구축이 관건이 되고 있다.

그러나 수수료 수입을 늘리려 해도 시민단체와 고객들이 반발하는 등 비이자부문 수익 확대도 용이하지 않으므로 업무나 상품의 다각화를 통한 블루 오션을 찾아야 하는데 이는 그만큼 경쟁이 치열해지고 있음을 보여주고 있다.

국내은행 비이자수익 비중 추이				단위: %
구분	2001	2002	2003	2004
국내은행	27.6	17.8	21.3	24.3
미국상업은행	45.7	45.5	46.8	45.5

자료 : 한국은행

증권산업의 경우에도 기업금융 확대, 투자은행기능 강화 등 업무 다각화를 통한 수익구조 개선이 큰 관건이 되고 있다. 국내 증권사는 위탁매매와 펀드판매 수수료 수입에 지나치게 의존하고 있는데, 이는 외국계 증권사가 위탁매매 외에 유가증권 인수, M&A, 경영컨설팅 등 종합 투자은행(IB, Investment Banking)으로서 다양한 수익원을 활용하고 있는 것에 비하면 여전히 경쟁력이 취약한 것으로 지적되고 있다. 앞으로 자본시장통합법 제정을 앞두고 무한경쟁체제가 더욱 가속화될 전망이다.

② 대형화 및 금융그룹화 급진전

금융규제완화와 더불어 겸업화와 금융그룹화가 빠른 속도로 진행
되고 있다. 은행, 증권, 보험업을 결합한 복합금융그룹으로 나가는
것이 세계적인 경향이다. 그러나 아직 국내 금융회사들은 자산규모
면에서 선진국 대형 금융회사 수준에 크게 미달하고 있다.

은행의 경우 합병, 금융지주회사 등을 통한 대형화가 이루어지고
있으나 국제적인 순위[10]는 아직 멀었다. 대형화가 반드시 경쟁력이
나 생존을 보장하는 것은 아니지만 자본확충은 물론 신용도나 상품
개발능력, 판매채널 등에서 차이가 나게 마련이다.

					주요국 4대 은행 비교[주]					단위: 10억달러
구분	한국	미국	일본	영국	독일
총자산	149.7	1,116.6	1,038.4	1,340.6	679.4
기본자본	8.1	63.9	40.3	47.8	16.4

주 : 2005년 말 기준(일본은 2006년 3월 말 기준), 기본자본 기준 상위 4대 은행 기준, 단순평균
자료 : 〈The Banker〉 2006년 7월호

증권산업의 경우에도 미국, 일본 등의 주요 투자은행과 증권사에
비해 국내 증권사의 총자산 및 자기자본 규모가 크게 열세이다[11] 특
히 국내 증권사는 지나치게 유가증권 중개업무에 치중한 나머지 수
익원의 절반 이상이 이 부문의 수입이고 소위 선진국의 대형 투자은
행과 같은 M&A 및 기업금융부문 수익은 전체 수익의 5%에도 못미
치지 못하는 취약점을 안고 있다.

	한국		미국		일본	
	전체 평균	상위3사평균	전체 평균	메릴린치	전체 평균	노무라증권
총자산	1.2	5.1	16.7	494.5	40	332.1
자기자본	0.3	1.4	0.4	27.7	0.1	18.0

주요국 증권사 규모 비교(2004년 말 기준) 단위: 10억달러

자료 : 금융감독원, 일본증권업협회, SIA Financial Services Fact Book

보험업의 경우에도 전체 생보사의 평균자산 규모는 일본의 30% 수준, 국내 대형 3사의 경우 미국 대형 3사 평균의 17% 수준으로 주요 선진국에 비해 열세이다.

요컨대 개방화가 불가피한 시대적 상황하에서 국내 금융회사들이 치열한 생존경쟁에 내몰리고 있는 것은 한편으로는 도약할 수 있는 기회이자 도전이다. 대형화 및 겸업화를 통한 금융의 복합그룹화는 상호출자, 내부거래 등의 규제 회피 가능성 뿐만 아니라 그룹단위의 리스크 인식, 측정, 통제 등에서도 위험이 확대되고 있는 점을 경계해야 한다.

금융그룹 스스로에게도 위험요인에의 노출정도가 심화 내지 복합화 되는 것을 의미하며 소위 연결감독에 대한 필요성을 점증시키는 것이다. 따라서 그 어느 시점보다 리스크관리의 중요성이 부각되는 등 금융회사의 내부통제의 여건이 급변하고 있음에 주목하여야 한다.

4. 전자금융의 급속한 발전

정보통신기술(IT)의 발전이 금융상품의 판매 및 결제업무 등에 폭넓게 활용되면서 금융업의 행태가 다양해지고 새로운 서비스가 속속 등장하고 있다. 전화, 인터넷, 휴대폰, PDA 등 새로운 결제수단 활용이 정보통신기술의 발전과 더불어 급속도로 높아지면서 금융회사 창구 텔러의 비중이 지속적으로 낮아지고 있다. 금융분야의 정보 처리 및 전달기술의 발전은 금융산업 자체를 고도의 지식 집약산업으로 변모시키고 있다.

우리나라의 전자금융(electronic banking)[12]은 서비스 매체의 변화추이로 볼 때 1988년 7월이 중요한 의미를 가지는데, 이 때부터 현금자동인출서비스에 대한 은행CD 공동망이 가동되기 시작하였다.

1989년에는 ARS(Automatic Response Service) 및 은행지로의 전자화에 이어 타행환 공동망이 구축되었다. 그리고 1994년 중앙은행 금융결제망(BOK-wire)의 가동은 금융서비스를 발전시키는 획기적인 계기가 되어 폰뱅킹 및 텔레뱅킹 도입, CMS(Cash Management Service) 공동망 가동 등으로 이어졌고 1997년 7월 인터넷뱅킹, 같은 해 11월 모바일 뱅킹이 시작되었다. 뿐만 아니라 2001년 4월에는 기존의 ARS 공동망을 확대 개편한 24시간 체제 전자금융공동망이 가동되었고, 2003년 10월 칩(chip) 기반에 의한 모바일 뱅킹이 보급되었다.

참으로 눈부신 발전이다. 이러한 발전은 대량 정보처리기술 및 결제네트워크 확충, 위성 통신 활용 등과 함께 암호화 기술, IC 칩 등 컴퓨터 산업의 발달에 힘입은 것이다.

이제 은행업무와 보험업무는 인터넷에 의해 그리고 유가증권투자역시 사이버거래가 주종을 이루는 시대가 되었다. 현재 인터넷을 통해 예금조회, 자금이체, 공과금 및 보험료 납부, 예금 및 대출 신청 등의 업무를 이용할 수 있는데 2005년 9월 말 기준으로 국내 19개 은행의 전체 업무처리 건수 중 인터넷에 의한 처리건수 비중이 30.9%로 나타났다.

이는 창구업무 처리비중인 29.8%보다 1.1%포인트 초과하는 것으로 1999년 7월 인터넷뱅킹 개시이후 첫 역전현상이다. 그 다음으로 자동화기기(CD, ATM) 26.7%, 텔레뱅킹 11.7%로 각 나타났다. 또 은행의 인터넷뱅킹 고객 수는 2,543만 명이고 이들에 의한 예금 조회, 자금이체 및 대출서비스 신청 건수가 하루 평균 대략 1,127만 건인 것으로 확인되고 있다.

금융회사를 방문하지 않고도 서비스가 가능하고 예금 및 대출금리 우대, 자금이체 및 외환송금 수수료, 사이버거래 수수료의 혜택과 함께 인건비 절감의 이점으로 이러한 추세는 앞으로도 더욱 확산될 전망이다.

정보통신기술이 접목되면서 금융업은 인적자원과 첨단 IT장치 등 하드웨어를 포함한 시스템이 결합된 새로운 형태의 서비스 산업으로 변화하고 있는 반면에 도청에 의한 텔레뱅킹 사고, 인터넷뱅킹 해킹 사고, 피싱(phishing)[13]등 신종 전자금융사고도 나타나고 있다.

전자금융거래는 비(非)서면성과 비(非)대면성의 특징이 있다. 이는 서류도 없이 마주보지 않고 이루어지는 거래인만큼 본질적으로 사고의 가능성이 높다. 그 원인은 금융공급자와 이용자의 부주의나 도덕적 해이 뿐만 아니라 기술적 위험도 포함된다. 그래서 전자금융의 발달은 필연적으로 안정성에 대한 논란을 불러일으키게 마련이다. 따라서 내부통제 여건변화에 있어 앞으로 가장 주목해야 할 분야가 바로 IT부문이다.

5. 금융상품의 복합화와 겸업화 확대

ABS(자산담보부증권), 뮤추얼펀드, 랩어카운트(Wrap Account), 변액보험, 리츠(REITs), 퇴직연금 등 과거에는 들어보지도 못했던 새로운 금융상품들이 속속 등장하고 있다.

초기에는 투신, 증권 등 자본시장부문에 집중되었지만 이제는 보험·은행·자산운용 등 전 권역으로 확산되면서 점점 복합화되고 있다. 이처럼 다양한 신상품의 등장은 금융관련 제도 및 환경변화[14]에 따른 영향이기도 하지만 한편으로는 내부통제 여건과 감독환경의 변화를 촉진시키고 있다.

금융시장의 트렌드(trend) 변화도 금융신상품 등장을 촉진하는 계기가 되었다. 즉, 외환위기를 극복한 이후 국가신용도 뿐만 아니라 기업 및 개인 신용에 대한 인식이 개선되면서 신상품 수요가 다양해졌다.

또 저금리 기조가 정착되면서 실적배당 상품 개발에 영향을 주었으며 개방화·국제화의 진전과 글로벌 스탠다드의 확산으로 국내 금융시장의 국제동조화 현상이 급진전되었다.

선진국에서 인기를 끌고 있는 뮤추얼펀드 등 간접투자상품이 크게 부상하였다. 신상품 확산으로 시중 자금의 이동성 확대와 이로 인한 금융권역 재편, 인력의 전문화 등에도 직간접적으로 영향을 미치고 있다. 특히 랩어카운트, 방카슈랑스, 변액보험, 퇴직연금 등 겸업상품의 확대로 금융권간 판매채널 경쟁이 격화되고 있다.

금융영역의 파괴는 세계적인 추세이며 국내에서도 더욱 가속화될 전망이다. 특히, 자본시장의 금융영역 파괴가 빨라질 예정이다. 현재의 법령은 증권회사, 선물회사, 자산운용회사, 신탁회사 등 금융회사별로 자본시장관련 금융업이 세분화되어 있어 겸업화·대형화된 종합 금융회사의 출현에 장애가 되고 있다.

이에 자본시장에서 영위하거나 취급할 수 있는 금융업종 및 금융상품의 규제를 철폐함으로써 금융혁신과 경쟁을 촉진하여 금융시장의 'Big Bang'을 유도하는 방안을 정부에서 추진하고 있다. 이를 위해 증권업, 선물업, 자산운용업, 신탁업 등 자본시장 관련 금융업을 종합적으로 영위하는 금융투자회사의 설립을 허용하는 자본시장통합법이 제정될 전망이다.

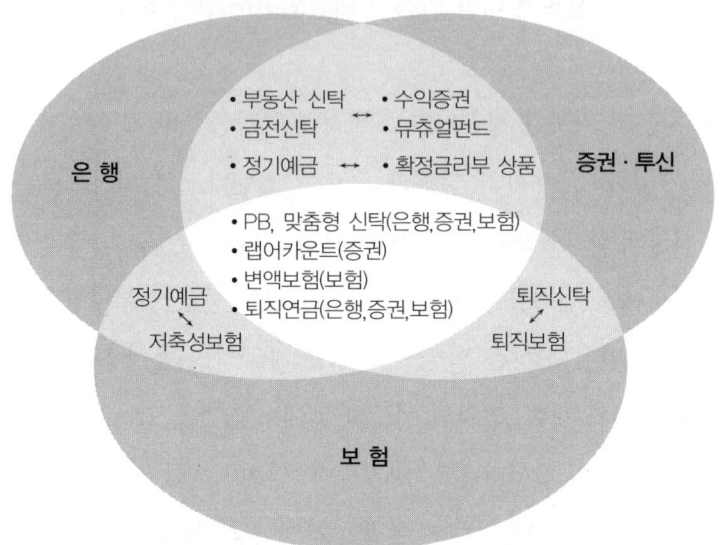

금융권간 주요 경쟁상품 예시

은 행

증권·투신

보 험

- 부동산 신탁   • 수익증권
- 금전신탁   ↔   • 뮤츄얼펀드
- 정기예금   ↔   • 확정금리부 상품

- PB, 맞춤형 신탁(은행,증권,보험)
- 랩어카운트(증권)
- 변액보험(보험)
- 퇴직연금(은행,증권,보험)

정기예금
저축성보험

퇴직신탁
퇴직보험

한편, 고객의 수요도 매우 다양해졌다. 안정성을 확보하면서 일정 수익 이상을 보장받기를 원하는 고객들의 욕구를 충족시키기 위해 다양한 금융신상품 및 연계 서비스가 계속 등장하였다. 주가연동예금(ELD, Equity Linked Deposit), 주가연계증권(ELS, Equity Linked Securities) 등과 같은 복합화(두가지 이상의 업종 및 상품의 특성)한 하이브리드 상품 등이 출현하였다. 타업종 금융회사와의 제휴를 통한 원스톱 연계 서비스(은행 및 저축은행 예금과 증권계좌 또는 수익증권계좌와의 연계 등)도 널리 활용되고 있다.

복합적인 금융상품 출현에 이어 판매채널에 있어서도 운용과 판매가 분리되는 경향이 강하게 나타나고 있다. 효과적인 판매채널 확보와 고객 수요부응 여부가 영업활동의 성공변수로 작용하고 있다.

금융회사간 복합상품 및 연계서비스의 주요 유형과 사례	
유형	**주요 사례**
복합상품	▶주가/금리 연동예금 : 은행예금과 옵션을 결합 ▶주가/금리 연동증권 : 투신운용상품(수익증권)/은행(신탁)과 옵션을 결합 ▶정기예금과 연금보험/신탁을 하나의 상품으로 구성 ▶의료/손해/자동차/연금 보험을 하나로 묶은 통합형 보험상품
이체/결제 전자금융	▶은행 및 상호저축은행 계좌와 증권계좌의 연계를 통한 계좌 개설, 거래대금 자동이체 및 홈트레이딩 서비스 ▶증권카드,현금카드,신용카드,교통카드 기능을 접목한 통합 카드 발행
공동상품 개발 및 마케팅	▶은행 및 보험사, 증권사간 업무제휴약정을 통해 상호 연계상품 개발, 판매, 공동마케팅 추진 ▶보험사, 카드사, 인터넷 포털업체간 제휴를 통해 보험, 카드 등 각종 금융정보 종합서비스 제공

과거 금융회사들은 외형성장을 중시하여 자산규모 순으로 금융회사의 호칭순서가 매겨지는 시대도 있었다. 그러나 경제위기를 겪으면서 이 같은 외형경쟁이 얼마나 무모한 일인지 뼈저리게 느꼈고, 지금은 수익성을 중시하게 되었는데 이는 곧 가격경쟁으로 변화되었음을 의미한다.

그러나 이러한 과정에도 많은 리스크가 도사리고 있음을 유의할 필요가 있다. 특히 금융상품 판매 서비스의 융합화에서 경계해야 할 사항은 방카슈랑스 판매에서 겪었듯이 연계상품 끼워 팔기나 대출상품과의 꺾기 등 불공정거래 행위 소지이다. 인수 · 합병 · 전략적 제휴 등에 따른 외형적인 리스크는 물론이거니와 신상품 개발과 복합상품 판매에 따른 금리 및 법규리스크, 파생상품 리스크 등 다양한 리스크가 예상된다.

또한 PB, 자산관리사 등 자산운용전문가들이 고객의 신용정보를 관리하는 데 있어 더욱 신중을 기할 필요가 있으며 지나친 실적경쟁에서 초래될 수 있는 부작용을 간과해서는 안 된다. 내부통제조직의 리스크 대응 역량 강화가 어느 때보다 강하게 요청되고 있다.

6. 자산운용업의 부각

2003년 11월 정부에서 새로운 성장 동력을 확충하고 서비스업 강국으로서의 여건을 조성함과 아울러 금융산업을 집중 육성하고자 동북아 금융허브 추진전략을 마련하였다. 이를 위한 7대 이행과제의 하나로서 특화된 금융허브 육성을 목표로 자산운용업을 선도산업으로 지정하고 여타 관련 금융산업으로의 파급효과를 극대화하는 전략을 추진하고 있다.[15]

금융허브 달성을 위한 7대 추진과제
　① 자산운용업을 선도산업으로 육성
　② 금융시장의 선진화
　③ 지역특화 금융수요 개발
　④ 금융산업의 글로벌 네트워크(Global Network) 강화

⑤ 한국투자공사 설립

⑥ 금융 규제 · 감독 시스템 혁신

⑦ 금융 관련 경영 · 생활 여건 개선

정부가 특별히 자산운용업을 금융허브 구축의 선도산업으로 지정한 것은 국내외 금융환경과 사회 경제적 변화요인을 충분히 고려한 것으로 보인다.

저금리 추세지속, 고령화 진전, 다양한 금융 신상품의 확산 등으로 간접투자와 자산운용 수요가 급격하게 증가하고 있고, 지식집약산업으로서 관련산업에 대한 파급효과가 크며, 신성장 · 혁신산업 등에 자금 공급기능이 가능한 점을 감안한 것이다.

(1) 자산운용업의 밝은 전망

우리나라 자산운용업은 1997년 외환위기 및 1999년 대우사태 과정에서 훼손된 신뢰도를 회복하기 위해 많은 노력을 기울여 온 결과 서서히 가시적인 성과를 거두고 있다.

2004년 1월 시행된 간접투자자산운용업법은 늘어나고 있는 간접투자 수요에 부응하여 투자자보호 장치를 강화하는 한편 투자대상을 대폭 확대하였다. 한국투자증권 및 대한투자증권 매각을 계기로 투자부문 구조조정이 마무리된 것도 큰 의미가 있는 일이다.

자산운용회사 수탁고는 2000년 말 138조 원에서 2005년 말에는 205조 원까지 증가하였으며, 특히, 증권시장이 활성화되면서 적립식 펀드 등 간접투자상품 수요가 급증하여 자산운용업의 미래를 매우 밝게 하고 있다.

일부에서는 수년 내 시장규모가 1,000조 원대에 이를 것으로 전망하고 있다. 이러한 밝은 전망 덕분에 선진국의 유수 금융그룹이 속속 국내에 진출하고 있다. 전망은 밝되 시장경쟁은 더욱 격화될 것이 분명하다.

국내 자산운용업 현황

총 수탁고 : 2005년 말 205조 원으로서 2003년 말에 비해 약 60조 원 증가
*펀드당 평균 수탁고는 약 280억 원

개인투자자 비중 : 2004년 말 현재 33.1% 수준
*2003년 말 기준 : 미국 53%, 영국 59%, 일본 71%

주식형펀드 비중 : 2004년 말 기준 수탁고 대비 8.1%, 시가총액 대비 2.1%
*미국 주식형펀드 비중 : 수탁고 대비 54.1%, 시가총액 대비 34.5%

판매채널 :
증권회사와 은행이 거의 대부분을 차지(2004년 말 현재 99.4%)

---

(2) 퇴직연금제도 시행

2004년 12월 제정된 '근로자퇴직급여보장법'에 따라 2005년 12월부터 퇴직연금제도가 시행되었다. 근로자 퇴직연금이란 기업이 근로자의 노후생활의 안정을 위하여 재직중에 현금 또는 현물(주식 등)을 적립하여 정년퇴직 이후에 연금급여를 지급하는 제도로서 퇴직저축(Retirement Savings) 또는 기업연금(Corporate Pensions)이라고도 한다.

그 유형은 확정급여형 퇴직연금[16]과 확정기여형 퇴직연금[17]등이 있다. 퇴직연금제도 도입으로 근로자의 노후소득 보장체계를 강화하는 한편, 자산운용업 육성에 필요한 새로운 장기 자산운용 수요를 창출하게 될 것이다.[18]미국의 경우에도 1978년 대표적 확정기여형 연금상품인 401(k)[19]가 도입된 이후 자산운용산업이 비약적으로 발전하였다고 한다.

우리는 이러한 금융산업의 변화를 바라보면서 항상 염두에 두어야 할 명제가 있다. 바로 금융환경과 내부통제 여건변화에 부응하여 선제적이고 미래지향적인 내부통제시스템을 구축·운용해야 할 필요성이 더욱 커지고 있다는 점이다. 또한 이 명제는 금융회사의 리스크 관리와 내부통제의 역량을 어떠한 방향으로 가늠해야 하는지를 알려주는 좌표와 같은 역할을 한다.

7. 금융감독 시스템의 선진화

외환위기는 국민 모두에게 힘들고 어려운 시기였으나 사회, 경제 여러 부문에서 글로벌 스탠다드 수준의 제도개혁과 관행혁신을 불러왔다. 이는 금융감독업무에 있어서도 마찬가지였다. 금융감독제도의 선진화라는 측면에서 보면 적어도 10년 이상 추진해야 하는 과제를 거의 2~3년 만에 이루어낸 셈이다.

감독기구 통합을 필두로 다양한 감독제도와 법령을 정비하였고 리스크 중심의 감독환경을 조성함으로써 금융감독의 공정성과 투명성 확보에 획기적인 진전이 있었다.

(1) 금융감독 관련 법령 정비

우선 법령의 정비측면에서 보면 1997년 '금융기관의 합병 및 전환에 관한 법률'을 '금융산업의 구조개선에 관한 법률'로 전면 개정하여 금융회사의 합병, 전환, 정리 등 구조개선에 대한 제도를 대폭 정비하였다. 부실금융회사 지정범위를 종전 예금지급 정지상태에 있는 금융회사에서 경영실태 실사결과 부채가 자산을 초과하는 금융회사 등으로 확대하여 부실금융회사 처리의 탄력성을 도모하였다.

또한 1997년 '예금자보호법'을 개정하여 예금보험기금·증권투자자보호기금·보험보증기금·신용관리기금으로 분화되어 있던 예금보험기구를 예금보험공사로 통합하고 예금보험공사의 부실금융기관 정리기능을 강화하였다. 예금보험공사 출자에 의한 정리금융기관(가교 금융기관)제도를 도입하여 부실금융기관의 영업 또는 계약을 정리금융기관이 양수함으로써 부실금융기관의 신속한 정리를 촉진하였다.

아울러 1997년 '금융기관 부실자산 등의 효율적 처리 및 성업공사의 설립에 관한 법률'을 제정하여 금융회사가 보유하고 있는 부실채권을 효율적으로 정리하기 위해 자산관리공사(KAMCO)와 부실채권정리기금을 설치하였다. 자산관리공사가 부실채권의 회수, 추심 또는 재산의 매각 등 금융회사로부터 부실재산의 정리를 위임받거나 이를 인수함으로써 금융회사가 보유하고 있던 부실자산을 조기에 정리할 수 있었다.

(2) 건전성 감독 강화

금융회사에 대한 대외적 신뢰성을 제고하고 금융부실의 재발을 방지하기 위해 각 권역별 금융회사의 건전성 규제 및 감독을 한층 강화하였다. 먼저, 1998년에는 종전 은행에 대해서만 적용하던 적기시정조치제도(PCA, Prompt Corrective Action)[20]를 증권회사, 종합금융회사, 보험회사, 상호저축은행 등으로 확대함으로써 금융회사의 부실화 및 도산에 따른 사회적 비용을 최소화 하고자 하였다.

1999년 1월 금융감독기구 통합을 계기로 자본적정성 유지제도의 개선, 자산건전성 분류와 대손충당금 적립제도 선진화, 외국환업무 건전성 감독강화, 신용공여 및 자산운용 관리체계 강화, 경영실태평가제도의 정착을 도모하는 등 건전성 감독을 더욱 강화하였다.

이어서, 은행의 자기자본비율 개념에 상응하여 보험사의 지급여력비율을 일정금액기준에서 비율규제방식으로 개편하였고, 증권사의 영업용순자본비율 등에 대한 감독기준을 보다 명확하게 하였다. 아울러 2002년에는 은행의 자기자본의 산출방식을 개선하여 보유자산의 시장가격변동에 따른 시장리스크를 추가하도록 하였다.

특히, 1999년 12월 은행권에서는 대규모 부실여신의 발생에 대한 경험을 참고하여 차주의 미래 현금흐름 분석을 중시하는 '새로운 자산건전성 분류기준(FLC) 및 대손충당금적립 제도'를 도입 · 시행하였다. 또한 증권회사, 보험회사의 경우에도 은행권과 유사한 자산건전성 분류기준 및 충당금 적립에 관한 근거규정을 마련하였다.

한편, 1999년 4월 외국환업무 취급 금융회사의 건전성을 강화하기 위해 은행 및 종합금융회사에 대하여 외국환포지션 규제를 통해 환율리스크를 관리하고, 외화유동성비율 및 단기외화자산 · 부채 만기불일치(maturity gap) 비율과 중장기 외화대출재원을 관리토록 하였다.

또한 금융부실의 원인이 되었던 편중여신을 억제하기 위해 1999년 2월 신용공여의 정의를 신설하는 등 국제적 기준에 적합하도록 편중신용공여제도를 마련 시행하였으며 종합금융회사에 대하여 은행의 제도를 준용하여 신용공여한도제도 및 자산운용한도제도를 도입하였다.

그리고 2000년도에는 금융회사의 경영상태를 상시감시하여 취약점을 조기 발견하기 위해 종합검사시 수행하는 경영실태평가제도(CAMELS)[21]를 보험회사, 상호신용금고, 신용협동조합 등으로 확대하였다.

(3) 검사제도 선진화

금융환경과 금융산업의 변화는 곧 금융회사의 리스크 확대와 더불어 시장의 불확실성이 높아짐을 의미한다. 이러한 시기에 감독당

전통적 감독·검사와 RBS 비교		
구분	전통적 감독·검사	리스크 중심 감독·검사(RBS)
검사형태	▶정기적인 종합검사 위주	▶상시감시 위주, 부문검사 보완
검사기법	▶개별거래의 오류적발 ▶개인적 know-how에 크게 의존	▶통계적 기법 활용, 정보 공유 ▶관리시스템과 절차에 중점
검사범위	▶모든 부문을 대상	▶리스크가 큰 부분을 중점 점검
경영실태 분석	▶CAMELS 등 경영실태평가 ▶일정시점의 재무상태 등 정태적 분 석에 치중	▶리스크의 양과 관리수준 평가 ▶리스크의 추이(trend) 등 동태적 리스크 분석 병행
사후조치	▶사후 교정 및 제재 위주 ▶적기시정조치 고려	▶사전 예방 및 지도 지향 ▶설득. MOU 등 비공식 조치 병행

국으로서는 개별 금융회사의 건전성과 금융시스템의 안정성에 대한 선제적인 대응이 어느 때보다 강하게 요청되고 있다. 그만큼 감독·검사 수요가 증가되고 있다.

그러나 감독·검사의 수요 확대에 상응하여 감독당국의 조직이나 인력을 무한정 확충할 수는 없다. 이러한 문제를 해결하기 위해서 선진국의 감독당국과 같이 리스크가 큰 부문에 감독의 역량을 집중하는 리스크 중심의 감독(RBS, Risk Based Supervision)으로의 이행을 모색하게 되었다. RBS는 금융회사의 경영활동에 수반되는 리스크의 규모 및 관리수준을 종합적으로 평가하고 이를 현장검사와 연계함으로써 감독·검사업무의 효율성 제고를 목표로 하고 있다.[22]

이에 따라, 금융감독원은 2005년 2월 금융회사별 전담검사역(RM, Relationship Manager)제도를 도입하고 부문별 리스크 전문가로 구성된 검사지원그룹 신설 등 검사조직을 대대적으로 혁신하였다.

RM은 금융회사에 대해 밀착적인 상시감시를 실시하고 상시감시 결과를 토대로 현장검사계획 수립 및 검사를 실시함으로써 검사업무 전체를 주관하게 되었다. 신용, 시장, IT, 보험, 운영리스크 등 별도부문의 리스크 전문검사역들이 RM활동을 지원하도록 함으로써 상시감시 및 검사업무의 질적 수준을 제고하게 되었다.

RM제도는 궁극적으로 감독검사의 효율성을 높이는 것이고 나아가서 금융회사의 수검부담을 완화시키고자 하는 것이다. 따라서 이러한 제도의 조기정착 여부는 결국 금융회사 스스로 리스크 중심의 내부통제가 제대로 이루어져야 한다는 과제를 부여하고 있다.

8. 내부통제에 관한 새로운 조류

오늘날 내부통제의 개념은 금융업무의 진보와 궤를 같이 하면서 점점 발전되고 있다. 내부통제의 기능이 종전에는 회사가치의 보존(value protection) 중심이었으나 점차 회사가치의 증진(value enhancement)에 초점을 두는 것으로 발전되고 있다.

금융회사 내부통제의 경우에도 과거 개별사고 위주의 적발감사 중심에서 제도 또는 절차를 중시하는 감사로 전환하였으며, 업무 프로세스의 진단·개선을 통해 통제업무의 효율성 제고를 지향하고 있다. 나아가 회사전체 차원에서 리스크를 관리하는 전사적 리스크

관리(ERM, Enterprise Risk Management) 경향으로 발전되고 있다.

이러한 경향은 결국 내부통제의 범위가 재무적 리스크 등 제한된 분야에서 회사의 업무 전반으로 확대되고 있음을 반영하고 있다. 아래의 그림에서 보면 세로축이 금융회사의 업무취급확대와 관련된 리스크수준이라면 가로축은 내부통제수준이며 그 중심선은 리스크의 변화에 따른 내부통제의 발전단계를 보여주고 있다. 이는 금융감독당국의 향후 감독 · 검사활동의 방향을 보여주는 것이기도 하다.

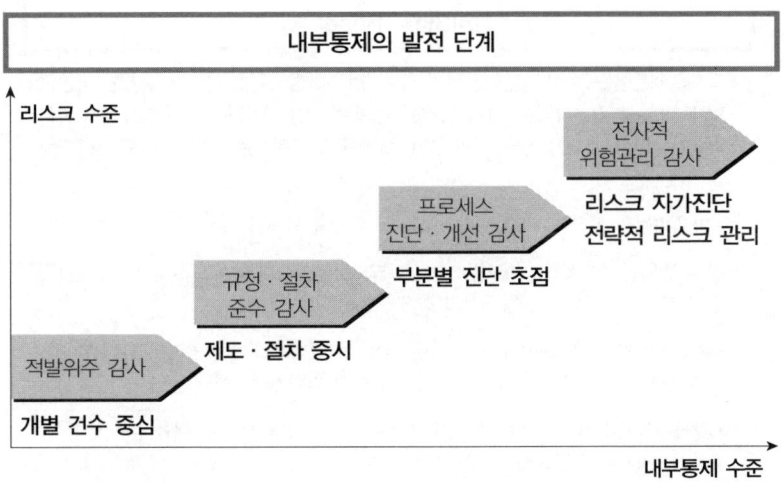

가. 신자기자본비율(Basel Ⅱ)

(1) 신BIS협약과 운영리스크

은행의 자기자본제도에도 큰 변화를 앞두고 있다. 새로운 자기자본 산정방식(신BIS협약 또는 Basel Ⅱ)이 2008년 1월부터 도입될 예정이다. 금융업무의 복잡화와 광역화가 신속히 진행됨으로써 종래의 자기자본 산출방식을 대폭 수정하게 되었는데 그 변화에서 크게 주목해야 할 부문의 하나가 운영리스크이다.

이는 운영리스크로 정의되는 잠재적 위험요인을 자기자본으로 산입토록 하여 리스크를 감내할 수 있는 여력을 확충하려는 것이 근본적인 배경이다.

신BIS협약(Basel Ⅱ)

▶국제결제은행(BIS) 바젤은행감독위원회(이하 '바젤위원회')는 규제완화, 금융공학의 발달과 같은 금융환경의 급격한 변화로 현행 BIS협약의 유효성이 저하됨에 따라 이를 대체할 신BIS협약(일명 'Basel Ⅱ') 제정을 추진하여 2004년 6월에 확정

• 바젤위원회 회원국은 2006년 말부터 동 협약을 시행할 예정

▶신BIS협약은 은행의 리스크관리 선진화와 자본충실화를 유도하기 위한 종합적인 자본규제제도로서 다음 3개의 축(3 Pillars)으로 구성

• 최저자기자본 규제(Pillar 1) : 현행 신용 · 시장리스크에 운영리스크를 추가하고, 신용리스크 측정시 차주의 신용도에 따라 위험가중치를 차등화

• 감독기능 강화(Pillar 2) : 은행의 자본적정성과 리스크관리체계를 감독 당국이 점검 · 평가하고 필요시 적절한 감독조치

• 시장규율 강화(Pillar 3) : 은행의 리스크 수준과 자본적정성에 관한 정보를 시장에 공시하도록 의무화

최근 금융거래량의 증가, 복잡한 금융상품의 등장, IT 의존도 심화, 소송의 증가 등의 영향으로 운영리스크관리의 중요성이 커지게 되었으며 베어링사 파산[23]과 같은 내부통제 실패에서 기인된 일련의

금융사고를 계기로 선진국 은행들은 운영리스크의 측정·관리기법을 개발하고 이를 자본적정성 평가에 반영하기 시작했다.

이러한 흐름을 반영하여 바젤위원회는 운영리스크를 자본규제 대상에 포함하고 기존의 신용·시장리스크의 경우와 마찬가지로 리스크관리체제를 갖출 것을 요구하게 된 것이다.

(2) 운영리스크의 특징

운영리스크는 내부프로세스, 사람, 시스템, 외부사건 등에 의한 직접 또는 간접적인 손실위험으로 다양한 원인(cause)에 따라 다양한 사건(event)이 발생하며 손익 등에 영향(effect)을 미치게 된다.

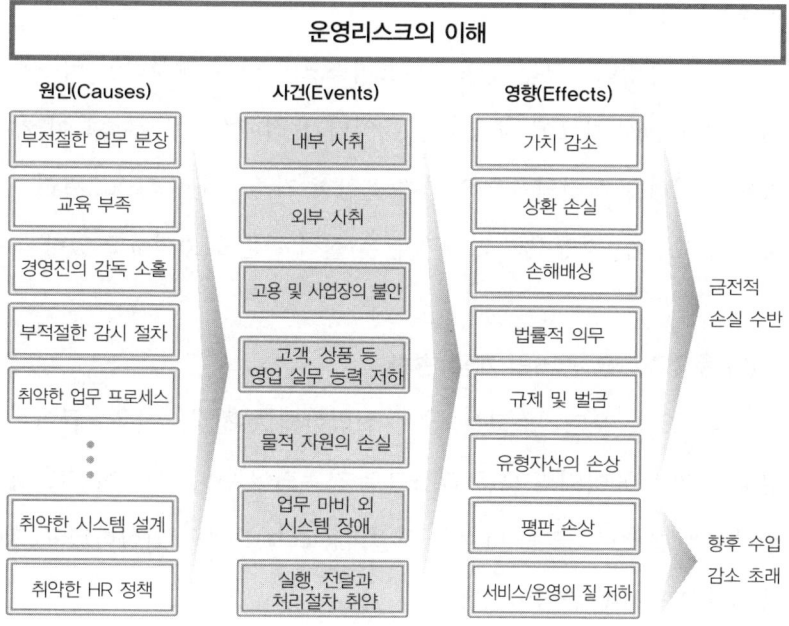

한편, 신BIS협약에서는 운영리스크(operational risk)를 부적절하거나 잘못된 내부의 절차, 인력 및 시스템 또는 외부의 사건으로 인해 발생하는 손실 리스크로 정의하고 있다. 이 경우 법률리스크(legal risk)는 포함하나, 전략리스크(strategic risk)와 평판리스크(reputational risk)는 제외하게 된다. 그동안 신용·시장·금리·유동성리스크 이외의 모든 리스크를 운영리스크로 정의하던 것에 비해 개념상으로는 좁아진 것인데 규제자본(Pillar 1)으로 포함하기 위해 가급적 계량화 가능성을 염두에 둔 것이다.

즉 재무적 손실로서 계상되는 운영리스크만 대상으로 규제자본을 산출하도록 하고, 전략 및 평판리스크와 같이 현 단계에서 계량화가 매우 어려운 운영리스크는 내부자본적정성 평가(Pillar 2)시 별도로 반영하도록 하고 있다.

그러나 운영리스크는 신용·시장리스크와 달리 명시적인 익스포져가 없고 과거자료에 해당하는 데이터가 절대적으로 부족하여 계량화가 어려운 실정임을 감안하여 계량화 기준보다는 리스크관리·통제절차 구축, 경영진의 역할과 같은 질적 기준을 중시하고 있다.

(3) 운영리스크 관리의 개념 변화

전통적으로 운영리스크는 앞서 설명한대로 시장·신용·금리·유동성 리스크 이외의 모든 리스크로 간주되어 왔다. 이러한 접근방법에서는 운영리스크를 단순히 영업비용(cost)으로만 인식하였고 그 통제방식도 사후 중심이었다.

종래 경영진은 인사·법무·재무부서 등의 체계화되지 않은 개별 보고를 바탕으로 운영리스크를 인식·관리할 수밖에 없었으며 비록 감사부서가 사후감사를 통하여 운영리스크를 통제하여 왔지만 이는 이미 발생된 리스크를 다룬다는 한계를 지니고 있었다.

결국 전통적인 접근방식은 운영리스크에 대한 명확한 정의와 체계적인 평가없이 통제규정의 준수 여부에 따라 내부통제를 평가하고, 사후 적발위주의 감사 및 통제활동에 크게 의존함으로써 급속히 변화하는 경영환경과 리스크 변화요인에 효과적으로 대응하지 못한다는 지적을 받고 있었다.

뿐만 아니라 제도의 실행에 있어서도 일선 업무조직의 적극적인 참여보다는 내부 감사조직 및 일부 본부부서에 크게 의존하였고, 내부통제활동의 대상도 법규준수나 금융사고 등 좁은 의미의 내부통제 활동에 머물렀던 것으로 볼 수 있다.

신BIS협약에서 강조하고 있는 새로운 운영리스크 관리는 영업활동의 전산화, 복잡해진 영업환경, 잠재적 위험을 내포하고 있는 신상품 개발 확산 등으로 대형 금융사고가 빈발함에 따라 주주, 경영진, 감독당국 등 이해관계자를 중심으로 운영리스크를 명료하게 정의하고 체계적으로 리스크를 분석하여 사전적으로 통제하는 한편, 운영리스크를 계량화함으로써 전사적으로 통제하려는 것이다.

이 점에 있어서 운영리스크 관리의 주체는 내부감사조직만이 아니라 바로 현업담당자라는 인식을 확산시키는 것이 중요하고, 또 운영리스크를 전사적 차원에서 관리하기 위해서는 운영리스크 관

전통적 운영리스크 관리와 새로운 운영리스크 관리 비교	
전통적 운영리스크 관리	**새로운 운영리스크 관리**
▶내부통제 준수여부 점검중심 ▶내부감사 조직에 대한 의존도 높음 ▶현업부서의 내부통제에 대한 주인의식 부족 ▶사후적인 적발위주의 감시 및 통제 ▶금융사고 예방에 중점 ▶운영리스크 측정에 대한 인식 및 모델 부재	▶리스크평가 및 관련 통제장치의 적정성 평가 중심 ▶내부감사조직 의존도 축소 ▶현업부서 등 업무라인이 리스크인식 및 관리의 주체 ▶사전적인 위험/통제에 대한 지속적 감시 및 피드백 ▶운영리스크도 신용 및 시장리스크와 같은 수준의 체계적 접근(위험의 인식/평가/감시/통제 과정을 체계화) ▶운영리스크의 측정, 계량 모형 및 시스템 개발 등 표준화된 수단 적용 ▶자기자본 부담을 통한 운영리스크관리의 인센티브 제공

리조직(예:운영리스크관리팀)과 같은 독립적 부문의 편성이 요청되고 있다.

(4) 운영리스크 관리의 구성요소

운영리스크 관리를 구성하는 주요 요소는 리스크 통제구조, 리스크 관리수단, 리스크 측정방법 등으로 대별할 수 있다.

① 운영리스크 통제구조

운영리스크 통제구조는 은행의 전체적인 지배구조 관점에서 리스크를 효율적으로 관리하기 위해 관련 조직의 역할, 구성, 상호관계 등을 최적화하는 노력 및 그 결과를 의미한다.

운영리스크 관리와 관련된 주요 조직은 이사회와 경영진, 단위사업부문, 독립적인 운영리스크 관리부문, 독립적인 제3자(예:감사부서) 등이 있다. 국제적인 모범규준(best practice)은 이러한 통제구조를 구성하는 부문간 상호견제와 균형의 원칙에 입각하여 3단계 관리라인(3-lines of defence)[24]을 구축하고 있는 것으로 알려져 있다.

이사회와 경영진은 운영리스크 관리를 위한 건전한 조직문화와 지배구조를 구축하는 한편 운영리스크를 인식 · 평가 · 감시 · 통제할 수 있는 정책 · 절차 · 수단 등을 갖추어야 한다. 또한 단위사업부문은 부문내 운영리스크를 담당할 기능을 두고, 부문내 일상적인 운영리스크 관리를 책임져야 한다.

한편 독립적인 운영리스크 관리조직은 전사적인 운영리스크관리 체계를 구축 · 운영하고 단위사업부문을 적극 지원하는 기능을 수행하여야 한다. 예컨대 단위사업부문이 주어진 역할과 책임을 제대로 이행하고 있는지 여부와, 운영리스크 관리 체계가 적정한지 여부 등을 점검하여야 한다.

② 운영리스크 관리수단

운영리스크를 관리하는 대표적인 수단은 리스크자가진단(CSA, Control Self Assessment)[25]과 핵심위험지표(Key Risk Indicator)로서, 전자는 운영리스크 인식수단으로 후자는 모니터링 및 통제수단으로 널리 활용된다.

리스크 자가진단은 통제자가진단으로도 불리우는데 이는 당해업무 담당자의 평가를 기반으로 운영리스크를 인식·평가하는 방법을 말한다. 그리고 핵심위험지표는 운영리스크의 특성 및 변화를 계량화하여 리스크를 모니터링하는 계량적 기준 및 근거를 제공하는 지표이다. 이직율, 민원발생 건수, 직원만족도, 거래의 수정 및 취소, 시스템중단 횟수나 시간 등이 그 예이다.

이는 운영리스크 수준에 대한 조기경보 기능을 수행함으로써 재무적·비재무적 손실의 발생을 예방하고 사업부문간 또는 부서간 비교평가를 가능하게 함으로써 자본배분 기준지표로 활용될 수 있다.

한편, 리스크자가진단은 분기단위로 이루어질 경우 리스크 현황에 대한 지속적인 모니터링에 한계가 있을 수 있으므로, 짧은 주기에 의해 일상적 변화 추이를 관찰할 수 있는 핵심위험지표로 보완한다면 리스크측정 및 관리의 효율성이 더욱 높을 것으로 예상하고 있다.

③ 운영리스크 측정방법

신BIS협약에서 제시하고 있는 운영리스크 측정방법에는 기초지표법, 표준방법, 고급측정법이 있다. 기초지표법이나 표준방법은 은행 총이익의 일정비율을 운영리스크로 간주하기 때문에 내부통제의 질적인 평가가 직접 반영될 여지가 적지만, 고급측정법에서는 과거 손실자료에 의한 객관적인 손실추정치뿐만 아니라 영업환경과 내부통제에 대한 질적인 평가에 의해 운영리스크를 산출할 수 있다.

기초지표법은 은행 전체의 운영리스크 규모를 대표하는 단일 지표를 설정하고 이 지표의 일정비율을 운영리스크 소요 자기자본으로 산출하는 방식이며, 표준방법은 은행의 영업활동을 8개 영역[26]으로 나누고 각 영업영역별 총이익에 일정비율을 곱하여 운영리스크 소요 자기자본으로 산출하는 방식이다.

고급측정법이란 신BIS협약이 제시한 일정한 질적·양적 최소요건을 충족하는 은행에 대하여 개별은행의 내부 측정시스템에 의한 추정치에 근거하여 소요자기자본을 산출하는 방법인데 감독당국으로부터 승인받은 경우에만 사용할 수 있다. 표준방법에서는 8가지 영업영역만 구분하고 있으나, 고급측정법에서는 8가지 영업영역과 7가지 손실사건유형[27]을 구분(8×7=56개 셀)하고 리스크 측정을 은행이 직접 추정한다는 특징이 있다.[28]

(5) 운영리스크 관리감독을 위한 실무지침

BIS는 이미 금융회사들이 충분히 준비하고 대응할 수 있게 하기 위하여 지난 2003년 2월 '운영리스크 관리감독을 위한 건전한 실무지침'을 통해 은행의 운영리스크 관련 내부통제의 필요성과 가이드라인을 제시한 바 있다.

동 지침은 리스크관리 환경의 개발, 리스크관리, 감독당국의 역할, 공정 공시의 역할 등의 분야에 대해 10개의 준칙을 제시하고 있다. 신BIS협약의 도입을 앞두고 있는 국내은행들은 운영리스크 측정시스템 및 운영리스크 관리체제 구축을 위하여 매우 분주하게 준비하고 있다.

운영리스크 관리감독을 위한 건전한 실무지침 (2003년 2월 BIS)
-Sound practices for the management and supervision of Operational Risk-

〈준칙 1〉

이사회는 운영리스크의 주요 요소를 관리가 필요한 별도의 리스크 범주로 인식하는 한편 운영리스크 관리의 기본틀(framework)을 승인하고 정기적으로 점검하여야 함. 동 기본틀에는 운영리스크의 정의 및 인식, 평가, 모니터링 및 통제/경감 방법에 대한 원칙이 제시되어야 함

〈준칙 2〉

이사회는 은행의 운영리스크 관리의 기본틀이 독립적이고 적절하게 훈련된 우수한 직원에 의해 효과적이고 포괄적으로 내부감사를 받도록 하여야 함. 내부감사기능은 운영리스크 관리에 대해 직접 책임을 져서는 안 됨

〈준칙 3〉

최고경영진은 이사회에 의해 승인된 운영리스크 관리의 기본틀을 이행할 책임이 있음. 동 기본틀은 전행적으로 일관성 있게 이행되어야 하며 모든 직원들은 운영리스크와 관련된 각자의 책임을 이해하여야 함. 또한 은행의 주요한 상품, 활동, 절차 및 시스템 상의 운영리스크를 관리하는 데 필요한 정책 및 절차를 수립하여야 함

〈준칙 4〉

은행은 모든 주요한 상품, 활동, 절차 및 시스템에 내재된 운영리스크를 인식 및 평가해야 하며 새로운 상품, 활동, 절차 및 시스템의 도입에 앞서 이들 상품 등에 내재된 운영리스크에 대한 적절한 평가절차가 선행되도록 하여야 함

〈준칙 5〉

은행은 정기적으로 운영리스크의 특성(profile)과 중요 익스포저를 모니터링하여야 하며 최고경영진 및 이사회에 정기적으로 유용한 정보를 보고하여야 함

〈준칙 6〉

은행은 주요 운영리스크를 통제하거나 경감시키기 위한 정책 및 절차를 구축하여야 함. 또한 주기적으로 리스크한도와 통제전략을 검토하고 전체 리스크성

항과 특성을 반영한 적절한 전략을 통해 운영리스크 프로파일을 조정하여야
함

〈준칙 7〉
은행은 심각한 업무상의 사고 발생시 손실을 제한하고 계속적인 기준에서 영
업할 능력이 있음을 확인하는 사업존속계획과 비상계획을 가져야 함

〈준칙 8〉
감독당국은 규모에 불구하고 모든 은행이 전체 리스크관리의 일부로서 운영리
스크를 인식, 평가, 모니터링 및 통제/경감할 수 있는 효과적인 체제를 갖추도
록 하여야 함

〈준칙 9〉
감독당국은 운영리스크와 관련된 은행의 정책, 절차 및 관행에 대하여 직간접
으로 정기적이고 독립적인 평가를 수행하는 한편 은행의 개발사항을 지속적으
로 파악할 수 있는 보고 체계를 구축하여야 함

〈준칙 10〉
은행은 시장참가자들이 은행의 운영리스크 관리 수준을 평가할 수 있도록 충
분히 공시를 하여야 함

(6) 운영리스크 관리의 주요 이슈

먼저, 운영리스크를 측정하는 자료가 부족하다는 점이다.

운영리스크 측정을 위해서는 경험 손실자료가 가장 기초가 되는
데 현실은 그렇지 못하다. 국제적으로도 셀별(고급측정법의 경우 56
개)로 손실분포를 도출할 만큼 충분한 자료가 확보된 은행은 드문
실정이다.

과거 손실자료가 없는 셀은 손실 발생가능성이 거의 없으므로 제
외하자는 의견이 있을 수 있으나 업무 프로세스가 존재하거나 외부
손실 사건 발생사례가 있다면 제외하기 곤란하다. 손실자료 부족 문
제를 해결하기 위해 각국은 은행연합회를 중심으로 손실자료 공유

컨소시엄을 구성하는 등의 노력을 경주하고 있다.

둘째, 운영리스크에 대한 인식부족 문제를 들 수 있다.

국내 은행의 경우 아직도 운영리스크 통제가 단위사업부문과 현업담당자의 책임이라기보다는 내부감사기능의 일부로 보는 경향이 팽배하다. 그리고 검사부, 준법감시부서, 운영리스크팀 등 내부통제 관련조직간 역할분담이 중복되거나 모호하다는 지적도 있다.

이러한 문제를 근본적으로 해결하기 위한 방법은 역시 이사회와 경영진에 달려 있다고 본다. 아울러 내부통제라는 공동 과제에 대하여 전 조직원이 공감대를 형성하여 대화와 협력을 통한 접근자세가 필요하다. 또한 전직원의 운영리스크 관리에 대한 참여의식, 업무성과와 운영리스크관리를 동시에 추구하는 성과평가문화 정착 등의 노력이 요청되고 있다.

(7) 운영리스크 관리는 생존의 필수과제

운영리스크는 금융회사의 역사만큼이나 오래되었지만, 인식 및 측정의 어려움 등으로 주목받지 못한 것이 사실이다. 그러나 국제화, 파생상품 확산, 정보통신기술 발달과 함께 위험요인도 그만큼 증가하고 있고, 만에 하나 잘못될 경우 내부통제 실패 또는 금융사고로 이어져 회사의 존립에도 영향을 미칠 수 있다.

요약하자면, 운영리스크의 양적인 팽창과 질적인 변화가 금융회사와 감독당국의 운영리스크 관리에 대한 접근방식에 커다란 변화를 초래하였고, 종국적으로 신BIS협약에 반영된 것으로 볼 수 있다.

신BIS협약이 요구하는 수준을 맞추기 위해서는 여전히 많은 과제가 남아 있지만 새로운 규제로 인식하기보다는 생존을 위한 필수과제로 여기고 철저히 준비하여야 할 것이다.

나. 전사적 위험관리(ERM) 및 리스크자가진단(CSA)

(1) 전사적 위험관리 (ERM: Enterprise Risk Management)

전사적 위험관리는 영업활동과 리스크관리를 분리하여 인식하던 기존의 개념에서 탈피하여 양자를 동시에 고려하는 통합적 개념으로 인식하려는 리스크관리방식이다.

그동안 영업활동과 리스크관리는 각각 분리된 개념으로서 영업활동 담당자는 리스크에 대한 개념을 고려하지 않고 영업에만 전념하였고, 리스크관리 업무는 별도의 부서에서 전담되어 왔다. 그러나 오늘날 기업의 위험요인은 특정부분에 국한되지 않고 동시다발적으로 발생하는데다 조직의 업무가 날로 복잡·광역화됨으로써 전담부서나 특정라인에 의한 리스크관리로는 충분하지 않게 되었다.

따라서 전사적 위험관리는 말 그대로 전략적 의사결정을 담당하는 경영진이나 해당 조직은 물론 각 부문의 영업활동 담당자도 리스크관리에 대한 인식을 갖고서 업무를 수행하는 방식이다. 또한 조직의 모든 활동에서 발생하는 리스크와 잠재적인 리스크는 물론 이들 간 파급효과까지 고려한 전방위적인 포트폴리오 특성을 갖는 리스크의 파악 및 이의 통합관리에 초점을 맞추고 있다.

이러한 변화는 결국 내부통제 조직의 부단한 노력과 함께 조직 전체가 내부통제 운영주체가 되어야 한다는 것을 강조하고 있다. 전사적 위험관리의 지향점은 앞서 설명하였듯이 감독당국의 사전대응적 리스크중심의 감독·검사(RBS)와 그 궤를 같이하고 있다.

(2) 리스크자가진단 (Control Self-Assessment)

최근 내부통제제도와 관련하여 실무적 차원의 가장 큰 변화는 리스크자가진단(CSA)의 확산이다. 오늘날 정부, 기업, 비영리단체 등 모든 조직은 성장발전을 위한 투명가치 전략을 지향함에 있어 자기성찰(self- assessment)에 의한 창조적 혁신의 지속추진과 리스크관리시스템에 대한 상시모니터링을 점차 강조하고 있다.

이러한 추세는 국내에서도 마찬가지이며, 기업 및 공공법인에서 투명성 제고의 일환으로 자체평가 또는 자가진단에 대한 요구가 현저하게 증가하고 있다. 금융회사와 대기업을 중심으로 조직이 직면하고 있는 다양한 리스크의 인식, 측정, 통제 등과 관련하여 내부통제기능 확립을 중시하고 한편으로는 모든 구성원의 참여를 유도하는 촉진컨설팅 기법에 의한 내부통제 평가를 강조하고 있다.

그런 점에서 업무자체가 바로 리스크인 금융회사야 말로 이와 같은 혁신적인 평가기법에 주목하지 않을 수 없다.

CSA는 통제 리스크자가진단(CRSA, Control and Risk Self-Assessment) 또는 리스크자가진단(Risk Self-Assessment) 등으로 다양하게 불리어지면서 적용과정도 기관에 따라 다르다. 법규 및 절차 등에 의거하여 회계장부나 문서를 검토하는 전통적인 하드웨어적 내부통제방식에서 벗어나 조직의 목표 달성을 저해하는 제반 리스크 요인을 조직 구성원이 스스로 진단하게 하는 소프트웨어적 내부통제방식이다.

기존의 내부통제방식으로 조직의 곳곳에 내재되어 있는 위험을 근원적으로 발견·통제하는데 한계가 있다는 인식하에 모든 구성원이 자기조직의 건전성을 스스로 진단·평가하게 함으로써 위험요소

전통적 감사업무와 CSA의 비교(예시)		
구 분	전통적 감사	CSA
중점확인사항	부정, 오류 적발중심	리스크의 발견 및 강점의 확산
권한 주체	내부감사팀	각 조직 구성원
접근 방법	수동적 확인	개방적 평가
내부감사 역할	준거감사 / 적발중심	평가감사 / 리스크관리 중심

를 사전에 제거하려는 것이다.

그러므로 CSA는 촉진컨설팅기법 등에 의한 평가기술이나 접근방법도 매우 중요하지만 절차와 과정도 크게 중요시 되고 있다. 왜냐하면 조직구성원 모두로부터 시사점을 도출해 낸다는 것은 결코 쉬운 일이 아니기 때문이다.

예컨대 모든 구성원을 대상으로 이루어지는 서베이, 질문, 토의, 워크샵, 무기명투표 등의 과정에서 가능한 한 모든 부분의 문제점과

잠재적인 취약점이 부각될 수 있도록 구성원들이 자유롭게 발언할 수 있도록 해야하고 토론한 내용에 대한 비밀보장이 이루어져야 한다.

또한 토의결과 도출된 취약요인과 이의 통제수단을 정리하여 상급자에게 보고하고, 상급자는 보고된 내용에 의거하여 문제점을 해소하기 위한 통제장치 마련 등의 후속처리가 효율적으로 마무리되어야 소기의 성과를 거둘 수 있다.

지금까지 살펴본 내부통제에 관한 새로운 조류는 앞으로 내부통제조직으로 하여금 관련 업무를 더욱 내실있게 수행할 수 있는 전문성을 요구하고 있다. 한편으로는 내부통제기법의 진화를 거스를 수 없는 시대적인 요청으로 받아들여 적극적으로 대응해 나가야 할 것이다.

다. 내부회계관리제도

(1) 내부회계관리 강화 배경

내부회계관리제도는 대형회계 스캔들 등으로 내부회계 및 내부통제의 중요성이 부각됨에 따라 회계제도 개혁의 일환으로 도입되었다. 미국의 경우 2001년 말 엔론, 월드콤 등 대형 회계부정 스캔들이 계기가 되어 기업정보의 투명성 강화를 통한 공공의 신뢰도 향상을 위해 2002년 7월 '사베인-옥슬리법(Sarbanes-Oxley Act)'을 제정하였다.

우리나라에서도 1997년 외환위기 이후 회계투명성의 중요성이 부각되어 2002년 11월 회계제도 선진화방안이 발표되었으며, 2003년 SK글로벌 회계부정사건을 계기로 가속화되어 2003년 12월 '주식회사의 외부감사에 관한 법률(이하 외감법)', '증권거래법' 등의 회계제도개혁법안이 국회를 통과하였다.

회계제도 개혁법의 주요내용			
개혁법	주요내용	대상법인	시행시기
외감법	▶내부회계관리제도의 구축 및 운영 ▶외부감사인의 내부회계관리제도 ▶검토결과에 대한 의견표명 의무화	외감대상 법인 (자산총액 70억원 이상)	▶회사 : 2004년 4월 1일 시행 ▶감사인 : 2004년 4월 이후 최초개시 사업연도부터 의견표명
증권거래법	▶유가증권신고서, 사업보고서(분/반기 보고서 포함) 등에 대한 CEO/CFO의 확인, 서명 의무화	상장법인 등	▶2004년 4월 1일 시행
증권관련 집단소송법	▶사업보고서 등의 허위기재 또는 중요사항 누락 등으로 손해가 발생한 유가증권 취득자는 손해배상을 청구	자산 2조원 이상 상장법인	▶2005년 1월 1일 시행

(2) 내부회계관리제도의 주요 내용

내부회계관리제도는 회사가 기업회계기준에 의거한 재무제표의 작성과 재무보고체계의 신뢰성에 대한 합리적 확신을 제공하기 위해 설계된 제도로서 회사의 이사회, 경영진 등 모든 구성원들에 의해 지속적으로 실행되는 과정을 의미한다.

　내부통제제도와 내부회계관리제도의 관계를 보면 내부통제제도의 목표가 1) 운영목적(operation, 운영의 효율성 및 효과성), 2) 재무보고목적(financial reporting, 재무보고의 신뢰성), 3) 준수목적(compliance, 각종법규의 준수)을 포함하고 있는 반면, 내부회계관리제도는 재무보고목적과 관련된 것으로 협소한 의미의 내부통제로 볼 수 있다.

　한편, '외감법'에서는 회사는 신뢰할 수 있는 회계정보의 작성 및 공시를 위하여 내부회계관리규정 및 이를 운영하기 위한 조직을 갖추도록 규정하고 있다. 내부회계관리규정은 회계정보의 식별ㆍ측정ㆍ분류ㆍ기록 및 보고에 관한 사항, 회계정보의 오류통제 및 수정

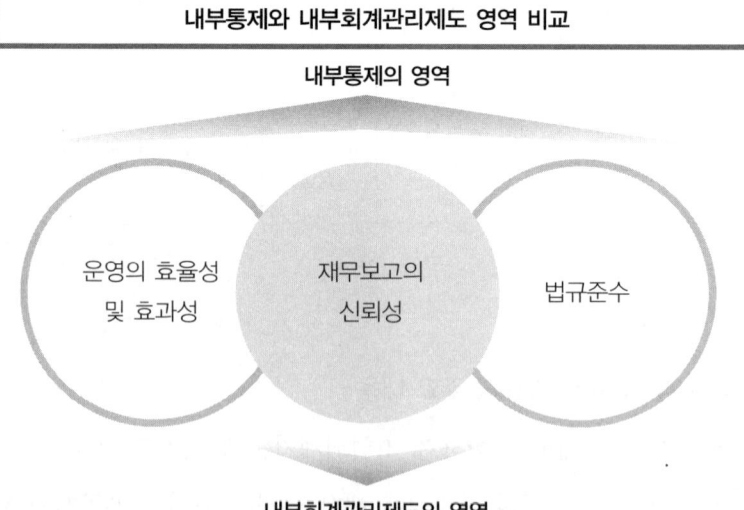

내부통제와 내부회계관리제도 영역 비교

내부통제의 영역

운영의 효율성 및 효과성　　　재무보고의 신뢰성　　　법규준수

내부회계관리제도의 영역

에 관한 사항 등을 포함하여야 하며 내부회계관리조직으로 상근이사 1인을 '내부회계관리자'로 지정하여야 한다.

국내 금융회사의 경우 주로 재무담당임원(CFO)이 담당하고 있다. 내부회계관리자는 매반기마다 이사회 및 감사에게 내부회계관리제도의 운영실태를 보고하여야 한다.

그리고 감사(위원회)는 매사업연도마다 내부회계관리제도의 운영실태를 평가하여 이사회에 보고하고 이에 대한 시정의견이 있는 경우 이를 포함하여 보고하도록 하고 있다.

아울러 회계법인 등 외부감사인은 회사의 외감법에서 규정한 내부회계관리제도의 운영실태에 관하여 검토하고 종합의견을 감사보고서에 표명하게 되며 금융회사의 경우 2005년 3월 말 결산법인인 증권사 및 보험사부터 외부감사인이 종합평가를 실시하고 있다.

한편, 국내 대형 회계법인들은 기존의 내부통제에 대한 감사경험을 토대로 내부회계관리제도의 구축에 관한 컨설팅업무를 수행하고 있다. 특히, 미국에 상장된 국내 금융회사는 미국의 '사베인-옥슬리법'의 내용을 충족하기 위한 재무보고 내부통제를 구축하기 위하여 회계법인으로부터 컨설팅을 받아 규정을 정비하고 시스템을 구축하기도 하였다.

(3) 내부회계관리제도 모범규준

내부회계관리제도는 2001년 8월 한시법인 '기업구조조정촉진법'에서 최초로 도입되었으나, 법체계만 갖추어져 있을 뿐 실질적으로 운영하는데 필요한 원칙 및 기준이 없었다. 이에 따라 2003년 12월 '외감법'에 이를 규정하고 내부회계관리제도에 대한 외부감사인의 검토의견 공시를 의무화하여 내부통제에 대한 경영진의 실질적 운영을 요구하였다.

그러나 일부 대형 금융회사를 제외한 대부분의 회사들이 관련법에서 정한 최소한의 형식적 요건만 갖추고 있으며 실질적인 운영은 미흡한 것으로 평가되고 있다. 아울러 시스템을 구축하고자 하는 회사의 경우에도 회계법인의 컨설팅 등을 위한 초기 비용부담이 불가피하였다.

특히, 모든 외감대상법인(자산 70억 원 이상, 약 1만 3,000개사)을 내부회계관리제도의 대상으로 하고 있어 소규모 회사의 경우 내부회계관리조직을 갖추는 데에 어려움이 있는 것으로 알려지고 있다.

이에 내부회계관리제도의 실질적인 운영을 위한 원칙 및 기준의 부재라는 문제점을 해소하기 위해 기업들이 실제 내부회계관리제도의 구축에 준거할 수 있도록 내부회계관리제도의 설계, 운영, 평가, 보고를 하는 데 필요한 세부지침을 제시하였다.

내부회계관리제도 모범규준은 금융감독원, 공인회계사회, 한국상장회사협의회, 코스닥협의회, 중소기업협동중앙회, 기업지배구조개선지원센터 등이 참가하는 테스크포스(Task Force)에서 마련하였으며 2005년 6월에 확정하였다. 아울러, 모범규준의 적용대상도 상장대기업, 상장중소기업과 비상장대기업, 비상장중소기업 등으로 차별적용토록 하여 중소기업의 부담을 완화하였다.

회사수준별 모범규정 적용 비교표		
구분	상장대기업	상장중소기업 · 비상장대기업
〈내부회계관리제도의 설계 및 운용〉		
통제 환경	▶공식적인 윤리강령 및 부정 방지 프로그램 구축	▶윤리가치에 대한 비공식적인 통제 환경 조성 가능
리스크평가	▶리스크의 식별 및 평가를 위한 공식적 체계 구축	▶경영진의 임직원 등과의 직접적이고 일상적인 의사소통을 통한 리스크평가 가능
통제활동	▶업무프로세스 수준에서의 통제활동을 수립	▶경영진의 직접적인 관여 등 보완 통제로 대체가능
정보 및 의사소통	▶정보시스템 구축 및 공식적 의사소통경로 구축	▶경영진과 임직원 등과의 비공식적인 의사소통경로 활용 가능
모니터링	▶상시 모니터링 수행 및 독립적인 자체평가 실시	▶경영진의 직접적인 관여로 상시 모니터링 대체가능 ▶자체평가 및 검증 가능
〈내부회계관리제도의 평가 및 보고〉		
평가자	▶평가대상 통제로부터 독립된 위치에 있는 자가 평가수행	▶통제업무수행자가 평가 수행가능
설계 효과성 평가방법	▶추적조사, 질문, 문서검사 등의 방법 적용	▶추적조사 생략 가능
운영 효과성 평가방법	▶재수행, 질문, 관찰, 문서검사의 방법 적용	▶재수행 생략 가능
의견표명	▶적극적인 의견표시	▶소극적인 의견표시

(4) 내부회계관리제도 평가

2005년에는 국내뿐만 아니라 미국에서도 내부회계관리제도를 포함한 회계제도개혁법의 효용성에 대한 논란이 있었다. 논란의 핵심은 회계제도 개혁으로 인한 수익(benefit)보다 비용(cost)이 더 클 수 있다는 것이다.

미국의 경우 시스템 구축비용 및 외부감사비용의 증가 등 직접적인 비용뿐만 아니라 외국기업이 미국증권시장 상장 기피, 상장폐지 기업의 증가 등의 부작용에 대하여도 우려하고 있다.

이러한 논란에 따라 미국의 경우 소규모 기업 및 외국사에 대하여는 '사베인-옥슬리법' section 404의 적용을 1년간 유예한 바 있으며, 우리나라에서도 자산총액 500억 원 이하의 기업(약 9,700개)에 대하여는 내부회계관리제도의 적용을 2년간 유예하도록 법령을 개정하였다.

그러나 많은 전문가들은 내부회계관리제도의 구축을 미래에 대한 투자로 인식하여 단기적인 비용증가에 너무 연연하지 말고 좀 더 긴 안목으로 접근할 것을 주문하고 있다.

미국 사베인-옥슬리법의 주요내용

▶미국의 사베인-옥슬리법(Sarbanes-Oxley Act)은 모두 11개장으로 구성되어 있으며 상장회사회계감독위원회(PCAOB)의 설립, 외부감사인의 독립성 강화, 기업 재무제표에 대한 경영진의 책임 강화 등 기업의 투명성을 확보하기 위한 다양한 내용을 수록

• 이중 가장 핵심적인 사항은 1)Section 302 '재무보고에 대한 기업의 책임' (Corporate Responsibility for Financial Reports)과 2) Section 404 '내부통제에 대한 경영진 평가' (Management Assessment of Internal Control)임

1) Section 302: 재무보고에 대한 기업의 책임

• CEO/CFO는 사업(분기)보고서 관련 다음 사항을 서약(certification)
  - 사업(분기)보고서의 모든 내용이 정확하고 완전하며 중요한 사실에 대하여 허위기재 하거나 누락한 사실이 없음
  - 내부통제상의 중요한 결함 및 이슈를 감사위원회 및 외부감사인에게 통보함
  - 회사의 공시통제 및 절차(DC&P: Disclosure Control & Procedure)*를 구축·운영할 책임은 CEO/CFO에 있음
  *공시를 위해 기록·요약·보고되는 각종 정보에 대한 합리적인 확신을 얻기 위한 통제 및 절차

2) Section 404: 내부통제에 대한 경영진 평가

• 사업보고서에 다음의 내용을 기술하여야 함
  - 재무보고 내부통제(ICFR: Internal Control over Financial Report)*의 설계 및 운영에 대한 회사 경영진의 책임
  *기업회계기준에 따른 재무제표의 작성 및 보고에 대한 합리적 확신을 제공하기 위한 절차
  - 회계연도말 시점의 재무보고 내부통제(ICFR)의 유효성에 대한 경영진의 평가결과

• 아울러 회사의 재무보고 내부통제(ICFR)에 대한 평가는 외부감사인에 의해 인증(attestation)되어야 하며, 인증사항은 보고서로 작성하여야 함

PART 3

내부통제에 대한
이해

"리스크는 기업전략 전반 및 시장에서의 기회 등 종합적인

맥락에서 평가되어야 하며, 속담에도 나오듯이 '리스크없이는 보상도 없다'.

기업은 급변하는 글로벌 경영환경에 적극적으로 대처하면서 경영성과를 높이기 위해 전략적

리스크관리에 관심을 보이기 시작했다. 이는 단순히 안전점검 수준의 접근방식을 넘어 이익을

발생시키는 핵심프로세스를 파악하고 내부 프로세스와 외부적 사건을 모두 관찰하여 리스크와 이익을

지속적으로 재평가하고 균형을 맞추려는 방식이다. 전략적 리스크관리는 역동적으로 변하는 비즈니스

환경에 걸맞는 매우 역동적인 접근방식이어야 한다. 그리고, 그 궁극적인 목적은 각 기업이 자신들의

리스크관리 프로세스를 평가하도록 돕는 것이다. 리스크를 완전히 없애는 것이 아니고(이것

은 불가능한 일) 경영에 유연성을 부여하고 피해를 입어도 조속히 회복할 수

있는 능력을 기르는 동시에 우회로를 찾는 것이다."

(폴 A.로디시나, ≪글로벌경영환경 10년 후 시나리오≫ 중에서)

1. 내부통제의 의의와 목적

(1) 내부통제의 의의

조직의 내부통제(Internal Control)에 관한 의미는 다양하게 이해되고 있으나 1992년 미국의 COSO[29]보고서가 언급한 정의가 일반적으로 통용되고 있다. COSO는 내부통제를 효율적인 업무운영, 정확하고 신뢰성 있는 재무보고, 관련법규 및 내부정책·절차 준수 등의 목표를 달성하는데 있어 합리적인 확신을 주기 위해 회사 내부적으로 고안되어 이사회, 경영진 및 직원 등 모든 구성원들에 의해 지속적으로 실행되는 통제과정으로 풀이하고 있다.

내부통제는 회사의 경영정책이나 업무매뉴얼이 아니라 경영목표를 달성하기 위한 수단으로서 모든 구성원에 의해 수행되는 일련의 통제활동이다. 따라서 내부통제는 회사의 목표를 달성하는데 절대적으로 확신을 주는 것은 아니며 가능한 한 합리적인 확신을 이끌어 내도록 하는 것이다.

한편, 우리나라 회계감사준칙에서는 내부통제를 회사의 목적달성을 지원하기 위해 경영진이 채택한 모든 정책과 절차로 정의하고 있다. 여기서의 내부통제는 회계 관련 사항뿐만 아니라 그 이외의 통제를 포괄하며 크게 통제환경과 통제절차로 구분할 수 있다.

먼저, 통제환경은 내부통제제도와 내부통제의 중요성에 대한 경영진의 태도·의식 및 행동을 의미하며, 통제절차의 유효성에 영향을 미친다. 그리고 통제절차는 회사의 목표를 달성하기 위하여 경영

통제환경의 고려요소 및 통제절차	
통제환경의 고려요소	**통제절차**
▶이사회 또는 감사와 감사선임위원회 등의 기능 ▶경영자의 경영철학과 경영방식 ▶회사의 조직구조와 권한과 책임의 위임방법 ▶내부감사기능, 인사에 관한 정책과 절차, 그리고 업무의 분장 등을 포함한 경영진의 통제체계	▶기록 계산의 정확성 검토 ▶전산프로그램의 변경, 자료 파일의 접근에 대한 통제절차를 수립하는 등 전산정보시스템의 환경과 적용에 대한 통제 ▶문서의 승인과 통제

진이 구축한 통제환경 내에 있는 제반 정책이나 절차를 수행하는 과정을 말한다.

(2) 내부통제의 목적

금융회사도 일반조직과 마찬가지로 내부통제의 중요성을 인식하여 영업규모, 영업활동의 특성, 리스크의 양과 수준 등을 고려한 효과적인 내부통제제도를 구축·운영하여야 한다. 금융회사가 소속된 권역, 금융회사의 규모나 특성에 따라 약간의 차이가 있을 수 있지만 그 본질은 같다.

바젤위원회에서 제정한 '은행 내부통제시스템 운영에 관한 일반준칙'(Framework for Internal Control System in Banking Organization, 1998년 9월, 이하 '바젤위원회 내부통제 운영기준')에 의하면 내부통제제도 목적을 성과 목적, 정보 목적, 법규준수 목적 등 세 가지로 구분하고 있다.

내부통제의 목적		
성과 목적 (performance objective)	**정보 목적** (information objective)	**법규준수 목적** (compliance objective)
▶회사의 자산과 자원을 효율적으로 사용하고 손실발생으로부터 보호하는 등 영업활동과 관련한 효율성을 확보	▶주주 및 경영진, 감독당국, 기타 이해관계자에게 신뢰성 있는 재무 및 경영정보가 적기에 제공될 수 있도록 질적 수준을 유지	▶관련법규 및 감독기준, 회사의 정책 및 절차가 정당하게 이루어지도록 하기 위한 목적

2. 내부통제 조직 및 역할

금융회사의 내부통제는 이사회, 경영진, 감사위원회(감사), 준법 감시인, 중간관리자 및 일반직원에 이르기까지 모든 구성원들에 의해 운영되어야 한다.

특히, 이사회와 경영진은 직원들로 하여금 내부통제의 중요성과 각자의 역할을 이해하고 구성원들이 내부통제활동에 적극 참여할 수 있도록 건전한 통제문화를 형성하는데 노력하여야 한다.

가. 내부통제 운영주체

금융회사의 내부통제를 운영하는 주체에 대해서는 근본적인 인식 전환이 필요하다. 다수의 금융회사 임직원들은 내부통제는 감사위원회, 감사부서, 준법감시인 등 내부통제 관련부서의 고유업무라고 이해하고 있는데 이는 매우 그릇된 인식이 아닐 수 없다.

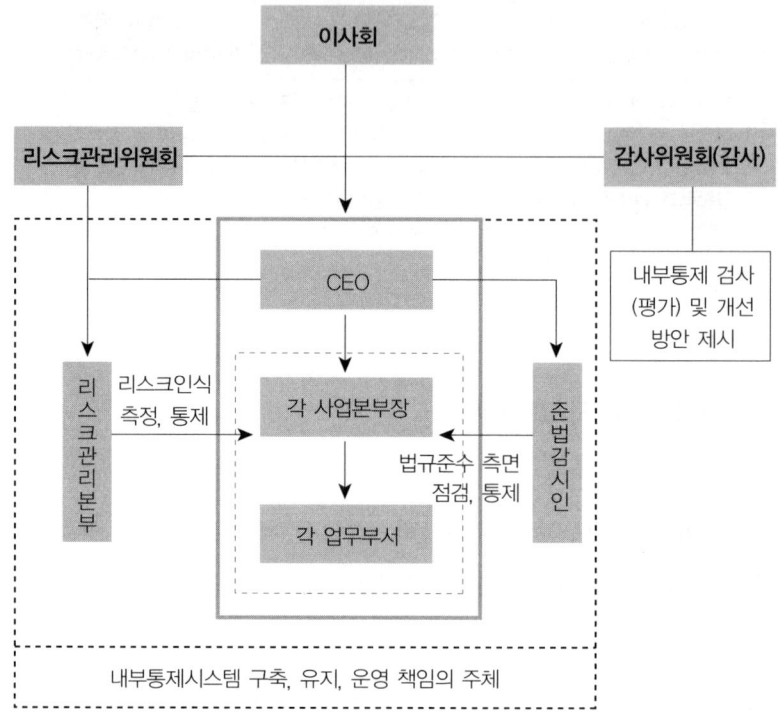

내부통제 운영체제(예시)

이사회

리스크관리위원회 — 감사위원회(감사)

CEO

내부통제 검사 (평가) 및 개선 방안 제시

리스크관리본부
리스크인식 측정, 통제

각 사업본부장

법규준수 측면 점검, 통제

준법감시인

각 업무부서

내부통제시스템 구축, 유지, 운영 책임의 주체

오늘날 금융업무는 업무영역별로 세분화되고 있기 때문에 과거처럼 내부통제부서가 모든 업무를 관장할 수는 없다. 예컨대 각 사업부문은 사업부문대로, 각 부서는 부서대로, 각 팀별로, 각 개인별로 내부통제운영에 관한 필요한 절차가 무엇인지를 깨닫고 이를 실천하는 것이 내부통제 성공여부의 관건이 되고 있음을 유의할 필요가 있다.

(1) 이사회

이사회는 회사의 대표기구로서 효율적인 내부통제시스템을 구축하고 적절하게 유지될 수 있도록 총괄적인 책임을 지며 내부통제시스템의 운영에 관한 전반적인 사항을 지휘·통솔하여야 한다.

이사회는 경영진과 내부통제시스템의 유효성을 주기적으로 협의하고 경영진, 내·외부감사인 및 감독당국에 의해 행해지는 내부통제 운영에 대한 평가결과를 점검하여야 한다. 또한, 감사인 및 감독당국의 권고사항 또는 관심사항이 경영진에 의해 적절하게 조치되고 있는지를 모니터링하고, 회사의 경영전략과 리스크 한도를 주기적으로 점검하여야 한다.

내부통제시스템의 적절한 운영을 위한 이사회의 임무
－바젤위원회 내부통제 운영기준－

① 전반적인 사업전략과 주요 정책을 주기적으로 검토·승인

② 제반 리스크 및 한도를 이해하고 이에 대한 수용가능 한도를 설정, 경영진이 리스크를 인식·측정·통제할 수 있는 시스템을 구축·운영하도록 감독

③ 내부통제시스템의 효율적 운영에 필요한 조직구조 승인

④ 경영진이 내부통제시스템의 유효성을 적절히 모니터링하도록 감독

---

(2) 경영진

경영진은 이사회가 승인한 사업전략 및 정책을 집행하면서 회사의 최종목표를 효율적으로 달성하기 위해 내부통제시스템을 적절하게 구축·운영할 책임이 있다.

각 사업부문에서 내부통제와 관련된 제반정책 및 절차가 지켜질 수 있도록 조직 단위별로 통제이행 의무와 책임을 부여하고, 중간관리자를 비롯한 모든 직원들이 내부통제운용과 관련한 스스로의 책임을 이해하고 그 역할을 적절하게 수행하도록 감독해야 한다.

내부통제시스템의 적절한 운영을 위한 경영진의 임무
-바젤위원회 내부통제 운영기준-

① 이사회가 승인한 사업전략 및 정책을 집행

② 회사가 직면하고 있는 제반 리스크 인식·측정·모니터링·통제하기 위한 시스템 개발 및 운영

③ 의무, 권한 및 보고관계가 명확한 조직구조 유지

④ 하부 위임된 책임이 효율적으로 수행되는지 여부를 감독

⑤ 적절한 내부통제정책 수립 운영

⑥ 내부통제시스템의 적정성, 유효성 등에 대한 점검 및 모니터링

---

(3) 감사위원회(감사)

감사위원회는 경영진이 내부통제시스템을 적절하게 운영하고 있는지 여부를 평가하고 평가결과 및 미비사항을 적기에 이사회에 보고하여야 한다. 이사회 산하의 위원회로서 감사위원회를 두거나 감사를 임명하는 두 가지 형태가 있다. 대형 금융회사의 경우에는 관련법규에 의거 감사위원회를 운용토록 하고 있다.

감사위원회는 이사회의 책임을 보좌하지만 독립적인 활동을 통하여 이사회를 거치지 않고 회사의 내부통제시스템 운영에 관한 제반

정보 및 보고서에 대한 세부 점검을 실시하고 필요한 조치를 취할 책임이 있다.

위원회 활동을 보조하기 위해 내부감사기구를 두는 방법으로 내부통제의 운영을 감독하며 회사의 모든 재무정보, 자료 및 기록에 접근할 수 있어야 한다. 또한 감사위원회는 이사회, 경영진, 감사인 및 감독당국과의 의사소통 역할을 수행하여야 한다.

(4) 준법감시인

준법감시인은 경영진의 입장에서 회사의 각 사업부문과 구성원들이 직무를 수행함에 있어 관계법령을 준수하도록 하고 기본적인 규범이나 절차, 기준 등을 제시해야 할 책임이 있다.

그 주된 역할로서 법규준수 여부를 점검하는 업무를 담당한다. 점검결과 문제점이 확인되거나 위반사항이 있을 경우 자체인력 또는 감사부서의 도움을 받아 조사를 실시하여 감사위원회에 보고하고 대응책을 마련토록 하여야 한다.

국내에서는 1999년 감사위원회 제도 도입에 이어 대형 금융회사를 중심으로 준법감시인을 두도록 제도화하고 있다. 이는 금융회사로 하여금 법규준수 의식을 한층 더 높게 요구할 필요성이 있기 때문이다.

준법감시인 제도는 도입 시기와 시행 역사가 일천하여 일부 문제점이 있는 것으로 제기되고 있다. 감사부서와의 업무중복소지, 전문인력 부족 등이 그 예인데 이론적으로는 준법감시조직은 경영진의 입장에서 업무활동에 수반되는 법규준수 상황을 파악하자는 것인데, 주주와 회사 차원에서 경영진을 견제하는 감사위원회와의 업무를 명확하게 구분하기는 쉽지 않은 것 같다(감사위원회제도와 준법감시인제도에 대해서는 후술).

(5) 내부회계관리자

회사의 내부통제 주체로서 내부회계관리자는 국내외의 대형회계 스캔들에 따른 기업정보의 투명성 강화 차원에서 도입되었다. 기업의 회계정보의 정확성 및 완전성을 도모하기 위하여 미국 등 선진국의 사례를 참고하여 회계측면에서의 내부통제장치를 보강할 필요가 있었다. 이에 따라 일정규모 이상의 외부감사대상 법인에 대해 내부회계관리제도를 구축토록 요구하게 되었다.

회사의 대표는 내부회계관리제도의 관리 및 운영에 책임을 지며 이를 담당할 상근이사 1인을 내부회계관리자로 지정하여야 한다. 일반적으로 금융회사의 경우 재무담당 임원(CFO) 또는 부서장급이 내부회계관리자로 임명되고 있으며, 내부회계관리자는 매반기마다 이사회 및 감사에게 회사의 내부회계관리제도의 운영실태를 보고하여야 한다.

이를 위해 내부회계관리자는 내부회계관리제도에 대한 일상적 업무의 일부로서 상시 모니터링을 수행함과 동시에 내부회계관리제도의 전반적인 유효성에 대한 평가를 정기적으로 실시하여야 한다. 요컨대, 내부회계관리자는 재무보고 및 공시통제 운영실태 등 협소한

내부회계관리자의 주요업무	
구 분	**주요업무 예시**
역할	▶내부회계관리제도의 관리·운영 책임 및 운영실태를 이사회·감사(위원 회)에 보고
활동주체	▶내부회계관리자 및 그 보조기구
주요활동	▶내부회계관리제도 운용 관리 ▶재무보고 내부통제시스템 구축 및 운영 ▶재무보고 내부통제 유효성 평가, 보고 및 사후관리 ▶재무보고 내부통제 교육 및 지도

의미의 내부통제를 수행하는 것으로 볼 수 있다.

(6) 사업부문(영업점) 감사담당 및 일반직원

금융회사의 조직은 개인을 시발점으로 하여 소그룹, 중대조직, 경영층으로 이어지면서 흔히 부서별 또는 사업부문별로 구분된다. 회사의 구성원과 각 조직은 회사의 기본정책과 사업지침을 따르고 있으며, 각기 소속된 사업부문별 업무수행에 있어서 절차의 정당성을 요청받고 있다.

그런 점에서 회사의 모든 구성원은 내부통제 운영의 주체임을 인식하여야 한다. 각자의 직무를 수행함에 있어 자신의 역할을 잘 이해하고 관계법규, 내부통제 기준, 윤리강령 등을 충실히 따라야 한다.

개인이야말로 내부통제 운영의 출발점이며, 내부통제 운영의 허점이나 오류, 사기, 도덕적 해이 등은 모두 개인에서 발단되고 있다.

그러므로 구성원 모두가 조직의 내부통제에 대해 철저히 이해하는 것이 바로 내부통제운영의 핵심이라 하겠다.

나. 내·외부감사인과 감독당국

(1) 내부감사인

내부감사인은 내부감사제도(Internal Auditing) 운영에 있어서 핵심적인 역할을 담당하여 리스크 관리, 내부통제시스템 운영, 지배구조의 효율성을 객관적이고 독립적인 입장에서 검토하고 평가하는 기능을 수행한다.

이를 위해 내부감사인은 금융회사의 사업전략, 경영목표, 판매 상품 및 서비스의 내용, 업무프로세스 전반에 대한 폭넓은 이해를 가져야 하며, 내부감사업무 수행과정에서 발견한 중요사항을 이사회, 감사위원회 및 고위경영진에게 전달할 수 있는 조직내 지위를 확보하여야 한다.

한편, 내부감사인은 기본적인 내부통제시스템 운영의 적정성에 대한 평가에 부수하여 내부통제시스템 운영에 대한 조언 및 컨설팅 기능도 수행한다. 즉, 고위경영진이 각 업무분야에 대한 내부통제시스템을 개발할 때 조언 및 컨설팅을 수행함으로써 경영진이 내부통제시스템과 관련한 리스크를 적절히 고려하여 올바른 내부통제시스템을 설계하여 운영할 수 있도록 보조하여야 한다. 또한 경영진이 구축·운영중인 내부통제시스템이 적정하게 작동되고 있는지를 독립적인 입장에서 분석 · 평가하고 문제점을 도출하여 시정토록 하는 역할을 수행한다.

한편 바젤위원회의 내부감사운영기준[30]에서는 다음과 같은 내부감사운영원칙을 제시하고 있다.

내부감사 운영원칙	
영속성 (Continuity)	▶금융회사는 영구적으로 운영되는 내부감사기능을 가져야 하며 고위 경영진은 내부 감사기능이 영업규모 및 영업특성 등에 적합한 형태로 지속적으로 유지될 수 있도록 필요한 조치를 취해야 함
독립성 (Independent Function)	▶내부감사기능은 감사대상이 영업활동 및 일상적인 내부통제과정상의 여러 기능과 독립적으로 운영되어야 함
공정성 (Impartiality)	▶내부감사기능은 편견과 외부로부터의 간섭없이 객관적이고 공정하게 수행하여야 하며 이해상충관계에 놓여서는 안 됨
전문성 (Professional Competence)	▶내부감사기능이 효과적으로 운영되기 위해서는 내부감사인이 감사업무에 대한 책임감을 가지고 지속적인 교육을 통해 전문성을 갖추어야 함
감사강령 (Audit Charter)	▶금융회사는 내부감사기능이 조직내에서 가지는 지위 및 권한을 규정하는 내부감사규정을 마련해야 함

(2) 외부감사인(External Auditor)

금융회사 내부통제 운영의 실질적인 주체는 아니지만 외부감사인도 중요한 역할을 담당하고 있다. 외부감사인은 재무보고에 관한 내부통제 효과성, 거래기록의 정확성 및 신속성, 재무보고 및 감독당국 보고서의 정확성 등에 관한 합리적인 확신을 제공함으로써 이사회와 경영진에게 회사의 운영과 관련한 유용한 정보를 제공하고 있다.

외부감사인은 재무보고와 관련된 내부통제의 유효성을 평가하고 그 결과에 따라 외부감사절차의 성격, 시기 및 범위 등을 결정하므로 회사의 영업활동 및 내부통제 전반 사항을 명확하게 이해하고 있어야 한다.

한편, 외부감사인은 주로 재무보고를 위한 내부통제시스템의 적정성에 대한 감사를 하지만 금융회사의 요구에 따라 특정 부문, 경영정보시스템 등 금융회사의 영업 및 경영 활동에 대한 적정성을 평가하거나 자문하기도 한다.

그리고 외부감사인은 외부감사과정에서 경영진 면담이나 시스템 개선방안 권고 등을 통해 내부통제시스템의 유효성에 대하여 중요한 피드백 기능을 수행하고 있다. 이러한 외부감사인의 활동은 내부감사기능을 보완하고, 내부통제시스템의 원활한 작동을 지원하고 있다.

한편, 감독당국은 금융회사의 외부감사기능이 적절하게 작동되고 있는지 여부에 대해 관심을 가지고 있으며 외부감사기능에서 권고한 의견이 이사회나 경영진에 의해 적절하게 수용되고 있는지에 대해서 점검하고 있다.

(3) 내·외부 감사조직과 감독당국과의 관계

금융회사가 운영하는 내부통제제도의 근간은 앞서 살펴본 대로 이사회와 경영진을 중심으로 독립적·객관적인 조직인 내부감사기능에 있다. 내부감사기능은 내부통제의 적절한 운영여부를 경영진과는 독립적인 입장에서 평가하고 그 결과를 이사회 및 경영진에 통보하고 문제점을 시정토록 하는 역할이다.

한편, 내부감사기능을 보완하기 위하여 회계, IT 등 전문분야에 대해서는 외부감사인을 활용하고 있다. 금융업무가 고도의 전문성을 요구하고 있는 만큼 외부전문가 그룹에 의한 평가 및 자문활동이 매우 중요한 의의를 지니고 있다.

그리고, 감독당국은 금융회사의 내부통제 및 내·외부감사기능 운영과 관련한 내부정책 및 절차의 적정성, 내·외부감사인에 의해

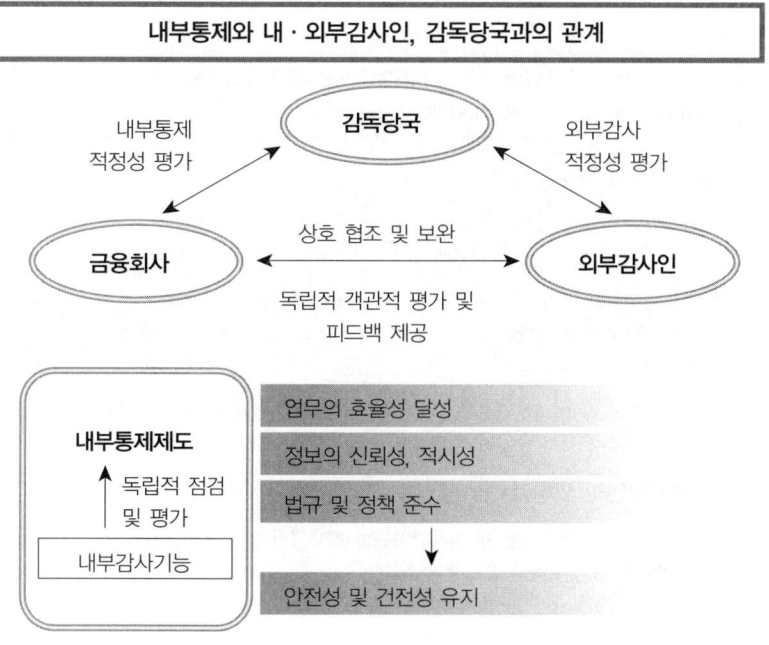

내부통제와 내·외부감사인, 감독당국과의 관계

인식된 내부통제의 취약점을 평가함으로써 개별 금융회사의 건전성과 금융시스템의 안정성에 중점을 두고 감독·검사업무를 수행하고 있다. 감독당국은 금융회사의 내부통제업무를 지도함에 있어 내·외부감사조직 등과의 역할 분담을 중시하고 있다.

요컨대 금융회사의 내부통제에 대한 책임은 1차적으로 금융회사 스스로에게 있으며, 이에 보완하여 외부감사인과 감독당국 등이 내부통제활동의 유효성에 대한 피드백 기능을 제공하는 것으로 이해할 수 있다.

참고로 바젤위원회에서 제시하고 있는 '금융회사의 내·외부감사인과 감독당국과의 관계'를 보면 보다 분명하게 이해할 수 있을 것으로 여겨진다.

바젤위원회의 '내·외부감사인과 감독당국간의 관계'
−Internal audit in banks and the supervisor's relationship with auditors−

▶**감독당국과 내부감사인**

- 감독당국은 은행 내부감사부서의 업무수행상태를 평가하여 결과가 만족스러운 경우 은행의 잠재리스크 인식에 내부감사부서를 적극적으로 활용

- 감독당국은 은행의 리스크 및 관련 조치사항을 논의하기 위해서 은행 내부감사인과 정기적으로 면담을 하여야 하며, 면담시 내부감사부서와 외부감사인간 협력범위에 대하여 논의

- 감독당국은 은행 내부감사부서의 장과 정책이슈(policy issues)에 관한 토론을 정기적으로 실시하는 것이 바람직

▶**내부감사인과 외부감사인**

- 감독당국은 내부감사인 및 외부감사인이 효율적인 협력체제를 구축할 수 있도록 양자간 협의를 적극 유도하여야 함

다. 내부통제 구성요소

금융회사가 어떠한 형식으로 내부통제시스템을 구성할 것인가에 대해서는 모범답안이 있는 것은 아니다. 회사의 규모, 영업활동의 다양성 및 리스크 종류나 수준 등에 따라 결정되어 지는 것이다.

일반적으로 내부통제시스템 구성의 프레임(frame)으로서 다섯 가지 기본요소를 제시하고 있다(COSO보고서). 즉 내부통제환경 및 통제 문화, 리스크평가, 통제활동, 회계 정보 및 의사소통시스템, 자기평가 및 모니터링 등인데 이러한 구성 요소는 내부통제가 지향하는 최종목표(성과달성 목적, 정보활용 목적, 법규준수 목적)를 성공적으로 도달하기 위한 활동방향을 제시하는 것으로 풀이할 수 있다.

그런데 이론적으로 제시되는 각 구성요소들이 국내 금융회사의 현실에 얼마나 잘 접목되고 있는지에 대해서는 보다 면밀한 접근이 필요하다. 이는 곧 우리가 늘 강조하는 바와 같이 말로 하는 이론보다 현실에서 이루어지는 실천이 더욱 중요함을 의미한다.

그런 점에서 금융회사들은 내부통제의 본질에 이르는 과정을 충분히 이해하고 올바르게 실천하는 지행합일(知行合一)의 자세로 내부통제를 이행하여야 할 것이다.

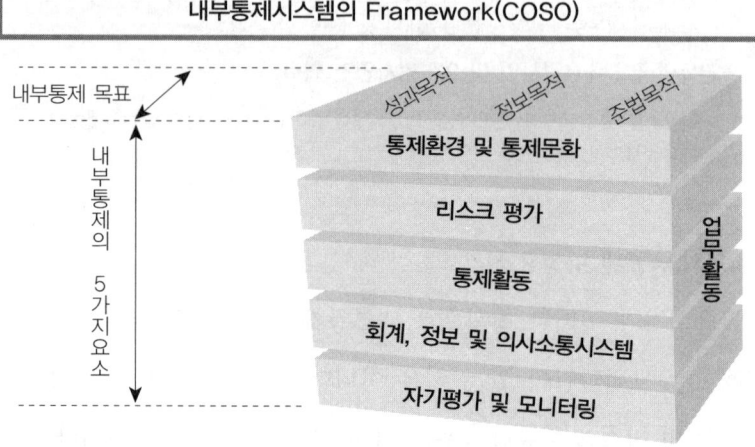

내부통제시스템의 Framework(COSO)

(1) 통제환경(control environment) 및 통제문화

통제환경은 회사의 내부통제시스템의 기초를 이루는 경영철학, 지배구조, 기업 문화 및 윤리의식, 종업원의 자질 등을 광범위하게 포괄하는 개념으로 이해할 수 있다. 통제환경은 내부통제시스템의 기본적인 기준과 틀을 제공함으로써 내부통제 구성 요소들이 적절히 작동될 수 있도록 여건을 조성하는 것이다.

효율적이고 강력한 통제환경을 조성하기 위해서는 조직의 모든 구성원이 내부통제시스템의 중요성을 인식하고, 제반정책 및 절차를 준수하겠다는 실천의지를 공유하는 것이 중요하다. 적절한 통제

문화를 형성하기 위해 이사회 및 경영진은 모든 직원에게 올바른 업무수행 자세와 윤리기준을 장려하고 이를 적극적으로 실천할 수 있는 조직문화의 활성화를 도모하여야 한다.

이를 위해 구체적인 업무수행절차를 문서화 또는 매뉴얼화하여 직원들이 충분히 활용할 수 있도록 하고, 중·장기적으로 발생할 수 있는 리스크를 무시하거나 단기적인 이익목표와 성과에 지나치게 의존하는 보상체계를 운영하지 않도록 유의하여야 한다.

(2) 리스크 평가(risk assessment)

리스크 평가는 회사가 직면하고 있거나 직면하게 될 각종 리스크를 인식, 측정, 분석하는 것을 의미한다. 내부통제시스템이 효과적으로 작동되기 위해서는 회사의 목표달성에 부정적인 영향을 미칠 수 있는 리스크 요인을 사전에 인식하고 평가하는 것이 중요하다.

일반적으로 금융회사에 내재하고 있는 리스크는 각 사업활동에서 비롯되는 신용리스크, 국가리스크, 시장리스크, 금리리스크, 유동성리스크, 운영리스크, 법규리스크, 평판리스크 등의 다양한 리스크를 적절히 인식하고 평가하여야 한다.

리스크 평가시 새로운 유형의 리스크나 그동안 간과되었던 리스크가 발견된 경우 이를 적절히 통제할 수 있는 방향으로 내부통제시스템이 보완될 수 있도록 하여야 한다.

(3) 통제활동(control activities) 및 직무분리

통제활동은 회사의 모든 직원이 이사회와 경영진이 제시한 정책 및 절차에 따라 일상업무를 수행하고 있는지 여부를 확인하는 제반 활동을 의미한다. 이는 리스크 평가과정에서 회사의 목표달성에 부정적인 영향을 미칠 수 있는 리스크를 효율적으로 통제할 수 있도록 유도하는 과정이다.

(기본적 통제활동의 예시)

① 영업성과보고서 및 예외사항보고서(exception report)의 검토

② 특정거래 및 영업활동에 대한 승인(한도를 초과하는 거래의 상위관리자 사전승인 및 이중서명 절차 등)

③ 개인의 부정행위 또는 오류사실 은폐를 방지하기 위한 직무분리

④ 사고개연성이 높은 직위의 관리자 및 직원에 대한 명령 휴가

⑤ 모든 거래내용이 바르게 기록되도록 하는 양식 및 기록장치의 운영

⑥ 실물자산과 거래기록에 대한 물리적 접근 및 이용 통제장치

⑦ 직무가 바르게 수행되고 있는지 여부와 거래기록의 정확성에 대한 독립적인 제3자에 의한 검증 등

한편, 내부통제시스템이 효율적으로 작동되기 위해서는 적절한 직무분리를 통하여 이해상충 가능성이 있는 직무분야를 최소화하고 독립적인 제3자에 의해 업무수행 내용을 모니터링할 수 있도록

하여야 한다.

(4) 회계, 정보 및 의사소통시스템(accounting, information and communication systems)

회계시스템은 회사의 모든 거래를 인식, 수집, 분석, 분류, 기록, 보고하는 방법에 관한 것이며, 정보시스템은 이사회 및 경영진이 의사결정에 필요한 영업활동, 재무, 법규준수 등에 관한 정보와 보고서를 생산 관리하는 것이다. 그리고 의사소통시스템은 정보시스템에 의해 생성된 정보를 내부관계자, 주주, 고객, 감독당국 등에 제공하는 역할을 한다.

내부통제시스템이 효율적으로 가동되기 위해서는 회사의 중요한 활동을 포괄하는 정보시스템 구축이 전제되어야 하며, 이같은 시스템은 보안 유지와 함께 장애발생에 대비한 비상대책을 갖추고 있어야 한다.

그리고 회사의 제반정보나 자료가 조직내부의 필요한 곳에 원활하게 전달되기 위해서는 커뮤니케이션 활성화가 중요하다. 정보의 소통경로(하부에서 위로, 상부에서 하부로, 또는 수평적으로 전달하는 체제)를 유지하여 소통장애가 발생되지 않도록 하여야 한다.

예컨대 특정부서나 특정인이 수집·생산한 정보가 경영진(또는 특정인)에게만 전달되거나 독점됨으로써 정작 정보가 필요한 영역에 공유되지 않는다면 오히려 문제의 소지를 키우는 결과를 초래할 수 있다는 점에 유의하여야 한다.

(5) 자가진단 및 모니터링(self-assessment or monitoring)

자가진단 또는 모니터링은 내부통제시스템 운영 실태와 유효성을 평가·검증하는 프로세스이다. 그동안 컨설팅이나 평가업무는 주로 외부기관에 의존해 왔다. 그러나 오늘날 기업의 리스크관리와 내부통제 운영에 있어서 구성원 스스로 자신을 진단하고 문제점을 발견해 나가는 전사적 위험관리와 자가진단 문화를 강조하고 있는 추세이다.

금융회사는 이에 관한 국제적인 best practice를 참고하여 자가진단 기능을 강화해 나가야 할 것이다. 내부통제운영에 대한 진단 및 모니터링은 경영진의 주도하에 내부통제조직이 수행하거나 외부의 독립적 기관에 의해서 수행될 수 있다.

자기진단 및 모니터링 관련 내용
-바젤위원회 내부통제 운영기준-

▶내부통제시스템의 유효성을 지속적으로(ongoing basis) 모니터링하여야 하며, 특히 중요 리스크에 대한 모니터링은 해당부서 및 내부감사조직에 의해 정기적으로 평가되어야 할 뿐만 아니라 일상적인 활동의 일부가 되어야 함

▶모니터링은 일상적인 영업활동의 일부로서 수행되는 상시 모니터링과 내부통제 과정 전반에 대한 개별적인 정기평가로 구분됨

▶유능하고 잘 훈련받은 감사조직을 일상 영업활동과는 독립적으로 운영하면서 내부통제시스템에 대한 효과적이고 포괄적인 감사업무를 수행토록 하여야 하며, 내부감사는 이사회 또는 감사위원회 및 경영진에게 감사 실시결과, 평가내용 등을 직접 보고하여야 함

▶발견된 내부통제제도의 취약점은 상위관리자에게 보고되어 즉각 시정조치가 취해져야 하며, 내부통제 운영상의 중요 문제점은 이사회 및 경영진에 보고하여야 함

이러한 모니터링 활동은 회사의 시스템 전반을 대상으로 할 수도 있고 이와 병행하여 사업부문별 또는 부서별(영업점)로 수행할 수 있다.

3. 내부통제시스템 평가

가. 평가의 의의

내부통제시스템 평가는 감사위원회(감사)가 내부통제절차의 효율적인 작동 여부를 점검하는 과정이며 그 목적은 자기성찰과 피드백 효과를 도모하는 데 있다. 평가 결과 나타난 문제점을 시정하는 것은 물론 예측하지 못한 미래흐름의 변화를 확인해 내는 것이 중요하다.

오늘날 금융회사의 영업 환경은 어느 때보다 변화가 빠르고 업무 범위가 광역화되면서 위험요인도 매우 다양해졌다. 이런 시기에는 내부통제 평가활동을 더욱 활성화시켜 미래지향적으로 대응할 필요가 있다.

금융회사의 내부통제는 그 범위가 넓어짐으로써 금융회사 스스로 해결한다는 것이 쉽지 않다. 그래서 일정부문에 대해서는 외부감사인에 의해 수행되고 있으며 이에 더하여 감독당국의 평가까지 받고 있다.

그러나 감독당국의 조직과 인력은 제한적이어서 개별 금융회사의 내부통제에 대해 세세하게 지도할 수는 없으므로, 선진국처럼 리스크중심의 감독 · 검사(RBS, Risk Based Supervision)를 지향하고 있다.

감독당국이 RBS를 효율적으로 수행하기 위해서는 금융회사의 내부통제기능이 한층 강화되어야 한다는 전제가 필요하다. 따라서, 금융회사 스스로 내부통제기능을 한층 개선시키고 제도나 운영상으로 결함이 없도록 만전을 기해야 한다.

금융권역별 감사위원회 규정 혹은 감사규정에 의하면 금융회사는 내부통제시스템에 대한 평가를 정기적으로 이행하고 그 결과를 이사회에 보고하도록 하고 있다. 그러나, 후술하는 바와 같이 금융회사의 내부통제시스템 평가는 아직 충분하게 이루어지지 않고 있다. 내부통제시스템 평가에 관한 규정내용은 다음과 같다.

금융권역별 내부통제 평가 표준안[31]

① 감사위원회직무규정(은행 §19, 증권 §16, 투신운용 §16, 보험 §16, 저축은행 §15, 여신전문 15)

(내부통제시스템에 대한 평가보고서)

위원회는 적어도 연 1회 이상 회사 내 내부통제시스템의 적절한 작동여부를 평가하고 개선책을 제시하는 다음 각 호의 내용을 포괄하는 내부통제시스템에 대한 평가보고서를 이사회에 제출하여야 한다.

1. 부서별 위험요소의 적정한 인식 및 관련 위험통제 시스템 작동 여부

2. 사업본부별 영업계획 · 전략 수립 프로세스상의 준법성 및 경영목표와의 합치 여부

3. 영업상 회계시스템 및 기준 변경 등의 준법성 및 적정성 여부

4. 정보의 보고, 공유, 관리체계의 적정성 여부

5. 부서별 업무 성과 분석체계의 효율성 및 효과성 여부

6. 내부통제 관련 임직원 교육프로그램의 적정성 여부

7. 준법감시인제도 운영의 적정성 여부

8. 조직구조상 내부견제시스템의 적정성 여부

9. 기타 점검이 필요하다고 판단되는 사항(은행)

② **감사직무규정(증권 §22, 투신운용 §22, 보험 §19, 저축은행 §18, 여신전문 §18)**

(내부통제시스템에 대한 평가보고서)

감사는 적어도 연 1회 이상 회사 내 내부통제시스템의 적절한 작동여부를 평가하고 개선책을 제시하는 다음 각 호의 내용을 포괄하는 내부통제시스템에 대한 평가보고서를 이사회에 제출하여야 한다.

1. 부서별 위험요소의 적정한 인식 및 관련 위험통제 시스템 작동 여부

2. 사업본부별 영업계획 · 전략 수립 프로세스상의 준법성 및 경영목표와의 합치 여부

3. 영업상 회계시스템 및 기준 변경 등의 준법성 및 적정성 여부

4. 정보의 보고, 공유, 관리체계의 적정성 여부

5. 부서별 업무 성과 분석체계의 효율성 및 효과성 여부

6. 내부통제 관련 임직원 교육프로그램의 적정성 여부

7. 준법감시인제도 운영의 적정성 여부

8. 조직구조상 내부견제시스템의 적정성 여부

나. 평가 착안사항

(1) 평가 세부방향 예시

① 평가대상 부문의 주요 직위와 기능

내부통제 평가자는 특정사업부문 또는 단위업무에 대한 내부통제

의 적정성을 점검할 때 해당부문의 통제시스템상 중심역할을 수행하는 주요 직위와 담당자를 면밀히 파악하여야 한다.

또 주요 직원에 의한 오류나 일탈행위를 예방할 수 있도록 내부통제기준이 설정되어 있는지, 그리고 잘못된 행위나 사실이 발생할 경우 이를 시스템적으로 신속히 탐지할 수 있도록 설계되어 있는지 여부 등을 점검·평가하여야 한다.

② 직무분리 운영여부 및 부문간 이해상충 소지 여부

오류 및 일탈행위의 가능성을 최소화하기 위해 직원들의 책임과 의무가 적절하게 분리되었는지를 확인하여야 하며 특정직원이 회사 자산관리와 기록유지업무를 동시에 수행하고 있는 분야가 있는지, 있다면 통제장치가 마련되어 있는지 여부 등을 점검하여야 한다.

③ 정책방향이나 정해진 기준을 벗어나는 행위 여부

임직원이 제반정책, 업무처리 관행 및 절차로부터 벗어난 행위를 하고 있는지 여부를 주의 깊게 점검하여야 한다. 특히 업무수행과정에서 번거롭다고 여겨지는 내부통제절차를 회피하기 위해 편법을 사용하는지 여부와 정책이나 절차가 조직 및 업무활동의 변화를 반영하지 못하고 있는 사례여부도 확인해야 한다.

④ 컴퓨터 운영에 관한 내부통제시스템 구축 여부

금융업무는 주로 컴퓨터에 의해 이루어지기 때문에 이에 대한 내부통제시스템이 효율적으로 구축되어 있어야 한다. 주전산기기 운영자뿐만 아니라 각 개인의 컴퓨터에 저장된 기록, 네트워크에 관해서도 물리적 접근을 통제하는 장치가 마련되어 있는지 여부를 점검하여야 한다.

⑤ 정보처리에 관한 내부통제시스템 구축 여부

금융회사의 경영정보시스템, 장부 및 각종 기록의 정확성을 확보하기 위해 정보처리 과정에 대해 내부통제시스템이 적절하게 구축·운영되고 있는지를 확인하여야 하며, 회계부문에 대해서도 중점적으로 점검하여야 한다.

(2) 평가 범위

개별 금융회사에 적합한 내부통제제도는 영업규모, 영업활동 및 리스크 특성 등에 따라 다르듯이 평가범위도 다양하게 설정할 수 있다.

또한 평가 방법은 회사의 내부사정에 의하여 자체적으로 결정할 수 있는데 COSO가 제시한 통제환경 구축, 리스크평가체제, 통제활동, 정보의 전달체계, 모니터링 등 내부통제 구성 5요소를 기준으로 평가하는 경우와 금융권역별 감사위원회직무규정에 규정한 9요소를 기준으로 평가하는 경우로 구분할 수 있다.

내부통제 구성 5요소를 주로 활용할 수 있겠으나 현실적으로 이에 미치지 못하는 중소 금융회사의 경우 관련규정에서 권고하고 있는 내부통제 9요소에 의한 평가를 이행하는 것이 바람직하다.

① 내부통제 구성 5요소에 의한 평가항목 예시

평가 부문	주요 평가 항목
통제환경 및 통제문화	▶전반적인 통제환경 및 통제문화의 유효성 ▶경영진의 내부통제시스템 구축 및 점검의 적정성 ▶임직원의 내부통제 대한 인식수준 ▶감사(위원회)제도 운영의 적정성 ▶준법감시인제도 운영의 적정성 ▶자금세탁 방지관련업무 ▶내부감사 조직의 적정성 ▶내부감사 인력의 전문화 정도 및 질적 관리 실태 ▶외부감사인 선정의 적정성 등
리스크 평가	▶전반적인 리스크 평가과정의 적정성 ▶각 금융업종별 리스크 관리체제 및 운영실태 등
통제활동 및 직무분리	▶내부통제체제의 적정성 ▶적절한 내부통제 절차 구축·운영 여부 ▶직무분리기준 이행 여부 ▶금융사고 관련 안전관리규정, 절차, 지침의 적정성 및 준수 실태 등
회계, 정보 및 의사소통시스템	▶회계시스템의 적정성 ▶정보시스템의 적정성 ▶의사소통시스템의 적정성 ▶위 시스템에 대한 점검의 적정성 등
모니터링	▶내부통제에 대한 점검의 적정성 ▶내부통제 문제점에 대한 사후관리의 적정성 ▶경영진에 의한 상시감시 및 자점감사의 적정성 ▶사고보고 및 처리의 적정성 등

② 내부통제 9요소에 의한 평가항목 예시

평가 부문	주요 평가 항목
대상 부서의 위험요인 인식 및 위험통제시스템 작동 여부	▶전반적인 리스크 평가과정의 적정성 ▶각 금융업종별 리스크 관리체제 및 운영실태평가
사업본부별 영업계획 · 전략 수립 프로세스상의 준법성 및 경영목표와의 합치 여부	▶경영의사 결정시 승인절차 이행 여부
회계시스템 기준변경 등의 준법성 및 적정성 여부	▶회계시스템 점검의 적정성 ▶외부감사인 선정의 적정성
정보 보고, 공유, 관리체계의 적정성 여부	▶정보시스템의 적정성 ▶의사소통시스템의 적정성
부서별 업무 성과 분석체계의 효율성 및 효과성 여부	▶월, 분기, 반기, 연간 실적보고의 적정성 ▶연간 업무평가의 적정성
내부통제 관련 임직원 교육프로그램의 적정성 여부	▶내부통제 관련 임직원에 대한 교육 · 연수
준법감시인제도 운영의 적정성 여부	▶준법감시인의 임면 등
조직구조상 내부견제시스템의 적정성 여부	▶각 부문 역할 수행의 적정성
기타 점검이 필요하다고 판단되는 사항	▶내부통제 평가관련 중요하다고 판단되는 사항

(3) 평가 방법

내부통제시스템에 대한 평가는 일정기간의 업무활동 전반을 대상으로 특별감사를 실시하는 방법과 일반적인 업무감사시 해당 사업부문 또는 부서별로 평가를 실시하여 기말에 종합하는 방법이 있다. 그리고 추가적으로 확인해야 할 사항이나 종합감사에서 제외된 부문에 대해서 별도의 특별감사를 실시하는 방법을 활용할 수 있다.

그리고 평가절차는 사전에 결정해 둘 필요가 있다. 절차의 첫 단계는 회사전체 또는 감사대상 부서별 특성에 적합한 내부통제 목표를 확인하는 데에서부터 시작하여 대체로 다음과 같은 순서로 평가가 이루어져야 한다.

① 사업부문별, 부서별 특성에 적합한 내부통제 목표 확인
② 이사회와 경영진, 부서장과의 면담을 통하여 내부통제에 대한 인식, 내부통제 환경 및 문화, 감독활동, 직원들의 내부통제 준수의식 등을 관찰하여 통제환경의 적정성을 평가
③ 업무처리 과정상에 발생하는 리스크의 종류, 양 및 수준을 확인
④ 리스크를 통제하기 위한 활동 내용 및 이에 부합하는 내부통제 기준 등 마련 여부 점검
⑤ 내부통제기준을 업무수행과정에서 제대로 준수하는지 여부를 표본적으로 점검하고 미비사항에 대한 개선방안을 검토
⑥ 감사과정에서 수시로 임직원과 의견을 교환하고 특히 주요 관심사항 및 권고사항에 대하여는 충분하게 이견을 조정
⑦ 발견된 문제점에 대해서는 적절한 조치방향을 검토

한편, 평가주기와 관련해서는 조직전체를 대상으로 내부통제 평가를 위한 감사를 매 회계연도 중 1~2회 실시하는 것이 바람직하

내부통제시스템 평가 Flow Chart (예시)

전략 분석 금융회사의 목표, 전략과 외부환경 분석

업무분석 업무프로세스 분석(리스크 및 통제 확인)

리스크 평가
▶리스크 평가
▶검사계획(내부통제 평가절차 작성)

통제평가 (검사) 통제효과 평가(통제 Testing)

통제평가 (검사) 개선안 도출 및 통제 등급화

사후조치 보고서 작성 및 사후조치

Feed back

다. 효율적인 평가를 실시하기 위해서는 사전에 마련된 체크리스트를 활용하는 것이 바람직하다.

평가결과 기술시에는 통제절차의 준수 여부, 문제점, 개선방안을 종합하여 평가보고서에 반영하여야 하며, 감사과정에서 확인된 사항(문책, 개선, 시정, 주의사항 등)을 평가요소별로 분류하고 평가내용, 개선의견 등에 관한 관련부서의 조치 등 사후관리가 이루어지도록 하여야 한다.

끝으로, 내부통제 평가보고서 작성이 완료되면 감사위원회 심의를 거쳐(감사위원회가 없는 경우 감사 결재 후) 이사회에 보고하도록 하고 평가내용이 시계열별로 관리되어 다음번 평가에 참고자료로 활용될 수 있도록 하여야 한다.

다. 내부통제 평가실태 및 평가등급의 활용

(1) 내부통제시스템 평가실태

금융회사의 내부통제시스템 평가는 이미 구축된 내부통제시스템의 유효성을 진단하고 스스로 개선방안을 마련하는 것이므로 시스템 보수 유지인 셈이다. 2005년 실시된 국내 금융회사의 내부통제시스템 운영 실태에 관한 설문조사[32]결과를 보면 상당수 금융회사의 내부통제 평가가 형식적으로 실시되는 등 아직 미흡한 수준인 것으로 나타났다.

먼저, 내부통제시스템 적정성 평가를 실시하는 금융회사 비율은 증가 추세에 있다. 2003년에 금융회사의 48.9%가 내부통제시스템 적정성 평가를 실시하였으나 2004년도에는 60.9%가 실시하였다. 권역별로 보면 은행, 증권사, 보험사는 대부분 실시하는 반면 자산운용회사는 14%만 실시하였다.

그리고 내부통제시스템 평가방식의 경우 간접적 평가에 치중하고 있다. 대부분(68.3%) 금융회사가 부서별 자체감사 실시 후 결과를 종합하는 방식으로 실시하고 있는 반면, 부문별(법규, IT, 재무 등) 감사를 실시하면서 평가하는 경우는 31.7%에 불과하였다. 이는 감사보조조직의 전문성 부족으로 기능별 감사 능력이 미흡한 데 기인한 것으로 보인다.

평가결과 개선방안 제시 건수는 금융권역별로 큰 차이를 보이고 있다. 은행의 경우 평균 17.2건인데 비해 카드사, 저축은행은 각각 1.3건, 0.6건에 불과하며 금융회사의 51.1%만 평가결과를 이사회에 보고하였다.

한편, 설문조사에 따르면 금융회사 임직원들은 내부통제시스템 평가가 금융사고 예방 및 업무효율성 제고에 필수적인 것으로 인식하고 있었다. 이러한 긍정적인 인식에도 불구하고 57%는 현재의 내부통제시스템 평가가 충분하지 못하다는 점을 인정하고 있다. 그 이유로 평가의 형식적 운영 및 제도운영상의 문제점 도출 미흡(43.4%), 감사위원회 및 보조조직의 역량 부족(23.9%), 문제점에 대한 개선방안 제시 미흡(21.2%) 등을 들었다. 각 금융회사는 앞으로

이 부문에 대해 주목할 필요가 있겠다.

(2) 평가등급의 활용

내부통제시스템 평가결과를 등급으로 표시할 수 있다. 보고서 기술은 확인내용 중심으로 이루어지겠으나 그 수준을 계량화하여 등급으로 표시하는 것은 쉬운 일이 아니다. 등급구간 적용(예컨대 상·중·하 3등급, 경영실태 평가의 예처럼 5등급 등)에 대해 정해진 바는 없으나 등급부여에 의해 현상에 대한 이해를 용이하게 하고 비교시점과 대비하여 개선 또는 악화 여부를 쉽게 판별할 수 있다.

또 사업부문별, 부서별 등에 대한 비교자료나 동기부여 자료로 활용할 수 있는 유용성도 있다. 다만 등급을 어떻게 정의하고 어떤 구간을 설정하는가 하는 것은 금융회사 스스로 판단해야 하지만 객관성을 유지하는 것이 중요하다.

그럼에도 불구하고 금융회사의 자체평가 등급이 실제 금융회사의 내부통제시스템의 개선 또는 보완에 적극적으로 활용되지 않는 등 평가와 활용간의 연계성이 떨어지고 있다. 따라서 평가를 통해 발견된 문제점에 대한 개선방안을 마련하고 관련 개선방안은 경영진, 실무직원과의 협의를 거쳐 실제 업무에 반영되도록 하여야 할 것이다.

라. 감독당국의 내부통제 평가

감독당국은 금융회사의 문제점과 취약부문을 조기에 식별하여 적절한 조치를 취하기 위하여 정기적인 종합검사과정에서 경영실태전

5단계 평가등급 및 구간별 정의(예시)	
평가 등급	**정 의**
1등급 (우수:Strong)	전반적으로 내부통제 상태가 건전하고 이사회와 경영진의 내부통제에 대한 인식 및 준수 의지가 높은 수준. 내부통제 상의 문제점이 노출되거나 예상되더라도 경영진의 관리능력으로 보아 효율적으로 대처할 수 있는 상태
2등급 (양호: Satisfactory)	전반적인 내부통제 상태 및 이사회와 경영진의 내부통제에 대한 인식에 다소의 문제점이 있으나 이러한 문제점은 적극적으로 대처할 경우 적절히 관리될 수 있을 것으로 전망되는 상태
3등급 (보통: Less than satisfactory)	전반적인 내부통제 상태가 업계 평균수준에 머물러 있으며 내부통제에 대한 이사회와 경영진의 인식도 보통수준임. 대내외 여건 변화시 내부통제상 문제점이 발생할 경우 대처능력이 다소 부족한 상태
4등급 (취약: Deficient)	내부통제 상태가 취약하고 이를 준수하려는 이사회와 경영진의 의지도 부족하여 향후 내부통제 위반가능성이 있고 고객의 신뢰도 저하 등의 소지가 비교적 높은 상태
5등급 (위험: Critically deficient)	빈번한 금융사고 발생 등 내부통제시스템이 취약하고 경영진의 내부통제준수 의지가 현저하게 부족함. 향후 내부통제 위반 가능성 및 고객의 신뢰도 저하 등이 초래될 소지가 현저하게 높으며 이로 인해 공정성과 투명성이 크게 훼손될 우려가 있는 상태

반(CAMELS)에 대해 평가[33]하고 있다.

경영실태평가는 자본의 적정성(C), 자산의 건전성(A), 경영관리능력(M), 수익성(E), 유동성(L), 리스크민감도(S) 평가로 구분되며 그 중 경영관리능력(M)은 전반적인 영업능력, 경영효율성 및 경영개선 추진실태, 내부통제제도의 운영실태 등을 세부적으로 평가하고 있다. 따라서 내부통제 부문에 대한 평가는 경영관리능력(M) 평가의 일부분이다.

그런데 최근 대형금융사고 발생 등 내부통제의 중요성이 더욱 강조됨에 따라 감독당국은 내부통제에 대한 평가를 강화하고 있다. 이는 내부통제시스템이나 운영이 적절하지 못할 경우 경영활동에 미치는 영향이 적지 않다는 배경 때문이다.

은행의 경우 내부통제 평가항목을 보다 구체화시키는 한편 경영관리능력(M)에 반영하는 비율을 상향조정하였다. 또한 평가결과가 연속 악화되는 등 조치가 필요하다고 판단되는 경우 양해각서(MOU) 체결 등을 통하여 구체적으로 개선방안을 마련하고 이를 이행하도록 조치하게 된다.

2005년 말 개편된 은행내부통제 평가항목을 보면 모두 7개 부문으로 개략적으로 내용을 살펴보면 다음과 같이 설명할 수 있다.

첫째 부문은 내부통제관련 기준의 적정성을 평가하는 것이다. 금융회사가 회사의 규모, 업무의 복잡성 등을 감안하여 실정에 맞는 내부통제 기준을 가지고 있느냐가 핵심평가 대상이며 또한 이를 위반하였을 경우 처리 기준은 적정한지 여부에 대해서도 점검하고 있다.

둘째, 실제 내부통제 조직과 시스템이 제대로 갖추어져 있는가를 평가한다. 감사위원회, 준법감시인 및 그 보조조직이 내부통제를 수행하기 위하여 적정한 규모와 인원, 역량을 갖추고 있는가가 중요하다. 최근 내부통제조직의 동태적인 모니터링 평가와 그에 따른 리스크중심의 감사(Risk Focused Audit)가 요청되고 있으므로 이에 적극 대응하고 있는지 등을 중점평가하고 있다.

셋째, 내부통제 기준에 따라 관련조직이 실제 운영을 적정하게 하

고 있는지를 점검한다. 업무분장 및 조직운영은 적정한가, 업무처리
과정에서 발생하는 리스크관리는 적정한가, 임직원의 준법정도는
어떠한가, 경영의사결정에 필요한 정보가 효율적으로 소통되고 있
는가 등을 면담, 자료징구, 샘플링 등의 방법으로 평가한다.

넷째, 금융사고 예방기능의 적정성에 대한 평가이다. 여러 차례
언급한 바와 같이 금융사고예방은 아무리 강조해도 지나침이 없다.
이를 위하여 상시시스템의 구축 및 원활한 작동여부, 사고보고 및
처리의 적정성, 사고예방대책 교육 실태 등이 평가 대상이다.

다섯째, 내부감사활동(자체검사업무)의 적정성을 평가한다. 바젤
위원회의 권고에서 보듯이 복잡ㆍ전문화되는 금융환경에 효과적으
로 대응하기 위해서는 자체감사기능을 강화해야 한다. 특히 조직내
부의 문제점은 금융회사 스스로 가장 잘 알고 있다는 가정하에 내부
문제를 평가하고 해결할 수 있는 환경이 조성되어 있어야 한다.

마지막으로 준법감시기능의 적정성을 평가하는 일이다. 법규, 정
책 및 검사지적사항에 대한 이행실태 및 업무보고서 등 감독당국에
제출하는 보고서의 기한 준수 및 정확성 등에 대하여 점검한다.

금융당국의 금융회사 내부통제 평가는 종합검사시에 실시하는 정
태적인 경영실태 평가로 그치는 것이 아니라 해당금융회사의 전담
검사역인 RM이 리스크 관리실태 평가(은행의 RADARS, 보험의
RAAS 등)를 통해 영업부문별, 리스크별 내부통제 실태를 상시모니터
링하고 있다. 일상적인 상시모니터링 결과를 적기에 리스크 평가에 반
영함으로써 평가와 현장검사의 상호 연계성을 강화해 나가고 있다.

참고 3-2

은행 내부통제평가 부문별 평가항목(예시)	
평가부문	**평가항목**
1. 내부통제 기준의 적정성	▶업무의 분장 및 조직구조에 관한 규정의 적정성 ▶자산의 운용 또는 업무의 영위과정에서 발생하는 리스크의 관리에 관한 규정의 적정성 ▶임 · 직원이 업무를 수행함에 있어서 반드시 준수하여야 하는 법규 및 절차에 관한 규정의 적정성 ▶경영의사결정에 필요한 정보가 효율적으로 전달될 수 있는 체제 구축에 관한 규정의 적정성 ▶임 · 직원의 내부통제기준 준수여부를 확인하는 절차 · 방법에 관한 기준 및 내부통제기준을 위반한 임 · 직원에 대한 처리기준의 적정성 ▶임 · 직원의 유가증권거래내역의 보고 등 불공정거래행위를 방지하기 위한 절차 및 기준 등의 적정성 ▶내부통제기준의 제정 또는 변경 절차의 적정성 ▶기타 은행법시행령 제17조의2제1항제1호 내지 제8호에 관한 구체적인 기준으로서 금감위가 정하는 사항에 대한 처리기준의 적정성
2. 내부통제 조직의 적정성	▶감사위원회 및 동 보조조직(검사부서) 기능의 적정성 ▶준법감시인이 발견한 임 · 직원 내부통제기준 위반사항의 감사위원회 보고 및 이에 대한 감사위원회 조치의 적정성 ▶준법감시인 수행 업무에 대한 감사위원회 점검의 적정성 ▶준법감시인 및 동 보조조직(준법감시부서) 기능의 적정성 ▶내부감사 및 준법감시 조직의 독립성 및 동 인력의 전문성 ▶내부감사 및 내부통제활동의 유효성에 대한 감사위원회 또는 이사회 감독의 적정성
3. 내부통제 체계운영의 적정성	▶업무 분장 및 조직 운영의 적정성 ▶자산의 운용 또는 업무의 영위과정에서 발생하는 리스크 관리의 적정성 ▶임 · 직원이 업무를 수행함에 있어서 반드시 준수하여야 하는 법규 및 절차 준수의 적정성 ▶경영의사결정에 필요한 정보가 효율적으로 전달될 수 있는 체제 구축 및 운영의 적정성 ▶임 · 직원의 내부통제기준 준수여부를 확인하는 절차 · 방법의 준수

	및 내부통제기준을 위반한 임·직원에 대한 처리의 적정성 ▶임·직원의 유가증권 거래내역의 보고 등 불공정거래행위를 방지하기 위한 절차 및 기준 등의 준수의 적정성 ▶내부통제기준의 제정 또는 변경 절차 준수의 적정성 ▶기타 은행법시행령 제17조의2제1항제1호 내지 제8호에 관한 구체적인 기준으로서 금감위가 정하는 사항 준수의 적정성 ▶외부감사인 활용의 적정성
4. 금융사고 예방기능의 적정성	▶자체 실정에 맞는 금융사고 예방대책 수립 및 운영의 적정성 ▶임·직원의 금융사고 예방지침상 금지사항 준수의 적정성 ▶거래처와의 거래내용에 대한 장표 기재(전산처리 포함)의 정확성 ▶도난 및 고객예금 피탈사고 등에 대비한 자체경비강화대책 수립의 적정성 ▶출장소를 포함한 전영업점, 무인점포, 점외단독CD기에 대하여 CCTV 및 무인기계경비시스템 설치 운영 및 기타 방범대책 강구의 적정성 ▶현송금 피탈 등 현송사고 방지를 위한 자체적인 현송안전대책 수립 및 운영의 적정성 ▶신용카드(현금카드 포함)업무 관련 사고예방대책 수립 및 운영의 적정성 ▶텔레폰뱅킹 등 전자금융서비스업무 취급시 비밀번호관리 등 전산사고 예방대책의 수립 및 운영의 적정성 ▶전산업무에 대한 검사기법 개발 및 운영의 적정성 ▶사고보고 및 처리의 적정성
5. 자체검사 업무운영의 적정성	▶자체검사시 영업점의 금융사고 예방대책 이행상황에 대한 중점검사의 적정성 ▶동일·유사한 위규행위가 반복되는 경우 필요 조치 수립 및 이행의 적정성 ▶검사부서 직원에 대한 인사시 감사위원회와의 사전협의 적정성 ▶검사부서 직원에 대한 근무평정을 감사위원회가 전담하며, 감리역의 근무평정 권한도 감사위원회에 일부 부여하는지 여부 ▶상시감시업무의 적정성 ▶자점감사기능 강화방안 수립 및 영업점 검사업무의 적정성 ▶자금세탁 혐의거래에 대하여 특별한 주의를 가지고 검사하며 자금세탁방지를 위한 내부통제절차의 수립 및 운영이 적정한지 여부

6. 준법감시인 제도운영의 적정성	▶준법감시인 임면 절차의 적정성 ▶자격 요건의 적정성 ▶임면시 감독당국에 대한 보고의 적정성 ▶선량한 관리자로서의 직무 수행의 적정성 ▶겸직업무의 적정성 ▶직무수행에 필요한 자료나 정보제출 요구에 대한 임·직원 협조의 적정성 ▶직무수행과 관련한 사유로 부당한 인사상 불이익을 받았는지 여부
7. 법규,정책 및 검사지적 사항의 이행실태	▶감독 규제사항의 이행실태 ▶검사 지적사항의 이행실태 ▶업무보고서 등 감독당국에 제출하는 보고서의 기한 준수여부 및 정 확성

마. 내부통제 관련 감독기준

(1) 개별 금융업법 관련 규정

각 금융업법은 금융회사가 법령을 준수하고 고객을 보호하기 위해 내부통제기준을 정하도록 하고, 내부통제기준의 준수여부를 점검하여 감사위원회에 보고하는 자로서 준법감시인을 두도록 하고 있다. 준법감시인에게 주어진 이러한 의무는 최소한의 것이며 실제에 있어서는 보다 폭넓은 역할이 요청된다. 권역별로 관련 규정을 요약해보면 다음과 같다.

한편 금융회사는 내부통제기준을 제정 또는 변경하고자 하는 경우에는 반드시 이사회의 결의를 거치도록 하고 있다. 일반적으로 제시되는 내부통제기준에는 다음 사항이 포함되도록 해야 한다.

금융업종별 내부통제기준 및 준법감시인 관련 규정		
구분	**법**	**시행령**
은행	은행법 제23조의3 (내부통제기준 등)	제17조의2 (내부통제기준), 제17조의3 (준법감시인)
증권	증권거래법 제54조의4 (내부통제기준)	제37조의4 (내부통제기준), 제37조의5 (준법감시인)
자산운용	간접투자자산운용업법 제11조 (내부통제기준)	제19조 (내부통제기준)
보험	보험업법 제17조 (내부통제기준 등)	제22조 (내부통제기준) 제23조 (준법감시인의 준수사항 등)
저축은행	상호저축은행법 제22조의3 (내부통제기준)	제12조의2 (준법감시인)
신협	신용협동조합법 제76조의3 (내부통제기준 등)	제19조의4 (준법감시인의 직무 등)
여신전문 금융회사	여신전문금융업법 제50조의6 (내부통제기준)	제19조의5 (준법감시인의 직무 등)
종합금융	종합금융회사에관한법률 제5조의3 (내부통제기준)	제6조(내부통제기준), 제6조의2(준법감시인)

참고로 내부통제기준 설정과 관련하여 은행의 경우를 보면 자산 건전성 분류 및 대손충당금 적립의 적정성·객관성 확보를 위하여 독립된 여신감리(credit review) 기능을 유지하는 등 필요한 내부통제체제를 구축·운영하고 있다(은행업감독규정 §27).

그 외에도 자체실정에 맞는 금융사고 예방 대책 수립·운영(동 규정 §90), 은행직원의 비정상적인 예금유치 과당경쟁 등의 행위 금지, 현금수송업무, 전산업무, 금융거래 조회내역의 전산보관 등의 금융 사고 예방과 관련한 가이드라인 등을 마련하도록 하고 있다(은행업 감독규정시행세칙 제8장 제1절).

뿐만 아니라 자체검사시 영업점의 금융사고 예방대책 이행상황을 중점검사하고 동일 또는 유사한 위규행위가 반복되는 경우에는 필요한 조치를 강구하는 등 관리를 강화하고, 영업점에 자점검사를 담당하는 직원을 두도록 규정하고 있다(동 시행세칙 제8장 제2절).

내부통제 관련 은행법령

【은행법】

제23조의2(감사위원회)

① 금융기관은 이사회에 감사위원회(상법 제415조의2의 규정에 의한 감사위원회를 말하며, 이하 같다)를 설치하여야 한다.

② 감사위원회는 총 위원의 3분의 2 이상을 사외이사로 구성하여야 한다.

③ 사외이사가 아닌 감사위원회의 위원은 증권거래법 제191조의12제3항 각호의 1에 해당되어서는 아니된다. 다만, 감사위원회의 사외이사가 아닌 위원으로 재임중인 자는 증권거래법 제191조의12 제3항 제6호의 규정에 불구하고 감사위원회의 사외이사가 아닌 위원이 될 수 있다.

④ 감사위원회의 위원의 사임 또는 사망 등의 사유로 감사위원회의 구성이 제2항에 규정된 요건에 합치하지 아니하게 된 경우에는 그 사유가 발생한 날 이후 최초로 소집되는 정기주주총회에서 감사위원회의 구성이 제2항에 규정된 요건에 합치하도록 하여야 한다.

⑤ 상법 제415조의2 제2항단서는 제1항의 규정에 의한 감사위원회의 구성에 관하여는 이를 적용하지 아니한다.

제23조의3(내부통제기준 등)

① 금융기관은 법령을 준수하고 자산운영을 건전하게 하며 예금자를 보호하기 위하여 당해 금융기관의 임원 및 직원이 그 직무를 수행함에 있어서 따라야 할 기본적인 절차와 기준(이하 '내부통제기준' 이라 한다)을 정하여야 한다.

② 금융기관은 내부통제기준의 준수여부를 점검하고 내부통제기준에 위반하는 경우 이를 조사하여 감사위원회에 보고하는 자(이하 '준법감시인' 이라 한다)를 1인 이상 두어야 한다.

③ 금융기관은 준법감시인을 임면하고자 하는 경우 이사회의 결의를 거쳐야 한다. 다만, 제58조 제1항의 규정에 의한 외국금융기관의 지점의 경우에는 그러하지 아니하다.

④ 준법감시인은 다음 각호의 요건에 적합한 자이어야 한다.

1. 다음 각목의 1에 해당하는 경력이 있는 자일 것

　가. 한국은행 또는 '금융감독기구의설치등에관한법률' 제38조의 규정에 의한 검사대상기관(이에 상당하는 외국금융기관을 포함한다)에서 10년 이상 근무한 경력이 있는 자

나. 금융관계분야의 석사 이상의 학위소지자로서 연구기관 또는 대학에서 연구원 또는 전임강사 이상의 직에 5년 이상 근무한 경력이 있는 자

다. 변호사 또는 공인회계사의 자격을 가진 자로서 당해 자격과 관련된 업무에 5년 이상 종사한 경력이 있는 자

라. 재정경제부 · 금융감독위원회 · 증권선물위원회 또는 제44조의 규정에 의한 금융감독원에서 5년 이상 근무한 경력이 있는 자로서 당해 기관에서 퇴임 또는 퇴직한 후 5년 이상 경과한 자

2. 제18조제1항 각호의 1에 해당하지 아니할 것

3. 최근 5년간 금융관련법령을 위반하여 금융감독위원회 또는 제47조의 규정에 의한 금융감독원장으로부터 주의 · 경고의 요구 등에 해당하는 조치를 받은 사실이 없을 것

⑤내부통제기준과 준법감시인에 관하여 필요한 사항은 대통령으로 정한다.

【은행법시행령】

제17조의2 (내부통제기준)

① 법 제23조의3 제1항의 규정에 의한 내부통제기준(이하 '내부통제기준'이라 한다)에는 다음 각호의 사항이 포함되어야 한다.

1. 업무의 분장 및 조직구조에 관한 사항

2. 자산의 운용 또는 업무의 영위과정에서 발생하는 위험의 관리에 관한 사항

3. 임 · 직원이 업무를 수행함에 있어서 반드시 준수하여야 하는 절차에 관한 사항

4. 경영의사결정에 필요한 정보가 효율적으로 전달될 수 있는 체제의 구축에 관한 사항

5. 임 · 직원의 내부통제기준준수여부를 확인하는 절차 · 방법 및 내부통제기준을 위반한 임 · 직원의 처리에 관한 사항

6. 임 · 직원의 유가증권거래내역의 보고등 불공정거래행위를 방지하기 위한 절차나 기준에 관한 사항

7. 내부통제기준의 제정 또는 변경절차에 관한 사항

8. 법 제23조의3 제2항의 규정에 의한 준법감시인(이하 '준법감시인'이라 한다)의 임면절차에 관한 사항

9. 제1호 내지 제8호의 사항에 관한 구체적인 기준으로서 금융감독위원회가 정하는 사항

② 금융기관이 내부통제기준을 제정하거나 변경하고자 하는 때에는 이사회의 결의를 거쳐야 한다.

③ 금융감독위원회는 법 제48조의 규정에 의한 금융감독원의 검사결과 법령을 위반한 사실이 드러난 금융기관에 대하여는 법령위반행위의 재발방지를 위하여 내부통제기준의 변경을 권고할 수 있다.

(2) 공통적 적용 규정

금융회사의 내부통제기준과 관련되는 것으로 해당 금융권역별 법령 및 규정과는 별도로 공통적으로 적용되는 다음과 같은 규정이 있다.

① 검사 및 제재 관련

각 금융회사는 금융사고 예방 등을 위한 내부통제제도를 자체실정에 맞게 수립·운영하여야 하는데, 현금피탈사고 및 도난방지를 위한 자체경비 강화대책, 중요증서와 현금 등에 대한 보관관리에 관한 사항이 반드시 포함되어야 한다(금융기관검사및제재에관한규정 §39).

금융회사 임직원 등이 위법·부당한 행위를 함으로써 당해 금융회사 또는 금융거래자에게 손실을 초래하거나 금융질서를 문란하게 한 경우에는 이를 즉시 금융감독원장에게 보고하도록 규정하고 있다(동 규정 §41).

② 전자금융 관련

금융회사는 정보통신기술과 관련한 내부통제체제를 구축·운영하도록 규정하고 있다(금융기관전자금융업무감독규정 §4). 즉 금융회사는 IT부문의 직무분리, 정보시스템에 대한 비상대책 수립·운용, 전산원장 통제, 프로그램 통제, 전산실 및 단말기 보호대책 등과 관련된 적절한 내부통제체제를 갖추어야 한다.

4. 감사위원회 제도

가. 개요

(1) 감사위원회제도의 의의

외환위기 이전까지 우리나라의 금융회사는 '상법'에 의한 감사제도를 운영하여 왔으나 현실적인 제약요인 등으로 경영진에 대한 견제 및 감시기능이 크게 미약하였다. 그 배경은 감사선임시 대주주의 영향력 배제가 어려웠을 뿐만 아니라 단독기관으로서 감사가 갖는 한계, 소유와 경영의 미분리 등으로 실질적인 견제기능 수행이 곤란하였기 때문이다.

이와 같은 감사기능의 미흡은 경영효율성 저하 및 자산부실화 통제 실패 등 경영의 안정성을 저해하는 요인으로 지적되었다. 즉 지배구조의 취약성에서 비롯된 소유·경영자의 독단적인 경영을 효과적으로 견제하지 못하였다는 지적과 함께 심지어 공적자금투입 등과 같은 국민부담 가중의 원인으로 지목되기도 하였다.

이에 따라 정부에서는 감사기능의 강화 등을 통한 경영의 투명성 확보 및 지배구조 선진화를 도모하기 위하여 미국 등 선진국에서 운영하고 있는 감사위원회제도를 도입·시행하게 되었다.[34]

(2) 제도 도입 경과

1999년 말 상법을 개정하여 감사위원회제도 실시 근거를 마련한 후 증권거래법을 비롯한 은행·증권·보험·종금업 등의 금융관련 법률에 반영되었다.

1999년 12월 31일 공포·시행된 개정 '상법'에서는 주식회사는 감사제도 또는 감사위원회제도를 선택적으로 도입할 수 있도록 규정하고 있으나, 금융회사에 대해서는 보다 엄격한 적용이 필요하다는 판단 하에 2000년 1월 21일 금융관련법률 개정시 감사제도를 폐지하고 감사위원회제도 도입을 의무화하였다.

감사위원회는 종전 감사의 기능에 갈음하여 경영진의 직무를 견제·감시하는 이사회내의 위원회로 운영하되, 은행·종금 및 자산 규모가 일정액 이상인 증권·보험 등에 대하여 적용하고 있다.

금융권역별 감사위원회 의무도입 기준		
대상	도입기준	관련법률
은행	모든 은행	은행법 §23조의2
종금	모든 종금사	종합금융업법 §5조의2
보험	자산 2조원 이상	보험업법 §16
증권	자산 2조원 이상	증권거래법 §54조의6
자산운용	신탁자산 6조원 이상	간접투자자산운용업법 §12조
여신전문금융	자산 2조원 이상 카드사	여신전문금융회사법 §50조의5
상호저축은행	자산 3,000억원 이상	상호저축은행법 §10조의4

감사위원회제도는 미국, 일본 등 주요 선진국에서 운용되고 있는데 우리나라의 경우 미국의 제도와 가깝게 설계되어 있다.

선진국의 감사위원회제도 운영방식

미국 등 선진국에서 이용되는 제도로서 기업지배구조 개선과 밀접한 관계를 가지고 있으며, 사내감사의 한계 등에 대한 대안으로 제기되어 왔음

① 이사회의 과반수 이상을 독립된 사외이사(independent outside director)로 구성하고, 사외이사로 구성되는 감사위원회를 설치 운영(미국)

② 주주 · 근로자대표 등으로 구성되는 3인 이상의 감사로 감독 이사회(Aufsichtsrat)를 설치 · 운영(독일)

③ 복수의 감사(사외이사 포함)에 의해 감사업무를 수행(일본)

참고 3-4

상법 및 금융업법상의 감사위원회제도 비교

구 분	상 법	은행법	증권거래법(상장법인)
설치의무	선택사항	의무사항	대통령령*이 정하는 상장법인은 의무사항 *자산규모 2조원 이상
구 성	3인 이상의 이사 -2/3 이상은 사외이사 -상근위원은 현행 감사의 자격요건 적용	(좌 동)	(좌 동)
위원 선임	이사회에서 선임 -단, 사외이사 전원으로 구성된 후보 추천위원회의 추천 필요 (상근위원은 주총전 추천)이사회에서 선임 -단, 주총에서 상근 위원인 상임이사 선임시 최대주주의 의결권행사는 3%로 제한	(좌 동)	(좌 동)
위원장 선임	위원회의 결의 선정	(좌 동)	(좌 동)
권 한	감사의 권한과 동일	(좌 동)	(좌 동)

구 분	증권거래법(증권회사)	보험업법	종금법
설치의무	대통령령*이 정하는 증권회사는 의무사항 *자산규모 2조원 이상	대통령령*이 정하는 보험사업자는 의무사항 *자산규모 2조원 이상	의무사항
구 성	3인 이상의 이사 -위원의 2/3이상은 사외이사 -상근위원은 현행 감사의 자격요건 적용	(좌 동)	(좌 동)
위원 선임	이사회에서 선임 -단,주권상장법인(협회등록법인)은 주총에서 상근위원인 상임이사 선임시최대주주의 의결권행사는 3%로 제한	(좌 동)	(좌 동)
위원장 선임	위원회의 결의로 선정	(좌 동)	(좌 동)
권 한	감사의 권한과 동일	(좌 동)	(좌 동)

나. 감사위원회의 주요 직무

(1) 감사위원회 구성

금융회사의 바람직한 지배구조는 상법의 정신에 맞게 세 가지 핵심권한인 지배구조(governance), 경영(management), 감사(monitoring)의 권한이 적절히 분산되어 견제와 균형의 원리가 이루어지는 형태가 바람직하다. 이러한 맥락으로 금융회사의 감사위원회는 3인 이상의 이사로 구성하되, 감사위원회 위원의 2/3이상을 사외이사로 구성토록 하고 있다.

사외이사 중심의 감사위원회는 이사회 의사결정사항에 대하여 단독기관이었던 종전의 감사보다는 견제와 균형의 측면에서 우월한 것으로 평가되고 있다. 감사위원의 경우 이사 중에서 이사회(상장법인은 주주총회) 결의로 선임되며 관련 금융업법에 따라 자격요건을 제한하고 있다. 한편, 대부분의 대형 금융회사들은 감사위원 중 1명을 상근감사위원으로 임명하고 있다.

감사위원 자격제한

【증권거래법 제191조의12 제3항】
① 미성년자 · 금치산자 · 한정치산자, 파산자로서 복권되지 아니한 자
② 금고이상의 형을 받고 그 집행이 종료되거나 집행을 받지 아니하기로 확정된 후 2년을 경과하지 아니한 자
③ 해임되거나 면직된 후 2년을 경과하지 아니한 자
④ 당해 회사의 주요주주
⑤ 당해 회사의 상근임직원 또는 최근 2년 이내에 상근임직원이었던 자
⑥ 당해 회사의 경영에 영향을 미칠 수 있는 자로서 대통령령이 정하는 자
  (주요주주의 배우자 및 직계존비속, 상근임원의 배우자 및 직계존비속, 계열회사의 임직원 또는 최근 2년 이내에 임직원이었던 자)

【증권거래법 제54조의5 제4항(사외이사 자격제한)】
① 위 ①~⑥항 해당자
② 당해 금융회사외의 2개 이상의 다른 주권상장법인의 사외이사 또는 비상임감사로 재임중인 자, 당해 금융회사에 대한 회계감사 또는 세무대리를 하거나 당해 회사와 법률자문 · 경영자문 등의 자문계약을 체결하고 있는 변호사 · 공인회계사 · 세무사 기타 자문용역을 제공하고 있는 자

(2) 감사위원회의 주요 권한과 책임

감사위원회의 권한과 책임에 대해서는 상법에서 대강을 기술하고 있으며, 금융회사의 경우 해당 금융업법 등에서 정하고 있다. 권한과 책임은 다음과 같이 요약될 수 있다.

(주요 권한)

- 이사와 회사간의 소(訴)에 관한 대표(상법 §394)
- 이사의 부당행위로 손해발생 우려가 있는 경우 그 행위의 유지청구권(상법 §402)
- 이사의 직무집행에 대한 감사 및 이사에 대하여 영업에 관한 보고 요구, 회사업무와 재산상태에 대한 조사권(상법 §412)
- 임시총회 소집요구권(상법 §412의3)
- 자회사에 대한 조사권(상법 §412의4)
- 회사비용에 의한 전문가의 조력 청구(상법 §415의2)

(의무 및 책임)

- 이사의 위법행위 발견시 이사회 보고의무(상법 §391의2)
- 주총 제출 의안 및 서류를 조사하여 적정여부를 주총보고(상법 §413)
- 감사록 작성의무(상법 §413의2)
- 임무해태시 회사에 대하여 연대보상책임 및 악의 또는 중대한 과실로 그 임무 해태시 제3자에 대하여 연대손해배상책임(상법

§414)

 - 감사보고서의 이사 앞 제출의무(상법 §447의4)

 - 위규행위시 벌칙조항(특별배임죄, 부실문서행사죄, 납입가장
   죄, 독직죄, 과태료 등) 적용(상법 §622 내지 §635)

참고로 감사위원회제도 도입과 관련하여 감사와의 권한 및 책임
을 요약해서 비교해 보면 다음과 같이 정리될 수 있다.

참고 3-5

구 분	주요내용	적용여부	
		감사	감사위원
감사의이사회 출석 · 의견진술권 (상법 §391의2①)	이사회에 출석하여 의견진술	○	×
이사회보고 (상법 §391의2②)	이사의 위법행위 발견시 이사회앞 보고의무	○	○
이사와 회사간의 소에 관한 대표 (상법 §394)	회사가 이사에 대하여 또는 이사가 회사에 대하여 소를 제기한 경우 그 소에 관하여 회사를 대표	○	○
유지청구권 (상법 §402)	이사의 부당행위로 손해발생 우려가 있는 경우 이사에 대하여 그 행위를 유지할 것을 청구	○	○
선임 (상법 §409)	감사는 주주총회에서 선임 및 3% 이상 초과주식은 의결권 제한	○	×
해임에 관한 의견진술(상법 §409의2)	감사는 주주총회에서 감사의 해임에 관하여 의견진술 가능	○	×
임기 (상법 §410)	감사의 임기는 취임후 3년 내의 최종결산기에 관한 정기총회 종결시까지로 함	○	×

상법상 감사 · 감사위원의 권한 및 책임 비교

겸임금지 (상법 §411)	감사는 회사 및 자회사의 이사 또는 지배인 기타 사용인의 직무 겸임금지	○	×
직무와 보고요구 · 조사의 권한 (상법 §412)	감사는 이사의 직무집행을 감사하며, 언제든지 이사에 대하여 영업에 관한 보고의 요구 및 회사 업무와 재산상태 조사 가능	○	○
이사의 보고의무 (상법 §412의 2)	이사는 회사에 현저하게 손해를 끼칠 염려가 있는 사실 발견시 즉시 감사앞 보고의무	○	○
총회의 소집요구 (상법 §412의 3)	감사는 임시총회 소집을 청구할 수 있음	○	○
자회사의 조사권 (상법 §412의 4)	모회사의 감사는 자회사에 대하여 영업의 보고를 요구할 수 있으며, 업무와 재산상태에 대한 조사를 할 수 있음	○	○
조사 · 보고의 의무 (상법 §413)	감사는 주주총회에 제출할 의안 및 서류를 조사하여 그 적정여부를 주주총회에 보고의무	○	○
감사록 작성 (상법 §413의 2)	감사는 감사실시요령과 그 결과를 기재한 감사록을 작성하고 기명날인 또는 서명하여야 함	○	○
감사의 책임 (상법 §414)	▶감사가 그 임무를 해태한 때에는 회사에 대하여 연대손해배상책임 ▶감사가 악의 또는 중대한 과실로 그 임무를 해태한 때에는 3자에 대하여 연대손해배상책임	○	○
감사위원회 (상법 §415의2)	① 감사에 갈음하여 감사위원회 설치가능 ② 감사위원회는 3인 이상의 이사로 구성 ③ 감사위원 해임에 관한 이사회결의는 이사총수의 2/3 이상 ④ 감사위원회는 그 결의로 위원회 대표자 선정 ⑤ 감사위원회는 회사의 비용으로 전문가의 조력을 구할 수 있음	×	○
재무제표 등의 제출 (상법 §447의3)	이사는 정기총회일의 6주간 전에 관련서류를 감사에게 제출하여야 함	○	○
감사보고서 (상법 §447의4)	감사는 이사로부터 받은 정기총회관련서류에 대한 감사보고서를 4주간 내에 이사에게 제출하여야 함	○	○
특별배임죄 (상법 §622)	임무에 위배한 행위로서 재산상의 이익을 취득하거나 제3자로 하여금 이를 취득하게 하여 회사에 손해를 끼친 경우 10년 이하 징역 또는 3,000만원 이하 벌금	○	○

회사재산을 위태롭게 하는 죄 (상법 §625)	주식 또는 출자에 관한 부실보고 및 사실은폐, 부정한 방법에 의한 주식취득, 위규행위에 의한 이익이나 이자배당, 투기행위목적의 회사재산 처분시 5년 이하 징역 또는 1,500만원 이하 벌금	○	○
부실문서행사죄 (상법 §627)	주식 또는 사채모집시 중요한 사항에 관한 부실기재가 있는 주식사채청약서 등의 문서작성시 5년 이하 징역 또는 1,500만원 이하 벌금	○	○
납입가장죄 (상법 §628)	납입 또는 현물출자의 이행을 가장하는 행위를 한 경우 5년 이하 징역 또는 1,500만원 이하의 벌금	○	○
독직죄 (상법 §630)	직무에 관한 부정한 청탁을 받고 재산상의 이익을 수수·요구·약속시 5년 이하 징역 또는 1,500만원 이하 벌금	○	○
주주의권리행사에 관한 이익공여의 죄 (상법 §634의2)	주주의 권리행사와 관련하여 회사의 계산으로 재산상의 이익을 공여한 경우 1년 이하 징역 또는 300만원 이하 벌금	○	○
과태료 부과 (상법 §635)	부실보고 또는 사실은폐, 감사위원수 부족 또는 선임절차 위배, 부실기재, 장부 또는 서류의 미비치, 감사거부 등의 행위시 500만원 이하의 과태료	○	○

(3) 감사위원회 모범 규준

감사위원회제도는 2000년부터 시행되었으나 제도 도입 초기에는 법령에 규정된 사항 밖에 없어서 실무적으로 어려움이 많았으며, 각 금융회사와 협회 등으로부터 감사위원회 제도의 원활한 정착을 위해 구체적인 시행기준이 필요하다는 건의가 이어졌다.

이에 따라 금융감독원은 2002년 중에 권역별로 Task Force를 구성하여 업계의견을 최대한 반영하여 각 금융권역별 협회 주관 하에 '감사위원회 모범규준(best practice)'을 마련하도록 지도하였다. 이렇게 마련된 모범규준들은 강제적인 규정은 아니지만 자율규정으로서 금융회사들이 실제 감사위원회제도를 운영하는 데 널리 활용되고 있다.

(4) 감사위원회 보조조직 운영

감사위원회는 명칭 그대로 위원회로서 관련 법규상에 주어진 책임과 의무를 효율적으로 수행하기 위해서는 반드시 보조기구가 필요하다. 즉 내부통제시스템의 적정성 평가, 내부감사활동 등의 실무를 처리하기 위한 보조조직(감사실, 검사부, 감사팀 등)을 운영하고 있다. 일반적으로 상근감사위원의 지휘통솔하에 이들 보조조직은 회사규모나 업무특성을 고려하여 자질있는 인력을 충분히 확보할 필요가 있다.

다. 감사위원회 운영 실태[35]

(감사위원회 구성)

2005년 6월 말 현재 설치의무대상인 86개사를 포함하여 94개 금융회사가 감사위원회를 설치하고 있다. 감사위원회를 설치한 금융회사의 총 감사위원수는 303명으로 금융회사 평균 3.2명을 선임하고 있으며, 사외이사인 비상근 감사위원의 수는 총 225명으로 전체 감사위원의 약 3/4[36]을 차지하고 있다.

구분	지주회사	은행	증권	보험		자산운용	카드	할부	저축은행	종금	계
				생명	화재						
금융회사	3	14	11	11	7	7	4	3	32	2	**94**
감사위원	14	52	37	33	21	22	12	9	97	6	**303**
(평균)	(4.7)	(3.7)	(3.4)	(3.0)	(3.0)	(3.1)	(3.0)	(3.0)	(3.0)	(3.0)	**(3.2)**
상근위원	0	14	9	9	7	5	2	3	29	0	**78**
(평균)	(0.0)	(1.0)	(0.9)	(0.8)	(1.0)	(0.7)	(0.5)	(1.0)	(0.9)	(0.0)	**(0.8)**
비상금위원	14	38	28	24	14	17	10	6	68	6	**225**
(평균)	(4.7)	(2.7)	(2.5)	(2.2)	(2.0)	(2.4)	(2.5)	(2.0)	(2.1)	(3.0)	**(2.4)**

금융권역별 감사위원회 현황 (단위: 개, 명)

법규상 금융회사는 상근감사위원 선임 여부를 자율 결정할 수 있으나 감독당국은 감사기능 제고를 위해 상근감사위원을 임명할 것을 권고해 왔으며, 상근감사위원의 수는 총 78명으로 감사위원회를 설치한 금융회사의 82.9%가 상근감사위원을 선임하고 있다.

한편, 설문조사결과에 따르면 대부분의 금융회사가 경영진의 견제기능, 감사부서 및 감사업무의 원활한 통합을 위해 상근감사위원 선임의 필요성을 인정하고 있는 것으로 나타났다.

(감사위원회 위원)

감사위원의 경력을 보면 상근감사위원은 금융회사 임직원과 금융감독원 출신이 많으며, 비상근위원의 경우 금융인, 교수·연구원의 비율이 높게 나타났다. 감사위원의 46%가 석사학위 이상 소지자이며, 전공은 상경계열이 63%로 가장 많았다. 대다수의 회사(77%)가 내규·정관에 감사위원의 적극적 자격요건을 명시하고 있으며, 회계·재무관련 전문가를 감사위원으로 주로 선임하고 있다.

한편, 설문조사에 따르면 감사전문 인력풀(pool)의 형성 여부에 대해 과반수 이상이 형성되어 있지 않다고 보고 있으며, 적합한 인력풀로는 금융감독원(27%), 금융회사(24%) 등을 제시하고 있다.[37]

감사위원의 임기는 정관 또는 내규에 명시되고 있는 경우가 많으며(77%), 나머지는 주총 또는 이사회 결의로 운영하고 있으며, 상근감사위원의 경우 평균 2.8년, 비상근감사위원은 2.1년으로 나타나고 있다.

(감사위원회 운영)

2004년 중 감사위원회 정기회의 개최횟수는 연 평균 4.8회, 임시회의는 연 평균 1.5회이고, 감사위원의 정기회의 참석률은 평균 89.7%로 비교적 높다. 감사위원회에서 처리한 안건수는 연평균 20건 정도이며 이중 절반은 단순보고 사항이며, 결의 또는 심의사항의

감사위원회 개최 현황(2004년)

단위: 회, %

구분		지주회사	은행	증권	보험		자산운용	카드	할부	저축은행	종금	계
					생명	화재						
정기회의	횟수	20	94	59	43	30	8	21	11	98	6	390
	사별평균	10.0	6.7	5.9	3.9	4.3	4.0	5.3	3.7	3.8	3.0	4.8
	참석률	99.1	81.1	98.0	100.0	87.8	100.0	98.4	87.3	76.0	88.9	89.7
임시회의	횟수	0	45	17	6	7	0	8	5	34	2	124
	사별평균	0.0	3.2	1.7	0.5	1.0	0.0	2.0	1.7	1.3	1.0	1.5
	참석률	0.0	64.6	91.9	100.0	85.7	0.0	95.8	90.0	86.8	100.0	82.0

경우에도 대부분 원안대로 가결되고 있는 것을 보여주고 있다.

한편 이사회 내 여타 소위원회 위원을 겸직하고 있는 감사위원이 173명[38]에 달하는 것으로 나타났는데, 이는 전문 인력풀의 미비, 인건비 부담 등으로 기존 사외이사를 이사회내 각종 소위원회 위원으로 선임하는데 기인한 것으로 보인다.

감사위원회 이사회 내 소위원회 활동현황						단위: 명
사외이사 추천위원회	리스크관리 위원회	경영발전 위원회	보상위원회	이사회운영 위원회	기타	계
75 (42.8%)	25 (14.3%)	18 (10.3)	16 (9.1%)	13 (7.4)	26 (14.8%)	173

(감사위원회 보조조직)

감사위원회 보조조직의 평균 인원은 14.1명이나 권역별 편차가 크다. 은행은 평균 41.8명의 인원을 확보하고 있으나 종금·상호저축은행·자산운용회사 등은 평균 2명 미만이다.

이들 인력 중 전문자격증 소지자는 23% 수준으로 감사보조조직 직원의 업무 전문성이 다소 부족한 것으로 볼 수 있는데, 전체 전문자격증 소지자 중 증권회사 및 은행이 85%를 차지하여 타 금융권역의 전문자격증 소지자 수는 미미한 실정이다. 설문조사결과 감사보조조직의 전문성을 더욱 강화할 필요가 있다고 응답한 분야는 회계 및 재무, 리스크관리, IT 등의 순이다.

감사보조조직 현황										단위: 명
지주	은행	증권	생보	손보	자산운용	카드	할부	저축	종금	평균
5.0	41.8	19.0	15.6	13.0	1.8	11.5	3.3	1.9	1.5	14.1

　한편 감사실시결과에 대한 조치는 대부분이 현지조치로 이루어지고 있어 내부감사가 비교적 온정적인 것으로 보이나, 이는 금융회사별로 크게 차이가 있을 것으로 여겨진다.

금융회사 평균감사조치건수							단위: 건
구분	문책	변상	개선	시정	주의	현지조치	전체
2003	26.1 (4.9)	5.6 (1.1)	21.2 (4.0)	54.4 (10.3)	52.3 (9.9)	367.0 (69.7)	526.6 (100.0)
2004	24.3 (4.9)	2.8 (0.6)	23.3 (4.7)	43.6 (8.8)	55.2 (11.2)	344.3 (69.8)	493.5 (100.0)

주) ( )은 전체 감사조치건수 중 해당 항목이 차지하는 비율(%)

감사위원회 규정 모범규준

제1장 총 칙

제1조(목적) 이 규정은 정관 및 이사회 규정에서 정한 감사위원회(이하 '위원회'라 한다)의 구성 및 운영에 관한 사항을 정함을 목적으로 한다.

제2조(적용범위) 위원회에 관한 사항은 법령, 정관 및 이사회규정에 따로 정함이 없으면 이 규정이 정하는 바에 의한다. 다만 이 규정에 정함이 없거나 그 적용에 관하여 이의가 있을 때에는 위원회의 결의에 따른다.

제3조(역할) 위원회는 내부통제시스템의 적정성과 경영성과의 평가 및 개선 등을 위하여 다음 각호의 역할을 수행한다.
  1. 재무감사, 업무감사, 준법감사, 경영감사, IT감사 등으로 구분되는 내부 감사
     계획의 수립, 집행, 결과평가, 사후조치, 개선방안 제시
  2. 회사의 전반적인 내부통제시스템에 대한 평가 및 개선방안 제시
  3. 내부감사부서장과 감사의 직무수행상 필요한 직원의 임면에 대한 동의
  4. 외부감사인 선임에 대한 승인
  5. 외부감사인의 감사활동에 대한 평가
  6. 감사결과 지적사항에 대한 조치
  7. 관련법령 또는 정관에서 정한 사항과 이사회가 위임한 사항의 처리
  8. 기타 감독기관 지시, 이사회, 감사위원회가 필요하다고 인정하는 사항에 대
     한 감사

제4조(권한) ① 위원회는 그 직무를 수행하기 위하여 필요한 경우 다음 각호의 권한을 가진다.
  1. 제 증명서, 확인서, 문답서 및 기타 관계자료와 물품의 요구
  2. 금고, 장부, 기타 물품 및 보관장소 등의 봉인
  3. 관계자의 출석 및 답변 요구
  4. 은행 및 자회사의 모든 정보에 대한 자료제출 요구
  5. 회계관계 거래처에 대한 조사자료 징구
  6. 기타 감사업무 수행에 필요한 사항의 요구
② 위원회로부터 제1항 각호의 요구를 받은 자는 특별한 사유가 없는 한 이에 응하여야 한다.

제5조(의무) 위원회는 감사를 행함에 있어 다음 각호의 사항을 이행하여야 한다.

1. 위원회는 공정하게 감사하여야 한다.
2. 위원회는 직무상 알게 된 기밀을 정당한 이유 없이 누설하거나 직무목적 이외로 사용할 수 없다.
3. 위원회는 직무수행에 있어 관련법령 및 지시사항에 따라 사실과 증거에 의하여 그 직무를 행하여야 하며, 감사사항에 대하여는 충분한 기록과 입증자료를 확보하여야 한다.

제6조(독립의 원칙) 위원회는 그 직무를 이사회의 의결 및 집행기구와 타부서로부터 독립된 위치에서 수행하여야 한다.

제7조(경영정보 요구 등) ① 위원회는 감사업무 수행상 필요한 경우 중요 경영활동에 관한 정보를 언제든지 경영진에게 요구할 수 있다.
② 위원회는 업무수행을 위하여 필요한 경우 관련 임직원 및 외부인을 출석하도록 하여 관련자료 및 의견 진술을 요구할 수 있다.
③위원회는 필요할 경우 은행의 비용으로 전문가 등에게 자문을 구할 수 있다.

제2장 구 성

제8조(선임 및 구성) ① 위원회의 위원은 다음 각호의 1에 해당하는 자격을 가진 자 이어야 한다.
1. 변호사, 회계사, 공인감사인 등 전문자격증을 소지한 자로서 관련 업계에서 5년 이상의 실무경험이 있는 자
2. 상경계열학과의 박사학위 이상의 소지자로서 학교, 연구소 등 학계에서 5년 이상의 경력이 있는 자
3. 10년 이상 금융업무관련 기관에 종사한 자로서 회계, 내부통제, 감사, 전산 등의 전문지식이 있다고 인정되는 자
② 위원회의 위원은 3인 이상의 이사로 구성하며, 위원 중 3분의 2이상은 사외이사이어야 한다.
③ 위원회의 위원은 관련법령 및 정관이 정한 바에 따라 이사회에서 선임한다. 단, 사외이사가 아닌 위원은 주주총회의 결의에 의하여 선임한다.

제9조(해임 및 충원) ① 위원은 이사 총수의 3분의 2이상의 이사회 결의로 해임할 수 있다. 단, 사외이사가 아닌 위원의 해임은 주주총회의 결의를 얻어야 한다.
② 위원회의 결원 사유가 발생한 후 최초로 소집되는 주주총회에서 위원을 충원하는 경우에도 제8조 제2항의 규정을 적용한다.

제3장 회 의

제10조(위원장) ① 위원회의 위원장은 사외이사인 위원 중에서 위원회의 결의로

선임한다.

② 위원장의 임기는 1년으로 한다.

③위원장이 사고로 그 직무를 수행할 수 없을 경우에는 위원회에서 정한 순위에 따라 그 직무를 대행한다.

제11조(회의 종류) ① 위원회의 회의는 정기회의와 임시회의로 구분한다.

② 정기회의는 분기 1회 이상 개최하는 것을 원칙으로 하며, 임시회의는 필요에 따라 수시로 개최할 수 있다.

제12조(회의 소집) ① 회의는 위원장이 소집한다. 그러나 위원장이 사고로 인하여 그 직무를 행할 수 없을 때에는 제10조 제3항을 준용한다.

② 회의를 소집할 때는 회의의 일시, 장소 및 목적 등을 기재한 통지서와 안건을 회의 개최 7일 전까지 각 위원에게 통지하여야 한다. 다만, 긴급을 요하는 경우 위원 전원의 동의가 있는 때에는 통지절차 없이 언제든지 회의를 개최할 수 있다.

③각 위원은 위원장에게 의안과 그 사유를 밝혀 회의 소집을 요구할 수 있으며 위원장은 특별한 사유가 없는 한 회의를 소집하여야 한다. 다만, 특별한 사유가 있는 경우에는 이를 문서로 각 위원에게 통보하여야 한다.

제13조(결의사항 등) ① 다음 사항은 위원회의 결의로 하여야 한다.

1. 임시주주총회 소집청구
2. 주주총회 의안 및 서류에 대한 진술
3. 감사보고서의 작성, 제출
4. 임시이사회 소집청구
5. 이사의 위법행위에 대한 유지 청구
6. 연간 감사계획의 수립
7. 내부감사관련업무, 재산, 자회사의 조사
8. 감사보조기구의 부서장과 감사의 직무수행상 필요한 직원의 임면에 대한 동의
9. 외부감사인의 선임 및 해임에 대한 승인
10. 상근감사위원직무규정의 제정 및 개폐
11. 관련법령, 정관, 관련규정에서 정한 사항
12. 기타 이사회에서 위임받은 사항 또는 위원회가 필요하다고 인정하는 사항

② 다음 사항은 위원회의 심의를 거쳐야 한다.

1. 내부통제시스템운영의 적정성 평가 및 개선사항 검토
2. 회계처리기준 및 회계추정 변경 등에 대한 타당성 검토
3. 은행 재무활동의 건전성 및 타당성과 재무보고의 정확성 검토
4. 공시정책의 수립 및 집행의 적정성 여부 검토

5. 준법감시인 소관 내부통제기준의 제·개정 및 폐지
6. 외부감사인의 감사활동에 대한 평가
7. 준법감시인으로부터의 보고사항 검토
8. 준법감시인의 해임 건의
9. 외부감사인으로부터 보고 받은 경영진의 직무집행에 관한 부정행위 또는 법령이나 정관에 위배되는 중요한 사실
10. 외부감사인으로부터 보고 받은 은행이 회계처리 등에 관한 회계기준을 위반한 사실
11. 관련법령, 정관 또는 관련규정에서 정하는 사항
12. 감독당국에 제출하는 주요자료의 검토
13. 기타 위원회가 필요하다고 인정하는 사항

제14조(결의방법) ① 위원회의 결의는 재적위원 과반수의 출석과 출석위원 과반수로 성립된다.
② 위원회는 관련법령 및 정관에서 달리 규정하지 않는 한 위원의 전부 또는 일부가 직접 회의에 출석하지 아니하고 동영상 및 음성을 동시에 송·수신하는 통신수단을 이용하여 회의를 진행할 수 있다. 이 경우 당해 위원은 위원회에 직접 출석한 것으로 간주한다.
③위원회의 안건과 관련하여 특별한 이해관계가 있는 위원은 의결권을 행사하지 못한다. 이 경우 행사가 제한되는 의결권의 수는 출석한 위원의 의결권 수에 산입하지 아니한다.

제4장 감사 및 보고

제15조(의사록) ① 위원회의 의사에 관하여는 의사록을 작성하여야 한다.
② 의사록에는 의사의 안건, 경과요령, 그 결과, 반대하는 자와 그 반대 사유를 기재하고 출석한 위원이 기명날인 또는 서명하여 보관하여야 한다.

제16조(권한위임) ① 위원회는 감사업무의 효율적인 수행을 위하여 다음 각호의 사항을 상근감사위원에게 위임하며, 상근감사위원은 위임받은 사항에 대하여 주요사항을 위원회에 보고하여야 한다.
1. 감사계획, 실시, 결과보고 등 내부감사업무 수행에 관한 전반적인 사항
2. 감사결과 지적사항에 대한 조치
3. 위원회의 결의로 위임한 사항
4. 기타 감사업무수행에 관한 사항
② 위원회는 제1항에서 위임한 상근감사위원의 직무와 감사보조기구 등에 관한 사항은 상근감사위원 직무규정에서 따로 정한다.

제17조(권한 대행) ① 감사위원의 미착임, 출장, 기타 사유로 위원회의 소집이 곤

란하고 사안이 긴급한 경우 상근감사위원이 이를 대행하고, 위원회의 추인을 받는다.

② 상근감사위원이 제1항의 업무를 수행할 수 없는 경우에는 감사보조기구의 부서장이 이를 대행하고 위원회의 추인을 받는다.

③ 일상감사사항 등 제16조에서 규정하는 사항 및 위원회의 결의에 의하여 상근감사위원에 위임된 사항은 상근감사위원이 전결처리하고 당해 기간에 전결 처리한 건에 대해서는 정기위원회에 보고한다.

④ 일상감사대상 이외의 서류 중 은행장의 결재를 받은 서류가 있을 경우 이를 상근감사위원이 공람한다.

제18조(이사회보고) ① 위원회는 감사결과를 연 1회 이상 이사회에 보고하여야 한다.

② 위원회는 위원회의 결의사항을 이사회에 보고하여야 한다.

③ 위원회는 위원회의 심의사항 중 이사회 부의 사항과 검토결과 시정 또는 개선이 필요하다고 판단하는 경우에는 이를 이사회에 부의 또는 보고하여야 한다.

④ 위원회는 경영진이 법령 또는 정관에 위반하는 행위를 하거나 그 행위를 할 염려가 있다고 판단되는 경우 즉시 이사회의 소집을 요구하고 이를 보고하여야 한다.

제5장 보 칙

제19조(감사위원회에 대한 보고) 상근감사위원은 제16조에 의해 위임받은 사항 이외에 중요 업무 수행결과를 위원회에 보고하여야 한다.

제20조(외부감사인과의 연계) ① 위원회는 외부감사인의 감사계획 및 절차와 결과 등을 활용하여 감사목적을 달성하도록 하여야 한다.

② 위원회는 감사업무상 필요한 경우 외부감사인을 회의에 참석토록 하여 관련자료 제출 및 의견진술을 요구할 수 있다.

제21조(감사보조기구) ① 위원회는 효율적인 업무수행을 위하여 부서 단위의 감사 보조기구를 둔다.

② 감사보조기구에는 원활한 감사업무를 수행할 수 있는 전문성 있는 인원과 적정인원을 유지하여야 한다.

제22조(감사록의 작성) ① 위원회는 감사에 관하여 감사록을 작성하여야 한다.

② 감사록에는 감사의 실시요령과 그 결과를 기재하고 감사를 실시한 위원이 기명날인 또는 서명하여야 한다.

제23조(규정의 개폐) 이 규정의 개정 및 폐지는 이사회 결의에 의한다.

5. 준법감시인 제도

가. 개요

(1) 준법감시인제도의 의의

준법감시(Compliance)란 고객 재산에 대한 선량한 관리자로서 회사의 임직원이 제반 법규를 준수하도록 사전 또는 상시적으로 통제하는 기능을 말한다. 금융회사에 있어서 준법감시기능은 임직원이 직무를 수행함에 있어 법규를 준수해 나가도록 하는 준법감시체제를 구축하고 이를 운영·점검하는 일련의 활동을 의미한다.

외환위기 이후 지배구조 개선 및 견제기능 강화 차원에서 감사위원회와 더불어 준법감시제도를 도입하였는데 금융회사는 관련법규에 의거 준법감시인(Compliance Officer)을 두도록 하고 있으며, 준법감시인은 내부통제기준의 준수여부를 점검하고 기준을 위반하는 경우 이를 조사하여 상근감사위원 및 감사위원회에 보고하여야 할 의무가 있다.

(2) 제도 도입 경과

준법감시인 제도는 금융권역별로 관련법률에 시행근거를 마련하였는데 2000년 1월 '은행법', '종합금융회사에 관한 법률', '상호신용금고법', '증권거래법', '증권투자회사법', '증권투자신탁업법', '선물거래법', '보험업법' 등을 개정하였다.

이에 근거하여 은행 · 보험 · 투신권역은 2000년 6월 23일, 종금권역은 2000년 7월 10일, 증권권역은 2000년 9월 8일 각각 해당 법률 시행령에 '내부통제기준'으로 포함되어야 할 사항, 준법감시인의 임면과 선임자격 관련 사항 등을 규정하였다. 이후 증권, 투신 및 증권투자권역은 2001년 3월 28일, 은행은 2002년 4월 27일 각 금융관련 법률 시행령에서 정하고 있던 준법감시인의 임면 및 선임자격 관련 내용을 법률에서 정하도록 변경하였다.

현재 내부통제기준 제정 및 준법감시인 임명 대상 금융권역은 은행 · 종금 · 증권 · 자산운용 · 보험 · 상호저축은행 · 여신전문금융회사 등이며 선물회사의 경우 내부통제기준은 제정토록 하되, 준법감시인제도 도입 대상은 아니다.

(3) 법규 반영 내용

준법감시기능과 관련한 법령상 근거는 은행 금융회사의 경우 '은행법'에 내부통제기준 제정 및 준법감시인 선임 관련 근거규정(임면 · 자격 요건 등 포함)을 마련하고, 법시행령에서 내부통제기준으로 포함되어야 할 사항 등을 명시하고 있다. 이러한 내용은 보험, 증권 등 여타 권역에서도 크게 다를 바 없다. 여기서는 편의상 은행의 사례를 제시하고자 한다.

내부통제기준 및 준법감시인 관련 법령 요약(은행)

1. 은행법

▶내부통제기준 제정

- 금융기관은 법령을 준수하고 자산운용을 건전하게 하며 예금자, 투자자 및 계약자 등을 보호하기 위하여 당해 금융기관의 임원 및 직원이 그 직무를 수행함에 있어 따라야 할 기본적인 절차와 기준(내부통제기준)을 정하여야 함

▶준법감시인 선임

- 금융기관은 내부통제기준의 준수 여부를 점검하고 내부통제기준에 위반하는 경우 이를 조사하여 감사위원회에 보고하는 자(준법감시인)를 1인 이상 두어야 함

▶준법감시인의 임면 및 자격 등

(가) 준법감시인의 임면

- 준법감시인을 임면하고자 하는 때에는 이사회의 결의를 거쳐야 함(다만 외국금융기관의 지점은 예외)
- 준법감시인을 임면한 때에는 그 사실을 금감위에 통보하여야 함

(나) 준법감시인의 자격

- 금융기관에서 10년 이상 근무경력이 있는 자
- 금융관련 석사 이상 학위소지자로서 연구기관 또는 대학에서 연구원 또는 전임강사 5년 이상 근무경력이 있는 자
- 변호사 또는 공인회계사로서 당해 자격과 관련된 업무에 5년이상 근무경력이 있는 자
- 금융감독기관에서 5년 이상 근무경력이 있는 자로서 퇴임·퇴직 후 5년이 경과한 자
- 결격사유(미성년자, 금치산자, 벌금 이상 형 선고후 5년을 경과하지 아니한 자 등)
- 감독당국으로부터 주의·경고의 요구 이상에 해당하는 조치를 받지 아니한 자

2. 은행법 시행령

▶내부통제기준에 포함하여야 할 사항

- 업무의 분장 및 조직 구조에 관한 사항
- 자산의 운용 또는 업무의 영위 과정에서 발생하는 위험의 관리에 관한 사항
- 임직원이 업무를 수행함에 있어서 반드시 준수하여야 하는 절차에 관한 사항

- 경영의사결정에 필요한 정보가 효율적으로 전달될 수 있는 체제의 구축에 관한 사항
- 임직원의 유가증권거래 내역의 보고 등 불공정거래 행위를 방지하기 위한 절차나 기준에 관한 사항
- 내부통제기준의 제정 또는 변경 절차에 관한 사항
- 준법감시인의 임면 절차에 관한 사항
- 상기 사항에 대한 구체적인 기준으로서 금감위가 정하는 사항[39]

▶내부통제기준 제 · 개정 및 변경권고
- 금융기관이 내부통제기준을 제정하거나 변경하고자 하는 때에는 이사회의 결의를 거쳐야 함
- 금감위는 금감원의 검사결과 법령을 위반한 사실이 드러난 금융기관에 대하여는 법령위반 행위의 재발방지를 위하여 내부통제기준의 변경을 권고할 수 있음

▶준법감시인의 겸직 금지 및 은행의 의무

(가) 준법감시인의 겸직 금지
- 선량한 관리자의 주의로 그 직무를 수행하여야 하며, 다음의 업무를 수행하는 직무를 담당하여서는 아니됨
  - 자산 운용에 관한 업무
  - 당해 금융기관이 영위하는 업무와 그 부수업무[40]
  - 당해 금융기관의 겸영업무

(나) 금융기관의 의무
- 금융기관은 준법감시인이 그 직무를 수행함에 있어서 자료나 정보의 제출을 임직원에게 요구하는 경우에는 당해 임직원으로 하여금 이에 성실히 응하도록 하여야 함
- 금융기관은 준법감시인이었던 자에 대하여 당해 직무수행과 관련한 사유로 부당한 인사상의 불이익을 주어서는 아니됨
- 임직원의 내부통제기준 준수 여부를 확인하는 절차, 방법 및 내부통제기준을 위반한 임직원의 처리에 관한 사항

나. 준법감시인의 주요 직무

금융감독원은 준법감시인제도 도입 초기에 현실과의 괴리를 줄이기 위해 업계의견을 최대한 반영하여 권역별 '준법감시인제도 운영

모범규준(best practice)' [41]을 마련한 바 있는데 각 금융회사는 이를 참고하여 회사 실정에 맞게 적절하게 운용하고 있다. 이와 같은 준법감시인제도 모범규준은 해당법령에서 명시하고 있는 준법감시인의 직무권한, 자격요건, 책임 등을 소상하게 제시하고 있다. 이는 비록 강제적인 법규사항은 아니지만 모범규준에 따라 충실하게 운영할 필요가 있다.

그리고 감독당국은 금융회사에 대한 종합검사시 내부통제부문 경영실태평가에서 준법감시인제도 운영실태를 점검하고 있다.

(1) 내부통제기준 설정

금융회사는 자체 내부통제기준 제정·운영시 관련 법령에서 정하는 내부통제기준을 충분히 반영하여야 하며, 내부통제기준을 제정하거나 변경하고자 하는 때에는 이사회의 결의를 거쳐야 한다.

〈내부통제기준에 포함되어야 할 사항〉

① 업무의 분장 및 조직구조 : 각 회사에서 기 제정·시행하고 있는 업무분장 및 조직구조 관련 내규 및 매뉴얼 등을 내부통제기준으로 준용할 수 있다. 영업특성에 따른 조직구조의 집중 또는 분산 정도의 적정성, 영업 또는 산업 변화를 파악하기에 적정한 조직구조 여부, 책임범위에 합당한 권한의 배분, 직무규정 등 통제관련 기준 및 절차의 적정성, 업무 수행에 적정한 인원 및 경험보유자의 배치 등이 관건이다.

② 자산의 운용 또는 업무 영위과정에서 발생하는 위험의 관리 : 각 회사의 리스크 관리 관련 내규 및 매뉴얼 등을 내부통제기준으로 준용할 수 있다. 내외부에서 발생하는 각종 리스크의 인식·측정·통제체계의 적정성, 주요 영업활동별 리스크의 인식 및 관리의 적정성 등이 반영되어야 한다.

③ 임직원의 업무 수행시 반드시 준수하여야 하는 절차 : 회사의 모든 임직원이 업무를 수행함에 있어 반드시 준수하여야 하는 절차를 마련하여야 하며 필요시 감사위원회(감사위원)와 협의하여 업무범위를 설정할 수 있다.

④ 경영의사결정에 필요한 정보가 효율적으로 전달될 수 있는 체제의 구축 : 각 회사는 경영의사결정과 관련된 재무 및 경영정보 등이 관련 임직원에게 신속·정확히 전달될 수 있도록 정보전달체계를 구축하여야 한다. 정보전달체계가 전자형태의 정보시스템을 이용하는 경우 보안대책이 마련되어 있어야 한다.

⑤ 임직원의 내부통제기준 준수 여부 확인 절차 및 방법 :
- 준법감시인 선임 및 준법감시 전담조직 설치 : 이사회는 준법감시인을 선임하여야 하며, 준법감시인의 직무수행을 보좌하기 위한 준법감시 전담조직을 설치 운영하여야 한다. 경영진 및 감사위원회는 준법감시인이 업무를 효과적으로 수행할 수 있도록 준법감시조

직의 인적 자원 등이 충분히 지원되고 있는 지를 평가하고 그 결과에 따라 적절한 조치를 취하도록 하여야 한다.

 - **효율적인 내부통제기준 점검 시스템 구축** : 금융회사는 업무특성 및 자산 규모 등을 감안하여 준법감시인이 효율적으로 내부통제기준을 점검할 수 있는 시스템을 구축하여야 한다. 내부통제기준의 이행 여부를 점검하기 위하여 적정한 단위(부서별 또는 부문별)로 준법감시업무를 보좌하는 담당자(준법감시담당자)를 지정할 수 있다.

 - **준법감시일정 및 계획 수립** : 금융회사는 부문별 점검주기 등 전반적인 준법감시 일정을 마련하여야 하며, 준법감시인 및 준법감시부서는 일정에 따라 세부계획을 수립하여 시행하여야 한다. 이에 관하여 BIS에서는 준법감시활동의 우선순위를 결정하고, 준법감시부서장(Head of Compliance)의 기본 계획에 대한 준법감시 프로그램을 승인하기 위해 준법감시위원회(Compliance Committee)를 설치, 운영토록 권고하고 있다.

 - **내부통제기준 준수여부 점검** : 준법감시인은 내부통제기준의 준수여부를 점검하여야 하여야 한다. 특히, 금융사고 발생가능성 및 사고 발생시 손실규모가 큰 영업활동 및 부서 등에 대하여는 준법감시인 및 감사조직이 상호협조하여 중점 점검토록 함으로써 내부통제를 내실있게 운영하여야 한다.

⑥ **내부통제기준을 위반한 임직원의 처리** : 금융회사는 내부통제기준 위반에 대한 처리기준을 규정화 하여야 하며 준법감시인은 임

직원의 내부통제기준 위반행위를 발견한 경우 감사위원회에 보고하여야 한다. 또 위법·부당행위 발견시 특정사안에 관하여 직접 조사할 수 있고 필요한 경우 감사조직과 공동조사를 실시할 수 있다.

⑦ 임직원의 유가증권 거래내역의 보고 등 불공정거래 행위를 방지하기 위한 절차 및 기준 : 금융회사 임직원은 업무상 취득한 정보를 이용하여 유가증권의 매매 및 기타 거래에 이용하거나 타인에게 제공하여서는 하여서는 아니된다. 경영진은 불공정거래에 이용될 가능성이 높은 업무(딜링, 여신, 신탁업무 등)를 담당하는 임직원의 유가증권 거래내역을 보고받는 등 내부통제절차나 기준을 마련하여야 한다.

⑧ 내부통제기준의 제정 또는 변경 절차 : 내부통제기준의 제·개정은 이사회의 의결을 거쳐야 하며, 다만, 법령 및 내규 개정에 따른 용어 변경, 단순한 조직체계의 변경, 기타 체제 변경이나 자구수정 등 '내부통제기준' 내용의 실질적인 변화를 수반하지 않는 개정의 경우에는 대표이사가 승인할 수 있다.

⑨ 준법감시인의 임면절차 및 자격요건 등 : 준법감시인은 금융관련법률 및 금융 실무에 대한 지식과 경험을 갖춘 자 중에서 대표이사의 추천으로 이사회에서 선임하되, 의결 정족수는 금융회사가 자율적으로 정하고 있다. 해임의 경우 금융관련법령을 위반하거나 결

격사유에 해당되어 준법감시인으로서 공정한 업무수행을 할 수 없는 경우 이사회 의결로 해임할 수 있다. 임기 및 지위에 관해서는, 원칙적으로 임기는 3년의 범위 내에서 금융회사 자율로 정할 수 있으나 준법감시업무의 독립성 보장 및 업무의 연속성 유지를 위해 정당한 사유없이 준법감시인이 임기내 교체되는 것은 바람직하지 않다.

⑩ 기타 사항 : 그 밖에 상기 사항에 대한 구체적인 기준으로서 감독당국이 정하는 사항도 내부통제기준에 반영하여야 하는데 겸영, 부수업무 등에 관한 사항이 주로 해당된다.

(2) 준법감시인의 직무

① '내부통제기준' 준수 여부 점검 및 조사 : 임직원의 '내부통제기준' 준수 여부 점검대상은 주로 회사의 내부통제체제 운영의 적정성과 관련된 사항이며 그 범위가 포괄적인 경우 상근감사위원과 협의하여 항목을 결정할 수 있다. 그리고 점검방법은 준법감시 모니터링 시스템을 구축하여 주기적 점검과 상시적인 감시가 이루어지도록 해야 한다.

② 법규준수 측면에서의 사전검토 : 정관·규정 등의 제정 및 개폐, 이사회·이사회 산하 각종 위원회(감사위원회 제외) 부의사항,

신상품 개발 등 새로운 업무의 개발 및 추진, 감독당국에 제출하는 중요 자료 및 문서 등에 대해 법규준수 측면에서 사전검토 업무를 수행한다.

③ 내부통제기준 준수 매뉴얼 작성·배포 : 금융회사의 규모, 사업의 범위·복잡성, 업무의 성격 등 특성에 맞는 내부통제기준 준수 매뉴얼을 마련하여 임직원들이 내부통제기준 준수를 위한 세부지침으로 활용할 수 있도록 제공하여야 한다.

④ 감독당국 및 검사조직과의 협조·지원 : 준법감시인은 내부통제기준 준수여부 점검 결과 중요 문제점 발견시 감독당국에 관련사실을 보고하여야 하며, 내부통제기준 준수 점검 계획 및 감사위원회의 검사계획 수립시 상호간의 관심사항을 협의·조정하는 등 협조체제를 유지하여야 한다.

⑤ 내부통제기준 준수여부 모니터링 결과의 기록 유지 및 보고 : 부문별·부서별 준법감시담당자는 모니터링 결과를 기록 유지하고 필요시 준법감시인 또는 준법감시조직에 보고하여야 하며, 준법감시조직도 이와 같은 절차를 통해 준법감시인에게 보고하여야 한다.

⑥ 임직원 윤리강령의 제·개정 및 운영 : 임직원 윤리강령(또는 행동규범)을 제·개정하고 세부 실천방안을 마련하여야 한다. 이에

대해 전 직원을 대상으로 연수를 실시하거나 책자로 발간하여 영업점에 비치하고 준수여부를 점검하여야 한다.

⑦ 법규준수 등과 관련한 임직원 교육 실시 : 준법감시인은 법규준수 등과 관련하여 정기(연 1회 이상) 또는 수시(중요한 법규 변경 등이 있을 경우)로 교육을 실시하여야 한다.

다. 준법감시인제도 운영 실태

각 금융업법에 의하면 준법감시인은 감사위원회와 달리 금융회사의 자산규모와 관계없이 모든 금융회사가 반드시 1인 이상 두도록 하고 있다. 이에 따라 모든 은행 · 증권 · 자산운용 · 보험 · 저축은행 · 여신전문금융회사 · 종합금융회사 등이 준법감시인을 두고 있다.

금융권역별 준법감시인 조직 현황(2005년 8월 말 현재) 단위: 개, 명

구분	은행	증권	생명보험	손해보험
금융회사	18	40	22	15
준법감시부서 직원수	239	216	79	78
(평균 직원수)	(13.3)	(5.4)	(3.6)	(5.2)

2003년 3월 금융감독원에서 실시한 준법감시인 운영실태에 대한 조사에 의하면 당시에는 제도시행 시기가 일천하여 준법감시인의 역할이 정착되지 아니한 것으로 나타났는데, 근년에 와서는 크게 개선되고 있는 것으로 보인다. 대형 은행 및 보험, 증권사 등을 중심으

로 준법감시부서의 인원을 크게 늘리고 담당 업무를 점차 확대시키고 있는 것은 매우 바람직한 일이다.

초기 설문조사 결과에 의하면 대형 금융회사들은 준법감시인이 사전 예방적·자기 검토 중심으로 내부통제업무를 수행하고 있고, 경영진 및 일선 부서직원의 법규준수에 대한 인식이 제고되고 있을 뿐만 아니라 준법감시인제도가 금융회사의 내부통제강화에 크게 기여하고 있는 것으로 긍정 평가하고 있다.

반면 일부 상호저축은행 등 소규모 금융회사들은 준법감시인과 감사위원회의 직무 중복, 인적·물적 여건 불충분, 준법감시인의 타업무 겸직 불가피 등의 애로점을 들면서 부정적인 의견을 표시한 곳도 있었다.

한편, 준법감시조직의 일상업무에 대한 법규준수 사전감시업무활동이나 일선부서의 업무수행 관련 법규질의에 대한 답변 현황, 임직원 교육 현황도 금융회사별로 차이가 있었는데 앞으로 금융회사 실정에 맞는 준법감시조직 운용이 큰 관건이라 하겠다.

라. 준법감시와 관련한 이사회 및 경영진의 역할

(1) 이사회의 책임과 역할

이사회는 금융회사의 준법리스크 관리에 대한 감독책임이 있으며 회사의 준법감시정책을 승인하여야 한다. 이러한 정책에는 상시적인 준법감시기능의 설치를 규정하는 내규나 공식문서 등이 포함된다. 또한, 이사회는 준법리스크관리의 유효성을 평가하기 위해 최소 1년에 한번이상 준법감시정책과 현재 실행중인 조치에 대해 점검하여야 한다.

결국 이사회는 준법리스크관리를 위해 적절한 정책을 수행할 책임이 있고 관련된 현안사항이 효과적으로 신속하게 해결될 수 있도록 준법감시정책의 집행을 감독하여야 한다. 이를 위해 금융회사의 이사회(필요시 은행장 앞 권한 위임 가능)는 효율적인 준법감시활동을 위하여 우수한 인력 및 각종 물적 자원(전산시스템 등)을 적극 지원하여야 한다.

(2) 경영진의 책임과 역할

경영진은 준법감시정책을 입안하고 이의 준수여부를 확인하는 한편 이행상황에 대해 이사회에 보고할 책임이 있다. 경영진은 명문화된 준법감시정책을 마련해야 하며 동 정책에는 모든 임직원들이 준수해야할 원칙과 준법감시리스크에 대한 인식 통제 관리절차가 포함되어야 한다.

경영진은 준법감시기능의 협력자로서 최소 연 1회 이상 회사가 직면한 주요 준법감시리스크 이슈와 이를 관리하는 계획을 평가하고, 준법감시리스크 관리실태를 이사회에 보고하여야 한다.

한편, BIS에서는 금융회사가 필요한 경우 준법감시위원회(Compliance Committee)를 설치, 운영하도록 제시하고 있다.

BIS의 준법감시위원회 설치 및 운영 방안
- BIS Compliance Charter(2005년 5월) -

1. 준법감시위원회(Compliance Committee) 임무

▶금융기관은 필요한 경우 준법감시위원회를 설치 및 운영할 수 있음

- 준법감시위원회의 책임은 준법감시 활동의 우선순위를 결정하고, 준법감시 부서장(Head of Compliance)으로부터의 기본 계획에 대한 준법감시 프로그램을 승인

2. 준법감시위원회 구성

▶위원회는 부행장급이 위원장직을 수행하고 위원들은 준법감시 부서장, 법규, 리스크 통제, 검사 담당부서장, 통화 및 경제 담당부서의 시니어급 직원 등으로 구성

- 동 위원회는 필요시 여타 경영진 또는 직원을 면담하고 특정 사안에 대하여 논의할 수 있으며 준법감시 부서장은 위원회 간사(Secretary)로서의 직무를 수행

3. 준법감시위원회 운영방법

▶위원회는 최소 연 4회 회의를 개최하며 각 위원은 위원장(Deputy General Manager)의 사전 승인을 얻어 수시 회의를 소집 가능

4. 조직간 관계 설정(Relationship among Bank Units)

▶준법감시위원회를 통한 특정한 협조 이외, 준법감시 조직과 여타 조직, 특히 법규 담당부서, 리스크 통제부서 및 검사부서간 선의의 협조와 밀접하고도 지속적인 협조 노력을 경주

▶준법감시 조직은 여타 내부조직과 같은 수준으로 감사에 의하여 정기점검을 받아야 함

6. 감사위원회제도와 준법감시인제도 운영상 이슈

감사위원회제도 등의 도입을 계기로 금융회사의 지배구조가 크게 개선된 것은 사실이나 여전히 미흡한 점도 있다. 예컨대, 감사위원회의 형식적 운영과 전문성·독립성 부족, 감사위원회와 준법감시인간 업무분장 불명확 등이 제기되고 있다.

이러한 예시들은 금융회사는 물론 감독당국도 귀담아 듣고 개선방안을 찾도록 함께 노력해야 할 과제로 여겨진다.

(1) 감사위원회의 독립성 미흡

감사위원회는 이사회내 소위원회로 운영되며, 감사위원도 이사회의 일원으로 업무집행과 관련한 의사결정에 참여할 수 있기 때문에 본인이 결의한 내용을 감사하게 되는 경우도 있어 독립적인 감사활동이 위축될 소지를 내포하고 있다.

'증권거래법' 상 상임감사 및 금융관련법상 임원의 자격제한 규정을 상근 감사위원 선임시 준용하고 있으나 사외이사의 자격제한 수준에 비해 요건이 미흡하여 지배주주 및 경영진으로부터 독립성이 부족하다. 감사위원 선임시 지배주주의 의결권 제한규정이 마련되어 있지 아니하여 지배주주의 영향력 배제도 어렵다. 감사위원회의 실제운영과정에서는 지배주주 또는 경영진에 대한 견제기능이 활발하지 못한 것으로 평가되고 있다.[42]

(2) 감사위원 및 보조조직의 전문성 부족

감사위원회 위원의 적극적 자격요건 미비는 전문성 부족과 함께 위원회 기능을 위축시키는 요인으로 작용하고 있다. 현행 제도상 감사위원(사외이사)으로 적합한 전문가는 교수, 변호사, 회계사 등인데 독립성 측면에는 유리하나 전문성 측면에서는 재고소지가 있다는 의견이 있다.

예컨대 감사업무에 정통한 전문 인력풀(pool)이 형성되지 아니하여 중소형사의 경우 대주주의 영향력이 있는 인사가 감사로 재직하는 경우도 많다. 사실 전문가그룹으로 볼 수 있는 금융감독기관 임직원(2급이상) 출신의 경우 '공직자윤리법'에 의해 퇴직전 3년 이내 소속부서의 업무와 밀접한 관련이 있는 회사에 2년간 취업을 금지토록 하고 있는 것도 전문인력 활용(상근 감사위원)에 장애요인이 되고 있다.

한편, 대부분의 금융회사가 상근감사위원의 임기를 3년으로 하고 있으나 일부에서는 3년 미만인 경우가 있다. 또 사외이사의 임기를 1~2년으로 운영하고 있어 사외이사인 감사위원의 독립성 확보가 쉽지 않은 형편이다. 최근 일부에서는 사외이사의 전문성과 독립성 제고를 위해 임기를 3년으로 연장하려는 움직임을 보이고 있다.

아울러, 감사위원회(감사)를 보좌하는 부속실, 검사부 등 감사보조조직의 전문성 미흡도 늘상 거론되는 문제중의 하나이다. 앞서 본 바와 같이 금융업무는 지속적으로 전문화되고 있는데 비해 전문인력 충원은 이에 미치지 못하고 있다.

(3) 감사위원회, 준법감시인 등의 업무 중복

감사위원회와 준법감시인은 조직의 효율적인 내부통제라는 공통의 목표를 지향하고 있으나 실제 운영상으로는 업무분장이 명확하지 않다는 이야기가 거론되고 있다.

이는 우리나라 '상법' 상 감사위원회의 권한은 영국, 미국과는 달리 준법성 감사권이 포함되어 있음에도 불구하고, 금융관련법에서 내부통제 강화를 위해 별도의 준법감시인 제도를 도입한 데 기인하는 것으로, 아직 시행 초기로서 제도가 완전히 정착되지 아니한 면이 있는 것 같다.

그러나 각 금융회사는 감사위원회는 주주입장에서 경영진을 견제하고 준법감시인은 경영진의 입장에서 조직의 내부통제기준을 설정 · 운영한다는 근본적인 역할에 충실할 수 있도록 나름대로 효율적인 운영방안을 모색하여 이를 최적화해 나갈 필요가 있다.

한편, 새로 시행된 내부회계관리제도 운영과정에서 일부 업무 중복을 우려하는 목소리도 있으나 내부회계관리는 재무보고 목적과 관련된 보다 협소한 의미의 내부통제이다. 다만, 내부회계관리자의 감사위원회 보고 및 감사위원회의 운영실태 평가 등의 과정에서 각자의 역할을 금융회사 실정에 맞게 접목시킬 필요가 있다.

참고로 그동안 각 금융권별로 제시된 모범규준 등에서 정리하고 있는 기능을 요약 대비해보면 다음과 같다.

감사위원회(감사), 준법감시인, 내부회계관리자의 역할 비교			
구분	감사(위원회)	준법감시인	내부회계관리자
주요 역할	▸주주를 대신하여 경영진(이사회)이 수행한 업무 및 회계 등의 적정성여부 감사	▸임직원의 내부통제기준 준수여부 점검 및 위반사항 발견시 조사하여 감사(위원회)보고	▸내부회계관리제도의 관리·운영 책임 및 운영실태를 이사회·감사(위원회)에 보고
활동 주체	▸감사(위원회) 및 그 보조기구	▸준법감시인 및 그 보조기구	▸내부회계관리자 및 그 보조기구
주요 업무	▸재무감사, 업무감사, 준법감사, 경영감사, IT감사 ▸전반적인 내부통제시스템에 대한 평가 및 개선방안 제시 ▸내부감사부서장과 감사의 직무수행상 필요한 직원의 임면에 대한 동의 ▸외부감사인 선임에 대한 승인	▸내부통제기준 준수 여부(법규 준수 여부) 점검 및 조사 ▸내부통제기준 준수매뉴얼 작성·배포 ▸주요 일상업무에 대한 법규준수 측면에서의 사전검토 ▸법규준수 관련 직원 교육실시 ▸임직원 윤리강령의 제정·운영	▸내부회계관리제도 운용관리 ▸재무보고내부통제 시스템 구축 및 운영 ▸재무보고내부통제 유효성 평가, 보고 및 사후관리 ▸재무보고내부통제 교육 및 지도

PART **4**

금융사고 예방대책의
어제와 오늘

"영속하는 위대한 기업들은 자신의 핵심가치와 목적은 보존하면서

사업전략과 운영관행은 변화하는 세계에 끊임없이 적응시킨다.

이것이 핵심을 보존하고 발전을 자극하는 마법의 조합이다."

(짐 콜린스, ≪좋은 기업을 넘어 위대한 기업으로≫ 중에서)

1. 금융사고의 의의 및 처리

(1) 금융사고의 의의

금융사고란 고객이 맡긴 금융자산을 관리하는 금융회사 안팎에서 발생하는 금전적 손실초래 행위나 금융관련 범죄행위를 말한다. 구체적으로는 "금융회사 임원 또는 직원이 금융업무 처리와 관련하여 스스로 위법부당한 행위를 하거나 타인으로부터 기망, 권유, 청탁 등을 받아 위법부당한 행위를 저지름으로써 금융회사에 손실을 초래하거나 금융질서를 문란하게 하는 것"이다.

위법부당성의 정도나 그 성격에 따라 '금융관련 범죄사고'와 '금융업무 부당취급'으로 대별할 수 있다. 어느 경우이든 금융사고는 사고자의 윤리의식이 결여된 상태에서 조직의 내부통제도 어딘가 허점이 있기 때문에 발생하는 것이다.

금융관련 범죄사고는 '형법', 기타 법률위반에 해당하는 행위로서 사기·공갈·횡령·배임, 재산국외도피, 자금세탁, 금품수수, 사금융알선, 저축관련 부당행위, 무인가 금융업행위 등 '특정경제범죄가중처벌 등에 관한 법률'에 해당하는 행위를 주로 의미한다.

금융업무 부당취급은 '은행법'을 비롯한 보험·증권·상호저축은행 등 해당 금융업의 법령이나 감독당국이 발하는 규정, 명령 또는 지시사항을 위반한 경우라든가 금융회사의 정관이나 내부규정에 반하는 경우 및 금융회사의 건전한 경영을 저해하는 행위 등이 해당된다.

한편 금융사고는 금융회사 내부직원이 아닌 외부인에 의해서도 발생하며, 외부인에 의한 금융사고는 대부분 범죄행위로 볼 수 있다. 대출 사기, 신용장이나 선적서류 위조에 의한 외환사고, 어음수표·양도성예금증서(CD) 등의 위변조 및 딱지어음 사기, 현송자금 및 현금자동지급기 현금 탈취, 전자금융 관련사고 등은 외부인에 의해 일어나는 사고이다.

또한 금융사고는 외부인의 기망, 유혹, 회유, 금품제공 등에 응하여 금융회사의 내부직원과 공모 또는 공조하여 발생되는 경우도 적지 않다.

(2) 여건변화와 금융사고의 변화

국내외를 불문하고 금융회사가 생긴 이래 크고 작은 금융사고가 발생하여 왔다. 근래에 와서는 금융환경과 금융업무의 행태가 크게 변화하고 있는데 이러한 변화에 상응하여 일어나는 사고의 유형도 매우 다양하게 나타났다. 시대별로 정리하면 다음과 같은 특징이 있다.

시대별 금융사고 특징	
시 대	금융사고 특징
1980년대	① 자금조달이 중시되면서 수신유치와 관련한 사고 급증 ② 상호신용금고(현 저축은행)의 비정상적 자금유치 성행 ③ 공급자 우위 금융으로 인한 대출부정사고, 사적금전대차 등이 빈번 ④ 위의 환경은 구조적으로 당좌관련 사고뿐만 아니라 금품 수수, 배임수죄 등의 범죄행위와 연결

1990년대	① 신용장 사기, 무역금융 부정대출 등 외국환 업무와 관련된 내외부인의 사고 증가 ② 부동산 개발 및 토지사기, CD등 유가증권 위·변조, 어음사기 등이 유달리 많이 발생 ③ 금융업무가 전산화되면서 전산조작을 통한 사고 발생 ④ 고객예금, 공과금, 보험료, 고객 투자자금 등 다양한 유형의 횡령이 다양한 직위, 직급에 걸쳐 발생
2000년대	① 사고수법이 정교해 지면서 100억대 이상의 대형사고 증가 ② 주민등록증 및 운전면허증 위조, 카드 위조 등의 외부인 사고가 급증 ③ 은행 등 특정권역에 그치지 않고 보험, 증권 등과 연계되어 사고 발생 ④ 전자금융 확산으로 신종 사이버 금융범죄 증가

(3) 금융사고의 보고

금융사고가 현실적으로 불가피하게 발생한다고 하더라도 반복적으로 일어난다면 문제가 달라진다. 공신력을 생명으로 하는 금융회사에서의 대형 사고는 결국 사회적으로 물의를 야기하고, 개별 금융회사로서도 치명적인 이미지 손상을 받을 수밖에 없다.

사고금액이 누적되면 회사의 자산건전성에도 부정적인 영향을 미치게 된다. 내부통제 실패에서 비롯되는 금융사고로 인하여 유수한 선진금융회사가 허망하게 무너지는 사례를 보아왔다. 국내에서는 이러한 극단적인 사례는 없었으나 내부통제의 취약점은 늘 지적되는 문제이기도 하고 특히 내부직원에 의한 사고가 끊이지 않고 있어 신뢰도마저 저하시키고 있다.

금융회사는 중요한 금융사고가 발생할 경우 그 내용을 지체없이 감독당국에 보고하여야 한다. 내·외부인에 의해 야기된 금융사고에 대한 책임은 일차적으로 당해 금융회사의 몫이다.

그러나 사고 발생시 사실확인 및 책임규명 착수와 동시에 바로 조치해야 할 중요한 절차가 사고보고이다. 사고내용을 감독당국에 지체없이 보고함으로써 다른 금융회사 등으로 유사사고가 확산되는 것을 방지할 수 있다. 감독당국은 평소 금융회사의 내부통제제도 개선을 위해 많은 노력을 기울이고 있는데 사고보고와 관련한 일련의 조치 역시 금융사고를 예방하기 위한 중요한 활동의 하나이다.

금융감독원은 감독 · 검사업무를 효율적으로 수행하기 위하여 관련법규에 의거하여 일반은행 · 국책은행 · 외은지점 등의 은행금융회사, 보험 · 증권관련 금융회사, 상호저축은행, 신용협동조합 등으로부터 일정 보고요건에 해당되는 금융사고를 보고받고 있다.

다만, 금융회사 검사과정에서 확인된 금융사고의 경우 사고관련자에 대해 문책요구 등의 조치를 취하고 있으므로 사고보고 대상에서 제외하고 있으며, 일반적인 여신심사 소홀 및 사후관리 불철저 등으로 인한 부실여신 발생은 금융사고에 해당되지 아니므로 보고대상이 아니다.

한편, 금융회사는 사고보고대상은 아니더라도 민사소송에서 패소 확정 판결을 받거나 거액소송 피소(자기자본의 1%〈자기자본 1%가 10억 원 미만인 경우에는 10억 원〉 또는 100억 원 초과), 중요 사건 발생사실 등에 대해서도 감독당국에 보고하여야 한다.

그외 감독당국과의 정보교환 차원에서 감독정책과 관련한 중대 위규사항, 조직 및 개인의 금융질서 문란 행위나 사회적 물의 야기 사건 등에 대해서도 사고 보고에 준하여 보고하고 있다.

194

(4) 사고보고 시기 및 방법

금융회사가 금융사고 발생사실을 감독당국에 보고하는 일은 일면
상충적인 관계(trade-off)가 있다. 금융회사로서는 사고발생 사실의
노출로 인한 이미지 손상, 공신력 저하, 관련자 문책조치 등으로 인
하여 금융회사 경영실태평가에 미치는 부정적인 영향을 의식해 가
급적 사고사실을 은폐하려는 경향이 있을 수 있다.

반면, 감독기관은 유사사고의 확산을 방지하고 새로운 유형의 사
고수법을 적기에 파악해 효율적인 사고예방대책을 마련하기 위하여
보고의 적시성을 중시하고 있다.

사고보고는 사고의 성격을 감안하여 그 보고시기를 즉시보고와
중간보고 및 종결보고로 구분하고 있다. 사고보고업무의 실효성을
제고하기 위하여 즉시보고는 사고사실의 인지 또는 발견 즉시 금융
회사의 대표자 또는 상근감사위원 명의로 신속하게 전화 또는 팩스
로 보고하는 것을 말한다. 비교적 경미한 단순사고의 경우 즉시보고

로도 충분하다.

그러나 사고의 내용에 따라 사실관계 확인, 피해금액 확정 등에 있어 상당한 기간이 소요될 경우가 있는데 이같은 사고는 편의상 중간보고와 최종적인 종결보고절차를 활용할 수 있다.

한편 사고보고를 지연시키거나 은폐한 경우에는 감독당국이 그 책임을 묻도록 함으로써 사고보고의 중요성과 적시성에 대하여 경각심을 고취시키고 있다. 이는 사정이 허락하는 한 사고보고를 신속하게 하라는 것이며, 사고의 경중이나 사실확인 과정에서의 시간적 소요, 긴급한 수습조치 등에 따라 보고시기는 어느 정도 조정될 여지가 있다. 따라서 금융회사의 감사 부서는 사고 발생을 접하게 되면 이 사고가 다른 금융회사로 확산될 소지가 있는지 여부를 신중하게 판단할 필요가 있다.

아울러 금융질서 문란행위, 사회적 물의 야기사건, 거액 부도발생, 현송자금 피탈, 금고 도난사고 등은 상세한 사고내용이 파악되지 않았더라도 사건발생 사실을 신속히 유선으로 보고하여야 한다.

감독당국은 금융회사의 사고보고를 간편하게 할 수 있도록 소정의 양식을 정해두고 있다. 이 같은 양식은 육하원칙에 입각하여 사고발생점포, 사고발생시기, 사고금액, 사고 발견시기와 발견경위, 사고관련자, 조치내용 등을 간략하게 기술하도록 정해져 있다.

한편, 2005년 10월 감독당국은 사고금액 보고와 관련하여 사고발생으로 인하여 야기된 손실현실화 금액과 향후 손실예상금액을 분리하여 기술하도록 하였다. 또한 금융회사 또는 금융소비자의 금전

적 손실초래 여부에 따라 '금전사고'와 '금융질서문란 행위'로 금융
사고를 구분하여 관리하고 있다. 금전사고에는 금전적 피해를 수반하
는 횡령, 유용, 배임, 사기, 도난, 피탈 등이 포함되며, 금융질서문란
행위에는 금융실명제 위반, 사금융알선, 금품수수 등이 해당된다.

(5) 사고보고의 처리

감독당국은 금융회사로부터 사고보고를 접수하면 즉각 사고내용
을 확인하고 있다. 즉시보고의 경우 사고확산 가능성, 자체검사 착
수 등 금융회사의 대응조치의 적정성, 사고보고 지연 여부 등을 우
선적으로 검토한다.

중간보고나 종결보고의 경우 사고의 처리경과, 사고관련자에 대
한 제재조치, 사고금액 확정 및 손실보전, 범죄사고자에 대한 사법
당국 고발 등 사후조치의 적정성 여부를 집중적으로 점검한다.

최근에 발생되는 다수의 금융사고는 앞서 설명한대로 여러 금융
회사나 여러 금융권역에 걸쳐 발생하고 있기 때문에 감독당국은 확
산 가능성이 있는 사고에 대해서는 검사부서를 통하여 유선이나 서
면 등으로 신속하게 전파하는데 역점을 두고 있다.

또한 사고에 의한 피해금액이 거액이거나 다수의 금융회사가 관
련되어 중대한 사회적 물의를 야기할 소지가 있는 경우에는 통상적
인 상시감시활동에서 한발 나아가 감독당국에서 특별점검(부문검사)
을 실시하고 있다. 감독당국의 검사를 통하여 사고확산을 확실하게
차단하는 한편, 건전한 금융질서 확립 차원에서 대응조치를 적극적

으로 강구하려는 것이다.

점검결과 당해 금융회사의 내부통제시스템에 중대한 문제가 있거나 사고 처리가 부적정한 경우에는 보다 엄중한 조치를 취하고 있다. 아울러 제도적 결함이나 미비사항에 대해서는 정책적인 개선방안을 제시하는 데에도 노력하고 있다.

그리고 감독당국은 내부적으로 '금융사고 시스템' 운영을 통해 금융회사의 사고보고 내용을 관리하고 있으며, 이러한 내역과 통계는 권역·유형별 사고원인 분석 및 종합적인 사고 예방대책 수립에 활용되고 있다. 2006년부터는 감독당국의 전산망에 '금융사고 자료실'을 만들어 중요한 사고 내용, 예방대책 등을 금융회사 내부통제조직 관계자에게 제공하고 있다.

금융사고 예방을 위해서는 금융회사와 감독당국이 함께 노력해야 한다. 감독당국의 대응은 일차적으로 사고 확산 차단 및 재발 방지에 중점을 두고 있으며 이차적으로는 사고발생 원인을 근원적으로 분석하여 사고예방대책을 강구하는 것을 목표로 하고 있다.

감독당국은 평소 상시감시활동이나 현장검사를 통하여 금융회사 내부통제제도의 적정성을 평가하고 미비점 보완을 위한 지도업무를 수행하고 있는데 이와 같은 일은 궁극적으로 사고 없는 견실한 금융환경을 조성하려는 목표하에 이루어지고 있다.

따라서 금융회사와 감독당국은 사고예방을 위한 활동에 있어서 긴밀한 동반자 역할을 다하여야 하며, 현재 발생한 사고의 처리에 있어서도 상호 협조하는 자세가 필요하다.

2. 금융사고 예방대책의 어제와 오늘

가. 금융사고 예방 종합대책의 변천

(1) 감독초기의 종합대책

그동안 감독당국은 금융사고 예방을 위하여 금융회사 내부통제 기능을 제고에 초점을 둔 다양한 정책과 제도개선을 추구하여 왔다. 특히, 사고 예방대책과 관련해 취해 온 조치를 보면 크게 '종합대책' 과 '개별대책' 으로 구분될 수 있다. '종합대책' 은 종전 〈금융사고 예방을 위한 지침〉이나 현행 금융기관 감독검사관련 규정 등에 반영된 바와 같이 여러 금융업무와 관련된 사항, 기본적인 내부통제기준 등과 관련한 사고예방대책을 지칭하며, '개별대책' 은 수시로 발하는 개별적인 공문 등으로 지도하는 것을 말한다.

은행감독업무의 경우로 본다면, 1974년 4월 금융회사 대표자 회의 결의에 따라 각 은행 실무진으로 구성된 사고방지대책 실무자회의에서 사고방지를 위한 개선방안을 종합적으로 수립하고 6월에 금융회사 대표자 회의에서 동 개선방안을 사고방지지침으로 채택하였다.

이에 따라 구 은행감독원은 같은 해 7월 '사고 미연 방지대책' 을 전 금융회사에 시달하였는데 이것이 금융사고 예방을 위한 종합대책의 효시라고 할 수 있다.

금융사고 예방을 위한 종합대책은 그 후 개정·보완을 거듭하였다. 금융의 환경변화에 따라 새로운 유형이나 신종수법의 사고가 확산하면 이에 대한 대응책으로 유의사항을 시달하고 필요한 경우 지침에 반영하였던 것이다. 사고예방 지침의 개편보완은 금융사고 변화의 한 단면을 보여주고 있다.

그 예로서 개발금융시대에서는 은행 해외지점에서의 부당한 여신 (외환 포함) 취급으로 인한 금융사고 및 이로 인한 외화 손실사례가 적지 않게 발생하였다. 이같은 사고를 적극적으로 예방하고 은행의 대외적인 신용도를 제고할 목적으로 '금융기관 해외지점 여신사고 방지요령'을 1986년 8월 제정한 바 있는데 동 요령은 1993년 4월 금융행정규제완화를 위한 각종 통첩 정비시 폐지되었다.

은행권의 경우를 보면 최종적으로는 1994년 2월 25일에 개정된 [금융사고 예방을 위한 지침]이 사고예방 대책을 정리하는 완결판이었다. 그 이전에 개별 공문 등으로 시달·운영되어온 통첩 내용을 모두 반영하거나 현실에 맞지 않는 내용은 모두 폐지, 정돈하여 사고예방지침의 실효성을 크게 제고시킨 바 있다.

한편 금융사고예방지침은 1995년도 은행감독원의 검사관련 규정 개편시 '금융기관검사업무시행세칙(1996년 1월 1일 시행)'에 대부분 그대로 반영되었다. 그 후 감독기구 통합을 계기로 크게 달라진 점은 종전에는 금융기관 검사업무관련 규정으로 정하던 것을 감독업무관련 규정으로 이관한 것이다.

```
┌─────────────────────────────────────────────────────────┐
│             금융사고 예방지침의 변천과정(은행)              │
└─────────────────────────────────────────────────────────┘

                  ┌──────────────────────────┐
                  │   금융사고 예방을 위한 지침   │
                  │ 84년 8월 14일 제정, 전체 32조(94년 4월 기준) │
                  └──────────────────────────┘
                             ↓
                  ┌──────────────────────────┐
                  │    금융기관검사업무시행세칙     │
                  │      제4장(제54~86조)       │
                  │       96년 1월 1일 시행       │
                  └──────────────────────────┘
                             ↓
                  ┌──────────────────────────┐
                  │     은행검사업무시행세칙      │
                  │      제5장(제52조~84조)      │
                  │       98년 4월 1일 시행       │
                  └──────────────────────────┘

      ↓ (사고보고 제재 관련)          (사고예방 관련) ↓

┌──────────────────────┐      ┌──────────────────────┐
│ 금융기관검사규정, 시행세칙 │      │    은행감독업무시행세칙    │
│ 금융기관제재규정, 시행세칙 │      │     제6장(제61~76조)     │
│   99년 3월 12일 시행    │      │  99년 3월 26일 개정과 함께  │
│                      │      │    은행검사업무시행세칙 폐지   │
└──────────────────────┘      └──────────────────────┘
           ↓                             ↓
┌──────────────────────┐      ┌──────────────────────┐
│  (현재) 금융기관검사및    │      │   (현재) 은행업감독업무시행  │
│ 제재에관한규정(제41조) 및 시행세칙 │      │    세칙 제8장(제81~92조)   │
│     (제66~68조)       │      │                      │
│   01년 1월 1일 시행     │      │                      │
└──────────────────────┘      └──────────────────────┘
```

(2) 금융감독기구 통합이후 종합대책

1997년 외환위기를 계기로 은행감독원, 증권감독원, 보험감독원 등의 권역별 감독당국의 통합논의와 이에 이은 '금융감독기구설치에 관한 법률'의 제정과 정부기구로서의 금융감독위원회 출범, 그리고 1999년 1월 통합 금융감독원이 출범하였다.

금융사고 예방대책에 관한 업무도 여타 감독검사업무와 마찬가지로 감독기구 통합과정에서 그 이전의 권역별 사고예방대책은 대폭 손질되고 통합 개편되는 변화를 거쳐 오늘에 이르고 있다. 해당 금융권역의 감독관련 법령에 소관 금융회사가 기본적으로 지켜야 할 내부통제기준을 선언적으로 명시하고 이에 근거하여 하부 감독규정이나 시행세칙에서 세부적인 이행 지침을 규정하고 있다. 종전의 금융사고 예방지침에서 정하고 있던 내용에 비해 간결하게 규정하고 있다.

여기서는 대표적인 금융업종인 은행을 대상으로 적용하고 있는 사고예방관련 지침을 예로 들겠다. 현재 '은행업감독업무시행세칙'에 10개 조항으로 반영되어 있다.

이는 종래의 금융사고예방지침이 29개 조항이었던 것과 비하면 매우 압축된 것인데 그 이유는 금융의 자율화 추세 진전과 규제완화의 영향을 들 수 있다. 감독당국이 금융회사의 사고예방에 관하여 세세한 부분까지 간여하지 않겠다는 시대적인 환경과 각 금융회사의 자율적인 내부통제 역량이 크게 향상되었다는 판단 하에 이루어진 것으로 볼 수 있다.

그러나 과거의 세부적이었던 사고예방지침이 감독규정에서 제외하였다고 해서 그 중요성이 감소된 것은 아니다. 그 대강의 목적과 줄거리는 각 금융회사의 자체 사고예방대책 등에 적절하게 반영되어 유효한 내부규정 등으로 활용되고 있다.

현행 '은행업감독업무시행세칙'의 규정내용 (10개 조항)과 종전의 사고예방지침(1996년 8월 기준 29개 조항)을 함께 게재하였는데 사고예방 관련업무 수행에 참고가 되었으면 한다. 여기 소개된 규정 내용은 은행을 대상으로 한 것이지만 여타 금융권역의 규정에서도 거의 같은 사항을 규정하고 있는 것으로 보면 된다.

한편, 종전의 사고예방 지침은 그 당시에 은행부문의 사고취약분 야가 모두 망라된 것으로 볼 수 있다. 이중에는 그간의 영업환경 변화로 상당부분은 이미 관행으로 정착되고 있는 사항도 많은 것을 알 수 있다.

사고예방관련 규정의 변천 여하에 관계없이 사고는 계속 빈발하고 있는 이 시점에 현행과 과거의 지침을 대비해 본다면 내부통제 업무수행에 도움이 될 수 있을 것이다. 한편으로는 금융회사 자체에서 마련하고 있는 내부기준의 역사성을 반추해 보는 기회가 되었으면 한다.

사고예방 관련 규정 변천

① 현행 금융사고 예방지침(1999년 3월 이후)

【은행업감독업무시행세칙 제8장】

제1절 금융사고 예방지침

제81조(금지사항 등) ① 금융기관 임직원은 다음 각 호의 어느 하나에 해당하는 행위를 하여서는 아니된다. 〈개정 2005년 12월 23일〉

1. 시행령 제18조의2 및 제18조의3에서 규정한 업무를 영위함에 있어 통상적인 수준을 초과하는 이익제공이나 이익제공의 가장 등 부당한 방법을 통한 과당경쟁 행위 〈개정 2005년 12월 23일〉

2. 사고발생소지가 있는 타점권 교환결제전 지급

3. 자기앞수표 및 양도성예금증서 등의 선발행과 무자원 입금거래

3의2. 비정상적인 양도성예금증서 기타 채무증서의 발행을 통한 예금유치행위 〈신설 2005년 12월 23일〉

4. 금융기관 임직원이 그 지위를 이용하거나 그 업무와 관련하여 고객과의 사이에 사적으로 금전 등의 대출·보증·인수·차입 또는 이의 알선 등의 행위를 한 경우 〈개정 2004년 2월 27일〉

5. 예금담보대출, 양도성예금증서 등 유가증권의 발행·매매 등의 업무를 변칙적 비정상적 방법 등을 통하여 취급함으로써 사금융행위·조세포탈·재무제표 분식·부당내부거래·거래처의 자금력 위장 또는 자금세탁 등에 직·간접적으로 관여하는 행위 〈개정 2004년 2월 27일, 2005년 12월 23일〉

6. 외환 및 파생상품거래 등에서 고객의 불법 또는 변칙적인 거래행위를 지원하거나 관여하는 행위 〈신설 2004년 10월 7일〉

② 금융기관 직원은 감사통할책임자의 확인 및 영업점장의 승인이 있는 경우에 한하여 다음 각 호의 1에 해당하는 행위를 할 수 있다. 이 경우 취급한 사항에 대하여는 장부를 비치하여 그 내용을 기록 유지하여야 한다.

1. 통장 또는 인감없이 예금을 지급하는 등 예금 편의취급

2. 거래처의 인감, 통장 등의 보관

3. 창구를 거치지 않은 예금의 입출금

③ 금융기관은 제2항제2호의 규정에 의한 거래처의 인감, 통장 등의 보관 관리에 철저를 기하여야 한다.

제82조(거래정상처리의 원칙) 금융기관은 거래처와의 거래내용을 발생순서대로 정확하게 장표(전산처리되는 것을 포함한다)에 기재하여야 한다.

제83조(외환거래위험 관리) 〈삭제 2001년 12월 14일, 시행 2001년 12월 24일〉

제84조(영업점 관리) ① 금융기관은 도난 및 고객예금 피탈사고 등에 대비한 자체경비강화 대책을 수립 실시하여야 한다.
② 금융기관은 출장소를 포함한 전영업점, 무인점포, 점외단독CD 기에 대하여 CCTV 및 무인기계경비시스템을 설치 운영하여야 하며, 기타 방범대책을 강구하여야 한다. 다만, 안전이 확보된 국가중요시설 등 금융기관의 장이 별도 인정하는 경우에는 이를 설치하지 아니할 수 있다.

제85조(현금수송업무) 금융기관은 현송금피탈 등 현송사고의 방지를 위하여 자체적인 현송안전대책을 수립 운영하여야 한다.

제86조(신용카드관련업무) 금융기관은 신용카드업무(현금카드를 포함한다)와 관련한 사고예방을 위하여 신용카드회원 가입심사, 신용카드의 발급, 미교부 또는 반송카드의 관리기준을 마련하여야 한다.

제87조(전산업무) ① 금융기관은 텔레폰뱅킹 등 전자금융서비스업무 취급시 비밀번호관리 등 전산사고예방대책을 수립 실시하여야 한다.
② 금융기관은 전산업무에 대한 검사기법을 개발 운영하여야 한다.

제88조(금융거래 조회내역의 전산 보관) 〈삭제 2001년 12월 14일, 시행 2001년 12월 24일〉

제2절 자체검사

제89조(자체검사) 금융기관은 자체검사시 영업점의 금융사고 예방대책 이행상황을 중점검사하고 동일 또는 유사한 위규행위가 반복되는 경우에는 필요한 조치를 강구하는 등 관리를 강화하여야 한다.

제90조(감사직무 수행의 독립성) ① 금융기관은 검사부서 직원에 대한 인사시에는 감사위원회와 사전에 협의하여야 한다.
② 금융기관은 검사부서직원에 대한 근무평정을 감사위원회가 전담하도록 하여야 하며, 감리역의 근무평정권한도 감사위원회에 일부 부여하여야 한다.

제91조(자점검사) ① 금융기관은 자점검사기능 강화방안을 수립 실시하여야 하며, 영업점에 자점검사를 담당하는 직원을 두어야 한다.
② 〈삭제 2001년 12월 14일, 시행 2001년 12월 24일〉

제92조(자금세탁관련 검사) 금융기관은 제81조제1항제5호에서 규정한 행위의 혐의가 있는 거래에 대하여 특별한 주의를 가지고 검사를 하여야 하며 자금세탁방지를 위한 내부통제절차를 적절히 정하여 운영하여야 한다.

② 종전의 금융사고 예방지침(1996년 8월~1999년 3월)

【금융기관검사업무 시행세칙 제4장】

제58조(내부통제제도 확립) ① 금융기관은 금융사고 예방 등을 위한 내부통제제도를 확립하여 금융기관의 자산을 보전하고 회계기록의 정확성과 신뢰성을 확보하여야 한다.
② 내부통제제도는 업무의 기능적 분리, 복수관리 및 대사의 원칙에 입각하여 이루어져야 한다.
③ 금융기관은 신상품 등 신규업무를 개발 또는 취급하는 경우 내부통제사항의 적정 여부를 검토하여야 한다.
④ 금융기관은 정기적으로 직원에 대한 사고예방교육을 실시하여야 한다.
⑤ 금융기관은 은행감독원장으로부터 사고예방을 위한 각종 지침 등을 통보받는 경우 이를 지체없이 전 영업점에 전파하고 관련부문에 관한 내부통제제도를 점검 보완하는 등 필요한 조치를 취하여야 한다.
⑥ 금융기관은 이 절의 규정의 취지에 반하지 않는 범위 내에서 자체실정에 맞게 자율적으로 사고예방대책을 수립·실시할 수 있다.

제59조(인사관리) ① 금융기관은 영업점장, 지역본부장 및 본점 임원간 권한과 책임의 한계를 명백히 설정하고 영업점에 대한 경영층의 통할기능을 강화하여야 한다.
② 금융기관은 외형적인 실적위주의 직원인사 또는 영업점 경영평가 등으로 과당경쟁을 유발하는 일이 없도록 하여야 한다.
③ 금융기관은 그 소속직원이 동일 영업점에 장기간 근무하거나 사고발생 가능성이 높은 분야의 업무를 계속해서 담당하게 되는 경우 이에 따른 금융사고가 유발되지 않도록 하여야 한다.
④ 금융기관은 영업점의 대리급이하 직원의 겸무 허용기준을 설정 운영하고 겸무로 인하여 금융사고가 유발되지 않도록 하여야 한다.
⑤ 금융기관은 금융사고의 조기발견과 적기대응을 위하여 명령휴가제를 유용하게 활용하여야 한다.
⑥ 금융기관 직원은 그 기관의 장의 승인없이 금융기관 업무 이외에 영리를 목적으로 하는 업무에 종사하거나 다른 직무를 겸직하여서는 아니된다.

제60조(금지사항) ① 금융기관 직원은 다음 각호의 1에 해당하는 행위를 하여서는 아니된다.

1. 비실명계좌의 개설 및 비실명계좌의 입출거래
2. 비정상적인 예금유치 과당경쟁
3. 사고발생소지가 있는 타점권 교환결제전 지급
4. 자기앞수표, 양도성예금증서의 무자원 선발행
5. 고객과의 사적거래 등 비정상적인 거래행위
6. 변칙적 비정상적 업무처리 등을 통하여 자금세탁에 직간접적으로 관여하는 행위
② 금융기관 직원은 감사통할책임자의 확인 및 영업점장의 승인이 있는 경우에 한하여 다음 각호의 1에 해당하는 행위를 할 수 있다. 이 경우 취급한 사항에 대하여는 장부를 비치하여 그 내용을 기록·유지하여야 한다.
1. 통장 또는 인감없이 예금을 지급하는 등 예금 편의취급
2. 거래처의 인감, 통장 등의 보관
3. 창구를 거치지 않은 예금의 입출금
③ 금융기관은 제2항 제2호의 규정에 의한 거래처의 인감, 통장 등의 보관은 차장급 이상 책임자가 하도록 하여야 한다.

제61조(예금잔액 통보) ① 금융기관은 제60조 제2항 각호의 1에 해당하고 입출거래가 빈번하여 특히 주의를 요하는 계좌에 대하여는 예금거래처에 정기 또는 수시로 예금잔액을 통보하여야 한다.
② 금융기관은 제1항의 규정에 의한 예금잔액 통보에 대하여 다음 각호의 1에서 정하는 바에 따라 사후관리 하여야 한다.
1. 예금주가 수령을 거절하는 경우에는 서면 확인서를 제출 받는다.
2. 예금주의 거래이상유무회신서는 영업점장이 직접 확인하고 잔액이 상이하다고 통보된 예금계좌에 대해서는 영업점장이 책임하에 정당 여부를 규명한다.

제62조(예금잔액증서 발급) 금융기관이 예금거래처의 요청에 의하여 예금잔액증명서를 발급하는 경우 다음 각 호의 사항을 준수하여야 한다.
1. 예금잔액증명서는 단말기에 의해 발행한다. 다만 부득이하여 수기로 발행하는 경우에는 동 발행관련 서류를 보관한다.
2. 예금잔액증서는 감사통할책임자 확인 후 교부하되 감사통할 책임자 부재시에는 다른 책임자의 확인 후 교부한다.

제63조(거래 정상처리의 원칙) 금융기관은 거래처와의 거래내용을 발생순서대로 정확하게 장표(전산처리 되는 것을 포함한다.)에 기재하여야 한다.

제64조(당좌예금업무 취급시 주의) ① 금융기관은 당좌거래(가계당좌거래를 포함한다) 개설을 신청하는 거래처에 대한 신용조사를 철저히 하고 거래기간 및 실적 등 개설요건을 실질적으로 심사하여 신용상태가 불량한 자에게 당좌개설을 허용

하는 일이 없도록 하여야 한다.

② 금융기관은 어음·수표용지가 거래처의 거래규모 등에 비하여 과다하게 교부되지 않도록 신중을 기하여야 한다.

제65조(보관어음 등의 관리) 금융기관이 유가증권의 보관 및 추심수탁업무를 취급하는 경우다음 각호의 사항을 준수하여야 한다.

1. 보증어음 앞면 및 뒷면에 배서양도가 불가하다는 문언을 표시한다.
2. 받을어음 수탁통장에 '현물이동 및 금액잔액' 란을 설정한다.
3. 수탁어음에 특정횡선을 긋는다.
4. 받을어음 수탁관리 업무를 전산처리한다.
5. 유가증권 수탁업무와 보관업무를 분리 운영한다.
6. 보관유가증권 잔액증명서를 발급하는 경우 제62조의 규정을 준용한다.

제66조(지방자치단체 금고업무) 금융기관이 지방자치단체의 금고업무를 취급하는 경우 당해 단체의 재무회계규칙에 의한 월계대사를 철저히 실시하여야 한다.

제67조(중요증서 관리 등) ① 금융기관 영업점장은 예금증서 등 중요증서와 예금잔액증명서 용지를 차장급 책임자가 보관하고 수도부에 의거 수도하게 하는 등 관리에 철저를 기하고, 정기 또는 수시로 이를 점검하여야 한다. 또한 중요 인장에 대하여는 관리자를 지정하고 수시로 인장 관리실태를 점검하여야 한다.

② 금융기관은 어음 · 수표 및 양도성예금증서 등 유가증권 용지를 현금에 준하여 관리하고 점검시 현물대사를 철저히 하여야 한다.

③ 금융기관은 자체검사시 중요증서 관리실태를 중점 검사하여야 하며 불용 중요증서, 폐기문서 및 장표에 대한 처리절차 등을 제정하여 고객의 금융거래 정보내용이 유출되지 않도록 유의하여야 한다.

④ 금융기관은 사고신고에 의하여 중요증서를 재발행하는 경우 재발행 사유 및 정당성에 대하여 확인하여야 한다.

⑤ 금융기관은 영업점의 타점권 마이크로 필름의 촬영, 보관, 인화 등에 관한 절차 등을 제정하여야 하며 정기 또는 수시로 마이크로 필름 관리실태를 점검하여야 한다.

제68조(파출수납업무) 금융기관은 파출수납을 할 경우에는 파출수납금의 피탈방지대책을 강구한 후 취급하여야 한다.

제69조(금융거래 조회내역의 전산보관 등) ① 금융기관은 금융거래의 비밀보장을 위하여 금융거래 조회내역을 조회일로부터 3년 이상 전산처리시스템에 의하여 기록 보관하여야 한다.

② 금융기관은 실명확인과 관련한 고객과의 마찰을 해소하고 경각심을 제고하기

위하여 영업장에 실명확인을 위한 안내문을 제시하여야 한다.

제70조(영업점장 전행여신 운영) 금융기관은 영업점장 전행여신 취급과 관련하여 다음 각호의 사항을 준수하여야 한다.
 1. 여신거래처에 대한 전행여신을 취급하는 경우 당해 여신거래처에 대하여 동일 금융기관내 다른 영업점에서 이미 취급한 여신을 차감한 금액 범위내에서 취급한다.
 2. 본부의 심사기능을 강화한다.
 3. 영업점장을 전행여신에 대한 검사를 강화한다.

제71조(공장 기계기구류 담보취득) 금융기관은 공장 기계기구류를 담보로 취득할 경우 다음 각호의 사항을 준수하여야 한다.
 1. 리스물건을 담보로 취득하지 아니한다.
 2. 담보가액을 엄격히 산정한다.
 3. 담보물에 대한 사후관리를 철저히 한다.

제72조(임원별 및 영업점장별 부실여신 관리) 금융기관은 부실여신 발생과 관련된 임원 및 영업점장에 대하여 일정기준에 따라 부실여신의 발생내용을 지속적으로 기록 관리하고 이를 인사관리 및 검사업무 등에 적극 활용하여야 한다.

제73조(외한거래위험 관리) ① 금융기관은 외환거래 담당자(이하 '딜러'라 한다)의 포지션한도, 건당 거래한도 및 손실발생한도를 적정수준으로 설정하고, 이를 초과하는 일이 없도록 철저히 관리하여야 한다.
② 금융기관은 딜러와 외환계리 담당자간의 상호견제체제를 확립하고 딜러의 거래내용을 정기 또는 수시로 점검하여야 한다.
③ 금융기관은 외환거래업무 내용을 정기적으로 경영진에게 보고하는 체제를 구축 운영하여야 한다.

제74조(신용장 관련업무) 금융기관이 신용장 관련업무를 취급하는 경우 다음 각호의 사항을 준수하여야 한다.
 1. 수출어음을 매입하는 경우 신용장 조건에 의한 소정 서류를 제출받아 그 진위여부 및 적정성 등을 심사한다.
 2. 수입신용장 재개설약정을 체결하는 경우 주무부서장의 승인을 받도록 한다.
 3. 수입신용장 재개설제도를 제한적으로 운영한다.
 4. 신용장상의 특수조건 등 사고발생 소지가 있는 사항에 대하여 철저히 심사한다.

제75조(외화수표 등의 매입) ① 금융기관이 '머니오더(MONEY ORDER)등 외화수표(이하 '외화수표 등'이라 한다)를 매입하는 경우에는 추심후 매입을 원칙으로

한다. 다만 계속 거래자 등 매입의뢰인의 신원이 확실하여 외화수표 등의 부도발생시에도 사고금 회수에 지장이 없다고 판단하는 경우에는 사고수표 여부를 확인한 후 추심전 매입할 수 있다.

② 금융기관은 외화수표 등과 관련하여 입수한 사고 정보를 신속히 전 영업점 앞으로 통보하고 전국은행연합회를 통해 타 금융기관에도 정보를 제공하여야 한다.

제76조(전산업무) ① 금융기관은 전산사고 예방대책을 수립 실시하여야 한다.

② 금융기관은 전산업무에 대한 검사기법을 개발 운영하여야 한다.

③ 금융기관은 텔레폰뱅킹 등 전자금융 서비스업무 취급시 비밀번호 관리 등 사고예방대책을 수립 실시하여야 한다.

제77조(창구업무) 금융기관은 허위전표 투입 등에 의한 현금사고, 위 · 변조 유가증권에 대한 착오지급 등 창구에서 발생가능한 각종 사고의 방지를 위한 대책을 수립 실시하여야 한다.

제78조(신용카드 관련업무) 금융기관은 신용카드회원 가입심사, 신용카드(현금카드를 포함한다)의 발급, 미교부 또는 반송 카드의 관리 등 신용카용드업무와 관련한 사고방지대책을 수립 실시하여야 한다.

제79조(검사인력) 금융기관은 〈자체검사인력 강화기준〉에서 정하는 바에 따라 일정자격 소지자 또는 경력자 등 우수검사역을 확보하고 검사부서의 직급별 인원구성을 적정하게 유지하도록 노력하여야 하며, 검사역의 전문화와 인사관리상 우대조치방안을 강구하여야 한다.

제80조(자체검사) ① 금융기관은 검사역별 부점담당제를 운영하고 사고예방을 휘한 검사를 강화하여야 한다.

② 금융기관은 자체검사시 영업점의 금융사고 예방대책 이행상황을 중점 검사하고 동일 또는 유사한 위규행위가 번복되는 경우에는 필요한 조치를 강구하는 등 관리를 강화하여야 한다.

제81조(감사직무 수행의 독립성) ① 금융기관은 검사부서 직원에 대한 인사시에는 감사와 사전에 협의하여야 한다.

② 금융기관은 검사부서 직원에 대한 근무평정을 감사가 전담하도록 하여야 하며, 감리역의 근무평정 권한도 감사에게 일부 부여하여야 한다.

제82조(자점검사) ① 금융기관은 자점검사기능 강화방안을 수립 실시하여야 하며, 영업점에 자점감사를 담당하는 직원을 두어야 한다.

② 금융기관 자점감사 담당직원은 사고성 지적사항이 있는 경우 중간결재를 생략

하고 영업점장앞 인비 보고하여야 하며 상급와 관련된 지적사항에 대하여는 검사부장에게도 직접 인비 보고하여야 한다.

제83조(자금세탁관련 검사) 금융기관은 제60조 제1항 제6호에서 지정한 행위의 혐의가 있는 거래 대하여 특별한 주의를 가지고 검사를 하여야 하며 자금세탁 방지를 위한 내부통제절차를 적절히 정하여 운영하여야 한다.

제84조(국외점포 관리) 금융기관은 국외점포(경영권이 있는 현지법인을 포함한다)의 운영과 관련하여 다음 각호의 사항을 준수하여야 한다.
 1. 국외점포의 책임경영체제 확립을 통하여 경영의 내실화를 추진한다.
 2. 외형위주의 경영과 실적평가를 지양한다.
 3. 국외점포의 영업활동에 적합한 근무직원 선발기준을 수립 운영한다.
 4. 국외점포에 대한 내부통제를 강화한다.

제85조(영업점 관리) ① 금융기관은 도난사고 등에 대비한 영업점 자체경비강화대책을 수립실시하여야 한다.
② 금융기관은 영업점 주변에서의 고객예금 피탈사고 등의 방지를 위하여 노력하여야 한다.
③ 금융가관은 영업점 신설시에는 경비인력을 확보하고 고정식금고를 설치하여야 하며, 기타 안전대책을 강구하여 한다.
④ 금융기관은 출장소를 포함한 전영업점, 무인점포, 점외 단독 CD기에 대하여 CCTV 및 무인기계경비시스템을 설치 운영하여야 하며, 기타 방범대책을 강구하여야 한다. 다만, 안전이 확보된 국가중요시설 등 금융기관의 장이 별도 인정하는 경우에는 이를 설치하지 아니할 수 있다.
⑤ 금융기관은 CD기 및 ATM기에 대하여는 바깥문 잠금장치를 이중으로 설비하여야 한다.
⑥ 금융기관은 CCTV 설비 및 녹화상태를 수시로 점검하여야 하며 녹화테이프 화면기록을 일정기간 보관하여야 한다.

제86조(현금수송업무) ① 금융기관은 현송금피탈 등 현송사고의 방지를 위하여 현송전문회사를 이용하거나 해당 영업점 담당임원의 별도 승인을 받는 경우를 제외하고는 다음 각호의 기준을 준수하여야 한다.
 1. 현송인원은 본점과 지점간 또는 한국은행과의 현송인 경우에 청원경찰을 포함하여 4명 이상이어야 하며, 영업점간에는 청원경찰을 포함하여 3명 이상으로 하여야 한다. 다만, 현송금액이 3,000만 원 이하인 경우에는 2명 이상으로 운용할 수 있다.
 2. 현송원은 현금피탈 방지를 위하여 가스총 등 방범장비와 휴대폰 등 통신장비를 휴대하여야 한다.

3. 현송전용차량의 수량을 적정하게 확보하여야 하고, 동 차량에 의하여 현송업무를 수행하여야 한다. 다만, 현송전용차량 이용이 곤란한 경우에는 안전장치가 장착된 현송용기에 의하여 수송하여야 한다.

② 금융기관은 현송업무 취급시 현송계획 등이 대외에 유출되지 않도록 적절한 보안대책을 강구하여야 한다.

③ 금융기관은 현송업무 취급시 현송업무를 수행할 수 있는 자를 현송원으로 지정하여야 하며, 현송취급 전에 자체 현송수칙에 대한 교육을 실시하여야 한다.

④ 금융기관은 파출수납, 무인점포 및 타행간 현수송의 경우에도 제1항 내지 제3항의 기준을 준용하여야 한다.

나. 개별적인 사고 예방 대책 및 주요사례

(1) 개별적인 금융사고 예방대책

감독당국이 금융회사를 대상으로 사고사례나 유의사항을 통보한 명세를 보면 해당 시기에 어떠한 사고들이 많이 발생했던가를 알 수 있다. 이러한 유형들은 여전히 형태나 수법을 달리한 채 일부유형의 사고는 현재에도 재발되고 있으므로 감사담당자들이 눈여겨 본다면 얼마든지 착안사항을 도출해 낼 수 있을 것이다.

금융감독원 통합(1999년 1월) 이전의 내용은 구 은행감독원에서 시달한 내용을 중심으로 발췌 편집한 것임을 밝혀둔다. 과거와 현재에 통보되고 있는 내용에서 보면 위변조 대출사기, CD 관련사고, 중요증서 관리, 영업점 고객 피탈사고 등은 지금도 여전히 반복되고 있는 것임을 알 수 있으며, 전산관련 사고는 전자금융업무의 환경발달에 따라 지능적 신종 수법이 등장하고 있음을 볼 수 있다. 그리고 최근의 사례에서는 역시 인수합병 등 구조조정 과정에서의 각종 사고와 내부통제문제가 큰 관건임을 확인할 수 있다.

① 1999년 이후 사고사례 및 유의사항 통보 현황(금융감독원, 업무별)

1. 내부통제 일반
▸금융사고 사례 제공을 위한 '금융사고 자료실' 개발 및 운영(2005년 7월)

▸금융사고 예방시스템 점검결과 주의공문 (2005년 3월)

▸금융사고 예방을 위한 유의사항 (2005년 3월)

▸금융사고 예방을 위한 유의사항 (2004년 2월)

▸금융사고 예방대책 모범규준 시달〈보험〉 (2003년 3월)

▸금융사고 예방을 위한 유의사항 (2003년 2월)

▸연말연시 금융사고 예방활동 강화 (2002년 12월, 2001년 12월)

▸내부통제기능 제고방안 (2002년 10월)

▸증권분야 금융사고예방 종합대책 (2002년 8월)

▸경비용역계약 체결 등에 따른 유의사항 (2002년 7월)

▸은행 합병시 금융사고 예방을 위한 내부통제부문 유의사항 (2001년 7월)

▸회원조합 사고예방 지도대책 (2001년 5월)

▸금융사고 예방대책 시행(2000년 11월)

▸상호신용금고 경영권이전 관련 금융사고 예방대책(1999년 3월)

2. 수신 관련

▸거액 예금유치 제의 등 금융사기 관련 유의사항 (2002년 7월)

▸시공과금 횡령사고 현황 및 대책 (2001년 6월)

▸예금담보대출 횡령사고 예방대책 (2001년 4월)

3. 금융실명제 및 위조 관련

▸고객 거래정보 관리 철저 촉구 (2005년 8월)

▸운전면허증에 의한 실명확인시 주의사항 (2005년 7월)

▸ '위·변조 운전면허증의 부정사용 방지대책' 관련 (2004년 10월)

▸위조신분증 등에 의한 금융사고 예방대책 개정 (2004년 8월)

▶고객정보 유출사고 예방을 위한 유의사항 (2003년 6월)

▶위조신분증 등에 의한 금융사고 예방대책 (2003년 4월, 2003년 6월)

▶상속자 금융거래조회업무관련 사고개연성 검토 (2003년 3월)

▶예금비밀정보 노출에 따른 사고예방대책 (2003년 3월)

4. IT 관련

▶신종 인터넷 금융사기 피싱 예방대책 (2004년 9월)

▶인터넷 침해사고 및 신종금융사기 피해 예방대책 (2004년 3월)

▶전자금융거래 안전대책 강화방안 (2004년 2월)

5. 기타

▶자동화기기(CD/ATM) 운영업무 위탁관련 유의사항 (2003년 7월)

▶금고관리기준의 재점검 등에 관한 협조요청 (2003년 3월)

▶무장강도 사건 등에 대한 보안조치 강화 촉구 (2002년10월)

▶금융회사 도난, 피탈사고 예방대책 (2002년 1월)

▶현금피탈 및 횡령 등 금융사고 예방철저 (2001년 9월)

② 1999년 이전에 통보한 사고사례 및 유의사항 등(舊 은행감독원, 업무별)

1. 내부통제 일반

▶금융기관 내부통제 운영실태 등에 대한 조사결과 및 자체방범 강화대책(1996년 4월)

▶금융기관의 내부통제제도 철저이행 촉구 (1996년 2월)

▶외국환은행의 위험관리체계에 대한 점검강화 (1995년 12월)

▶연말연시 사고예방대책 강화 (1994년 12월, 1992년 12월)

▶금융사고 예방관련 업무처리방향 지도 (1994년 7월, 규정정비 촉구 1994년 7월)

▶금융기관의 자체검사기능 확충 촉구(1994년 3월, 1991년 8월)

▶최근의 금융사고 관련 유의사항 (1994년 1월, 1993년 12월)

▶토지보상금 사기사례 및 유의사항 (1993년 8월)

▶금융사고 예방대책 이행 철저 (1993년 11월, 1993년 2월, 1992년 4월, 1992년)

▶금융기관 자체검사기관 앞 검사위임범위 조정 (1993년 1월)

▶은행직원의 시재금 절취 사고사례 및 유의사항 (1992년 12월)

▶자점 감사 이행 철저 (1992년 1월)

2. 여신관련

▶유령회사를 통한 전문 대출사기사례 (1995년 11월)

▶부동산 사기에 의한 허위담보 취득사례 및 유의사항 (1995년 9월)

▶여신 사기사고 예방을 위한 유의사항 (1995년 3월, 1994년 10월)

▶거액사채 제의보도와 관련된 주의 (1994년 9월)

▶임원별 및 영업점장별 부실여신 관리제도 도입 (1994년 1월)

▶허위 보증인 입보에 의한 신용 여신 취급사례 및 유의사항 (1993년 7월)

▶유흥업소 등 소비성 금융관련 업무취급 철저(1993년 6월, 1991년 1월)

▶견질담보 취득의 남용 억제 (1993년 3월)

▶융통어음 할인취급 사실 적발시 유의사항 (1992년 11월)

▶공장 기계기구류 담보취득시 유의사항 (1992년 9월)

▶여신금지업종 등 불건전부문 여신취급 관련 주의촉구 (1992년 7월)

▶신용대출 사기사건과 관련한 유의사항 (1992년 1월)

▶불건전부문에의 금융지원 금지를 위한 주의환기 (1991년 10월)

▶영업점장 전행 여신에 대한 내부통제 강화 (1991년 4월)

3. 어음(수표), CD 등의 위·변조 및 어음사기 관련

▶일본계은행 발행 거액 위조 자기앞수표발견 유의사항 (1996년 6월)

▶양도성예금증서 변조사례 및 유의사항 (1996년 4월, 92년 11월)

▶어음 수표 위 변조사례 및 유의사항 (1996년 2월, 95년 12월)

▶위조 유가증권 담보취득 사례 및 유의사항 (1995년 10월)

▶컴퓨터를 이용한 자기앞 수표 위조사례 및 유의사항 (1995년 8월)

▶일본 대장성 발행 위조 '환부금잔고 확인증' 발견 유의사항 (1995년 6월)

▶칼라복사기를 이용한 자기앞수표 위조사례 및 유의사항 (1995년 1월)

▶위조 약속어음 할인사례 및 유의사항 (1994년 8월, 1993년 1월)

▶사고신고된 우체국 자기앞수표 부정사용 사례 및 유의사항 (1993년 7)

- ▶어음 사기 등 위조사건과 관련한 유의사항 (1993년 7월, 1993년 3월, 1993년 2월, 1992년 8월)
- ▶변조(위조) 자기앞수표 교환결제전 지급사례 및 유의사항 (1993년 5월, 1993년 1월, 1991년 8월)
- ▶당좌거래처에 대한 신용조사 철저 등 사고발생 사전예방 (1992년 9월, 1991년 8월)

4. 외국환

- ▶수입금융 취급 유의사항, 수입신용장 개설 내부통제 강화방안 (1996년 3월, 1993년 9월, 1992년 2월)
- ▶송금방식 수입을 악용한 불법 해외송금 사례 및 유의사항 (1995년 12월)
- ▶수출환어음 매입시 유의사항 (1995년 11월)
- ▶내국신용장 위조사례 및 유의사항 (1994년 12월)
- ▶송금수표 불법매각 사고사례 및 유의사항 (1994년 7월)
- ▶허위 보증신용장(STAND-BY L/C) 발견사례 (1994년 4월)
- ▶외화수표 등의 매입시 사고예방지침 (1994년 3월, 1994년 3월)
- ▶신용장 Re-open업무 개선방안 (1993년 7월)
- ▶수출신용장 위조 사례 및 유의사항 (1993년 4월)
- ▶위조 美달러화(국고수표) 발견 사례 및 유의사항 (1993년 2월, 1992년 12월)
- ▶T/C판매 등 외화환전과 대외송금 업무철저 및 자체검사 강화촉구 (1992년 6월)
- ▶위조 여행자수표 환전사고 사례 (1991년 1월)

5. 예금 및 신용카드

- ▶지방세 수납업무 취급 철저 (1995년 2월)
- ▶절도범에 의한 예금인출 사례 및 유의사항 (1994년 10월)
- ▶수납인의 타 금융기관 대여와 관련한 사례 및 유의사항 (1994년 5월)
- ▶예금업무 부당처리 등 사례 및 유의사항 (1993년 7월)
- ▶은행고객을 상대로 한 사기사건 사례 (1993년 3월)
- ▶예금 횡령사고 사례 및 유의사항 (1992년 7월)
- ▶범죄 관련 예금계좌의 예금 지급시 유의사항 (1991년 3월)
- ▶신용카드 신종사기, 허위매출표 관련 관련 유의사항 (1996년 3월, 1994년 3월)
- ▶신용카드 업무 관련 유의사항 (1995년 9월)

▶신용카드 업무 부당취급 사례 (1991년 11월)

6. 중요증서 관리

▶폐기대상 문서류의 관리 철저 (1996년 4월)

▶전표 및 폐기 자기앞수표 외부 유출사례 및 유의사항 (1996년 4월)
 중요증서 관리 철저 등 사고 예방을 위한 내부통제 강화 (1995년 10월, 1992년
 12월)

▶타점권의 마이크로필름 수록업무와 관련한 당부 (1995년 9월, 1994년 3월)

▶외국인의 자기앞수표 절취사례 및 불건전 금융거래 제의사례 (1994년 11월)

▶중요증서 용지관련 내부통제 철저 (1994년 10월)

▶CD용지 분실 사례 및 유의사항 (1994년 8월)

▶예금통장 등 중요증서 관련 사고예방지침 (1994년 4월)

▶유가증권 보관 및 추심수탁업무 취급시 유의사항 (1993년 1월)

▶중요증서 분실 등 창구사고 사례 및 유의사항 (1991년 10월)

7. 영업점 방범 및 현송업무

▶점내 · 점외 CD기 관련 유의사항(시재금피탈사고 등) (1995년 3월, 1994년 7월)

▶금융기관의 CCTV 시스템 설치 및 운용 관련 유의사항 (1994년 10월)

▶금융기관 점포간 현수송 결재행위에 관한 유의사항 (1993년 7월)

▶창구 사기사고 사례 및 재발 방지대책 (1992년 12월, 1992년 11월, 1992년 7월)

▶은행창구에서의 신종 현금빼내기 사례 및 유의사항 (1992년 10월)

▶금융기관 자율방범활동 강화 (1992년 10월, 1992년 8월, 1992년 4월, 1992년
 1월)

▶금융기관의 출장소 운영에 관한 유의사항 (1992년 4월)

▶현송금(고객예금) 피탈 사례 및 유의사항 (1991년 11월, 1991년 5월)

8. 금융실명제 및 금융거래명세 통보 관련

▶실명 미확인 계좌에 대한 확인독려 등 실명확인업무 철저수행(1995년 12월,
 1995년 9월)

▶금융거래 비밀보장을 위한 전산시스템 보완 조치 (1994년 9월)

▶개인연금신탁 취급 관련 유의사항 (1994년 6월)

▶실명확인 관련 위반(사고예방) 사례 (1994년 5월, 1994년 4월, 1994년 4월)

▶금융실명제 이행철저 촉구 및 이를 위한 자체점검 실시 (1994년 2월)

▶일선창구의 실명확인절차 준수 강화 (1993년 12월, 1993년 12월)

▶'금융거래명세 통보제도' 실시와 관련한 유의사항 (1995년 4월, 1995년 4월)

▶'금융거래명세 통보제도' 시행 (1994년 12월)

9. 전 산

▶현금카드 및 '텔레폰뱅킹' 비밀번호 운영 등 관련한 사고예방 강구 (1996년 5월)

▶PC를 이용한 불법 예금인출 사례 및 유의사항 (1995년 1월)

▶등록금 수납업무 전산조작 사고사례 및 유의사항 (1994년 2월)

▶전산(단말기)조작에 의한 횡령사고와 관련한 유의사항 (1993년 8월, 1992년 9월)

(2) 개별적 사고예방대책 주요 사례(1980~1990년대)

1980년대부터 1990년 후반까지 우리나라의 금융환경은 매우 열악하였다. 은행이 국가경제의 혈액역할을 하면서도 정부주도에 의한 경제운용의 영향에서 벗어날 수 없었다. 그러한 환경탓으로 소위 지배구조나 경영에 있어서 '주인의식'이 늘 문제가 되었다.

이 시기에 크고 작은 금융사고도 많이 발생하였다. 또 사고가 한 번 일어나면 일정 시차를 두고 확산되는 경향이 많았다. 그래서, 감독당국은 일정기간에 다수 발생하고 있는 사고에 대응하여 사고예방대책을 마련하여 금융회사에 시달하고는 했다.

여기에 소개하는 것은 그 사례이다. 금융업무의 전산화가 크게 진전되고 금융실명제가 시행되는 등 환경이 많이 달라졌기에 소개된 사례가 모두 유효한 것은 아니다. 하지만 사고수법을 자세히 살펴보면 지금의 환경에서도 착안사항을 찾을 수 있을 것으로 기대하면서 과거의 사고예방대책을 수록하였다.

허위전표 추입에 의한 현금인출사고에 대한 대책
(1987년 4월, 1987년 8월)

1. 사고수법

▶범인이 사전에 가공한 명의로 소액의 예금계좌를 개설한 후 타 점포에서 온라인 송금해온 것처럼 예금을 청구하여 번호표를 수 령한 뒤 별도로 분리된 출납창구에서 출납

▶담당직원이 이석한 틈을 이용하여 동 번호표의 번호를 기재한 거액의 허위 예금청구서를 작성, 투입하고 번호표를 반납하면서 현금수령 후 도주

▶범인(또는 내부직원)이 허위 입금전표를 작성하여 단말기조작자 가 이석한 틈에 단말기 옆에 투입하여 단말기 조작자가 허위전 표임을 알지 못한 채 입금조작하면 범인이 타점을 통해 현금 인 출 후 도주

2. 사고특징

▶일정액 이상의 현금지급시에는 예금계와 출납계간 전표수도(受渡)부를 사용토록 하고 있음에도 전표수도부를 확인치 않고 현금을 지급하거나 출납암호 및 전표상의 인감 진위 여부를 확인치 않고 현금지급

• 주로 지방점포에서 발생하고, 사고금액은 대부분 1,000~3,000만 원 사이이며, 현금입출이 잦은 월초,월말 또는 공무원 급여일 전후에 많이 발생

• 허위전표는 주로 영업자금 인출 등 창구가 혼잡한 오전중 출납담당 직원이 잠시 이석한 틈에 투입하며 급여지급 등을 이유로 전액 현금지급을 요구

• 책임자 및 취급자의 인감과 전표의 인자체가 육안으로 식별이 힘들 정도로 정교하게 위조

3. 대응방안

▶거액 현금지급시 전표수도부 사용, 출납암호 확인 철저, 번호표 관리 철저 등 현금지급 사고를 방지하도록 금융회사에 지도

▶출납창구에 책임자 및 취급자의 인감부 비치 및 대조 확인, 출납창구 직원의 무단이석 금지 및 교대 철저

▶사고발생시에는 범인의 지문을 채취할 수 있도록 관련 전표를 다른 직원이 손대지 말고 잘 보관한 다음 수사기관에 수사의뢰

 사례 2

어음사기단 사건에 대한 대책

(1988년 8월)

1. 사고수법

▶어음사기단이 유령회사를 설립, 금융회사에 당좌거래를 개설하거나 부도직전의 회사를 인수하는 수법 등으로 은행도 약속어음(지급지가 은행인 약속어음) 용지 및 당좌수표 용지를 **빼내어** 장당 대가를 받고 중간판매책을 통하여 시중에 유통

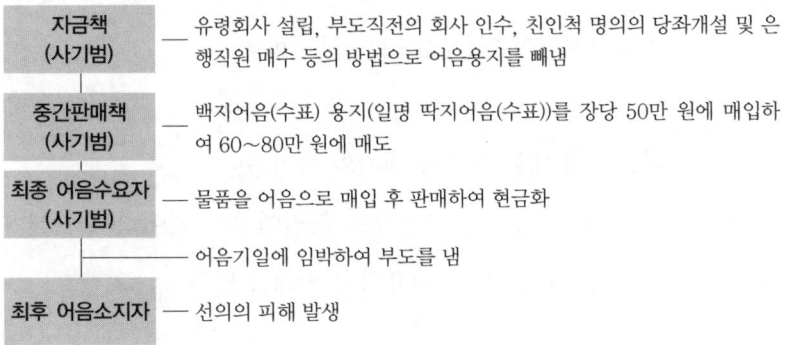

자금책 (사기범)	— 유령회사 설립, 부도직전의 회사 인수, 친인척 명의의 당좌개설 및 은행직원 매수 등의 방법으로 어음용지를 빼냄
중간판매책 (사기범)	— 백지어음(수표) 용지(일명 딱지어음(수표))를 장당 50만 원에 매입하여 60~80만 원에 매도
최종 어음수요자 (사기범)	— 물품을 어음으로 매입 후 판매하여 현금화
	— 어음기일에 임박하여 부도를 냄
최후 어음소지자	— 선의의 피해 발생

2. 사고특징

① 은행의 당좌개설상의 취약점

▶당좌개설 의뢰자에 대한 신용조사의 한계

• 거래대상자는 대부분 신규업체들로서 영업실적이나 B/S 등에 의한 재무상태 파악이 곤란하여 개인신상 조사에만 의존

▶실적경쟁 등으로 당좌개설 의뢰자에 대한 형식적인 신용조사

• 법률상 회사설립이 비교적 용이한 점을 이용, 부도업자가 타인 명의를 빌려 회사를 설립하여 당좌계좌를 신규 개설

② 어음거래 당사자의 문제점
▶일부기업이 사채시장을 통해 융통어음을 할인하여 급전을 조달하는 기업금융 관행을 사기단이 악용
• 은행도어음은 당좌거래처의 신용에 따라 거래되는 유가증권이므로 어음사기사건 등의 사고로 인하여 발생하는 고객의 손해에 대하여 은행의 책임이 없음에도 불구하고 어음소지자들은 은행이 지급책임이 있는 것으로 잘못 인식

③ 어음부도자에 대한 사실상 제재의 어려움
▶어음부도자에 대해서는 신용정보 관리대상이 되어 은행거래가 불가능하지만 타인명의를 이용하여 거래를 계속

3. 대응방안
▶당좌거래 대상자의 엄선 및 신용조사 강화
• 당좌거래 신규개설시 영업실적이나 은행거래실적이 미약한 업체에 대해서는 정밀 신용조사 실시
▶어음 · 수표 용지의 적정량 교부
• 어음 · 수표책 교부시 예금주의 거래규모 등을 감안하여 과다교부가 되지 않도록 유의

▶미사용 어음 · 수표의 회수 철저

• 당좌거래 해지시 미사용 어음 및 수표용지 회수 철저

▶어음 · 수표 용지 관리 철저

• 어음 · 수표용지는 영업점장 책임하에 관리하고 자점감사시 현
물대사 철저

어음사기단 사건 관련 유의사항

1. 딱지어음(수표)의 개념
▶부도일자를 미리 정해놓고 금액란은 백지로 하고 어음 지급일자나 수표 발행일
자는 예정된 부도일 이후로 작성 발행하여 시중에 유통시키는 은행도어음이나
수표

• 딱지어음은 1장당 보통 50~80만 원에 판매되고 있으며 당좌개설후 6~12개월
만에 부도 발생(가계수표도 일부 이용)

2. 어음사기단의 사용 은어
• 자금책(또는 모도) : 자금을 가지고 직접 또는 바람막이를 통하여 바지명의로 은
행에 어음계좌를 개설하여 딱지어음을 생산, 처분함으로써 이익을 취득하는 실
질적 어음개설자

• 바지 : 어음, 수표의 결제능력 없이 당좌개설 명의만을 빌려주고 일정한 대가를
받는 개인영업주 또는 법인의 대표이사

• 바람막이 : 바지와 자금책의 중간에서 자금책으로부터 자금을 지원받아 바지를
선정하고 바지명의로 당좌계좌를 개설하여 딱지어음, 수표를 유통시키도록 해
주는 등 자금책의 역할 대행

• 판매책 : 자금책으로부터 딱지어음을 1매당 대가를 주고 매입하여 판매망을 통
하여 중간이익을 취득하는 자

3. 딱지어음, 수표를 생산하는 방법
▶보편적인 방법은 자금책이 개인을 바지로 세워 주식회사를 위장설립하거나 대
리점 등을 개점, 사업자등록을 하게 하고 그 명의로 은행에 당좌계좌를 개설하
여 어음 · 수표 용지를 교부받아 딱지로 이용

▶부실법인을 인수하여 바지를 대표이사로 변경 등기한 후 그 법인의 당좌계좌를 이용, 어음·수표 용지를 교부받아 딱지로 이용

▶자동차 할부구입 매매계약서를 이용, 은행으로부터 어음용지를 받아와서 딱지로 매매하는 방법

4. 어음·수표 용지를 세탁하는 방법

• 기사용된 어음·수표 또는 미사용 용지를 약물로 지운 후 딱지로 사용

5. 딱지어음·수표 사용처

• 딱지어음·수표를 주고 물건을 매입하여 덤핑 판매하는 데 사용

• 딱지수표를 주고 할인하여 현금화하는 데 사용

• 중소기업, 부실기업주가 딱지어음을 주고 원자재 구입후 그 딱지어음이 부도나면 그 때에 기업주 발행명의의 어음을 주고 위 부도어음을 회수함으로써 대금지급을 연기

• 제2금융권에 담보부 대출을 받을 때 견질어음으로 딱지어음 사용

6. 어음사기단과 금융기관

▶딱지어음사기단은 은행 등 금융기관 협조 없이는 범행성공이 어려움

• 자금책 또는 바람막이는 바지를 내세워 당좌계정 개설시부터 담당자와 지점장 등에게 금품을 교부하고 개설 후에도 어음거래 평잔 이상으로 어음·수표 용지를 받기 위하여 금품을 교부하는 사례가 다수 있었음

▶금융기관으로부터 어음용지를 빼내는 방법

• 바람막이 등이 당좌계좌 개설시 담당자에게 환심을 산 다음 어음거래 평잔보다 많은 용지를 받기 위하여 필요할 때마다 금품을 교부

• 담당자를 금품으로 유혹하여 다량의 어음용지를 확보

7. 딱지어음사기용 당좌계좌를 가려내는 방법

• 계좌개설일로부터 3~6개월 내에 부도된 계좌

• 보통예금계좌 개설후 1~3개월간 급격하고 빈번한 예금 입출금이 있는 계좌

• 계좌개설후 일정기간(대개 1~2개월) 100만 원 이하의 소액 수표·어음 정상거래가 빈번한 계좌(신용이 양호한 것으로 가장)

• 부도난 어음·수표 발행금액이 고액이거나 금액이 고정화된 계좌

• 계좌개설 1개월 전 자산(주로 부동산)을 소유하고 있다가 개설후 타인에게 이전

부동산사기에 대한 허위담보 취득사고 대책

(1988년 3월)

1. 사고수법

▶전문적인 부동산 사기조직이 소유권 확인에 필요한 제반서류를 위조한 후 금융기관에 허위로 담보 제공하고 대출을 받음으로써 예기치 않은 손실을 입히는 사례가 빈번히 발생

- 토지사기단 등 허위 소유자가 인감증명서, 주민등록등본, 등기필증, 주민등록증을 위조한 후 진정한 토지소유자인 것처럼 가장하여 담보 제공

- 허위소유자가 진정한 소유자로부터 부동산을 취득한 것처럼 등기이전에 필요한 서류 일체를 위조하여 소유권 이전등기를 마친 후 담보 제공

2. 사고특징

▶사기조직단에 의한 완벽한 서류위조로 위조여부 확인 곤란

• 특히 등기소직원, 법무사, 동사무소 직원 등과 공모시 서류위조 여부의 사전 발견이 불가능한 정도

• 주로 수사기관 적발이나 원소유자 이의 제기로 발견

▶현행 법에서는 등기의 공신력이 인정되지 않으므로 금융회사에서 위조등기를 진정한 것으로 믿고 담보로 취득하더라도 담보권이 인정되지 않음

• 차주 부도발생시 위조등기된 부동산을 담보로 취득한 금융회사의 경우 근저당권 설정등기 말소 청구소송에서 패소(패소원인 : 등기원인 무효)함으로써 부실채권 발생 불가피

3. 대응방안

① 담보물 심사 철저

▶부동산담보(특히 나대지) 대출취급시 담보물에 의심이 갈 때에는 진정한 소유자 여부를 철저히 확인

• 차주와 담보제공자간의 관계 및 담보제공 사유를 철저히 확인

• 차주가 법인인 경우 사업자등록증, 납세증명서 확인

• 필요한 경우 차주 및 담보제공자의 주소지 현지답사

• 토지대장, 재산세 납부증명서의 소유자 주소와 등기부상 주소의 비교확인

• 대출 관련서류의 위조여부 점검

부동산 사기단의 조직 구성(예시)

1. 조직 형태

▶주범인 조직책을 정점으로 정보책, 위조책, 행동책, 연락책, 알선책 등으로 구성

▶완전히 분업화되어 있고 점조직 형태로 운영되기 때문에 조직전모 파악이 곤란

▶조직원간 독특한 은어 사용

2. 조직원의 역할

| 주범(조직책) | • 부동산 사기행각 총지휘
• 행동책(허위부동산 소유자) 물색 |

| 정 보 책 | • 범행대상 부동산 물색 |

| 위 조 책 | • 원소유자의 등기필증, 인감증명서, 주민등록등본, 매매계약서 등을 위조
• 인감증명서 및 주민등록등본의 정상발급여부 확인에 대비하여 세대별 주민등록표를 위조하고 증명사진란에 행동책의 사진을 붙여 동사무소 앞 우송 또는 동사무소에 비치함에 투입, 동사무소에 위조된 주민등록등본을 비치토록 함으로써 정상적인 방법으로 주민등록등본 발급
• 인감증명서 발급시 주민등록증 확인에 대비하기 위하여 원소유자의 주민등록증을 위조하고 증명사진을 행동책의 사진으로 교체 |

| 행 동 책 | • 위조서류를 가지고 법무사와 변호사 사무실에 등기신청
• 등기필증 위조가 어려우면 인우보증인 2명을 세워 등기신청
• 등기신청시 본인확인에 대비하여 원소유자의 주민등록증을 위조하여 증명사진을 행동책의 것으로 바꾸거나 법무사나 변호사 사무장을 금품으로 매수 |

| 연 락 책 | • 등기절차 담당 |

| 알 선 책 | • 원매자 물색
• 부동산처분 또는 금융회사에 담보제공 알선 |

▶등기필증상 날인된 등기소 직인 및 접수인과 근저당설정계약서
에 날인된 등기소 직인 및 접수인을 비교 확인

• 등기필증상 기재된 법무사 명의의 진위여부 확인

▶필요한 경우 동사무소에 주민등록등본 및 인감증명서의 발행여
부 확인

② 대출심사기능 강화

▶담보위주의 대출심사 관행을 개선하여 전문심사역에 의한 차주
의 신용평가를 기초로 하는 신용대출 관행 활성화 필요

부동산 사기단의 사기수법 및 피해방지대책

1. 사기수법

가. 범행대상 부동산 물색방법

• 수년에 걸쳐 등기이전이 되지 않고 있는 땅의 등기부를 열람하여 소유자를 추
적, 그 소유자가 없는 부동산을 물색

• 소유자가 사망하여 미등기로 되어 있거나 아니면 상속인이 아예 없는 부동산 물색

• 소유자가 국내에 거주하지 않고 있는 부동산 등을 물색

• 6.25 때 등기부나 호적부가 멸실되거나 소유자가 행방불명된 미등기 부동산 등
을 물색

• 공터로 남겨놓고 사용하지 않는 땅이 있으면 그 지번을 관할구청을 통하여 확인
한 다음 등기소에서 등기부 열람

• 주위 사람들로부터 풍문을 들어 관리하지 않고 있는 땅의 위치를 답사하여 위와
같은 방법으로 등기부 열람

• 관할구청, 군, 면사무소 담당직원들에게 금품을 공여하고 그들로부터 미등기 토
지대장 입수

➡ 미등기부동산, 부재소유자 부동산 등이 확인되면 정보책들이 조직책에게 지번
을 알려주고 부동산 시가, 범행 성공의 확실성 등에 따라 건당 보수를 수수

나. 구체적 방법

① 소송사기의 유형(제1유형)

- 미등기부동산, 부재소유자 부동산 등이 확인되면 정보책이 그 정보를 조직책에게 제공
- 정보를 받은 조직책은 하수인들을 시켜 허위소유자로 내세울 사람, 속칭 '바지'를 물색케 하는데 이때 나중에 모든 사실이 발견되더라도 바지만 책임을 지게하거나 다른 공범들을 알려주지 못하게 매수
- 위조책은 허위소유자의 피상속인으로부터 수년 전에 매입하였다는 가짜 매도증서 등을 만든 다음 이를 근거로 삼아 변호인을 선임하여 바지를 상대로 소유권 이전등기 청구소송을 제기하고
- 바지로 하여금 변호인을 선임케 하여 응소토록 한 뒤 소송을 진행시키다가 소송상 화해로 승소판결을 받거나 또는 2회 이상 기일불출석으로 청구인락 판결을 받아 소유권 보존등기를 경료(經了)
- 국가를 상대로 소유권 확인소송을 제기하여 승소판결을 받아 등기 경료
- 위와 같은 방법으로 취득한 부동산을 처분알선책으로 하여금 원매자를 물색토록 하여 매매하거나 금융회사에 근저당권을 설정하여 대전을 받아 이를 편취

② 등기이전서류 위조의 경우(제2유형)

- 대상부동산을 물색하여 바지를 선정해 놓고 위조책으로부터 원소유자의 등기필증, 인감증명서, 주민등록등본, 매매계약서 등을 위조해 받음
- 바지가 위조서류를 법무사나 변호사 사무실에 등기신청을 의뢰하면 그 사무실에서는 관할 등기소에 위조된 서류를 제출하여 소유권 이전등기 등을 완료한 후 위와 같은 방법으로 금원을 편취
- 등기필증 위조가 어려우면 같은 사무실을 통하여 인우(隣友) 보증인 2명을 세워 등기신청함. 이 경우 보증인은 그 사무실에서 보증인용 인감증명서 1통에 소정의 대가를 주고 매입하여 신청
- 법무사 또는 변호사 사무실에서 소유권 이전등기 신청을 할 때에 매도인이 본인임을 확인하기 때문에 등기신청이 불가능하다는 사실을 알고
- 원소유자의 주민등록증을 위조하여 증명사진을 바지의 것으로 붙이거나 사무장 등을 금품으로 매수하여 신청인들이 가져오는 인감증명서, 주민등록등본, 등기필증 등이 위조되었다는 사실을 알면서도 이를 첨부하여 등기신청을 하거나 범인들과 친분관계가 있는 사무실을 찾아가 매도인을 확인하지 않게 하여 등기신청하여 등기 완료

③ 세대별(개인별) 주민등록표 위조의 경우(제3유형)

- ②와 같이 인감증명서, 주민등록등본을 위조하여 범행을 할 경우 원매자가 동사무소로 조회하여 인감증명서, 주민등록등본 등이 정상적으로 발급되었는지 여부를 확인할 가능성이 있으므로 이를 피하기 위해 이 방법을 사용

- 범행대상 부동산이 물색되면 세대별(개인별) 주민등록표 용지를 매입, 교묘한 방법으로 원소유자의 세대별(개인별) 주민등록표를 위조하여 증명사진란에 바지의 증명사진을 붙여 해당 우체국을 통해 우송하여 해당 동사무소에 비치케 하거나 또는 위조한 주민등록표를 교묘한 방법으로 직접 동사무소 비치함에 꽂아놓은 뒤 정상적인 방법으로 인감증명서, 주민등록등본을 발급

- 인감증명서 등을 발급받을 때에는 동사무소에서는 항상 주민등록증을 확인하기 때문에 원소유자의 주민등록증까지 위조하여 증명사진란에는 바지의 사진을 붙인 위조 주민등록증을 제시함

- 이러한 방법으로 인감증명서 등을 발급받으면 ②항과 같은 방법으로 소유권 이전 등기 등을 완료하여 같은 방법으로 처분 이를 편취

④ 호적등본 위조의 경우(제4유형)

- 원소유자가 사망하여도 상속인들은 자신들이 상속받을 재산이 있다는 사실조차 모르고 있는 부동산을 물색하여 원소유자의 재적등본과 자신의 호적등본을 일치되게 위조하여 자신 앞으로 상속등기를 완료하여 같은 방법으로 처분, 이를 편취

⑤ 판결문 위조의 경우(제5유형)

- 위와 같은 4가지 유형을 이용하여 범행을 하게 될 경우 인감증명서, 등기필증, 주민등록등본 등을 위조하는데 번거로움이 있어 법원 판결문을 위조하여 이를 근거로 소유권 보존등기 내지는 이전등기를 거쳐 같은 방법으로 처분, 이를 편취

2. 피해방지대책

▶장기출타 등으로 토지관리가 소홀히 되는 경우에는 수시로 소유부동산의 등기를 열람하여 변동사항을 확인할 필요가 있음

▶부동산 매매계약 체결시에는

- 시가보다 현저히 저렴한 가격의 부동산은 일단 의심하고 등기부상 소유자의 주소가 최근에 변경되었거나 인감증명서가 거주이전 직후에 발급된 경우 소유자가 신주소지에 실제 거주 여부를 확인하며,

- 부동산의 전 소유자에게 현 소유자와의 거래사실을 확인하고, 매매계약 체결자

와 등기명의인이 동일인인지의 여부 및 그 관계를 확인하며, 제시된 주민등록증의 진위여부를 세심하게 관찰하여야 함

▶등기소에서 등기신청서류를 접수할 때 등기필증상의 등기소장 직인인영과 등기소 사용 직인을 대조하여 그 진위여부를 확인할 필요 있음

▶호적부, 등기부, 토지대장 등의 열람시에는 담당공무원의 철저한 입회감시가 필요함

유가증권사고 예방대책

(1989년 11월)

1. 사고수법

▶내부직원에 의한 보관유관증권의 절취, 횡령

• 담보용으로 보관하고 있던 유가증권의 절취, 매각 횡령

• 액면병합 위탁주식을 장부에 기장하지 않고 임의로 절취하여 증권회사를 통해 매각처분

▶보관유가증권의 분실, 도난

• 보관중이던 약속어음 및 당좌수표용지가 보관부주의 및 확인소홀로 분실되어 시중에 유통

• 수납 타점권의 보관중 지급결제전 분실

▶외부인이 은행교부 어음·수표를 정교하게 위변조

• 정액자기앞수표, 약속어음 등을 칼라복사기 또는 옵셋인쇄를 이용하여 위조

- 부도 등으로 거래정지된 당좌거래처의 미회수 어음·수표에 기재된 교부지점명을 약물로 지우고 타지점의 당좌거래처 서명 및 인감을 위조하여 발행
- 정상적으로 발행된 어음·수표의 발행인 명의와 금액을 약물로 위변조
- 분실된 백지가계수표를 습득, 가설인 명의로 사용
▶ 사고신고 또는 실효된 어음·수표를 위변조
- 예금부족으로 부도반환된 가계수표를 부도문언, 발행일자, 횡선 등을 약물을 이용하여 말소한 후 재사용
- 분실, 도난 등으로 제권판결을 받은 자기앞수표의 발행일자를 변조
▶ 어음·수표 용지 자체를 별도로 제작 사용
- 지질이 비슷한 약속어음용지나 가계수표용지를 인쇄하여 법적 기재사항을 허위기재한 후 사용
▶ 어음·수표법 등 제도상에 없는 별개의 유가증권을 제조 사용
- 자기앞수표와 유사한 용지에 발행인을 ○○행으로 한 '현금위탁증' 또는 '자기앞 현금위탁증서'를 조작하여 사용

2. 사고특징
▶ 금융회사에서 모든 보유유가증권을 실물대사하기 어렵고 절취, 분실, 도난 등 사고발생시 조기발견도 어려움
- 칼라복사기 등으로 정교하게 위변조하여 육안으로는 통상의 주

의를 기울여도 식별 곤란

3. 대응방안

▶어음, 수표용지, 보유유가증권 등 중요 증서에 대한 불시점검 및 자점감사 이행 철저

• 정기시재검사 외에 월1회 이상 불시검사 실시

• 금융사고 예방대책의 철저한 이행 여부 확인 및 차장급이상 직원 입회하에 직접 현물대사 확인

▶담보나 투자용으로 보관중인 금융채 등 유가증권에 대해서는 현금과 동일한 방법으로 관리

• 유가증권에 대한 내부직원의 접근을 현금의 경우와 동일한 방법(2인 이상 공동출입)으로 통제하고 시재금 검사시 현물검사 실시

▶어음을 할인취급하거나 어음·수표가 교환제시되는 경우에는 마이크로 인자부분 또는 배서부분을 주의깊게 관찰하여 위변조 어음·수표 식별 철저

• 자외선 감지기 등을 이용하여 정밀하게 감식

금융회사 보관유가증권 분실·도난시 처리절차 및 책임

1. 무기재 어음, 수표용지 또는 지급결제된 유가증권의 분실 도난시

가. 처리절차

• 분실도난된 유가증권은 유효한 증권이 아니므로 공시최고 등 법적처리절차의 대상이 안 됨. 다만, 유가증권의 번호, 표시금액 등을 적시한 분실공고는 가능
• 금융회사는 동 유가증권이 위변조되어 제시될 경우 사고(분실, 도난, 위변조) 유가증권으로 부도처리하고 사고신고로 지급정지 조치

나. 은행의 책임

• 분실도난된 유가증권이 교묘히 위변조되어 선의의 취득자가 발생한 경우 은행은 손해배상책임 발생
• 다만, 선의취득자가 주의를 게을리하여 위변조 사실을 몰랐을 경우 그 과실의 정도에 따라 과실 상계 가능

2. 지급결제전 유가증권의 분실 도난시

가. 처리절차

• 분실도난된 유가증권이 유효한 증권이므로 공시최고 등 법적절차에 따라 처리하고 동 유가증권에 대한 사고신고로 지급정지 조치
• 분실 공고 공시최고절차 제권판결 증권재발행 또는 공시최고 신청자에게 지급
• 금융회사는 동 유가증권이 지급제시되는 경우 제권판결 후이면 무효된 유가증권으로 부도처리하고, 제권판결 전이면 법원에 이의신청

나. 은행의 책임

• 제권판결 후에는 공시최고신청인은 유가증권없이 어음상의 권리행사 가능. 다만, 선의취득자가 있을 경우 선의취득자의 권리도 보호
→ 지급인은 선의취득자가 있을 경우 이중 지급의무가 발생하므로 분실은행에 대해 손해배상 청구 가능

3. 위조 또는 변조 어음·수표가 은행에 제시된 경우

가. 처리절차

• 금융회사는 지급제시된 어음·수표의 요건 구비 여부 및 배서 연속여부를 확인

하여 위변조로 밝혀지면 위변조어음 · 수표로 부도처리

- 수표의 경우 부정수표단속법에 의거 48시간이내에 위변조수표를 고발조치
- 또한 은행은 어음 · 수표 지급시 당좌거래처와 체결한 면책약관상 상당한 주의
  의무를 다해야 함

나. 은행의 책임

- 금융회사는 위변조 어음 · 수표에 대해 지급한 경우 어음 · 수표법과 면책약관
  에 의거 상당한 주의를 다했으면 면책되고 그 계산을 당좌거래처에 부담시킬
  수 있음
- 어음 · 수표법상 은행은 배서의 연속유무 등 형식적 조사의무만 부담(배서 및 인
  감의 진위여부 등 실질적 조사의무는 없음)
- 또한 은행은 당좌거래계약 체결시 어음 · 수표상의 인영을 미리 신고한 인감과
  상당한 주의로서 대조한 후 상위없다고 인정하여 처리한 때에는 위조, 변조, 도
  용 등 어떠한 사고가 있더라도 은행은 일체 책임지지 않는다는 내용의 면책약관
  을 특약
- 다만 최근의 판례는 은행의 어음 · 수표 지급에 대한 주의책임을 무겁게 인정
  하는 경향이며, 상당한 주의에는 면책약관상의 인감대조외에 용지번호, 사고
  신고 유무, 변조감별기를 통한 위변조의 흔적유무 확인까지 포함되는 것으로
  확대 해석

 **사례 5** 은행점포주변 고객예금 피탈사고 예방을 위한 대책

(1990년 7월)

1. 사고수법

▶금융회사 영업점에서 예금을 인출해가는 고객을 승용차 또는 오
토바이 등을 이용하여 강탈

2. 사고특징

▶영업점 밖에서 발생하며, 고객에 대한 서비스 제공 및 경찰력 한계 등을 감안하여 금융회사의 대책 마련 필요

• 추석, 연말 등 현금인출이 빈번한 시기에 발생

3. 대응조치

▶점포의 출납창구와 청경근무석에 '현금보호요청' 안내 표지 부착 및 고객의 현금보호요청시 적극 협조 (예: 승차지점까지 호송 등)

▶전 점포에 대한 청경 배치인원의 적정성 점검 및 청경 미배치 점포에 대한 보완 대책 강구

• 전 영업점에 대해 현 청경인원의 적정여부를 점검, 부족하다고 판단되는 점포에 대하여는 충원계획을 수립 시행

• 영업 시간 중 점포객장에서 특별한 용무없이 배회하는 자의 거동을 철저히 감시

• 점포주변에 승용차, 오토바이 등 수상한 차량이 시동을 건 채 정차하고 있는지 여부를 순회 점검

• 점포 출입문에 날치기, 소매치기 사고에 유의하라는 안내문 게시

• 거액예금 거래처에 대해 가급적 여사원 단독으로 예금인출하는 일이 없도록 안내문 발송

• 청경 또는 경찰관에 대한 현금보호요청 및 범죄신고요령에 관한 안내팜플렛 제작 배포 등

전산부문 사고 예방대책

(1989년 7월)

1. 사고수법

① 전산프로그램 부정조작에 의한 사고

▶신용카드 이용대금이 청구되지 않도록 하기 위하여 전산원장을
  삭제하거나 수록되지 않도록 프로그램을 조작

• 본인의 신용카드를 이용하여 현금서비스를 받은 경우 시스템
  운영팀에서만 사용할 수 있는 비밀번호를 도용하여 카드이용실
  적이 전산원장에 수록되지 않도록 하거나 또는 원장에 수록된
  거래실적을 삭제

▶테스트 카드로 현금을 인출하기 위한 프로그램 조작

• 현금인출기능이 없는 테스트 카드를 이용하여 현금자동지급기
  에서 현금인출을 가능케 하고 인출내역이 전산원장에 기록되지
  않도록 프로그램을 조작하여 온라인에 등록케 한 후 일선 영업
  점에서 현금 인출

② 온라인 단말기 부정조작에 의한 사고

▶가공의 입금거래를 단말기에 입력한 후 횡령

• 업무시간중 임의로 단말기를 조작하여 본인의 가명계좌에 무자
  원으로 입금시킨 후 총계정원장 대차변을 일치시키기 위하여
  타점에서 동 대전이 입금된 것처럼 입금거래를 조작

- 단말기 조작자가 이석한 틈을 이용, 방치되어 있는 단말기 카드를 도용하여 범행 목적으로 미리 타점에 개설해 둔 예금계좌에 무자원으로 온라인 입금시킨 후 이를 인출, 횡령

▶거래내용 변조
- 당좌거래처의 결제자금을 지원할 목적으로 동 거래처 발행 당좌수표를 입금하면서 입금전표에는 타점권으로 정당하게 표시하고 온라인 단말기에는 현금이 입금된 것으로 입력 조작하여 당일 현금 인출

2. 사고특징

① 전산프로그램 부정조작에 의한 사고

▶비밀번호의 누출
- 비밀번호는 시스템운영 담당과장이 관리대장에 기록, 보관하고 있으나 담당직원이 작업하는 과정에서 타직원에게 누출될 가능성이 있음

▶결재시 부정조작내용 확인 곤란
- 프로그램을 수정 변경하는 경우 전산부장이나 담당과장의 결재를 받아 시스템운영과에 이첩하여 온라인에 등록하고 있으나 동 과정에서 프로그램의 부정조작 여부를 확인하는 것이 실무상 어려움

▶프로그램에 대한 사전감사 곤란
- 프로그램이 방대하고 내용도 복잡할 뿐 아니라 업무의 효율성

등을 감안할 때 자체 감사팀에 의한 사전감사가 어려운 실정임

② 온라인 단말기 부정조작에 의한 사고

▶단말기 조작자의 단말기 카드관리 소홀

• 단말기 조작자가 단말기에서 이석할 때에는 단말기의 작동을 해제하고 단말기 카드를 직접 소지하여야 하나 동 카드를 무단 방치함

▶책임자 카드관리 소홀

• 일정금액이상 거액의 입출거래를 입력할 때에는 별도의 책임자 카드를 사용하여 단말기를 조작하도록 되어 있으나 책임자카드 사용회수의 빈번함을 이유로 창구담당자에게 교부하여 사용

▶책임자 결재시 대조확인 소홀

• 책임자 결재시 전표와 관계장부 및 증빙서류의 일치여부를 철저히 확인하여야 하나 이를 소홀히 함

3. 대응방안

① 프로그램 부정조작 관련사항

• 프로그램 개발조직과 시스템 운영조직의 분리

• 주요 파일, 프로그램에 대한 비밀번호 부여 및 비밀번호 관리 철저

• 시스템실의 출입 통제

• 프로그램의 온라인 적용전 사전감사 강화

- 전산부서의 자체감사기능 강화
- 원장, B/S 및 일계표의 잔액 일치여부 확인
- 외부인에 의한 전산통신망 침입사고를 방지하기 위하여 통신의 암호화
- 전산센터의 물리적 안전대책
  - 독립 전산센터 운용, 전산센터 출입자격 부여 및 출입자 관리, 디스크 및 마그네틱 테이프의 관리 철저 등
- 전산요원 관리 대책
  - 직원의 사기진작, 담당직무별 위험요소 제거, 작업의 분업화, 담당자 순환 · 전출 · 이직 관리 등

② 영업점 온라인 단말기 부정조작 관련사항
- 비인가자의 단말기 접근 통제
- 단말기카드 관리 철저
  - 수도부에 의한 수도관리 철저, 단말기카드의 무단대여 또는 방치 금지, 이석시 단말기 작동해제 철저 등
- 책임자카드 관리 철저
  - 일정금액이상 거액 입출금 거래시 책임자카드 활용, 책임자카드의 무단방치 금지, 책임자카드 사용기록부 및 책임자카드 사용명세표 확인 철저 등
- 패스워드의 사용과 관리
  - 패스워드 부여, 조작자와 책임자의 담당업무 변경시 패스

워드 변경, 패스워드의 등록자 관리기록부 비치 등

③ 영업점 자점감사 철저

• 자점감사시 중점점검항목을 철저히 점검하고 특히 소형점포 등 직원의 겸무가 불가피한 경우에도 자점감사자는 당좌, 예금, 대출, 환업무 등 사고발생 가능성이 높은 업무와 겸직 금지

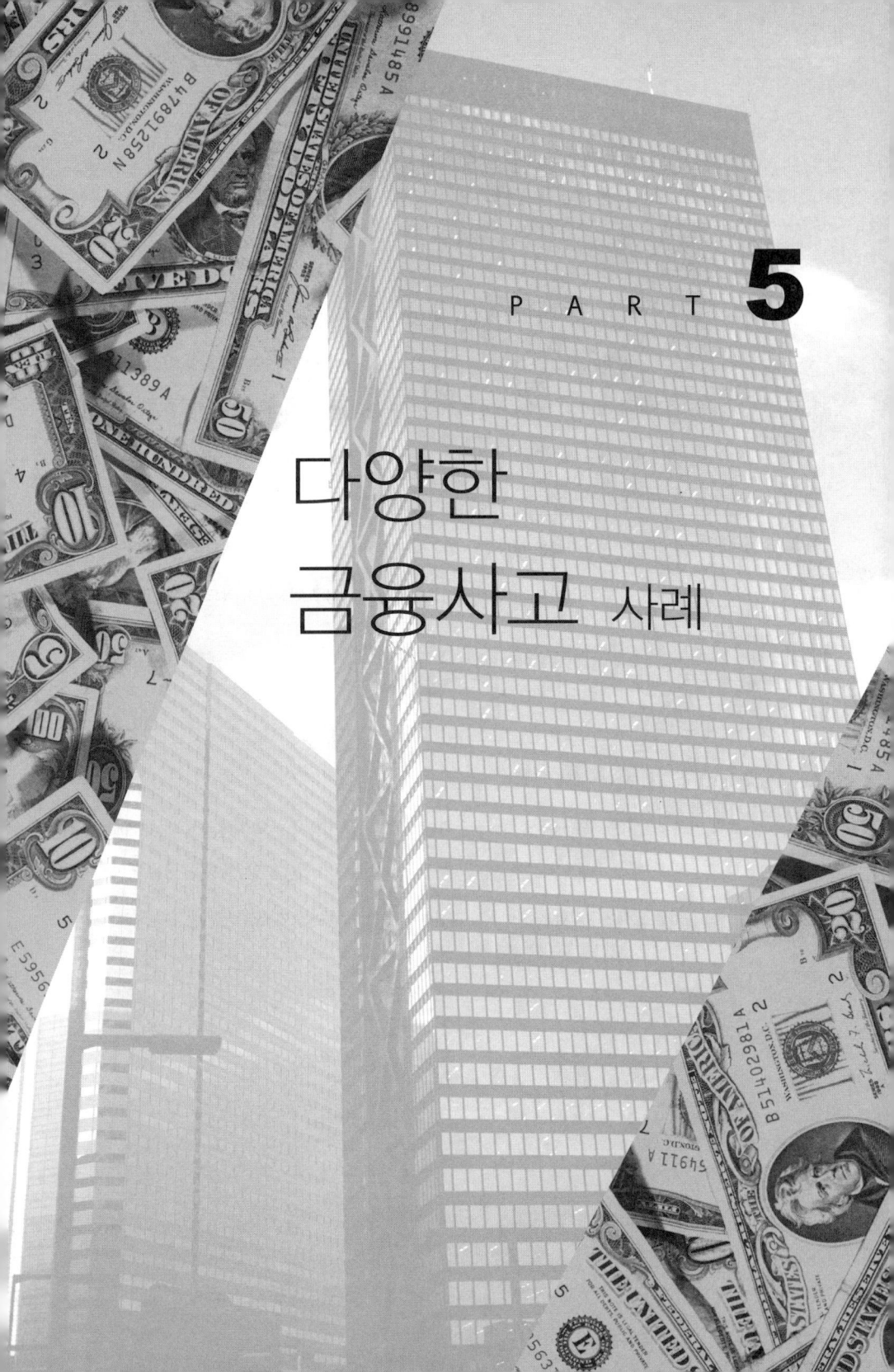

PART **5**

다양한
금융사고 사례

여기에 소개된 금융사고 사례는 수년간에 걸쳐 발생

하였던 사고를 유형별로 정리한 것이다. 이러한 사고는 일부 양식없는

사고자에 의해 저질러진 것으로 이를 두고 금융인 전체를 바라보아서는 안될 것이다.

금융업에 종사하는 20여만 명은 자기 일에 충실한 건실한 직업인이다. 이들이 자기직분에 충실

하면서 성실히 근무하고 있기에 사고 징후를 사전에 예방한 사례도 많다는 것을 이해하였으면 한다.

그리고 여기에 실린 사고사례는 상당수가 언론매체에 이미 알려졌거나 감독당국의 사고사례 및 유의사항

등으로 금융회사에 통보된 것이다. 그럼에도 불구하고 모방사고로 악용되지 않도록 집필과정에서 세심하게 배

려하였다.

끝으로 금융권역별로 다양한 사고사례를 제시하였으나 은행의 사례가 많은 데 대해 오해가 없었으면 한다. 금융

자산 중에서 은행이 차지하는 비중이 단연 높고 종사인력 및 현금성 자산이 많은 결과이지 특별한 의도가 있는

것이 아님을 밝혀두고자 한다.

또한 여러 금융권의 횡령사고나 금품수수의 경우 언뜻 보기에 모두 같아 보이지만 자세히 보면 사고수

법, 사고자가 소속된 업무환경, 직위 · 직급 등에서 차이가 있음을 알 수 있다. 이는 곧 다양한 유

형을 발췌 · 정리함으로써 현재 자신이 근무하고 있는 주변환경을 잘 살펴 유사사고가

다시는 발생하지 않도록 하기 위한 목적이다.

1. 1980~1990년대의 대형 금융사고

 李·張 사고(제3자명의 부당대출 및 배임수재)

1. 사고개요

이○○·장○○(대화산업 대표)는 1981년 2월 ○○토건과 사채거래를 시작한 이래 H제강, L주택, S주택, T금속 등 6개사에 576억 원의 사채를 공급하고, 자금공급액의 4~5배에 달하는 어음 2,799억 원을 담보로 수취하여 자금공급액을 초과하는 어음을 할인받는 방법으로 사채자원을 확장하는 등 비정상적인 방법으로 거액의 사채자금을 조성 운용하였다.

조성 운용자금 중 증권투자 손실 등으로 자금수급에 차질이 생기자 사채담보 목적으로 보관했던 어음을 대량으로 교환 회부함에 따라 관련업체가 부도처리되어 관련은행에 거액 부실채권이 발생하였다.

2. 사고수법 및 특징

▶대화산업은 다음과 같은 수법을 사용하여 자금을 조달하였다.

• 사채자금을 초과한 어음수취(2,799억 원)

　– ○○토건 등 6개 회사 ┌ 실제차입금 : 576억 원
　　　　　　　　　　　　　└ 초과발행액 : 2,223억 원

• 관련사간 어음 상호교환 (435억 원)

- 신인도가 높은 회사(예: L주택)의 어음을 신인도가 낮은 회사
(예: H제강)의 어음과 맞교환하여 사채시장에 유통
- 관련기업의 명의를 이용한 은행차입 (394억 원)
  - H제강 명의 : 251억 원 (이○○ · 장○○ 담보제공 가액은
  140억 원)
  - ○○토건 명의 : 143억 원 (무담보)

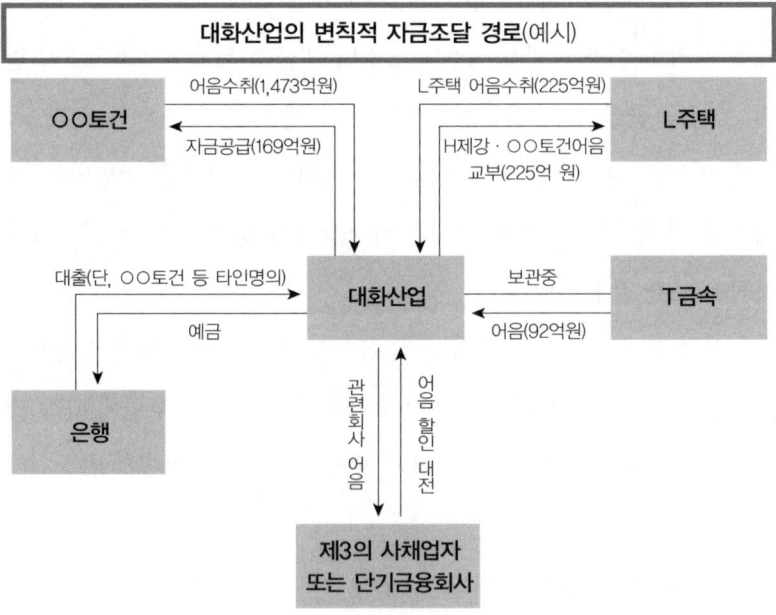

대화산업의 변칙적 자금조달 경로(예시)

○○토건 ←어음수취(1,473억원) / 자금공급(169억원)→ 대화산업

L주택 어음수취(225억원) / H제강 · ○○토건어음 교부(225억 원) → L주택

대출(단, ○○토건 등 타인명의) / 예금 → 은행

보관중 / 어음(92억원) → T금속

관련회사 어음 / 어음 할인 대전 → 제3의 사채업자 또는 단기금융회사

▶관련은행들은 기업 및 사채업자와 결탁하여 다음과 같은 편의를
제공하였다.
- 사취어음 교환결제 부족자금을 지원하기 위하여 ○○토건 및 H
제강에 일시 당좌대월 및 일반대출을 취급

- ○○토건 및 H제강 명의 사취어음에 대하여 상업어음 보증 형식으로 지급보증
- 관련기업에 대한 어음용지 과다교부 등

 **사례 2** 명성그룹 사고(불법 부외거래 및 고객예금 횡령)

1. 사고개요

○○은행 △△지점 대리 김○○ 은 1979년 5월~1983년 8월 기간 중 은행창구를 통해 수기통장으로 사채자금을 조성하여 (주)명성 등에 중개하면서 정상적으로 입금처리한 고객 예금을 인감도용 또는 무인감으로 부당인출하거나 예금자원을 일부만 입금처리한 후 차액을 횡령하였다.

수기통장 청구금액 1,093억 원을 포함한 명성그룹에 대한 채권 1,147억 원의 손실이 ○○은행에 발생하였으나 1986년 12월 명성그룹 관련기업이 ○○그룹에 매각되어 손실은 전액 보전되었다.

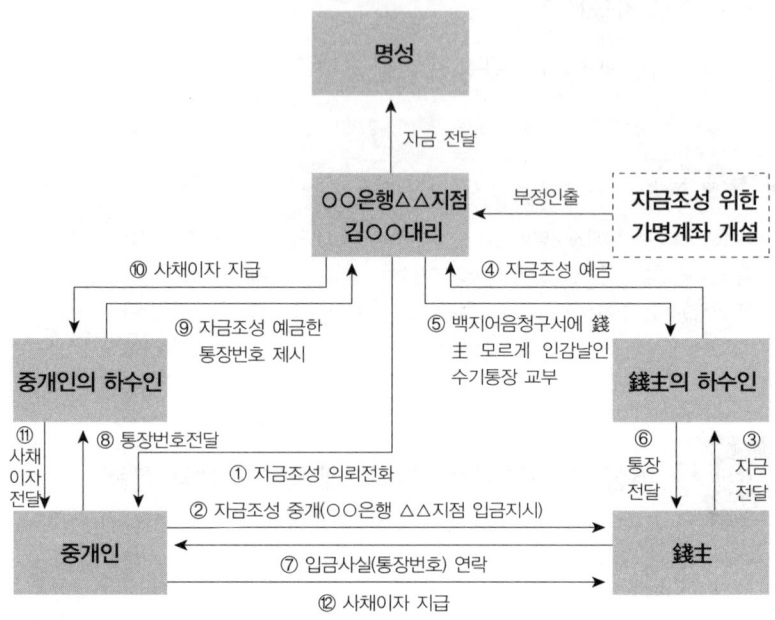

은행창구를 이용한 사채자금 동원 및 거래도(예시)

2. 사고수법 및 특징

▶사고자는 다음과 같은 수법을 사용하여 예금을 유치하였다.

▶이 사고는 당시 공금리와 실세금리간의 격차, 악성 사채자금의 유통, 은행간 예금유치 과당경쟁 등의 환경에서 책임자급 직원의 사리사욕과 사채업자, 기업 등의 이해관계가 일치되어 발생한 것이다.

• 은행 내부적으로도 사고방지를 위한 각종 견제장치의 형식적 운영, 자체 검사기능의 미흡 및 영업점 자점감사의 형식적 이행 등 내부통제 기능이 제대로 작동되지 않아 사고가 장기화 되었다.

 사례 3   영동개발 사고(명의도용에 의한 부당 보증 등)

1. 사고개요

○○은행은 1983년 9월 영동개발진흥(주)이 상업어음 보증한도를 초과하여 보증된 위조어음을 시중에 유통시킨다는 정보를 입수하고 자체조사를 착수하였다.

조사결과 1980년 2월부터 ○○은행 △△지점 일부 직원이 영동개발진흥(주) 및 ○○주철(주) 관계자와 결탁하여 상업어음 보증에 필요한 지점장 직인 및 보증인을 도용, 1,691억 원의 융통어음을 보증하고, 관련회사는 보증어음을 단기금융회사 및 사채시장에서 할인한 것으로 밝혀졌다.

2. 사고수법 및 특징

▶ ○○은행 △△지점 차장 박○○이 지점장 박□□ 와 공모하여

지점장이 직인보관 담당자인 차장을 포함한 타 차장을 밖으로 유인하여 지점내에 아무도 없는 틈을 이용하여 지점장실에서 회사측 발행어음에 직접 날인하여 교부하였으며

▶차장 박○○이 전근된 후에는 대리 윤○○ 등이 금고에 보관된 직인을 절취하여 업체 사무실에서 직접 날인하여 주거나 회사사원에게 맡겨 어음에 날인케 하여 불법으로 사용하였다.

▶이 사고의 원인은 명성그룹 사고와 거의 같은 유형이다.

NOTE

이 사고로 은행장, 지점장 등 19명이 업무상 배임수재 등으로 형사입건되었고, 16명이 면직되었다.

한편, 감독당국은 금융회사의 지급보증제도를 어음상에 스탬프로 '보증' 문구 압날 방식에서 별도의 지급보증서 용지를 사용케 하고, 지급보증 상대처를 명시하도록 하였으며, 융통어음 할인 금지를 강화하였다.

 사례 4 ┃ **고객인감 도용에 의한 예금 횡령 사고**

1. 사고개요

○○은행 △△지점 차장 김ㅁㅁ 는 1977년 9월~1982년 4월 기간 중 ○○무역 등 6개사에서 ××은행 5개 점포에 예치한 예금 123억원을 횡령하였다.

2. 사고수법 및 특징

▶사고자는 다음과 같은 수법으로 횡령하였다.

• 예금 신규 입금시 예금청구서 용지에 예금주 몰래 인감을 미리 날인해 두었다가 무통장으로 임의 인출 횡령

• 인감지를 임의로 대체하여 인감을 변경한 후 무통장 인출 횡령

• 담당자에게 거래처 요청이라고 속여 기명식 통지 예금을 무기명 정기예금으로 교체 한 후 무통장 인출 횡령

▶사고자가 타 영리사업을 겸업하고 있어 자금수요가 많았고, 거래처와 빈번한 사적금전대차 및 알선 등으로 사고발생 개연성이 높았음에도 영업점 내부통제가 잘 이루어지지 않았고 자체검사도 형식적으로 실시되어 사고의 조기발견이 어려웠다.

NOTE

이 사고로 직원 12명이 면직되고 43명이 정직~견책 등의 조치를 받았으며 감독당국은 은행직원의 타 영리사업 겸업금지 및 예금실적 위주의 인사행정 지양, 명령휴가제 실시 및 일정기간 순환근무 의무화, 자점감사 철저 및 감사요원의 독립성 보장 등의 대책을 시행했다.

 **사례 5** **광명그룹 사고(타인명의를 이용한 불법대출 및 횡령)**

1. 사고개요

1983년 10월 광명그룹 계열사인. ○○상호신용금고 대표이사는 은행차입금, 사채 등으로 조달한 자금을 광명그룹 대주주에게 부외

거래로 1,965억 원을 지원하였다.

　○○투자금융 대표이사는 개인명의로 1,910억 원의 사채를 중개하였으며, 양사에서 광명계열소속 기업 직원명의를 이용한 위장대출, 사채, 동일인 여신한도초과 등 부당한 방법으로 대주주에게 자금을 지원한 것으로 밝혀졌다.

2. 사고특징

▶광명그룹이 거액 사채자금에 의한 과도한 부동산 투자와 무리한 사업 확장으로 자금 사정이 극히 어렵게 되자 그룹 대주주가 계열소속 금융회사를 동원하여 변칙적으로 자금 조달을 지시하였고 이에 금융회사 임직원이 동조하여 발생한 거액부실대출 사고였다.

> **NOTE**
>
> 이 사고 이후 정부에서는 1983년 11월 4일자로 광명계열에 대해 여신을 동결하였고 감독당국은 금고, 투자금융 대표이사 등의 경질을 건의하였다(1983년 11월 ○○투자금융은 채권은행인 △△투자금융에서 인수하였고, ○○금고는 1984년 4월 ××금고에 계약이전명령으로 인수되었음).

 사례 6　상호신용금고의 부외거래 등 사고

▶부외거래 취급

• ◇◇상호신용금고 직원은 창업주의 지시로 고객으로부터 예치

받은 예탁금을 금고장부에 계상하지 않고 1987년 9월 기준으로 108억 원을 창업주의 부동산투자 등에 사용케 하였으며 고객에게는 일명 '부수예수금 우대통장'을 발급, 교부하였다(통장번호 별도부여, 일반차입금 금리 적용 등).

- ㅁㅁ상호신용금고 대표이사는 영업부 직원 등에게 지시하여 일반차입금 및 부수예수금 수탁시 위조 차입금증서를 사용하거나 거래자 통장에만 입출내역을 수기하고 원장에는 기재하지 않는 방법으로 1988년 3월 기준으로 289억 원의 부외거래를 취급하여 부동산 구입자금으로 사용하였다(그외 타인명의 이용 대출자금 및 수입인지 대금 횡령 등의 사실도 확인).

▶고객예탁금 횡령

ㅇㅇ상호신용금고 대주주 ㅇㅇㅇ는 국회의원 △△△씨의 자금을 관리하면서 1985년 1월~8월 기간 중 영업부장(대주주의 동생)을 통해 현금보관증을 발급해 주고 현금을 수령하여 대주주 명의 일반차입금으로 17건, 68억 원을 입금처리한 후 이를 전액 인출하여 개인사업자금 또는 부동산 투자 등으로 사용하고 일부금액을 반환하지 않는 등 물의를 야기하였으며 이로 인해 예수금 인출사태가 발생하는 등으로 금고의 정상운영이 불가능하게 되었다.

▶부당 대출 취급

- 1992년 6월 ㅇㅇ상호신용금고는 출자자의 계열기업 등에 무분

별하게 465억 원의 대출을 취급하여 여신 전액이 부실화 되는 사고가 발생하였다. 1992년 9월 ㅁㅁ상호신용금고에서는 실질 사주의 지시에 따라 신용 또는 담보가치 없는 부동산을 담보로 27개 거래처에 555억 원의 대출을 취급하였는데 경영이 부실해지자 서울소재 수십명의 전주로부터 정상금리보다 1~2%p 높은 특별금리로 지급하는 조건으로 사채성 자금을 끌어들여 결국 총여신 1,274억 원중 911억 원이 손실처리되었다.

N o t e

1980년대 후반 은행을 이용할 능력이 되지 않는 중소기업을 대상으로 한 상호신용금고의 영업이 활발하게 되어 전국에 금고가 235개에 이르렀다.

그러나 대주주의 개인사업자금 조달 및 부동산 투자 등 사익추구 목적으로 변칙적 업무처리 강요와 경영진의 윤리의식 및 금고 종사직원의 법규 준수의식 결여 등으로 금융사고가 빈발하였다.

이에 따라 감독당국은 금고의 소유와 경영의 분리를 유도하여 대주주의 금고 경영에 대한 부당간섭을 배제하고 문제 금고에 대한 정보수집 및 금고 검사기능을 강화하는 대책을 수립하여 시행하였다.

 **사례 7** 서울 · 광주지역 등 어음사기 사고

1. 사고개요

▶서울지역 어음사기단 사건(1987년 7월)

어음사기단이 주식회사 설립에 필요한 법정 자본금 5,000만 원을 잠깐 빌려 유령회사를 설립한 후 은행에 당좌예금계좌를 개설하고, 교부받은 은행도 백지어음 용지를 어음판매상에게 장당 60~70만 원씩 넘기는 수법으로 시중에 유통시키거나 유령회사 자체를 팔아 넘기는 수법으로 자금을 사취하였다.

▶광주지역 어음사기단 사건(1988년 7월)

어음사기단(○○○씨 등 30명)이 1984년부터 광주지역내 금융회사에 당좌계좌를 개설한 뒤 은행원과 결탁하여 은행도 약속어음용지 2,300여 장을 빼내어 장당 60~80만 원씩 받고 중간사기단에 팔아 왔으며, 동 어음(일명 딱지어음)의 최종적인 실수요자는 철강재, 설탕 등 물품을 5개월 만기어음으로 구입한 뒤 처분하고 어음은 부도내는 수법으로 20여억 원을 사취하였다.

2. 사고특징

▶사기단은 은행도 약속어음(당좌수표)은 그 특성상 유통성 및 환금성이 강하여 물품지급수단으로 상거래상 상용되고 있고, 은행의 지급책임이 없으나 일반인들은 은행이 지급보증한 것으로 오해하고 있는 점을 이용하였으며

• 어음 부도자는 어음교환소에 적색거래처로 통보되어 일정기간 은행거래를 할 수 없도록 되어 있으나 타인 명의를 빌어 회사를 설립하면 은행거래를 계속할 수 있는 점을 이용하는 등 지능적이고 은밀한 수법을 사용하였다.

▶서울지역 어음사기단 사고는 어음사기단이 회사를 설립하여 은
행과 수개월간 거래관계를 유지함으로써 당좌계좌 개설에 필요
한 정당한 요건을 갖추어 은행직원들의 업무취급상 하자는 없었
으나 광주지역 사고의 경우 3개 은행 직원이 어음사기사건 관련
어음용지를 부정 유출하고 금품을 수수한 혐의로 검찰에 구속되
었다.

N o t e

감독당국은 각 은행에 당좌신규개설시 신용조사 철저, 적정량의 어음(수표)책 교부 및 당좌
거래 해지시 미사용어음(수표)용지의 회수를 철저히 하도록 조치하였다.
또한 전국은행연합회는 은행이 당좌 신규개설시 금융관행을 무시하거나 어음부도자의 정
보 상호교환 등 사후관리를 소홀히 한 경우 은행연합회 규약 위반으로 제재금 등을 부과
하도록 하였다.

 사례 8 ○○은행 외환매매 손실사고

1. 사고개요

○○은행 국제부 차장 ○○○은 외환거래담당 딜러로서 1983년 3
월부터 6년간에 걸쳐 외환거래를 해오던 중 미달러화가 당분간 하락
할 것이라는 예상하였다.

따라서 미달러화를 현물환 및 선물환거래를 통하여 매각하고 독
일 마르크화, 일본 엔화, 영국 파운드화 및 스위스 프랑 등 기타통화

를 매입 보유하였으나 예상과는 달리 1989년 초 미달러화의 강세가 지속되어 1989년 1월~4월 기간 중 344억 원의 외환매매손실이 발생하였다.

2. 사고특징

▶당시 이 사고는 외환거래에 대한 리스크의 중요성을 인식하게 된 계기가 될 정도로 파문이 큰 사고였으며 리스크 인식 없이 얼마나 허술하게 외환거래가 이루어졌는지를 단적으로 보여주었다.

▶1985~1988년 기간 중 3저(低) 현상 등 유리한 국제경제여건에 힘입어 사고자는 1987년 및 1988년 중 각각 1억여 원 및 33억 원의 외환매매 수익을 올렸는데 경영진을 비롯한 상사들이 외환 딜러로서의 능력을 과신하였다.

▶외화 현물환 및 선물환거래를 사고자 1인에게만 의존하는 무모한 외환거래가 계속되었고, 딜러 1인의 포지션한도가 다른 은행에 비해 10배 이상 과다 책정(1989년 1~4월 중 대부분 한도를 초과)되었으며 사고자의 독단적 판단에 의한 거래 허용, 딜링룸 통제 미비 및 외화자금거래에 대한 내부통제시스템 미흡 등이 주된 원인이었다.

 **사례 9 정보사 부지 매매사기 관련 사고**

1. 사고개요

1991년 12월 정○○ 일당은 정보사부지(1만 7,000평)를 불하받도록 되어 있다고 주장하는 제3자와 동 부지를 765억 원에 매입약정한 후 그 중 3,000평을 ○○생명의 사옥신축 부지용으로 매각키로 하고 매매약정(매매가 660억 원)을 체결하였다. ○○생명측이 매매계약금으로 △△은행 ××지점에 예치한 270억 원 중 230억 원이 임의로 인출되어 정○○ 일당에게 지급됨으로써 ○○생명과 △△은행 간에 분쟁이 발생하였다(1992년 8월 ○○생명측이 △△은행을 상대로 예금지급 청구소송을 제기).

2. 사고 특징

▶최초 입금된 230억 원을 자원으로 △△은행 ××지점 및 ◇◇지점에서 1991년 12월~1992년 2월 기간 중 169회 8,400억 원 규

모의 입출과정에서 다음과 같은 위규 취급사실이 확인되었다.

• 자기앞수표 선발행(17회, 1,561억 원), 가공예금 입금(15회, 1,828억 원)

• 영업점장의 사전승인 없이 무통장 예금지급(16회, 1,200억 원)

• 예금잔액증명서 발급시 미결제 타점권 미표시(3회, 383억 원)

• 예금통장 허위발급(3개), 예금잔액증명서 허위발급(6회, 18건)

▶이러한 위규처리는 당시 자금 초과수요 지속, 금융회사 및 점포 수 증가, 금융자율화에 따른 금융회사간 자금유치 경쟁으로 지나친 수신실적 제고위주의 경영풍토가 만연한 데에서 기인된 것으로 볼 수 있다.

 사례 10 △△은행 명동지점장 CD사고

1. 사고개요

1992년 11월 15일 새벽 1시 △△은행 ○○지점장의 변사체가 발견되고(자택에서 투신자살) 유류품에서 보증부 약속어음 2매 150억 원(발행회사 : ○○쇼핑)이 나옴에 따라 은행 자체조사 결과 은행보관 보증어음 부당인출, 양도성예금증서(CD) 무자원 발행, 수탁보관 중인 CD 유용 등으로 손실을 초래한 사실이 밝혀졌다(사고 금액은 총 987억 원이며 당시 손실예상액은 874억 원이었음).

2. 사고수법 및 특징

▶보증어음 무단인출 (300억 원)

• 1992년 10월 30일 할인 매입한 ○○쇼핑 발행 보증어음 4매 (300억 원 : 100억 원 2매, 50억 원 2매)를 1992년 11월 3일 발행인에게 사본교부 후 반환하겠다며 가져간 후 1992년 11월 15일 위 4매 중 2매 150억 원(100억 원 및 50억 원 각 1매)이 사고자 지갑에서 유서와 함께 발견되고 나머지 2매 150억 원은 회수되지 않았다.

▶CD 무자원 발행 (100억 원)

• 1992년 11월 14일 CD 100억 원을 무자원으로 발행케 하여 가져간 후 외부의 CD발행 사실조회가 있을시 확인하여 주도록 전화로 지시하여 D증권 직원이 위 CD를 소지하고 진위여부를 확인하고자 내점하였음. 은행 직원이 증서 배면에 사인을 날인하여 확인해 주었는데 사고자로부터 CD발행을 취소하라는 전화를 받고 취소하였으나 사고자가 1992년 11월 14일 가져오겠다던 CD는 사고자의 사망으로 회수되지 않았다.

▶수탁보관중인 CD 유용 (622억 원)

• ○○투자금융에 대하여 CD 500억 원을 보관 수탁하였다는 증

표로 지점장이 사인을 날인하여 '받을어음 수탁통장'을 교부한 것으로 추정되나 △△은행 확인 결과 50억 원의 CD는 발행당일 (1992년 9월 28일) 발행이 취소되어 증서폐기후 지점에 보관되어 있었고 나머지 450억 원의 CD는 회수되지 않았다.

- '받을어음 추심수탁통장'에 총 22매 22억 원의 CD 증서를 수탁 보관의 증표로서 사고자가 사인 날인하여 고객에게 교부하였다. (1992년 11월 26일 고객으로부터 반환요청이 있어 확인됨)

- ○○건설에 대하여도 같은 수법으로 1992년 8월 1일~8월 22일 기간 중 발행한 CD 100억 원을 보관 수탁하였다는 증표로 지점장이 사인을 날인하여 '받을어음 수탁통장'을 교부한 것으로 추정되나 동 CD는 회수되지 않았다.

▶대출금 유용 (108억 원)

- 1992년 9월 16일~10월 30일 기간 중 승인된 ○○섬유 18억 원, (주)△△ 40억 원 및 ▽▽철강 50억 원의 일시당좌대출 전액을 임의 유용하였다.

▶고객예금 무단인출 (7억 원)

- 1992년 8월 14일~10월 24일 기간 중 신규가입한 가계금전신탁 3건 7억 원의 통장을 발행 교부한 후 통장훼손을 이유로 동 예금주 명의의 통장을 사고자가 임의로 재발행 하거나 통장 발행 없이 개인명의(명함)로 확인해 주는 방법 등으로 무단 인출 사용하였다.

 **사례 11** **양도성예금증서(CD) 위조 사고**

1. 사고개요

1992년 11월 9~26일 사이에 위조된 CD 51매(193억 원)가 연달아 발견되었다.

2. 사고수법 및 특징

▶○○은행 △△지점에서 발행하여 매출한 CD와 동일하게 위조된 CD 28매(21억 원)가 진본 CD와 함께 만기일(1992년 11월 9일)에 발행점에 지급제시 또는 교환회부 되어왔다.

• 위조 CD의 특징 : 진본과 내용은 동일, 증서의 크기가 작고 지질 및 인쇄상태 불량

▶명동소재 사채업자가 ◇◇상호신용금고 대출시 견질담보로 제공한 CD 6매(3억 원)를 발행점에 확인한 결과 위조로 밝혀졌다.

• 위조 CD의 특징 : 증서 기재내용이 진본과 상이, 구양식으로 위조, 지질 및 인쇄상태 불량

▶ ㅁㅁ투자금융이 고객으로부터 매입한 CD 17매(170억 원)를 발행점에 확인한 결과 위조로 밝혀졌다.

• 위조 CD의 특징 : 직인 및 사인이 진본과 상이, 색상이 진본과 상이

NOTE

사고의 근본 원인은 CD의 위조가 용이하였다는 점인데 당시에는 CD용지를 각행이 자체적으로 일반인쇄하여 사용하였으나 추후 통일양식으로 조폐공사에서 제조토록 조치하였다. 아울러 은행의 CD 발행시 특수잉크 사용 및 암호 별도 표기, CD 중개거래시 발행은행앞 확인 이행, CD 발행후 진위확인 방법의 통일 등 위조사고 방지를 위한 대책을 마련·시행하였다.

 **사례 12 허위서류 작성 등에 의한 외화대출금 등 횡령**

1. 사고개요

ㅇㅇ은행 △△지점 외환담당 직원은 1992년 4월 16일~8월 31일 기간중 근거서류 없이 허위대출취급 및 관련 전표 파기 등의 수법으로 16억 원을 횡령하여 친구가 자금담당 책임자로 있는 (주) ㅇㅇ파일에 자금을 지원하였다.

2. 사고수법

▶무역어음대출 허위취급 및 상환대금 횡령(12건 10억 원)

• 1992년 6월 5일~8월 31일 기간 중 근거서류 없이

  - 친구 명의 9건 6억 1,200만 원 및 (주) ◇◇무역 명의 2건 3억 2,600만 원 등 합계 11건 9억 3,800만 원의 무역어음 대출을 허위로 취급

  - △△봉제(주) 앞 정당취급된 무역금융 상환대전 1건 4,100만 원을 상환취소된 것으로 조작하여 횡령(취급전표중 9매 파기)

▶내국신용장 어음 허위매입 (10건 2억 원)

• 1992년 4월 16일~8월 26일 기간 중 근거서류없이 내국신용장 어음 10건 25만 달러(1억 9,500만 원 상당)을 허위매입하여 매입대금을 제3자 명의계좌에 입금(취급전표 중 2매 파기)

▶외화수표 허위매입(3건 3억 원)

• 1992년 8월 22일~8월 29일 기간 중 허위전표를 작성하여 외화수표 3건 37만 8,000달러(2억 9,700만 원 상당)을 매입한 것으로 조작, 매입대금을 제3자 명의 계좌에 입금(취급전표 파기)

NOTE

이 사고는 당시 은행에서 광범위하게 취급하던 내국신용장 어음매입 및 추심 관련 사고로서 비교적 파문이 컸으며, 사고원인이 일상적인 내부통제시스템이 작동되지 아니한 대표적인 사례로서 은행직원 20명이 문책조치 받았다.

2. 은행부문 금융사고

 **고객예금 중도해지 및 횡령**

1. 사고개요

○○은행 △△지점의 행원은 1999년 4월~2005년 1월 기간 중 6년간에 걸쳐 고객 107명의 예금 55억 원을 임의로 중도해지 하는 방법 등으로 유용하였으며, 이중 24억 원을 횡령하였다.

2. 사고수법 및 특징

▶사고자는 지방도시 소재의 동일 점포에서 오랫동안 근무하였고 업무처리능력이 매우 뛰어난 직원이었다.

• 거치식 예금(정기예금)을 고객 몰래 중도해지

• 중도 해지한 예금의 보전을 위해 같은 행위를 반복(인근 지점으로 이동된 후에도 같은 수법으로 사고를 저지름)

▶장기근속 직원의 업무처리능력을 과신한 나머지 내부통제절차를 소홀히 하였고 영업점내 자점감사는 물론, 본점의 전산상시 감시도 미흡하였다.

• 담당책임자의 예금해지 승인업무 불철저(승인용 패스워드를 사고자에게 알려주어 책임자 이석시 사고자가 승인업무를 수행)

• 영업점 일일 자점감사 형식적 실시

- 장기근무자 순환배치 미실시 및 명령휴가제도 이행 미흡
- 본점 검사부의 영업점 대상 상시감시항목 설정 불합리

N O T E

○○은행은 이 사고에 대하여 자체검사를 실시하여 사고기간 중 책임이 있는 것으로 밝혀진 동료 직원, 상사 및 감사요원들 다수를 제재하였다. 감독당국은 유사사례를 방지하기 위하여 정기예금 통장발급제도 개선 및 예금잔액통보제도 의무화, 거치식예금의 중도해지절차에 대한 내부통제 강화, 검사부의 영업점 전산상시감시대상 항목 개선 등을 조치하였다.

 **사례 2** **해외거주 고객예금 횡령**

1. 사고개요

○○은행 △△지점 과장은 2000년 10월 예금주가 해외에 거주한다는 사실을 인지하고 동인의 특정금전신탁 1억 원을 재발행, 해약하여 부하 직원 (텔러)으로 하여금 신규개설한 저축예금 계좌에 이체시킨 후 횡령하여 사고자 본인의 임차보증금 상환, 주식투자 등으로 사용하였다.

2. 사고수법 및 특징

▶사고자는 같은 해 11월 초에 실시되는 명예퇴직을 결심한 상태에서 사고를 저질렀으며 다음과 같은 문제점이 있었다.

- 내부통제 규정상 증서재발행은 영업점장 전결사항인데 이를 무시
- 통장 재발행 등과 같은 제반 사고신고업무는 반드시 본인확인을 거쳐야 함에도 텔러는 책임자의 지시에 대해 의심없이 추종
- 영업점 일일 자점감사를 형식적으로 실시

N O T E

영업점 등에서 상사의 부당하거나 의심스러운 업무처리지시에 대해서는 무조건 따를 것이 아니라 내부통제기준의 원칙을 재점검해 보는 자세가 필요하며, 예금계좌 개설 후 단기간에 거액이 입출금된 경우 사고성 여부를 점검해 볼 필요가 있다.

 **사례 3** **보호예수금 횡령**

1. 사고개요

○○은행 △△지점 과장은 주식투자로 인한 손실금을 만회하기 위해 평소 알고 지내는 사채업자와 공모하여 2001년 4월~2004년 4월 기간 중 지점 금고에 보호예수 중이던 자기앞수표 실물 42억 원을 횡령하여 도주하였다.

2. 사고수법 및 특징

▶현금과 같이 통용되는 자기앞수표를 보호예수물로 보관한 것도

특이하며 사고자가 관련절차를 무시하고 은행 금고에 별도 보관하여 오다가 횡령하였다.

• 보호예수품 실물은 담당책임자의 책임하에 금고내에 보관하여야 함에도 절차가 제대로 지켜지지 아니하였으며

• 사고자는 평소 부채가 많았고 일부 사적금전대차 행위도 있었던 것으로 확인되었다.

N o t e

외부인과 금융회사 직원의 공모가능성이 매우 높은 사고로서 영업점의 보호예수절차가 제대로 지켜지지 아니하였다. 보호예수품은 반드시 금고에 보관하여야 하고, 보호예수 보관금고의 시건장치를 이중으로 만들어 보호예수품 실물인출시 두 사람이 수행토록 하는 것이 필요하다.

 **타행 송금자금 유용**

1. 사고개요

○○은행 △△지점 차장은 고객이 의뢰한 타은행 송금자금 5,000만 원이 수취인 계좌번호 불명으로 송금불능 처리되자 이를 사고자 본인 및 가족명의로 분산입금한 후 일부를 카드대금 상환에 유용하였으며, 그 다음날 유용금액을 보전하기 위해 다시 공과금 수납금을 횡령하였다.

2. 사고특징

▶사고자 역시 주식투자로 인한 손실이 적지 않았고 평소 거래처와 사적 금전대차 사실도 있었던 것으로 확인되었다.

• 창구를 감독해야 할 차장급 책임자가 사고를 저질렀으며

• 영업점장의 문제직원 관찰 소홀 등이 사고의 원인으로 밝혀졌다.

NOTE

영업점장은 평소 직원들로 하여금 내부통제기준을 준수하도록 독려하는 한편, 부채과다 직원 등에 대한 관찰을 게을리해서는 안 되며, 자점감사자 등은 송금취소자금이 송금인 계좌에 재입금되지 않거나 별단예금에 예치되지 않는 경우 그 원인을 정밀 규명할 필요가 있다.

 **사례 5** **부당대출 및 횡령**

1. 사고개요

○○은행 △△지점 대출담당 과장은 주식투자로 입은 손실을 만회하기 위하여 2003년 8월~2004년 12월 기간 중 약 20개월에 걸쳐 친인척 명의를 도용하여 실제 존재하지도 않는 가공의 건물을 담보로 일반자금대출 28억 원을 부당 취급하여 횡령하였다.

2. 사고수법 및 특징

▶2년에 걸친 사고기간 중 다양한 수법을 이용하였다.

• 다수의 친인척 명의를 대출 차주로 도용

• 차주명의 계좌개설시 실명확인절차 생략, 예금거래신청서 무단 폐기

• 대출관련 서류 허위작성 또는 작성없이 대출 취급

• 가공의 건물을 담보물로 등록 등

▶장기간에 걸쳐 부당대출이 이루어졌음에도 영업점 내부통제장치는 전혀 작동되지 아니하였으며, 대출담당 단독으로 이러한 일이 일어날 수 있었다는 것이 오히려 의아해 보일 정도이다.

• 전결권자인 지점장의 승인카드와 결재용 패스워드를 무단 사용

• 부당대출 사실 은폐를 위해 '대출상담 및 접수처리부' 임의 폐기 등

NOTE

이 사고를 계기로 은행은 영업점 대출절차를 다음과 같이 개선시켰다.

• 담당자 1인에 맡겨졌던 대출상담, 실행, 등록 등의 업무를 본점부서와 분리(상호 견제장치를 보완)

• 신규대출 및 대출갱신은 콜센터를 통해 고객에게 유선으로 안내

• 영업점장의 당일 결재내역 직접조회 및 출력을 통한 확인 이행

• 대출상담 및 접수처리부 등과 대조 절차 이행 등

사례 6   할인어음 부당취급 및 횡령

1. 사고 개요

○○은행 △△지점 대출담당 계장은 기업여신업무를 담당하면서 2000년 10월 이후 약 1년간에 걸쳐 □□(주) 등에 대한 할인어음 50여 건 18억 원 상당을 어음실물 없이 할인취급한 후 이중 일부인 3억여 원을 횡령하여 도주하였다.

2. 사고수법 및 특징

▶일반대출이 아닌 할인어음 취급을 통해 비교적 장기간 사고를 저지른 것으로 다음과 같은 수법을 사용하였다.

• 최초 □□(주) 할인어음계좌를 이용하여 어음실물 없이 할인취급 후 횡령

• 이후 어음기일이 도래하면 결제자금 상당금액을 또 다른 기업의 할인어음계좌에서 부당 기표하는 수법을 반복

• 할인어음은 만기일에 어음교환 회부 또는 타지 추심해야 하는데 사고자는 어음실물이 없으므로 추심하지 않고 대체결제로 처리

• 횡령한 자금은 거래처명의로 임의개설한 기업자유예금통장으로 입출금

▶이 사고는 대출담당 상급자의 확인 및 자점 감사자의 할인어음

271

실물 확인 소홀이 일차적인 문제점이나 여신취급 및 승인 프로
세스상 여신심사, 전산등록 및 여신실행 등 지점장전결 여신처
리절차가 전혀 지켜지지 않아 사고가 장기간에 걸쳐 지속된 점
이 더욱 큰 문제였다.

Note

2005년 10월부터 시행되고 있는 전자어음제도가 활성화되면 어음의 위·변조 사고 뿐만
아니라 할인어음 관련 사고가 크게 줄어들 것으로 전망된다.

 **사례 7 시공과금 횡령·유용**

1. 사고 개요

인천, 경기지역 등을 중심으로 여러 은행의 영업점에서 파트타이
머, 텔러행원, 계장급 및 과장급 책임자 등 다양한 직위·직급의 은
행원이 지점창구나 시군구청 출장소 등에 근무하면서 고객으로부터
수납한 공과금을 유용·횡령하였다. 대부분 지방세이고 지로대금도
일부 있었다.

2. 사고수법 및 특징

▶공과금 횡령사고는 1990년대 후반에 집중 발생하였으며 2001년
 ~2003년 중 수도권 지역에서 주로 발생하였다.

- 시군구 등의 지방세, 등록세 납부금을 횡령하고 고객에게는 수납인이 날인된 영수증서를 교부
- 관청에 송부하여야 할 영수필증서는 임의로 찢어버림
- 지로대금, 공과금 등을 빠른 창구와 분리하여 수납한 후 입금처리는 미이행
- GIRO대금, 아파트 중도금용 MICR납입금 횡령 사례도 다수 발생
▶ 납부기일 전에 수납한 공과금을 당일 입금처리 않고 납기일에 이르러 처리하여 그 기간 동안 유용하는 사례도 많이 발생하였다.

Note

주로 영업점에서 발생되는 공과금 횡령사고는 사전에 발견하기가 어려우므로 일일감사에 의한 전표확인이 관건이다. 그 이전에 이런 사고가 일어나지 않도록 시스템적으로 차단장치를 마련하는 것이 필요하다.

 **사례 8** 내국신용장(Local L/C) 부당취급 및 횡령

1. 사고개요

○○은행 △△지점 외환담당 계장은 1998년 12월~2001년 4월 중 1,000여 회에 걸쳐 내국신용장어음매입(B/S 잔액기준으로 최고 117억 원, 최저 61억 원) 거래에 필요한 서류를 위조하거나 서류없이 전

산조작만으로 부당 기표하여 횡령하였다(사고발견당시 최종 67억 원을 횡령한 것으로 확인).

2. 사고수법 및 특징

▶사고자는 다음의 수법을 사용하였다.

• 거래기업의 명의를 도용, 내국신용장어음매입에 필요한 관련 서류없이 전산조작만으로 매입하거나, 전혀 무관한 허위서류를 첨부하여 매입한 후 그 대전을 횡령

• 횡령사실을 은폐하기 위하여, 관련 전표를 폐기 또는 가공의 전 표를 삽입하여 전표 집계표상 전표매수를 일치시키거나 전표 집계표, 전표 등을 허위 작성

• 어음매입 전산 등록시 회전기간 연장을 위하여 격지간 매입(동 일어음 교환지역 이외 지역의 경우 7영업일 결제)으로 등록하였 으며, 이 경우 교환대행점(중계점)인 지방점포에 매입서류를 송 부하지 않아도 바로 확인되지 않는 업무처리 시스템상의 허점 을 이용

NOTE

이 사고를 비롯한 외국환업무와 관련된 사고는 업무특성상 비교적 전문업무에 해당되어 외환업무 경력자를 중심으로 특정인에게 장기간 맡겨둔 데에서 비롯된 사례가 많다. 전문 업무일수록 내부견제시스템을 철저히 운용하여야 한다.

 **매입외환 부당취급 및 횡령**

1. 사고개요

○○은행 △△지점 외환담당 계장은 1999년 11월~2001년 8월 기간 중 고객의 송금자금 횡령, 외화보통예금 및 수입보증금 부당 인출, 매입외환 부당 취급, 고객명의 외화보통예금계좌 부당 개설 등의 방법으로 40회에 걸쳐 160만 달러(21억 원 상당)를 유용 및 횡령하고, 동 자금 중 6억 원을 환전하여 해외로 도주하였다(순 횡령액 10억 원).

2. 사고수법

▶사고자는 다음의 수법을 사용하였다.

- 타발송금자금을 정당한 고객의 계좌에 입금하지 않고, 본인이 허위로 개설한 (수취인 명의)계좌로 입금하여 횡령

- 거래처에게 환율상승에 대비하여 은행예금을 외화보통예금으로 전환 권유하여 입금하게 하고 외화예금통장을 수기 작성 교부

- 입금된 자금을 부당 인출하여 기 개설한 허위통장에 이체한 후 횡령 자금을 상환하거나 자금세탁과정을 거쳐 증권계좌에 입금

- 수입보증금을 부당 환출하여 기 횡령액 상환 및 허위계좌에 입금

- 매입외환을 서류없이 부당 기표하여 횡령

- 외환송금시 자금을 횡령하고 거래처에게 영수증은 바빠서 익일

에 주겠다고 한 후 외환거래계산서를 허위 작성하여 거래처 내점시 교부

 **사례 10** 허위 신용장 또는 선적서류에 의한 하자부 수출환어음 매입(Nego)

1. 사고 개요

○○은행 △△지점 및 본점 업무팀에서는 기존거래처인 (주)ㅁㅁ의 수출환어음을 2001년 1월~2월 사이에 집중 매입하였으며 매입 후 동 선적서류가 전부 반송되면서 허위서류임을 인지하였으나, 이후 매입서류 결제자금을 충당하기 위해 허위서류 수출환어음을 계속 매입하였다.

2. 사고수법

▶사고자는 다음과 같은 수법을 사용하였다.

• 허위 신용장 또는 선적서류를 이용한 하자부 수출환어음 매입(Nego)에 대해 기일 도래시 다른 Nego대금 등으로 (주)ㅁㅁ에

서 국내 자기자금으로 결제(해외입금으로 처리)

- 기존거래처를 활용하여 위조선적서류를 D/A Nego하고 자금융통 목적으로 내국신용장을 개설하여 수혜업체 명의로 Nego
- D/A 매입한도 소진 상태에서 추심후 매입 처리하고 모 외은지점에서 재매입(Renego)함으로써 사실상 추심전 매입으로 처리하였으며, 외은지점은 D/A 매입은행의 지급확약서를 받고 재매입하고 기일도래시 (주)ㅁㅁ 의 자기자금으로 결제
- 이미 Nego한 건의 해외입금 처리를 위하여 수입신용장(L/C)을 개설한 후 가공의 선적서류를 인수하고 대금을 결제

 사례 11   **거액 무자원 입금**

1. 사고개요

○○은행 △△지점 대리는 2005년 2월 동행 영업부에 개설된 공범 명의의 계좌에 수조 원을 무자원 입금 처리한 후 잠적하였으며, 동 지점에서 사고당일 영업마감시간에 무자원 입금거래를 발견, 취

소 처리함으로써 피해는 발생되지 아니하였다(수일 후 사고자 및 혐
의자 일당 7명이 검거됨).

2. 사고수법 및 특징

▶책임자인 사고자는 창구직원이 이석시 조작자 해제등록(log-
off)을 하지 않은 단말기를 이용하여 직접 동 단말기에서 이체 조
작과 책임자 승인거래를 동시에 실행하였다.

• 본점 전산 상시감시 대상항목에 고액 입금거래가 포함되어 있
지 않았고 사고개연성이 높은 거래에 대한 경고기능 미비로 사
고거래의 신속한 인지 · 확인이 불가능하였다.

 **사례 12** **부동산개발 투자 지급보장확약서 부당 발급**

1. 사고개요

○○은행 ABS담당 책임자는 2004년 7월 전결권자 결재 없이 '○

○은행 ABS팀장△△△' 명의로 ㈜ㅁㅁ 등 부동산개발 시행사와 개발부지에 대한 금융자문 컨설팅 계약을 체결하고, 토지매입자금 조달을 위한 투자자 모집과정에서 본인명의로 투자원리금(정기예금 금리보다 몇 배 높은 수익률 ○○% 보장) 지급을 ○○은행이 보장한다는 투자 원리금 지급보장 확약서를 무단 발급하였다.

2. 사고수법 및 특징

▶사고자는 프로젝트 파이낸싱 취급과정에서 실적 제고를 위한 무리한 욕심으로 외부인(부동산개발업자)과 결탁하여 사고를 야기한 것으로 나타났다.

• 투자자금 유치를 목적으로 사고자가 관리하고 있는 은행대리직인 또는 약인을 임의로 날인한 지급보장확약서를 투자자에게 교부하였으며 이러한 행위에 일부 직원이 동조

• ABS라는 특정업무를 사고자에게 맡겨둔 채 부서장 및 내부통제 부서의 통제가 이루어지지 아니함

• 2004년 7월 ○○은행은 사고자의 사고행위 사실을 전혀 인지 못한 상태에서 수십명의 투자자가 입금한 투자자금을 시행사에 토지매입 계약자금조로 지급

▶7월 말경 감독당국은 투자자에게 교부된 지급보장 확약서 사본을 입수하여 사고가능성을 인지하고 즉시 ○○은행에 조치함으로써 사고확산을 예방하였다.

• 은행은 시행사에 기지급한 계약금을 즉각 회수하고, 나머지 투

자자금은 지급정지 조치하면서 일부 투자자로부터 부당 교부된
지급보장확약서 원본을 회수

• 그러나 지급보증 확약서 반환을 거부하는 일부 투자자들은 보
장수익률 만큼 은행의 책임이 있다며 은행을 상대로 소송을 제
기하였고 1심 판결에서 은행책임 60%를 부과

NOTE

이 사고는 일반적으로 사고가 발생하지 않는 것으로 인식되고 있는 본점의 후선부서에서
일어난 사고이다. 실적제고 압력을 받고 있던 책임자가 부동산개발투자자금 유치를 위해
외부인과 공모하여 지급보장을 부당하게 확약하여 투자를 유인하게 한 다음 이를 믿고 투
자한 투자자들에게 은행이 보상책임을 지게 된 특이한 사고였다.

내부통제는 본부와 영업점 구분없이 전방위적으로 이루어져야 함을 보여 주고 있는 사례
이다.

 **주금가장납입 혐의거래 취급**

1. 사고개요

2003년 10월~2004년 7월 기간 중 ○○은행 △△지점은 3,000여
건 4,000억 원대의 유가증권 청약증거금 수납대행업무 취급시 사채
업자의 대리인으로 추정되는 다수인으로부터 대행업무가 신청되었
고, 동 증거금으로 입급된 자금이 그 다음날 인출되어 다른 회사의
청약증거금으로 사용되는 등 주금가장납입 혐의가 있음을 알 수 있

없음에도 아무런 조치 없이 취급하였다(여러 점포에서 유사한 거래를 다수 취급).

2. 사고수법 및 특징

▶이는 손실이 발생된 금융사고는 아니지만 사회적으로 불법적인 것으로 알려진 거래에 연루되어 금융회사의 신뢰도 저하를 초래하였다(2001년~2002년 중 사법당국에 의해 이미 같은 문제가 제기되어 다수 은행이 제재조치를 받았음에도 유사 행위가 특정 은행에서 재발).

• 알선업체 직원 등이 회사대리인으로 나서 의뢰인 회사명의로 통장을 개설해 사채전주의 자금을 유가증권 청약증거금 계정에 일시 납입

• 은행으로부터 주금납입보관증명서를 발급받아 회사 설립과 동시에 주금을 의뢰인 회사명의 계좌로 이체한 다음 전액을 인출하는 수법을 사용

N O T E

이러한 비정상적 거래취급은 실적평가 중시에 따른 영업점장의 과도한 의욕에서 비롯된 것이다. 이 점포의 경우 직전 영업점 반기 평가시 하위권이었으나 주금납입 거래 대량 취급 후 수위권으로 상승하였다. 무리한 실적 제고와 성과 중시는 자칫 부작용을 낳기 마련이다. 경쟁은 하되 공정하게(fair play) 하도록 해야 한다.

사례 14 은행자금 횡령 및 부당기표

1. 사고개요

○○은행 △△지점 출납계장은 1999년 4월~2001년 7월 기간 중 시재금을 타은행간 현송자금으로 위장(대차대조표상 은행간 현송채권으로 부당기표) 하는 방법으로 수억 원을 횡령하여 주식투자자금으로 사용하였다.

2. 사고수법 및 특징

▶영업점의 대차대조표상 기타자산 항목으로서 눈에 잘 들어나지 않는 계정과목인 타은행현송자금을 허위기표하고 시재금을 횡령하였다.

• 타은행간 현송채권전표 및 타행환 송금전표 등 임의작성 폐기

• 대차대조표상 잔액을 변조하여 월말 결산보고서 등을 허위로 보고

• 무자원송금 및 이에 따른 금융실명제 위반

▶지방소재 소규모 점포에서 은행간 현송이 잦지 않은 편임에도 영업점 내부통제시스템이 허술하여 비교적 장기간에 걸쳐 사고가 은폐되었다.

• 일일 시재금 확인 및 전표 확인 소홀

- 자점감사 및 주요계정대사 불철저(기간 중 자점감사, 5회에 걸친 분기감사, 1회의 특명검사, 3회의 부문검사 등에서 모두 사고사실 미발견)
- 명령휴가 미이행 및 직원 관찰 소홀 등

> **NOTE**
>
> 이 사고를 계기로 ○○은행은 타은행간 현송채권기표 이후 현송금영수증을 가수금계정에서 사후적으로 입금처리되지 않은 경우 이를 전산시스템에서 자동적으로 검색되도록 절차를 개선하였다.

 **청원경찰에 의한 CD기 시재금 횡령**

1. 사고개요

▶ ○○은행 청원경찰은 은행직원과 함께 은행 외부에 설치된 CD기에 현금을 보충한 후, 은행직원이 먼저 사무실로 돌아가자 CD기내에 있는 현금 및 수표 1억 3,000여만 원을 무단 인출하여 도주하였다.

▶ ◇◇은행 근무 청원경찰은 2001년 3월 (주)△△ 등에 설치된 여러 대의 365코너 자동화기기에서 수천만 원의 시재금을 무단인출하여 주식투자, 카드결제자금 등으로 사용하였다.

▶□□은행 청원경찰은 CD기의 시재금 충전 및 마감업무를 담당
하면서 CD기 현금박스에서 일정액을 비워 두는 수법으로 시재
금 수천만 원을 횡령하여 사채상환 자금 등으로 사용하였다.

2. 사고특징

▶이와 같은 사고는 CD기 업무를 취급할 수 없는 청원경찰에게
CD기의 현금보충 및 마감업무를 부당하게 위임하거나
• CD기의 시재금을 정기적으로 확인하지 않는 등 자점감사 소홀
• 채무과다 등 사고발생 소지가 많은 청원경찰에 대한 관찰감독
허술 등에 기인하였다.

N o t e

유사사고를 예방하기 위해 이중 견제 강화, 직원교육을 통한 윤리의식 제고, 청원경찰의
현금관련 업무 취급배제 등의 조치가 필요하다.

 사례 16 현금수송업체의 현송자금 도난

1. 사고개요

▶2003년 1월 ○○광역시 소재 ○○은행 소유 현금지급기에 현금
보충 과정에서 □□금융안전(주) 소속 4억 7,000만 원을 보유한

현송차량이 도난당하였으며, 2003년 9월 금융안전(주) 소속 현송차량이 또다시 도난당하였는데 그 금액은 7억여 원이었다.

▶2003년 10월 경북 △△시에서 ○○은행 소유 현금지급기 현금보충 과정에서 현금수송 전문대행업체인 ㅁㅁ(주) 소속 현송차량이 현금 2억 8,000여만 원이 실린 채 도난당하였다.

2. 사고특징

▶은행의 현금지급기에 장착하는 현금수송 업무는 대부분 현금수송업체에 위탁하여 이루어지고 있으며, 이에 대한 지도 감독은 '경비업법'에 따라 지방경찰서장이 수행하고 있다.

• 그러나, 현송업체의 부주의로 현송차량 또는 현금 도난사고 빈발은 간접적으로 당해 금융회사의 신뢰도 악화를 초래

▶수송업체 직원들이 모두 차량을 비우는 등 안전수칙을 제대로 지키지 않았거나 비상경보장치 고장 등 보안장치를 허술하게 관리함으로써 사고가 발생

• 원칙적으로 현송차량은 3인 1조가 되어야 하나 사고 현송업체는 경비절감을 이유로 2인 1조로 운영하는 등 원칙이 지켜지지 않음

 **영업점 주변 현금 피탈사고 등**

▶○○은행 △△지점의 보안경비를 맡고 있는 (주) ㅁㅁ경비회사 직원에게 신원미상의 범인 2명이 같은 은행 직원임을 사칭하고 급한 일이 있어 은행에 들어갈 일이 있다며 출입문 열쇠를 분실하였으니 출입문을 열어달라고 요청하였다.

경비회사 직원은 은행직원에 대한 신분 확인없이 지점출입문을 열어주고 갔는데 범인들은 밤사이 금고에 들어있는 현금을 탈취하기 위하여 금고벽을 뚫다가 날이 밝아오자 결국 실패하고 도주하였다.

▶◇◇은행 ▽▽지점 출장소 직원들은 2003년 11월 말 저녁 8시40분경 출장소 일일업무를 마감하고 수납된 자금 3억여 원을 모점으로 현송할 준비를 완료하였다.

출장소장이 자동차를 운전하고 가기 위해 인근 아파트 주차장으로 갔으나 승용차는 없고 그 자리에 "아파트관리사무소로 자동차를 견인했다"는 안내문을 발견했다.

출장소장은 즉시 관리사무소에 확인하러 갔고 이 때 출납직원과 청원경찰은 평소대로 현송자금을 가지고 차량 대기장소인 출장소 뒤편에 도착하였다.

출장소장의 승용차(실내등은 꺼져 있었음)가 자신들 앞에 정차하기에 트렁크 뒷문을 열고 현금을 싣자마자 범인은 자동차를 몰고 도주하였다.

 ## 여신거래처로부터 금품 수수

▶ ○○은행 △△지점장은 2001년 6월 여신 및 당좌거래처인 (주)□□대표이사로부터 여신거래 및 당좌거래상의 편의를 제공한 대가로 현금 천여만원과 500만 원 상당의 술값을 대납토록 한 혐의로 검찰에 구속되었다.

▶ ◇◇은행 △△지점 부지점장은 2002년 3월 □□(주)에 대한 외화대출 50억 원 취급과정에서 부지점장이 잘 아는 제3자의 예금계좌를 통하여 대출커미션조로 8,000만 원의 금품을 수수하였으며, 추후 동사에 대한 10억 원의 추가 대출 취급시에도 5,000만 원의 금품을 받은 혐의로 구속되었다.

▶ □□은행 본점 심사부서 부장급심사역은 2002년 11월 경 친구의 소개로 ○○목욕탕(찜질방)대표에 대해 40여억 원의 시설자금대

출 승인 과정에서 소개한 친구로부터 1억 원 상당의 금품을 수수한 혐의로 검찰에 구속되었다.

▶ ○○은행 △△지점에서는 1999년 7월~2000년 12월 중 □□산업개발에 대한 할인어음 취급과정에서 지점장, 여신담당 차장 및 과장 등 3명이 500만 원에서 2,000여만 원의 금품을 수수하였다.

▶ △△은행 □□지점 지점장 및 여신담당대리는 2003년 6월~2005년 5월 중 주거래 법무사 사무장으로부터 부동산 담보취득에 따른 등기사무 등을 위임하는 대가로 3,000여만 원의 금품을 수수하였다.

▶ □□은행 △△지역 기업금융센터 지점장은 은행의 여신거래처와 수회에 걸쳐 사적금전대차를 하였으며, 자신이 관리하던 계좌를 통해 대출사례비 명목으로 4,000여만 원을 수수하였다(대출취급시 동일업체에 대한 분할여신은 금지되어 있음에도 이를 허용하였고, 자신의 친인척, 지인 등의 명의를 이용하여 통장과 현금카드를 임의 발급받아 거래처와의 음성적거래 용도로 사용).

NOTE

금융회사 직원의 업무수행과 관련한 금품수수행위는 직무를 이용한 범죄행위이다. 엄격한 자기관리와 함께 윤리강령을 강화하여 이런 전근대적인 횡령사고가 더 이상 발생되지 않도록 하여야 할 것이다. 다행히 횡령사고는 최근 들어 줄어들고 있는 것으로 보인다.

 사례 19 여신거래처와의 사적금전대차

▶ ○○은행 △△지점 여신담당계장은 2000년 1월~2002년 1월 기간 중 고교동창의 가계당좌계좌와 자신의 부인명의 계좌를 이용하여 5,000여만 원 상당을 대신 결제하였고, 또 다른 동창과는 신용카드이용대금 3,000여만 원을 대신 결제하였으며, 전직 동료이자 신용카드 사채업자와는 고객카드 대납 결제자금 부족액을 수회에 걸쳐 2,000여만 원을 대신 결제하는 등 5개 여신거래처와 50여 회에 걸쳐 1억 3,000여만 원의 사적금전대차 행위를 하였다.

▶ ◇◇은행 △△지점 대리는 1999년 11월~2004년 1월 기간 중 직원들과 270여 건 6억여 원, 거래고객과 20여 건 2억여 원의 금전을 대여하고 이자를 수취하였다.

▶ ㅁㅁ은행 △△지점 과장은 2000년 8월 ○○마트에 5억 원의 기업자금대출을 취급하였으나 동 마트가 개업도 하기 전에 부도위기에 처하자 마트 대표앞으로 7,000여만 원의 추가 대출을 해주면서 본인의 개인부동산을 담보제공 하였다. 또한 그 후 마트 운영자금을 지원하기 위해 10여 회에 걸쳐 3,000여만 원의 자금을 대여하고 이와 같은 자금거래의 대가 등으로 보이는 금품 400여만 원을 본인 및 배우자 명의 예금계좌에 입금 받았다.

▶ ○○은행 △△지점장은 2001년 2월~2003년 7월 기간 중 벤처기업인 (주)ㅁㅁ산업에 투자하기 위한 자금마련 용도로 고객 수

명으로부터 5억여 원의 자금을 사적으로 차입하였다(사고자는 (주)ㅁㅁ산업과 평소 친밀한 관계를 유지하였는데 동사가 유망한 것으로 판단하여 고객들에게도 투자를 권유하였고 자신도 고객자금을 차입하여 직접 투자함).

▶ ◇◇은행 △△지점장은 2001년 5월부터 약 3년간 경매물건 인수자에 대한 근저당권 인수용도의 담보대출 취급시 일부 부족한 인수자금 약 2억 원을 자신이 직접 대여해주고 이자를 수취하였다.

NOTE

금융회사 직원으로서 용인되어서 안되는 행위 중의 하나가 사적금전대차이다. 금융인의 윤리에 어긋날 뿐만 아니라 경우에 따라서는 범죄에 해당되므로 더 이상 이런 행위가 발생되지 않도록 직원관리를 철저히 할 필요가 있다.

 사례 20 은행간 자금 횡령

1. 사고개요

○○은행 자금결제실 대리는 2004년 11월~2005년 4월 기간 중 은행자금 400억 원을 부당 인출·횡령하여 타 은행에 개설한 사고자의 가족 및 지인 명의의 예금계좌에 입금한 후, 이중 12억 원은 기존 횡령액 변제에 사용하였고, 399억 원은 사고자 자신 및 가족 명의의 증권계좌에 송금해 주가지수 선물·옵션에 투자하여 359억 원의 손

실을 입었다(40억 원은 은행에서 회수, 나머지 1억 원은 개인채무상환 등으로 사용).

2. 사고수법 및 특징

▶사고자는 담당책임자가 미리 넘겨준 은행지급준비금이체용 책임자 사용자번호 및 일회용비밀번호발생기[44]등을 이용, 책임자 승인거래를 직접 실행하여 21회에 걸쳐 지준예치금 400억 원을 타행으로 부당 인출·횡령한 후 다음과 같이 회계조작을 통해 당일의 지준예치금 부족분을 충당하는 방법으로 횡령사실을 장기간 은폐하였다.

• 차입금 허위 상환 기표(8회, 280여억 원)

 − 사고자는 은행이 기관거래처로부터 대여받은 차입자금을 기일전에 상환하는 것처럼 증빙서류를 위조하거나 변조한 후 허위 출금전표를 작성하여 동 상환자금을 먼저 횡령한 지준예치금 부족분에 충당

• 허위 영수증 부당 발행(11회, 70여억 원)

 − 은행간 자금수수시 영수증(은행간자금청구서)[45]발행업무를 담당하고 있는 부서에서 사고자 소속부서의 영수증 발행 의뢰내용에 대한 진정성을 확인하는 절차가 없다는 점을 악용하여, 사고자는 콜머니계약이 체결된 것처럼 가장하여 영수증 발행을 의뢰한 후 어음교환을 통해 결제된 자금으로 먼저 횡령한 지준예치금 부족분에 충당

- 은행간조정자금 허위 출금전표 작성
  - 타은행에 은행간조정자금[46]을 지급하는 것처럼 허위 출금전표를 작성하여 동 출금자금(1회, 40여억 원)을 지준예치금 부족분에 충당
- 은행간조정자금 입금액 부당 처리
  - 타은행으로부터 되돌려 받은 은행간조정자금(20여억 원)을 정당하게 입금처리하지 않고 먼저 횡령한 지준예치금 부족분에 충당

➡ 상기 허위 영수증 발행 등을 통한 회계조작의 효과가 1일~수일 동안밖에 지속되지 않기 때문에 5개월간의 사고기간 내내 동일한 방법을 반복적으로 실행하였다.

▶이 사고는 기본적으로 지켜야 할 내부통제절차가 제대로 이행되지 아니하여 일어난 원시적인 유형이다.

- 차입금관리(Front) 및 자금결제(Back) 업무에 대한 상호견제 미흡
- 책임자 비밀번호 관리 소홀
- 형식적인 일일감사 실시
- 회계조작 등을 통하여 교묘하게 사고를 장기간 은폐

▶뿐만 아니라 자금결제실 부서내에서의 상급책임자 등 감독자의 책임도 매우 큰 것으로 확인되었다.

- 지준이체용 책임자 사용자번호 및 일회용비밀번호발생기 등 관리 소홀

- 지준예치금 입출금내역 및 전표 확인 소홀
- 이중견제제도 운영 불철저
- 영수증 발행업무 취급 소홀 등

 **사례21** 기타 다양한 유형의 횡령사고

1. 사고유형

▶시재금 담당 실무자에 의한 횡령

- ○○은행 △△지점 예금담당텔러는 ◇◇상호저축은행 및 ▢▢ 증권 등 기관예금 계좌를 이용하여 무자원으로 입금처리한 18억 원을 사고자의 공모자가 개설한 타은행 계좌로 20회에 걸쳐 송금하여 전액 현금으로 인출 도주하였다.
- ◇◇은행 △△지점 현금인출기 등 자동화기기 담당계장은 2001년 12월부터 약 1년간 동안 20회에 걸쳐 2억 5,000만 원의 자동화기기 시재금을 유용한 후 사고가 발견되자 도주하였다.

- □□은행 △△지점 차장은 현금카드를 부정 발급하여 고객예금을 CD이체하는 방법으로 5억 5,000만 원을 횡령하였고, 휴무일인 토, 일요일에 출근하여 지점 금고내 현금 11억 6,000만 원을 절취하였다.

▶여신담당자에 의한 횡령

- ○○은행 △△지점 기업여신 담당계장은 2000년 2월 이후 1년 반 동안 대출업무를 담당하면서 여신취급과 관련하여 장기간 정리되지 않고 있던 여러 건의 여신성 가수금 수백만 원을 횡령하였다(사고자는 또 모기업에 대한 할인어음 취급시 할인어음 이자율을 조작하여 수백만원 상당을 편취).

- ◇◇은행 ○○지점 여신담당 대리가 1년여의 담당기간중 부동산담보대출 취급에 따른 수수료(부동산중개업자에 지급해야 할 대가) 중의 일부인 수천만 원을 정당 지급하지 않고 횡령하였으며 또 약정상 부동산대출수수료 지급대상이 아닌데도 수수료 지급대상으로 허위기표하여 횡령하였다.

- □□은행 ☆☆지점 신용카드 담당계장은 신용카드발급업무를 취급하면서 20여 명의 신용카드회원을 유치하였으나, 그중 일부를 신용카드회원에게 교부하지 않거나 반송된 카드를 이용하여 200여 만원을 횡령하였다.

- ○○은행 □□지점 계장은 여신업무용으로 징수한 수입인지 판매대금을 정당하게 입금처리하지 아니하고 지점명의 계좌에 입출금하는 수법으로 2,500만 원 상당을 유용하였다.

▶외환담당자에 의한 횡령

• ○○은행 ㅁㅁ지점 외환담당 계장은 자점에서 취급한 외화 당
발송취결분을 부당 취소하여 9,000여만 원을 횡령하였다(최초
횡령은 당발로 취급한 외화송금이 수취인에게 도착하는 시기가
정확치 아니한 점을 이용한 것으로 이후 횡령자원을 보전하기
위해 총 5회에 걸쳐 반복적으로 같은 수법을 활용).

• ◇◇은행 △△지점 외환담당과장은 2001년 1월부터 약 9개월
간 타지역 외환거래처가 송금해온 타발송금자금(미지급외환)
20여 건 30만 달러(3억 7,000만 원 상당)를 유용하였으며 사고
발견시 4,000만 원을 횡령하였다.

• ㅁㅁ은행 ○○지점 외환업무팀 과장은 2003년 9월 2004년 6월
중 (주)ㅁㅁ 등 거래업체의 수출환어음 추심 대전 4건 13만
2,000달러(1억 5,000여만 원 상당) 및 수출사후정산입금액 60
건 600여만 원을 외화별단예금을 통하거나 본인 및 관련계좌에
입금하는 방법으로 6억여 원을 횡령하여 개인부채상환 등에 사
용하였다.

▶회사소유 국고채권 임의 매도 횡령

• ○○협회의 대리는 2001년 6월 ◇◇증권사에 예탁된 국고채권
중 28억 원 상당의 국고채권을 매도하고 동 금액을 ○○협회의
사내근로복지기금 명의로 되어있는 ㅁㅁ은행계좌에 전화 이체
후, 당일 인감을 도용하여 전액 인출, 횡령하였다.

2. 사고특징

▶사고형태에 따라 내부통제 운영상의 다양한 문제점이 있으나 비교적 공통적인 사항을 지적하면 다음과 같음

• 기본적인 이중견제시스템(check and balance) 미작동

• 책임자의 결재용 카드나 패스워드의 관리소홀(창구 번잡 등을 이유로 책임자 승인거래를 창구직원에게 일임 등이 사고원인)

• 매영업일 시재금 대사 불철저(모출납과 텔러, 자동화기기 담당 등과의 당일 장전금액 인수도금액 확인소홀 등)

• 영업점 내에서 조치해야 할 자점감사, 시재검사의 형식적 실시 (소규모 금융회사의 경우 은행예치금과의 잔액대사 등 소홀)

• 창구직원 면담, 관찰 등 영업장 책임자의 관리 감독 소홀

NOTE

크고 작은 횡령사고는 금융권역 구분 없이 발생되고 있으며 이러한 현상은 상장기업도 마찬가지이다. 2005년 중 30개의 상장기업이 공시기준에 따라 횡령사고 발생사실을 공시했다. 이러한 횡령사고는 기업에 미치는 금전적 손실도 있지만 이미지 훼손(reputation risk)이 더 큰 문제가 아닐 수 없다. 금융회사나 일반기업 구분없이 내부통제의 엄격한 운용과 함께 종업원의 윤리의식 제고를 위한 노력이 절실히 요청되고 있다.

사례22 CD관련 사고

1. 사고개요

▶2005년 6월 ○○은행 △△지점의 CD(액면 300억 원) 발행 및 인도 과정에서 동 지점 직원이 실질 자금주(◇◇증권)와 CD 발행 의뢰인이 다름에도 CD증서를 발행의뢰인(H씨)에게 교부하였고, H씨는 이 CD를 ◇◇증권에게 인도하지 않고 도주하였으며 경찰은 도주한 H씨를 체포하고 CD증서 실물은 전액 회수하였다.

▶2005년 7월 서울 K고교 동창생인 ○○은행 K차장과 ㅁㅁ은행 S과장은 총 850억 원 가량의 CD를 위조, 진품을 가로챈 뒤 이를 사채시장 등에서 현금화, 해외로 도피하였다. 이들은 2005년 6월 중순 ◇◇신탁 등 2개 예금주 의뢰로 한달 만기의 CD를 ○○은행 K차장은 200억 원, ㅁㅁ은행 S과장은 650억 원을 발행했다. 이들은 CD 만기가 돌아오는 시점에 정품 CD를 편취하고 가짜 CD를 만들어 ◇◇신탁 등 예금주에 교부했으며 예금주가 만기가 돌아온 CD를 은행에서 현금 지급을 요청했다가 위조사실이 드러났다.

2. 사고특징

▶첫 번째 사고는 CD발행이 순수한 예금의 목적이 아니라 기업이 자금력이 있는 것처럼 위장하는 목적으로 발행·유통되는 등 일

부 CD 발행과 관련한 잘못된 거래 관행에서 비롯된 것으로 볼 수 있다.

• CD 발행이 필요한 고객은 CD 발행자금 부담을 경감하기 위하여 증권회사 등 자금지원자(인수자)를 물색

• 증권회사 등이 인수대금을 은행에 선납해주면, 은행은 동 자금을 재원으로 CD를 발행한 후 실질 자금주인 증권회사에게 인도해 주는 방식으로 거래가 성립

• 은행은 증권회사 송부 자금으로 제3자를 의뢰인으로 CD를 발행하여 CD발행실적 등을 높임

• 증권회사는 인수대금을 선납해주는 대신 동 CD를 당일 매수 · 매도하면서 할인율 차이를 수익으로 추구

▶ 두 번째 사고는 지난 5년여 기간 중 가장 큰 규모의 CD관련 사고로 내부직원에 의해 거액의 손실이 현실화 되었다.

• 일반적으로 CD관련 사고는 ① 대부분 실물을 위조 또는 복사하는 수법 사용, ② CD가 고액의 유가증권이어서 일단 사고가 발생하면 사고금액이 큰 횡령사고가 됨, ③ 대부분 외부인, 특히 사채업자 등과 연계하여 일어나는 등의 특징이 있다.

최근 CD관련 금융사고 발생현황			
시기	사고기관	사고금액(손실예상)	사고개요
2002.3	○○은행	20억원 (-)	CD위조, 횡령
2003.1	○○보험	15억원 (7억원)	담보용 보관CD 인출 횡령
2003.5	△△은행	500억원 (-)	은행보관중인 CD, 복사본 대체후 횡령
2003.12	△△은행	37억원 (16억원)	보호예수중인 고객 CD 인출, 복사후 예금담보대출 부당 취급
2005.6	○○증권	300억원 (-)	외부인 CD발행 의뢰직원을 기망하여 CD 편취
2005.7	☆☆은행	650억원 (?)	고객에게 위조CD를 교부하고 실물 CD는 사채시장에서 할인후 횡령
2005.7	△△은행	200억원 (?)	

3. 사고원인

▶거액 CD의 사고원인은 일반적 금융사고와 같이 일차적으로 사고자들의 도덕적 해이가 원인이다. 거액의 CD거래 유치 또는 실물보관 과정에서 내부통제시스템이 작동되지 아니한 것 역시 중요한 문제점이며 영업점이나 개인에 대한 지나친 업적중시 문화도 사고의 배경으로 지목되며 CD 자체의 문제점도 지적하지 않을 수 없다.

▶CD와 관련한 내부통제시스템 소홀

• 담당직원이 CD 섭외, 발급, 교부(고객앞 직접전달) 및 보호예수 등 상호견제가 필요한 업무를 단독으로 수행

• 제3자명의 CD거래 취급시 증권회사가 은행에 CD대금을 보내면서 자금수취인을 특정하지 않고 이체 후 유선으로 알려주는 등 CD발행대금 이체업무를 부적정하게 수행

- 단기간 내 거액의 자금유치 및 환전 등이 이루어지는 등 업무취급 과정에서 특이사항이 인지되고 있었음에도 영업성과에만 관심을 두고 담당직원 및 거래처에 대한 모니터링 등을 소홀히 함
- 특정계좌를 통해 거액의 CD자금흐름이 빈번하게 반복되는 등 이상징후를 충분히 감지할 수 있었는데도 금융정보분석원에 자금세탁 혐의거래보고를 이행하지 않음

▶CD실물 유통에 따른 사고위험 잠재
- 모든 CD를 증서로 발행·유통함에 따라 위·변조, 도난 등 사고위험에 노출되어 있음
- CD 위·변조가 정교화되고 있는데도 자기앞수표 조회 시스템과 같이 이를 확인할 수 있는 시스템은 구축되어 있지 아니 하였음

4. 사고예방대책

감독당국은 CD사고 발생은행 및 여타 은행, 증권회사 등을 대상으로 CD발행 및 유통과정 전반에 대한 문제점을 점검하고 다음과 같은 개선방안을 제시하였다.

가. 단기과제
▶비정상적인 방법으로 발행·할인 매입되어 부정한 목적으로 사용되고 있는 제3자명의 CD발행거래를 금지하고, 증권회사의 제3자명의 CD 발행대금 대지급행위를 엄격금지하는 한편 자금을 이체할 경우 반드시 수취인을 지정토록 조치

• 아울러 은행 및 증권회사별로 각각 CD발행업무 관련 내부통제
  를 크게 강화하도록 지도

(은행)

① CD발행 및 교부, 미발행증서 보관 및 보호예수 업무 담당자를
  엄격히 분리하여 운용
② CD발행 및 보호예수시는 감사통할책임자가 위·변조여부 등
  을 반드시 확인하고 감사통할책임자 입회 하에 교부 또는 보호
  예수처리
③ CD는 금융회사 창구에서 교부하는 것을 원칙으로 하되 부득이하
  게 고객에게 직접 전달하는 경우 지점장 승인 하에 2인 이상 동행
④ 비정상적 거래 등에 대하여는 반드시 금융정보분석원에 보고

(증권회사)

① CD실물 인수시 2인 이상이 회사차량 등을 이용하여 CD발행
  은행으로부터 직접 인수
② CD 매매시는 발행은행에 발행사실·발행조건 등을 확인하고
  증권 예탁결제원에 입고하여 진위여부를 재확인한 후 거래
③ CD 매매거래는 본점에서만 취급하고 파출수납 및 결제 금지
  (단, 은행점포내는 제외)
▶ 회계감사·증명·평가시 CD자산의 실재성을 인정하기 위해서
• 원칙적으로 해당CD를 증권회사 계좌로 예탁(증권예탁결제원에

입고)시키거나 은행에 보호예수한 후 특정일 현재 잔고증명 또는
보호예수증명을 발급받아 확인(불가피한 경우에는 CD실물 확인)

- CD 발행 · 취득 · 양도 전후의 자금 상황과 흐름을 검토하고
CD 발행 · 매매의 과정을 확인하는 등 정당 소유여부를 확인

나. 중장기 과제

▶근본적 문제해결차원에서 CD관련 제도 등의 개선을 추진

- 실물발행에 따른 문제점을 해소하기 위해 실물(증서) 발행 외에
등록발행 도입 검토
- 무기명 CD의 실물 발행을 억제하기 위하여 무기명 CD를 고액
현금거래 보고대상에 포함하는 것을 고려(등록발행 CD는 제외)
- 증권회사 등이 보유중인 CD에 대해서만 증권예탁결제원 예탁
이 의무화되어 있으나 이를 타 금융회사 및 공공기관 등에 대하
여도 예탁을 의무화하도록 권고
- 장기적으로 CD발행을 전부 등록제로 전환 검토

N O T E

이 사고는 신문지상에 알려진 대로 사채업자들이 위조 CD를 유통시키면서 다시 만기가
되면 회수하는 방법으로 반복되어 온 것이다. 감독당국의 특별점검이 시작되면서 결국 사
고사실이 드러날 수 밖에 없었다.

CD사고는 과거 사례에서 보듯이 심심찮게 발생되어 왔다. 이번 사고를 계기로 감독당국은
근본적인 대책 수립의 필요성을 제시하였다. 사고예방에 대한 내부통제도 중요하지만 앞으
로 금융회사 직원들이 명심해야 할 일은 '특정금융거래정보의 보고 및 이용 등에 관한 법
률' 등 자금세탁방지법령에서 정하는 보고의무를 철저히 준수해야 한다는 점이다.

CD를 이용한 불법 · 부당거래(예시)

▶무기명 양도성증권인 CD의 특성을 이용하여 전문브로커 등의 주선하에 CD를 필요로 하는 고객과 은행 및 증권회사 간에 제3자명의 CD를 발행

• 금융회사의 예금유치 또는 이익확보 수단으로 활용되거나

• 기업 등 거래고객의 회계분석 또는 자금력 위장 등에 악용

제3자명의 CD발행거래 예시

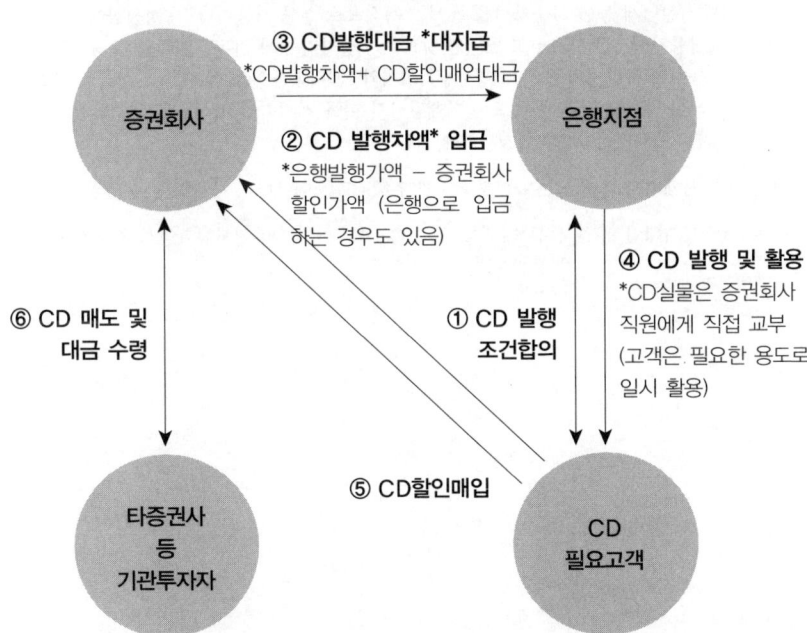

이러한 거래는 거래관련자가 각 자의 이점을 누릴 수 있기 때문에 가능
 – 은 행 : 예금실적 제고, 시장금리보다 낮은 금리로 발행하여 수익 확보
 – 증권사 : 시장가보다 저가 할인매입으로 높은 수수료 수익시현
 – 고 객 : 거액의 CD대금 부담없이 소액 수수료지급으로 CD발행 목적 달성

▶금융회사의 부당거래 이용 사례

① 여신거래처 또는 은행 이해관계인(예:법무사)에게 CD 발행수수료(은행의 CD 발행가액과 증권사 할인 매입가액과의 차액)를 부담하게 하고 제3자명의 CD발행으로 구속성예금 등을 수취

② 은행직원이 예금실적 제고를 위하여 CD발행 수수료를 부담하고 제3자명의 CD를 발행하여 거래실적을 제고

③ 고객이 CD를 불건전한 용도로 이용하는 것을 알고서도 제3자명의 CD발행거래를 취급하거나 CD발행대금을 대지급하여 거래관련 이익 과다 수취 등

▶거래고객이 부당한 용도로 악용한 사례

① 건설업체 등이 가공자산을 은폐할 목적으로 결산 기준일 등 특정시점에 CD를 금융자산으로 보유하고 있었던 것으로 위장하기 위해 제3자명의 CD발행방식을 통하여 자사명의로 CD발행사실확인서와 CD사본을 발급받거나 CD실물을 확보하여 재무제표 확인시 또는 회계감사시 이를 제시하여 자산으로 인정받음으로써 가공자산은폐 등 회계분식에 이용

② 사채업자 등이 신분노출을 피하기 위해 CD를 이용하여 사채업 등을 영위

③ 토지매입 등 부동산 거래를 위해 CD사본 및 CD발행사실확인서를 제시하고 자금력 위장 등을 통한 사기행위에 악용

3. 비은행부문 금융사고

 카드회사 자금 횡령

1. 사고개요

○○카드 자금부 담당 대리와 회계담당 과장은 서로 공모하여 2003년 12월~2004년 3월 기간 중 회사명의의 법인예금계좌에서 5회에 걸쳐 446억 원을 인출하여, 사고자들이 회사명의를 도용하여 임의 개설한 예금계좌에 이체입금한 후 외부 공모자들의 명의로 개설한 ◇◇증권사 계좌에 수십회에 걸쳐 인터넷으로 송금하여 횡령하였다(최종적인 순횡령액은 400억 원).

2. 사고수법 및 특징

▶구조조정을 앞둔 카드회사의 과장급 직원 2명이 공모하여 약 4개월에 걸쳐 회사의 예금이나 부채상환 자금을 거액단위로 불법 인출하여 횡령한 사고로서 다양한 수법이 동원되었다.

• 회사에서 수령해야 할 자금(46억 원)을 횡령한 후 일부 상환하고 다시 법인명의 당좌예금, ABS상환자금 등을 무단인출

• 횡령사실을 은폐하기 위한 부당한 회계처리

• 전표 등 증빙서류를 변조하거나 임의 폐기

• 은행거래용 법인인감 도용 및 인감 날인절차 무시

- 책임자승인카드 도용에 의한 부당한 회계조작〈대차대조표상 부채(미지급금) 및 자산(콜론) 등으로 축소처리〉

▶사고자들은 횡령액 400억 원 중 370여억 원을 여러 단계에 걸친 자금세탁과정(외부공모자 명의로 5~6개 은행에 계좌개설 및 이 계좌를 통해 증권계좌 재이체)을 거쳐 증권사 선물옵션 계좌에 입금하였는데 사고발견시에는 결국 350억여 원이 이미 투자손실로 확정된 상태였다.

▶회사명의 통장의 매일 입출금내역은 담당책임자가 전표와 대조하여야 함에도 이를 이행하지 않았고 법인인감의 관리가 소홀하여 사고자들이 법인통장 개설 및 출금전표 등에 도용하였다.

 사례 2 **캐피탈 자금담당 간부의 거액 횡령**

1. 사고개요

○○캐피탈 자금담당 상무보 △△△는 1998년 12월~2004년 8월

기간중 회사명의의 예치금(1,433억 원) 및 차입금(912억 원) 등을 40회에 걸쳐 무단인출·횡령하여 주식투자자금 등으로 사용하였다(1,873억 원은 기존 횡령액을 상환하여 실제 순횡령액은 472억 원임, 한편 사고자의 주식투자로 인한 손실금액은 약 390억 원인 것으로 확인).

2. 사고수법 및 특징

▶이 사고는 자금담당 간부가 무려 5년 이상 회사자금을 횡령한 사고로서 법인 인감관리·장표 및 예금잔액 확인 소홀, 형식적인 자체감사 실시 등 기본적인 내부통제절차가 전혀 지켜지지 않은 대형 사고였다.

▶사고자는 횡령사실을 은폐하기 위해 다음과 같은 부당행위를 하였다.

• 금융회사 차입서류 위조(총 26회)
  - 이사회 기채결의서, 담보제공증서, 어음할인 용지, 회사명의를 도용한 계좌개설 등
• 횡령 은폐를 위한 잔액증명서 등 위조(총 73회)
  - 증권사 등과의 금융거래 조회서에 해당기관 명판, 직인 등을 위조 날인
  - 매월 감사부에 제출하는 수익증권 잔고증명서 허위제출
• 종금사, 증권사 등에 회사명의 계좌 임의개설(4개) 및 당좌예금 통장 인자내용 변조(1회)

• 법인인감 및 사용인감 부당사용(152회)

• 횡령사실 은폐를 위한 허위 회계처리 등

3. 사고원인

▶이 사고는 사고자의 행위도 문제이지만 내부통제시스템이 완전히 작동되지 아니하였고, 경영진의 감독이 소홀하였던 점이 더욱 큰 문제였다.

• 일일 예금잔액 및 전표확인 불철저

• 법인인감이 무단 사용되고 있는데 대한 관리 소홀(152건)

• 자체감사 불철저(형식적인 감사 실시, 2002년~2004년 중 자금팀 정기감사 미실시)

• 월말 계정대사 불철저(67회)

• 사고자 1인이 통장·사용인감 및 자금운용을 일괄 관리토록 방치하는 등 이중견제제도 운영 불철저

• 사고자를 비롯한 자금팀 소속 직원(4명)이 6~9년 동안 동일부서에서 장기 근무토록 하는 등 순환배치 미이행

• 대표이사, 이사, 감사 등 경영진의 업무관리 및 감독 소홀

▶또한 2002년 6월 말 280억 원의 유동성자산을 보유한 상황에서 2002년 7월 및 2002년 12월 2회에 걸쳐 회사채 500억 원을 발행하여 수익증권으로 운용하는 등 불요불급한 차입에 따른 과다한 여유자금 보유로 인해 사고규모가 확대되었다.

 사례 3 기타 횡령 사고

▶고객예금담보 임의대출 및 대출상환금 유용

• ○○상호저축은행 직원은 고객예금을 담보로 9,000만 원을 대출받아 횡령하였고 또 다른 고객의 대출상환금 59억 원을 유용하여 19억 원의 손실이 발생하였다.

▶고채무자 명의도용 부당대출 횡령

• ◇◇조합 과장은 주식투자로 큰 손실을 보게 되자 이를 만회하기 위해 대출서류를 위조하여 대월 약정 후 장기미거래 계좌 부당대출, 타인명의 주민번호 변조를 통한 전산등록 등의 방법으로 부당대출하여 횡령하였다.

　– 횡령액(42억 원)은 주식투자 손실 35억 원, 대출금 이자충당 6억 원, 로또복권 구입 1억 원으로 사용

▶고객 유가증권 횡령

• ㅁㅁ저축은행 대리는 2003년 10월~2004년 5월 기간 중 대출 담보로 맡겨진 주식(41억 원 상당)을 수차례에 걸쳐 임의 매도하여 29억 원의 손실을 발생시켰다.

4. 보험부문 금융사고

 **초회보험료 횡령**

1. 사고개요

▶○○보험회사 △△지점 영업소장은 2001년 11월 계약자로부터 1년 후에 세후 연12%의 이자를 지급키로 약속하고 수백만 원을 받아 횡령하고 보험료영수증 및 보험증권을 위조하여 교부하였으며, 퇴사한 후에도 동 계약자로부터 세후 연12%의 이자를 지급키로 약속하고, 2002년 2월 및 10월 두 차례에 걸쳐 수백만 원을 받아 동일한 수법으로 횡령하였다.

▶◇◇보험회사 △△지점 영업소장은 2001년 6월~2001년 8월 사이 계약자 3명으로부터 1년후 7~7.9%의 이자를 지급하기로 약정하고 수백만 원을 수령한 후 회사에는 단기저축성 월납 계약으로 성립시키고, 보험증권에 예치금액을 임의 작성하여 건네준

뒤, 매월 보험료를 입금하는 수법으로 합계 수백만원을 입금하고, 차액 수백만원은 횡령하였다.

▶ ㅁㅁ보험회사 △△지점 영업소장은 2002년 3월 계약자로부터 저축성보험(거치형)으로 수백만 원을 수령하고 2002년 3월 영수증을 발급하여 설계사를 통해 전달케 한 후 횡령하였다.

2. 사고수법

▶초회보험료 횡령에는 다음과 같은 다양한 수법이 사용되고 있다.

- 보험증권을 위·변조하여 계약자에게 교부하고 보험료 횡령
- 청약서 허위 분실 보고후 수기작성 하여 계약자에게 교부하고 보험료 횡령
- 경리영수증을 계약자에게 교부하고 보험료 횡령
- 사채업자에게 (수기)청약서 양식을 담보로 제공하고 사채거래
- 일시납보험료 수령 후 월납 또는 소액의 일시납계약을 체결한 것처럼 계약자용 영수증 및 보험증권상의 기재내용을 위·변조하여 차액보험료 횡령
- 금융상품을 월이자 혹은 선이자 지급조건으로 수령후 일부금액만 입금처리하고 차액 횡령
- 일반 영수증상에 계약일자, 예금예탁 등을 임의기입 발급후 일시납보험료 횡령
- 초회보험료 영수증을 허위로 분실 처리한 후 동 영수증을 이용

하여 보험료 횡령

• 미교부 또는 기 해약된 보험증권을 이용하여 이를 정정 교부후
  일시납보험료 횡령

Note

보험료 횡령사고는 사전에 발견하기가 어렵다. 보험청약서, 영수증, 보험증권 등 관련서류
의 수급관리를 철저히 하고 영수증 분실 및 폐기, 미회수영수증에 대해서는 반드시 계약자
에게 그 사유를 직접 확인하는 등 내부통제절차를 철저히 이행하도록 할 필요가 있다.

 유지보험료 횡령

1. 사고개요

▶○○보험회사 △△지점 설계사는 2002년 4월 계약자에게 수령
한 선납보험료 수백만 원 중 수백만 원만을 회사에 입금하고 나
머지 수백만 원은 횡령한 후, 이에 해당하는 선납보험료 영수증
을 수납담당자로부터 발급받아 계약자에게 전달하였다.

▶◇◇보험회사 △△지점 설계사는 계약자로부터 보험료를 직접
통장으로 받아 입금하던 중 자신의 자금사정이 나빠지자 이를
횡령하였으며, 횡령 후에는 계약자와 연락이 되지 않도록 주소
를 변경하였다.

▶□□보험회사 △△지점 영업소장은 계약자가 2000년 12월 저축

성보험 계약을 체결하고 선납보험료 수백만 원을 건네주자 개인 명의 영수증을 교부하고, 동 금액을 횡령하였다.

2. 사고수법

▶유지보험료 횡령에는 다음과 같은 수법이 사용되고 있다.

- 설계사 및 내근직원의 개인계좌로 무통장 송금케 한 후 횡령
- 타인명의 활동자나 해촉된 설계사가 보험료를 수금하여 횡령
- 영수증(전산, 수기) 발급후 수금한 보험료를 횡령하고 분실처리
- 보험료 수금후 일반영수증(메모지 등)을 발행하여 주고 횡령
- 부활보험료 수령후 계약자에게 영수증을 발행치 않고 횡령
- 일수통장으로 보험료를 수금하여 횡령
- 설계사가 입금한 보험료를 수납담당자가 횡령

NOTE

보험료 횡령은 주로 계약자와 보험회사의 중간 단계에서 일어나고 있으므로 콜센터(call-center) 등 제3자에 의한 모니터링의 유효성을 높일 필요가 있다.

 **사례 3** 소멸성보험의 보험료 횡령

1. 사고개요

▶ ○○보험회사 설계사는 2002년 3월 계약자로부터 받은 여행자
  보험 및 자동차 보험료 수십만 원을 횡령하고, 계약자에게는 소
  지하고 있는 증서로 정당 영수증을 발행·교부한 후 회사에는
  영수증서를 분실하였다고 신고하였다.

▶ ◇◇보험회사 직원은 거래처의 적하보험계약 등 정상적인 보험
  료 납입유예를 인정하는 보험계약을 체결하면서 영수한 보험료
  를 개인적인 용도로 유용하고 다른 계약에서 받은 보험료로 대
  신 납부하는 등 2002년 3월~2002년 12월 기간 중 수십 건 수백
  만 원을 유용하였다.

▶ ㅁㅁ보험회사 대리는 2001년 12월 △△건설회사와 수억 원의 건
  설공사보험계약을 체결하였으나 △△건설회사 직원과 공모하여
  공사규모가 축소된 것처럼 허위서류를 작성한 후 보험료 차액을
  횡령하려 하였으나 미수에 그쳤다.

2. 사고수법

▶ 소멸성보험료 횡령에는 다음과 같은 수법이 사용되고 있다.

• 보험기간 경과시 보험료가 소멸되는 점을 이용한 보험료 횡
  령·유용

- 적하보험 등 정상적인 보험료 납입유예기간을 인정하는 보험계약에 대한 보험료 현금 수납후 횡령·유용

- 수기영수증을 이용하여 계약자에게는 영수보험료를 기재하여 발행하고 회사에는 적은 보험료를 입금하거나 영수증을 분실처리하는 방법으로 보험료 횡령

- 계약자로부터 영수한 3개월 이상 장기 미수보험료를 회사계좌에 입금하지 않고 횡령·유용

- 계약자가 법인이고 보험료가 고액인 경우 거래처의 보험담당자와 공모하여 허위 보험처리하고 이를 횡령·유용

 **사례 4** **제지급금 관련 사고**

1. 사고개요

▶ ○○화재 보상담당 팀장은 2000년 6월~2004년 4월 기간 중 화재특종부, 개인보험부 및 손해사정부 등에 근무하면서 총 18건의 보험계약에 대해 30회에 걸쳐 보험금 사고 제출서류 위변조 및 기타 전산조작 등의 방법으로 15억 원의 보험금을 횡령하였다.

▶ ◇◇생명 설계사는 계약자의 부탁을 받은 것이라면서 위조한 통장사본(자기통장의 예금주를 계약자로 위조하여 복사)과 계약자 신분증, 인감증명서를 제시하여 지급금을 신청한 후 횡령

하였다.

▶사기범은 ☐☐생명 △△지점 창구에서 위조한 계약자의 인감증명서를 제시하면서 대리로 해약을 신청하자 지급담당자는 인감증명서의 기재내용을 확인 후 해약환급금을 지급하였다.

2. 사고수법

▶다음과 같은 수법이 사용되고 있다.

• 통장위조 · 임의개설을 통한 약관대출금 및 해약환급금 등 횡령

• 신분증을 위조하여 계약자인 것처럼 제지급금을 수령하여 횡령

• 신분증을 위조하여 카드발급 후 ATM/CD기 등을 통해 약관대출금 횡령

• 지급담당자가 고객정보를 활용하여 허위로 지급을 발생시켜 횡령

• 임직원 또는 설계사가 제지급금을 위임 수령하여 횡령

• 계약자로부터 약관대출상환금을 수령하여 회사에 입금하지 않고 계약자 주소(연락처)를 변경한 후 횡령

NOTE

보험금의 제지급 관련사고는 담당자가 업무기준 및 절차를 정확히 이행하면 대부분 사전에 예방이 가능하다. 담당자들의 자신의 업무에 대한 책임의식이 무엇보다 중요하다. 아울러 내부통제조직의 부단한 발췌검사가 요청된다.

 **사례 5** 보험계약원부 정정 관련 사고

1. 사고개요

○○보험회사 전산담당직원은 2005년 5월~6월 중 17명의 계약자가 1~2회 보험료를 불입하고 실효시킨 보험계약 20건에 대하여 계약원부상 보험관계자를 직원 본인, 처, 동생, 처남 등의 명의로 임의 변경하고 계속보험료 2억 8,000만 원이 정상입금된 것처럼 납입월분을 조작한 후 자동응답전화(ARS)를 이용한 약관대출(8건 8,500만 원)과 보험 해약(6건 2,300만 원)을 통해 횡령하였다.

2. 사고수법 및 특징

▶ 사고자는 내용변경업무 담당직원에게만 부여된 계약원부의 수정권한이 전산프로그램 수정작업과 관련하여 본인에게도 부여된 점을 이용하여 계약원부를 수정하였다.

▶ 이 사고는 내용변경업무 담당직원이 자신이 처리한 건수에 이상이 있음을 발견하고 사고사실을 확인하였다.

 **사례 6** 자동차보험 보상관련 사고

1. 사고개요

▶ ○○보험 대인보상직원은 2001년 5월 피해자에게 보험금을 지급하는 과정에서 합의금을 실제금액보다 과다하게 지급하고 그 차액을 개인계좌로 송금케 하여 보험금 ○○백만 원을 횡령하였다.

▶ ◇◇화재 대인보상직원은 2002년 5월 전도금 수억 원을 일일 출금하였다가 실제 사용하지 않았음에도 이를 반납하지 않고 개인용도로 수차에 걸쳐 유용하였다.

▶ ㅁㅁ화재 대물보상직원은 2001년 7월~2002년 10월 기간 중 △△공업사 직원과 공모하여 수리비 과다 청구를 묵인하거나 삭감폭을 축소해 주고 그 대가로 수천만 원을 수뢰하였다.

2. 사고수법

▶ 자동차 보상 관련 횡령에는 다음과 같은 수법이 사용되고 있다.

• 사망사고자를 허위로 작성하여 사망보험금을 개인 계좌로 지급하여 횡령

• 보험금 지급 후 착오지급 사유로 개인통장으로 환입하는 방법으로 횡령

• 현장 합의를 위한 일일 전도금을 미반납하고 유용

• 음주사고건에 대해 면책금(선수금)을 개인통장으로 받아 일정

기간 유용

- 특정 병원·업체에 사고건 몰아주기를 통한 금품 수수
- 지급보험금 대리수령을 통한 횡령
- 장기 미결건에 대한 허위 지급 종결
- 구상 환입금, 보험금 지급후 회수한 도난차량의 매각대금을 횡령·유용

 **사례 7** **외부인에 의한 보험사기 사고**

1. 사고개요

▶ 경기 광명·서울 금천 일대에서 활동하고 있는 조직폭력배들이 차량에 고의로 부딪히거나 가·피해자 등 역할을 분담하여 상호 교통사고를 내는 수법으로 총 72회에 걸쳐 10억 원 상당의 보험금을 편취하였다.

▶ 김○○ 는 6남매와 그 배우자 4명 및 지인들을 동원하여 다수의 보장성보험을 집중적으로 가입케한 다음 보험계약 체결후 근접시점에 고의 교통사고 야기, 재해사고 위장 등을 통해 23회에 걸쳐 3억 원 상당을 편취하였다.

▶ 의사 A씨는 본인이 운영하는 병원에 입원한 교통사고 환자 치료시 물리치료 등의 진료횟수를 부풀려서 보험회사에 진료비를 허위·과다 청구(약 3년 8개월간 1,392회, 약 9,000만 원)하였다.

▶○○내과 원장인 조○○은 질병보험에 가입한 224명과 공모하여, 이들에게 허위의 입원치료확인서를 발급하고 22개 보험회사로부터 12억 원 상당을 편취하도록 하고 자신도 국민건강보험공단 기금 7,000여만 원을 상습 편취하였다.

2. 사고수법

▶외부인의 보험사기에는 다음과 같은 수법이 사용되고 있다.

• 지역의 조직폭력배를 중심으로 모집인, 렉카기사, 병원관계자 등이 역할을 분담하여 고의사고를 유발하고 보험금을 편취

• 가족, 친인척 등이 공모하여 특정질병을 조작하거나 다수의 상해보험에 가입한 후 반복적으로 미끄러지거나 넘어지는 방법으로 보험금을 편취

• 교통사고환자 전문병의원에서 허위 입원, 과잉진료, 서류조작 등의 방법으로 의료비를 부당청구하여 편취

• 고액 입원급부 담보상품 집중가입후 근접시점에 보험사고를 유발하여 특정병원에 장기 입원

• 정비업체에서 차량수리비를 부당청구하여 횡령

• 질병보험상품에 다수 가입후 의사 등과 공모하여 입원기간 조작, 과잉 진료, 병명 허위진단 등의 방법으로 보험금을 편취

• '가족한정' 또는 '26세한정운전특약' 등 피보험자한정운전특약에 가입한 후 피보험자가 아닌 자가 운전하여 사고가 나거나 또

는 무면허운전 등의 경우 사고에 따른 형사처벌을 모면하기 위
하여 운전자를 바꿔치기한 후 보험금을 편취

NOTE

자동차보험과 관련한 내부인의 사고보다는 조직적으로 이루어지고 있는 외부인의 보험사
기가 더욱 큰 문제이다. 최근에는 가족은 물론 조직까지 동원하는 보험사기 유형도 적지
않게 발생되고 있다. 이런 보험사기는 범죄행위이기도 하지만 궁극적으로 선량한 보험가입
자와 국민의 피해로 돌아간다. 감독당국은 사법당국과 공조하여 보험사기 방지를 위해 다
각적으로 노력하고 있다.

참고 5-2

보험사기 현황 및 대응

1. 보험사기 적발 현황

▶우리나라는 1990년대 후반 들어 보험사기가 이슈화되기 시작하였으며, 특히 외
환위기 이후 생계형 보험사기가 증가

• 보험사기 건수나 금액이 지속적으로 증가하고 있고 그 수법도 더욱 조직화·지
능화되고 있음

▶지난 5년간 보험사기 적발현황을 보면 적발건수는 4.1배, 적발금액은 4.5배
증가

• 감독당국, 보험회사 등의 보험사기에 대한 관심 제고와 전산 인프라의 구축 등
으로 적발률이 증가한 데도 원인이 있으나, 근본적으로는 보험사기가 지속증가
한 때문임

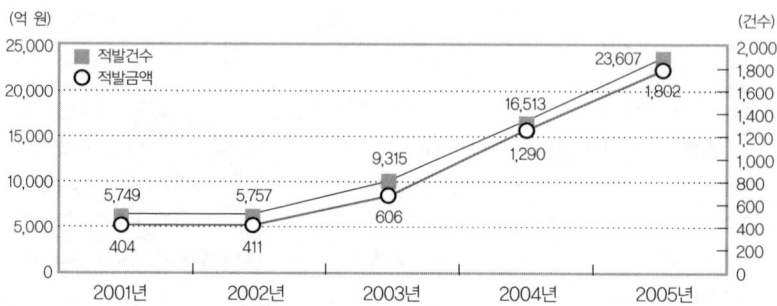

연도별 보험사기 적발건수 및 적발금액

단위: 건, 억원

(억 원)
(건수)

■ 적발건수
○ 적발금액

23,607
1,802
16,513
1,290
9,315
5,749   5,757   606
404   411

2001년   2002년   2003년   2004년   2005년

2. 보험사기의 영향

▶보험사기가 보험회사에 미치는 영향

• 보험료 및 보험금 누수로 인한 경영 악화 소지

＊보험개발원에 의하면 보험금 사기규모 1조 3,871억 원, 고지의무 위반으로 인한 보험료 사기규모 2,698억 원을 합하여 연간 보험사기 규모 총액은 1조 6,569억 원으로 추정

• 보험사기 증가시 보험금 누수를 줄이기 위해 지급심사를 강화하게 되면 고객민원이 늘어나는 등 이미지 손상 초래

▶보험계약자에 미치는 영향

• 보험사기는 보험요율의 인상을 초래하여 전체계약자의 보험료 부담을 가중

＊국민 1인당 보험사기로 부담하는 금액은 3만 5,000원 정도이며, 만약 보험사기를 방지할 경우 평균 2.7%의 보험료 인하 효과 예상

• 보험회사가 보험판매를 제한하거나 인수를 거절하는 현상이 심화될 경우 선량한 사람이 리스크에 무방비로 노출되는 등 시장실패로 이어질 수 있음

▶사회·경제적 측면

• 보험급부라는 금전상 이익을 얻기 위해 생명과 재산을 고의적으로 살상·훼손하는 등 건전한 윤리의식 및 가치관 저해

• 생계형 보험사기 증가에 따른 동조화 현상은 범죄자를 양산하고 준법의식 약화

• 국가경제적 측면에서도 보험금을 노린 인명 손상, 기기 파괴, 방화 등으로 인적, 물적 자원 낭비 유발

우리나라의 보험사기규모 추정

단위: 억원

구분	생명보험		손해보험		보험전체	
	보험료	보험금	보험료	보험금	보험료	보험금
보험전체실적	537,504	316,211	203,157	126,310	740,661	442,521
위험담보실적1)	122,157	48,199	116,439	77,660	238,596	125,859
보험사기규모	1,688	6,180	1,010	7,691	2,698	13,871
사기비율2)	1.4%	12.7%	0.9%	9.9%	1.1%	11.0%

주1) 보험전체실적에서 저축부분을 제외한 실적(2004 회계연도기준)
  2) 보험사기규모/위험담보실적
자료 : 보험개발원

3. 보험사기 대응 현황

▶보험사기방지 전담조직 설치 및 보험사기인지시스템 구축

 • 보험사기 방지업무를 효과적으로 수행하기 위해 1999년 1월부터 금융감독원 내에 전담조직(2005년 말 현재 1실 3팀 15명으로 운영중)을 신설

 • 2003년 12월 보험사기 조사업무를 획기적으로 개선한 보험사기인지시스템을 구축

▶보험사기 방지업무 모범규준 제정

 • 보험회사로 하여금 보험사기 예방 및 관리에 활용할 수 있도록 보험사기 방지업무 모범규준*을 마련하도록 지도

   * 보험사기방지에 관한 회사 차원의 기본전략 수립 · 회사내규 제정, 회사내 총괄기구 · 전담조직 설치 · 신고센터 설치, 조사요원에 대한 교육훈련, 공로자에 대한 포상제도, 보험사기방지를 위한 홍보활동 등의 내용 포함

▶사법당국과의 공조

 • 보험사기인지시스템 등을 통해 확인된 보험사기 혐의내용을 검찰 · 경찰 등 사법당국에 수사의뢰하는 등 협조관계 유지

보험사기 관련기관 역할분담

구 분	주요역할
금융감독원	▶조사업무 주관 • 보험사기 관련 정보 수집 및 집적 • 수집된 정보의 정밀분석을 통한 혐의 포착 • 조사업무 관련 인프라 구축 • 주요 문제분야에 대한 기획조사
보험회사	▶실질적 조사 실시 • 보험사기 방지 및 조사 • 보험범죄 인지보고 및 조사결과 보고 • 수사의뢰 및 수사결과 보고
보험협회	▶보험사기 조사 및 수사업무 지원 ▶교육 · 홍보 등 보험사기 예방활동
보험개발원	▶보험사고정보시스템 운영 ▶통계제공, 조사기법 연구, 세미나 개최 등

 **보험대출 관련 사고**

1. 사고개요

▶○○화재 수도권 지점에서 전문사기단이 부동산등기부등본에서 확인한 성명 및 주민등록번호를 이용하여 자동응답전화(ARS)로 보험계약 사항을 확인한 후 위조된 운전면허증을 만들어 계약자로 행세하며 약관대출을 받아 횡령하였다.

▶설계사들이 계약자가 맡겨둔 신분증을 이용하여 보험회사 카드

를 발급받은 후 현금자동지급기(ATM/CD기)를 통해 약관대출을 받아 횡령하였다.

▶2001년 10월~2002년 3월 기간 중 ㅇㅇ보증보험에서 보증보험 증권 발급 담당자가 평소 친분이 있는 대출 부적격자에게 소액 대출보증보험 증권을 부정 발급하여 대출을 받게 한 후 대출금을 직접 사용하였다.

▶◇◇보험회사 설계사는 계약자의 신용정보를 계약자 동의없이 이용하여 '전화로 대출(ARS대출)'을 통해 수백만 원을 대출받아 사적인 용도로 횡령하였다.

▶ㅁㅁ보험회사의 창구업무 담당자는 계약자 ㅇㅇ명의 약관대출 상환 원리금을 창구에서 수령하고 영수증을 발급한 후, 당일 취소 후 누락시키는 방법으로 수십만 원을 횡령 및 유용하였다.

▶▽▽보험회사의 대출담당자는 기신용대출자의 대출한도 범위내에서 본인의 권한을 이용하여 임의 추가대출을 받아 제3의 계좌로 송금한 후, 이를 주식투자 및 채무상환 등 사적용도로 사용하였다가 일정기간 후 이를 원상복구 하는 방법으로 수백만 원을 유용하였다.

2. 사고수법
▶대출금 횡령에는 다음과 같은 수법이 사용되고 있다.
• 설계사가 고객정보 및 고객이 맡긴 신분증을 이용하여 보험회사의 대출카드를 발급받아 대출금 횡령

- 설계사 및 내근직원이 대출금 회수 및 이자를 대리수령 후 횡령 및 유용
- 채권 담당자가 장기 방치된 부실채권 회수 후 횡령 및 유용
- 제3자가 신분증 및 대출서류를 위조하여 대출금 수령
- 대출담당직원이 사채업자를 통하여 대출신청서류(인감증명서 등)를 위조한 후 부동산담보대출을 신청하여 횡령
- 내부직원이 고객서류를 조작하여 추가대출을 발생시켜 횡령 및 유용
- 대출자 본인이 제반서류를 구비하여 주었지만, 제3자가 자필서 명을 하여 대출받아 사용
- 제3자가 임의로 대출서류 구비하여 불법 개설한 은행계좌로 송 금받아 횡령

NOTE

보험회사의 경우 의외로 보험대출과 관련한 사고가 적지 않게 발생하고 있다. 대출심사, 대출승인, 대출실행의 과정에 무슨 문제가 있는지 내부통제 운용의 유효성을 정밀 재점검 하여 재발방지를 기할 필요가 있다.

 **사례 9** **부동산 관련 사고**

1. 사고개요

▶○○화재 △△본부 직원은 외환위기 이전 임차한 사무실의 지급 보증금을 월세로 전환하는 과정에서 회사 직인을 도용한 후 임대 인에게는 보증금을 월세로 전환하는 계약을 체결하고 전산상에는 이를 반영하지 않고 그 차액 수억 원을 횡령하였다.

▶◇◇생명보험 팀장은 부동산 매각과 관련하여 거래대금을 축소 하여 약정한 후 그 사례금으로 수천만 원을 수령하기로 하였으 나 사전 발각되어 무산되었다.

2. 사고수법

▶다음과 같은 수법이 사용되고 있다.

• 임차 업무 담당자가 만기된 임차보증금 회수후 미입금하여 횡 령 및 유용

• 임차보증금을 임의로 월세 전환후 보증금 차액을 횡령 및 유용

• 제반공사와 관련된 업체선정시 수의계약에 의한 사례금 수수

• 사무실 임차보증금 회수지연 조건으로 업무담당자가 현금 수수

• 회사부동산 처분시 시가보다 낮게 계약체결하고 차액을 횡령

 **사례 10** 자산운용 관련 사고

1. 사고개요

▶2000년 9월~2002년 5월 기간 중 ○○보험 예·적금 담당자가
정기예금을 만기해지 처리하면서 원금 및 이자를 회사에 입금하
지 않고 횡령하였다.

▶2003년 1월 ◇◇보험 구상팀 담당자(지점감사인, 인장관리자)가
직위를 이용하여 회사 구상금 담보물로 ○○은행에 보호예수중
이던 무기명예금 14억 6,000만 원을 무단 인출하여 횡령하였다.

2. 사고수법

▶다음과 같은 수법이 사용되고 있다.

• 예·적금 담당자가 정기예금, 금전신탁 등 제예금을 만기해지
  처리 하면서 원금 및 이자를 회사에 입금하지 않고 횡령

• 약속어음, 당좌수표를 임의발행하여 횡령

• 증권회사에 예탁한 주식 및 채권, 양도성예금증서 등 유가증권
  을 임의 매각하여 횡령

• 외부 금융회사와 공모하여 유가증권거래 조작을 통한 횡령

• 공금을 이용한 주식거래 및 개인용도로 유용

5. 증권부문 금융사고

 **사례 1** 예탁유가증권 횡령

1. 사고개요

○○증권 주식결제부 직원 2명은 서로 공모하여 2003년 10월~
2004년 10월 기간 중 증권예탁결제원에 예탁된 법인고객의 상장
주식 2개 종목 43만 주(74억 원 상당)를 5개 증권사에 개설된 사고
자 명의 증권계좌로 이체 또는 현물 출고하는 방법으로 횡령하
였다.

2. 사고수법 및 특징

▶사고자는 담당책임자가 직접 관리하여야 할 예탁유가증권의 입
출고업무 처리용 예탁자 통신시스템 단말기(SAFE, 증권예탁결
제원 운용)의 책임자카드와 비밀번호를 평소에 본인에게 맡겨
업무를 처리토록 하는 점을 이용하여 책임자 승인까지 직접 실
행하였다.

▶사고자들이 횡령사실을 은폐하기 위하여 SAFE단말기의 조회화
면을 컴퓨터로 내려 받아 횡령사실이 표시되지 않도록 조작한
후 동 화면을 출력하여 담당책임자에게 매일 허위 보고하였음에
도 담당책임자는 형식적으로 확인하였다.

▶준법감시인은 결제업무 관련 일상 모니터링 책임이 주식결제부 책임자에게 위임되어 있다는 이유로 주식결제부의 '일별 준법감시 체크리스트'만을 형식적으로 확인하였을 뿐 실질적으로 주식결제부 내에서 준법감시업무가 제대로 이루어지고 있는지 여부에 대한 점검을 소홀히 하였다.

 ## 고객 주식 임의매도 및 횡령

1. 사고개요

○○증권 △△지점 직원은 본인의 선물옵션거래자금을 마련하기 위하여 2003년 9월~2005년 2월 기간중 13개 고객계좌에 있던 주식을 임의매도하고 매도대금을 6회에 걸쳐 15억 원을 횡령하였다.

2. 사고수법 및 특징

▶사고자는 우수고객 사은행사가 있다며 고객을 내점하게 한 후 고객계좌에 입금된 상금의 출금에 필요하다며, 출금전표에 성명, 비밀번호, 인장 등을 기재 및 날인하게 하고 금액은 사고자가 임의 기재하거나, 기재금액에 숫자를 보충하는 방법을 사용하였다.

▶사고자는 횡령사실 등을 은폐하기 위하여 고객이 잔고통지를 받지 않는다는 우편 잔고통보사절원을 제출하거나 홈트레이딩시

스템(HTS) 등록을 하면 수수료가 할인된다고 속여 잔고통보가
되지 않도록 하였다.

▶지점에서는 고객의 우편 잔고통보사절원을 등록하면서 계좌명
의인에 대한 직접 확인을 하지 않았으며, 서명거래 고객임에도
불구하고 명의인을 확인하지 않고 사고자가 위조 서명한 출금전
표를 받아 출금처리 하였다. 또한 잔고통보가 반송되어 반송계
좌로 등록된 고객에 대해 본인에게 확인하지 않고 사고자가 '주
소 정상'으로 반송계좌 등록을 해지하였다.

 **사례 3 회사자금 횡령 · 유용**

1. 사고개요

○○투자신탁운용 경영기획팀 직원은 2001년 6월~2004년 12월
기간 중 고유재산의 운용이자 미입금, 운용보수 과소계상, 자문수수
료 횡령, 허위 직원급여 지급, 협회비 반환금 미입금 등의 방법으로
15억 원(순 횡령액 8억 원)을 횡령 · 유용하였다.

2. 사고수법 및 특징

▶사고자는 1999년 4월부터 6년동안 법인인감 및 사용인감과 은행
통장 관리, 급여 등 주요 경비에 대한 자금지출업무와 회계처리
업무를 겸무하면서 다음과 같은 방법으로 회사자금을 횡령 · 유

용하였다.

- 고유자금의 운용이자 미입금(6건, 1억 원)

- 예탁금 이용료 미입금(2건, 400만원)

- 용역비 조기인출 유용(1건, 5,000만 원)

- 운용보수 과소계상 및 누락(7건, 1억 2,100만 원)

- 협회비 조기인출 유용 및 반환금 횡령(3건, 1억 4,800만 원)

- 임원퇴직금 과다청구 유용(2건, 1억 600만 원)

- 허위 펀드회계감시비 지급(1건, 2,000만 원)

- 허위 직원급여 지급(3건, 1억 원)

- 수입자문료 일부 유용(3건, 4억 2,400만 원)

- 임직원 대출상환금 미입금(4건, 7,600만 원)

- 직원 성과급여에 대한 과다 세금 징수(1건, 2억 3,900만 원)

- 임원 퇴직보험예치금 불법 청구(1건, 1억 4,400만 원) 등

▶이를 은폐하기 위하여 다음과 같은 수법을 사용하였다.

- 전임 담당자의 ID와 비밀번호를 도용하여 전산회계전표를 11회 수정하였고 타 직원으로 하여금 허위의 지출결의서에 3회 서명 토록 함

- 법인인감 및 사용인감 등을 도용하여 횡령에 사용할 법인통장 6 개를 불법으로 개설

- 직원을 허위로 퇴직처리하고 보험사에 퇴직보험을 청구하였으며, 불법 개설한 직원명의 예금통장으로 보험금을 수령

- 수익을 과소계상 또는 비용을 과대계상할 목적으로 전산회계전

표 및 지출결의서를 허위로 작성, 수정, 누락, 삭제하는 등 총
33회에 걸쳐 회계를 조작

 **사례 4 부당 채권 파킹거래**

1. 사고개요

○○증권 채권부장은 회사의 상품채권 보유한도(300억 원) 초과
를 회피하기 위하여 2001년 9월~2001년 10월 기간 중 총 11회에
걸쳐 채권 1,100억 원을 5개 금융회사에 파킹[47]하였으나 금리상승으
로 동 채권을 재매입하여 처분하는 과정에서 2억 1,900만 원의 손실
이 발생하였다.

2. 사고수법 및 특징

▶사고자는 상품보유 한도초과를 회피하기 위하여 회사에 보고나
 승인없이 다음과 같은 방법으로 파킹거래를 하였다.

- 2001년 9월 19일 ◇◇생명에 채권 100억 원을 6.25%로 매도하였다가 2001년 9월 25일 6.25%+1bp(6.26%)로 재매수하여 ㅁㅁ증권에 6.20%로 매도하여 2,000여만 원의 매매이익을 실현하였다.

- 2001년 10월 17일 ◇◇생명에 채권 100억 원을 5.57%로 매도하였다가 2001년 10월 18일 5.58%로 재매수하여 ○○증권에 5.85%로 매도하여 1억 2,000여만 원의 매매손실을 실현하였다

NOTE

채권거래에서 일부 행해지는 불법파킹거래는 손실허용한도를 초과하거나 관련자들이 자진 신고하지 않는 한 발견하기 어렵다. 리스크관리 및 자금결제를 담당하는 후선부서의 각별한 관찰이 요청되며 영업담당자에 대한 정기적인 교육도 중요하다.

 **사례 5** **채권이자소득세 환급금 횡령**

1. 사고개요

○○자산운용 감사팀장은 2005년 8월 회사 고유계정으로 환급된 신탁 재산의 채권이자 소득세 28억 원을 신탁계정에 이체하지 않고 인터넷뱅킹을 통하여 사고자 본인 및 가족계좌로 송금하여 횡령하였다.

2. 사고수법 및 특징

▶사고자는 이자소득세 원천징수 환급금이 정기적으로 세무서에
서 회사 명의의 예금계좌로 입금되는 것을 알고

• 먼저 사고자가 주장하여 2005년 7월 28일 회사의 이자소득세
환급업무만 통장입출금 방식에서 인터넷뱅킹 방식으로 전환하
도록 한 다음 동 세금환급업무를 자신이 담당하도록 직무를 변
경하였다.

▶사고자는 인터넷뱅킹 개설시 은행으로부터 수령한 보안카드의
번호를 도용하여 본인이 관리하는 통장 비밀번호, 공인인증서
비밀번호 외에 도용한 보안카드번호를 동시에 사용하여 인터넷
뱅킹을 통하여 자금을 횡령하였다(보안카드번호 관리는 다른 부
서 소관임).

▶인터넷뱅킹의 정식절차

i) ID, 통장비밀번호, 공인인증서 비밀번호 입력(감사팀장)

ii) i)의 실행사항 확인후, 보안카드번호 입력(기획관리팀장)

NOTE

사고자는 ◇◇자산운용에 근무하다 회사가 ○○자산운용에 합병되자 어수선한 분위기를
이용하여 치밀한 계획하에 사고를 저지른 것으로 나타났다. 회사의 자금관리에 대한 이중
견제장치를 철저히 점검할 필요가 있다.

 **사례 6** 고객자금 횡령

▶ ○○증권 부장은 2003년 10월 법인고객인 △△대학교(대리인 : 사무처장)로부터 20억 원을 수표로 수령한 후 동 자금을 고객계좌에 입금하지 아니하고 횡령하였다.

▶ ◇◇증권 대리는 △△신협에서 35억 원, ××신협에서 127억 원을 ◇◇증권사의 금융상품계좌에 입금하여 줄 것을 요청받았으나 이를 개인계좌로 입금하여 횡령하였다.

▶ □□증권 지점장은 2001년 12월부터 △△신협의 자금담당 상무를 방문하여 수십 번에 걸쳐 입금자금을 수표로 수령한 후, 동 증권사에 개설된 △△신협 수익증권계좌에는 입금하지 않고 수억 원을 횡령하였다.

▶ ○○증권 촉탁직원과 사원은 법인고객 2개사로부터 수익증권 매입자금으로 40억 원을 파출수납하여 계좌에 입금하지 않고 횡령하고 고객에게는 위조통장을 교부해 주었다.

▶ ◇◇증권 차장은 일임자문계약 거래가 있던 □□회사와의 일임자문계약(2002년 10월~2003년 10월)이 만료된 후에도 □□회사의 주요주주와 사적으로 자문계약 관계를 유지해오던 중 옵션거래를 위한 대용증권으로 예치된 □□회사 주식 70만 주(17억 원 상당)를 10여회에 걸쳐 임의매도후 횡령하였다.

사례 7 기타 금융사고

▶ ○○증권 지점장은 2000년 7월부터 고객 12명으로부터 월 1%~
1.5%의 이자를 지급하겠다는 각서를 교부하고 총 67억 원의 자
금을 수령한 후 차명계좌를 통하여 주식 및 선물·옵션계좌에
투자하다가 44억 원의 손실이 발생하였다.

▶ ◇◇증권 감사팀장은 2002년 4월 자신의 감사업무용 단말기에
입출금 기능이 부여되어 있는 점을 이용하여 위탁자 △△△등 7
개 계좌에 총 5억 9,000만 원을 허위 입금처리한 후, 당일자에 동
금액을 위탁자 △△△의 은행계좌로 이체한 후 이를 계좌명의인으
로 하여금 출금토록 하는 방법 등으로 횡령하였다.

▶ ○○증권 영업부 대리는 2002년 8월 자신의 업무용단말기로 □
□투신운용 등 8개 법인고객 계좌의 계좌정보를 알아내고, △△
정보통신 주식 작전세력이 매집한 주식을 매각해 줄 목적으로
□□투신운용 명의의 사이버주문계좌를 임의로 등록한 후 동 계
좌를 통해 △△정보통신 주식 500만 주(126억 원 상당)를 매수주
문하여 전량 체결토록 하였다.

▶ ○○증권 지점장은 2005년 2월 꼬객으로부터 포괄 일임을 받은
계좌에서 손실이 발생하자 이를 보전하기 위해 (주)□□테크 대
표이사와 동사 발행 약속어음 3매(액면금액 00억 원)에 ○○증권
△△지점 지점장 명의의 직인과 명판을 배서한 후 이를 사채시

장에서 할인하여 각각 수십억 원씩 사용하고 만기시 상환키로
하였으나 어음할인과정에서 사채업자가 이를 이상히 여겨 회사
에 문의하면서 사고는 미수에 그쳤다.

> **NOTE**
>
> 증권사의 경우 가장 문제가 되는 것은 임직원의 불공정행위이다. 그러나 드문드문 횡령 등
> 의 사고가 발생하고 있는데, 시장의 호황 불황 등에 따라 사고의 증감여부를 분석하는 등
> 내부통제 수준을 조절할 필요가 있다.

6. 전자금융관련 금융사고

 **사례 1** 내부직원에 의한 인터넷뱅킹 사고

1. 사고개요

○○은행 전산부서 직원이 고객의 계좌번호, 비밀번호 등을 도용
하여 인터넷뱅킹을 이용해 3개 법인고객의 계좌에서 수억 원을 다른
은행의 예금계좌로 이체하고, 이중 일부를 인출하였다.

2. 사고수법 및 특징

▶사고자는 무단 작성한 프로그램을 이용하여 PC뱅킹원장(인터넷

뱅킹과 공용), 보통예금 및 자유저축예금 원장의 백업파일(보고
서 추출용)에 불법으로 접근하여 인터넷뱅킹 거래에 필요한 고
객의 자료(계좌번호, 계좌비밀번호, 사용자번호, 사용자 암호,
계좌이체 승인암호)를 입수하였다.

▶계좌추적을 어렵게 하기 위해 중간 연결계좌를 선정하고, 모 지
역 소재 PC방에서 인터넷뱅킹으로 입·출금 거래를 하였다.

▶위의 수개 계좌에서 수십건의 입출금 거래를 실행하여 최종적으
로 ◇◇은행 1개 계좌로 수억 원을 입금한 후, 공범과 범인이 ◇
◇은행 3개 지점에서 현금으로 인출하였다.

NOTE

이 사고는 자금을 불법 인출 당한 법인고객이 이의를 제기함으로써 발견되었다. 사고자는
제3자가 별도의 승인절차 없이 테스트시스템을 이용하여 실제시스템에 저장되어 있는 인
터넷뱅킹 고객원장의 백업용 임시화일에 접근할 수 있고 암호 및 복호화용 프로그램을 통
제없이 사용할 수 있다는 허점을 악용하였다.

 **개인신상정보 부정 유출 사고**

1. 사고개요

2004년 1월 P씨 등 일당 13명은 카드사 고객의 개인정보를 입수
한 뒤 신분증을 위조하여 ○○은행에서 예금통장을 재발급 받아 치

과의사 L씨의 예금통장에 있던 1억 5,000여만 원을 인출하는 등 총 5억 6,000여만 원을 불법 인출하였다.

2. 사고수법 및 특징

▶2003년 9월 P씨는 인터넷 포털 ㅁㅁ카페에 개인 신상정보와 위조 주민등록증을 거래한다는 광고를 통해 C씨 등을 끌어들여 범행을 공모하였다.

▶C씨는 친구 사이인 모 카드사의 영업사원으로 근무한 바 있는 Y씨로부터 카드 고객 30여 명의 카드 신청서를 건네받아 P씨에게 넘겨 주고, 범행에 성공할 때마다 10~20%를 대가로 받았다.

• Y씨는 2002년 8월부터 1년여 동안 모 카드사 영업소에서 카드 고객을 모집하는 아르바이트 사원으로 근무했고, C씨에게 개인 정보를 넘겨준 뒤 회사를 그만 두었다. 빼돌린 명단은 의사, 변호사 등 전문직종 고객들만 따로 묶은 파일 형태였는데, 카드회사들은 파일이 없어진 사실을 모르고 있었다.

▶P씨 일당은 C씨 등으로부터 받은 개인정보를 이용해 건당 50만~120만 원을 주고 주민등록증을 위조한 후, 30대 후반~40대 초반의 피해자와 비슷한 나이의 공범을 내세워 가짜 주민등록증과 개인정보를 토대로 은행통장을 재발급 받은 후 텔레뱅킹 등으로 다른 지점으로 돈을 이체한 후 인출하였다.

 **기타 인터넷뱅킹 사고**

▶인터넷뱅킹 정보 해킹 사고

• ○○대학 2학년생인 △△△는 ○○대학의 인터넷 전용 컴퓨터
에 침입하여 동 컴퓨터의 프로그램중 타 컴퓨터로 직접 연결할
때 사용되는 TELNET이라는 프로그램을 자신이 개발한 프로그
램으로 대체하여 이용자가 입력하는 모든 내용이 자신의 디스
크로 저장되도록 하였다.

• 사고자는 동 컴퓨터를 이용하여 PC뱅킹에 접속하는 사람들의
비밀번호 등 개인정보를 절취하여 다수의 예금계좌에서 돈을
인출하였으며, 컴퓨터 판매상으로부터 노트북 컴퓨터를 구입하
고 계좌송금하는 과정에서 발각, 구속되었다.

▶은행 출입 외부 용역직원에 의한 사고

• ◇◇은행 전산관련부서 외부 용역직원이 은행 서버에 보관되어
있던 인터넷뱅킹 관련 정보를 습득한 후, 인터넷뱅킹을 이용하
여 총 4회에 걸쳐 4,000여만 원을 다른 은행의 예금계좌로 송금
한 사실이 발각되어 구속되었다.

▶인터넷뱅킹 관련 정보 노출

• ㅁㅁ은행은 고객으로부터 자신도 모르게 인터넷뱅킹을 통하여
예금이 인출되었다는 항의를 받고 거래내역 및 자금의 입금경
로 등을 조사하여 확인한 결과, 고객의 인터넷관련 정보가 친구

에게 노출되어 친구가 무단으로 인터넷뱅킹을 이용한 것으로 확인되었다.

▶대출알선업자에게 정보를 제공하여 발생한 사고

• ○○은행은 고객으로부터 자신의 계좌에서 인터넷뱅킹을 통하여 예금이 무단 인출되었다는 항의를 받고 고객의 거래 형태 등을 조사한 결과, 고객이 지역신문 광고를 보고 인터넷대출을 받기 위하여 대출 알선업자에게 인터넷뱅킹 관련 정보를 제공하였으며, 대출알선업자가 이들 정보로 인터넷뱅킹을 사용한 사실이 확인되어 대출알선업자를 경찰서에 신고하였다.

▶이메일을 통한 해킹 프로그램 유포하여 인터넷뱅킹 관련 정보 해킹

• △△△는 본인이 개발한 해킹 프로그램을 PC방에서 email에 첨부하여 발송한 후, 상대방이 email을 보는(여는) 순간 해킹 프로그램이 PC에 저장되도록 하고 컴퓨터를 켤 때마다 실행되도록 하였다.

• 동 해킹 프로그램은 바이러스 방지 프로그램으로도 체크가 되지 않는 신종 해킹 프로그램으로 컴퓨터에서 일어나는 모든 내용을 지정된 PC로 전송하도록 되어 있으며, △△△는 2개월간 천여 개의 PC통신 ID, 각 은행(거의 모든 은행)의 PC뱅킹 이용자번호, 비밀번호, 계좌번호, 계좌비밀번호, 자금이체 비밀번호 등을 확보하여 다수의 예금계좌에서 수천만 원을 인출하였다.

▶인터넷뱅킹 정보 관리 소홀로 인한 사고

• 사채업자 H씨는 대부업 사무실을 운영하면서 대출의뢰 고객 ○명의 은행계좌와 비밀번호, 보안카드, 인터넷뱅킹 ID와 비밀번호 등의 정보를 건네 받은 뒤 보관하고 있다가 '모 카드사 부도설'이 나돌던 2003년 12월 피해자들에게 전화를 걸어 '카드사가 부도 나면 현금 서비스가 안 될 테니 현금을 찾아 통장에 입금해 놓으라'고 속인 뒤 은행 예금통장에 입금된 1,000여만 원을 인터넷뱅킹을 이용, 무단 인출해 자신의 계좌로 이체하였다.

▶인터넷뱅킹 정보 노출로 인한 사고

• ○○지방경찰청은 신용상태가 불량한 사람들에게 접근, 은행대출을 받게 해주겠다고 속여 인터넷뱅킹 아이디와 보안카드 번호 등을 알아낸 뒤 수차례에 걸쳐 예금을 인출한 혐의(사기)로 A씨 등 ○명에 대해 구속영장을 신청하였다.

• A씨 등은 생활정보지에 은행대출 알선 광고를 낸 뒤 이를 보고 찾아온 K씨로부터 인터넷뱅킹 아이디와 보안카드의 번호 등을 알아내고 이를 이용해 1,900만 원을 인출하는 등 모두 ○명으로부터 같은 수법으로 7,000여만 원을 인출한 것으로 확인되었다.

• 경찰조사 결과 피해자들은 급전이 필요한 상태로 은행권 대출을 받아 돈을 입금하는데 필요하다는 말에 속아 A씨 등에게 인터넷뱅킹 이용시 필요한 정보를 모두 가르쳐준 것으로 드러났다.

 **사례 4   텔레뱅킹 관련 사고 등**

▶ARS센타 도청 사건

• ○○○등은 모 은행 전직 은행장의 명함을 위조하여 은행장 친척을 사칭하면서 동행에서 사용중인 교환기에 관한 자료를 조사한다는 핑계로 ◇◇지역 소재 고객지원실을 방문, 정식 출입 허가를 받아 수차에 걸쳐 ARS 교환실을 출입하였으며, 출입시 담당 책임자가 동행하여 안내 및 감시하였다.

• 며칠 후 담당 책임자가 본점 회의 참석차 자리를 비운 틈을 이용, ○○○등이 다시 찾아와 ARS기계실 출입을 요청하자 다른 직원이 안내하였으며, 감시가 소홀한 틈을 타 ARS 기계장비에 소형 무선 도청장치를 설치, 외부에서 첨단장비로 이를 수신·분석하여 ○○명의 고객계좌에서 3억여 원을 불법 인출하였다.

▶은행 폐기서류를 통한 정보 유출에 의한 사고

• 텔레뱅킹 서비스를 이용하고 있던 B씨 등 ○명은 추가 금융거래 (텔레뱅킹 출금계좌 추가 등록, 예금계좌 개설, 신용카드 입

회신청) 절차를 취하던 중, 신청서 파지 또는 반환된 서류들을 객장에 설치되어 있던 휴지통에 버렸으며, 동 서류에는 주민등록번호, 계좌번호, 전화번호 등 고객의 중요 정보가 기재되어 있었다.

- 동 점포에서는 마감후 이들 휴지를 마대에 담아 바깥 가로수 곁에 모아두었는데, 범인 P씨가 이들을 모두 수거하여 정리, 분석한 다음, 텔레뱅킹으로 고객의 예금을 불법 인출하였다.
  - 은행측 과실 : 휴지 폐기 절차 소홀, 전액 변상
  - 피해자 과실 : 비밀번호를 1111, 주민등록번호 뒷 4자리 등으로 지정하여 사용하고 있었으며, 통장 비밀번호와 텔레뱅킹 인출 비밀번호를 동일하게 설정해 놓고 있어 몇 번 시도 끝에 쉽게 범행이 가능한 상태에 대한 책임

▶ 신규 가입시 본인확인 소홀로 인한 사고

- 사기전과자인 브로커 ○○○은 사채업자와 차주 사이의 거래자금을 편취할 목적으로 사채 취급 신문광고를 게재하여 이를 보고 찾아 온 A씨로부터 주민등록증을 확보한 다음, A를 가장하여 예금계좌를 개설하고 텔레뱅킹도 가입하였다(은행측의 본인 확인 소홀).
- 그후 A를 전주 B에게 소개시켜, 두 사람이 은행에서 사채 거래용 A명의 예금계좌를 개설할 때 옆에서 비밀번호를 알아내었으며, 이들과 헤어진 다음 은행에 전화를 걸어 조금 전 A가 개설한 계좌번호를 알아내어 텔레뱅킹 인출계좌로 추가 등록하였다

(전화로 텔레뱅킹 인출계좌를 등록하도록 허용한 것은 은행측의 업무소홀).

• 며칠 후 전주 B가 위 계좌로 사채 1억 원을 입금하자 이를 텔레뱅킹을 이용하여 편취하였다.

▶내부직원의 정보 유출로 인한 사고

• ◇◇은행 과장은 외부 범인에게 고액 예금주 ○명의 예금계좌번호 및 비밀번호 등을 알려주자 범인은 이들 고객의 주민등록증을 위조하여 신규 예금계좌를 개설한 다음 신규 및 기존계좌에 대해 폰뱅킹거래 신청을 한 후, 고객예금계좌에서 ○○○백만원을 인출하였다(은행이 피해금액을 변상).

▶은행 청경직원에 의한 부정 인출 사고

• ○○지점 청경은 폰뱅킹 사용법을 문의하는 고객에게 동 사용법을 설명을 해 주는 과정에서 여러 명의 고객 비밀번호를 알게 되자, 이를 외부 공범 △△△에게 알려 준 다음 서로 공모하여 1997년 3월~5월 중 K씨 등 3인의 예금 3,500만 원을 불법 인출하였다.

▶내부직원이 공모에 가담한 무단등록

• ◇◇은행 △△지점 당좌담당직원은 외부범인 등과 공모하여, 거래처 ㅁㅁ(주) 명의로 폰뱅킹을 신청한 다음, 정부기관 직원을 사칭하여 인력시장에서 인부 ○명을 차출하는 척하며 이들의 주민등록증을 사취하였다. 이들 인부 명의로 전화를 가입하고 용역회사 직원을 고용하여 사취 주민등록증으로 13개 은행,

33개 점포에서 예금계좌 개설 및 폰뱅킹을 신청하였다.

- 그 후 폰뱅킹을 이용하여 ㅁㅁ(주) 계좌에서 범인들의 가명 및 차명 계좌로 43억 원을 이체한 후 동일자로 9개 은행에서 동시 다발로 거액을 인출과정에서 이를 수상히 여긴 은행 창구직원들의 조회 과정에서 사고로 판명되었다. 미인출 금액에 대해 신속히 지급정지 조치를 하였고, 이런 사실을 모르는 범인이 ㅇㅇ은행 ▽▽지점에서 현금 인출을 시도하려다 창구직원의 기지로 모두 체포되었다.

▶금융회사 직원 공모에 의한 부당 등록

- ㅇㅇ은행 신용관리팀장 C는 외부 공범 P씨부터 소개받은 피해자 M씨에게 "아는 사람이 지점장 승진하려면 예금유치가 필요한데 도와주면 사례하겠다"고 속여 알선책 P씨와 함께 ㅁㅁ농협에 7억 원의 예금계좌를 개설하도록 하였다.

- 행동책 J씨는 계좌개설 다음날 피해자 몰래 미리 위조해 갖고 있던 피해자의 자동차면허증 등으로 텔레뱅킹 서비스를 개설한 뒤 7억 원을 고양, 파주, 의정부 등 우체국에서 현금화해 3,000만 원~2억 원씩 나눠 가졌다.

- ㅁㅁ조합 K과장은 이 과정에서 이들이 위조한 통장을 사용할 수 있도록 손상된 통장 마그네틱을 복구시켜주는 대가로 1억 2,000만 원의 사례금을 받았다.

▶텔레뱅킹 정보 노출로 인한 사고(4건)

- ◇◇은행은 거래고객으로부터 텔레뱅킹을 통하여 자신의 계좌

에서 예금이 부당 인출되었다는 항의를 받고 조사한 결과, 고객의 종업원이 고객의 계좌번호, 텔레뱅킹 비밀번호, 보안카드 등을 무단 확보하고 있다가 급전이 필요하자 텔레뱅킹을 이용하여 예금을 인출한 것으로 밝혀졌다.

• K씨 등은 생활정보지에 '신용불량자 무보증 · 무담보 대출'이란 광고를 낸 뒤 이를 보고 연락해온 B씨 등 100여 명으로부터 신용카드 비밀번호 등을 건네받아 피해자들의 은행예금을 텔레뱅킹으로 자신들의 차명계좌로 이체하는 수법으로 3억여 원을 편취하였다.

• K씨와 S씨는 신용카드 할인업을 하면서 ○백만 원을 할인받으러 찾아 온 C씨로부터 각종 개인정보를 알아 낸 뒤 폰뱅킹으로 C씨의 계좌에서 ○○만 원을 인출하였다.

• L씨는 동업자 K씨의 주민등록번호와 폰뱅킹 비밀번호, 보안카드 암호 등을 알아내 K씨 예금계좌에서 1,000여만 원을 다른 계좌로 이체한 뒤 인출하였다.

 **사례 5** **현금카드 위조 사고**

1. 사고개요

2003년 중 S씨 등 12명은 국내 4개 은행의 현금카드를 위조하여 총 3억 8,000여만 원의 타인 예금을 부당 인출하였다.

2. 사고수법 및 특징

▶S씨 등은 현금카드를 만들 때 사용하는 카드복제기(일명 엔코딩기) 2대를 구입한 뒤 컴퓨터를 활용하여 고객의 정보를 입력하는 수법으로 은행의 현금카드를 위조하였다.

- 전직 은행원 L씨와 C씨에게 돈을 주고 모 은행 고객 300여 명의 정보와 은행 창구의 쓰레기통에 버려진 출금전표를 통해 알아낸 예금계좌 정보를 이용하여 총 300여 장의 위조 현금카드를 만들었다.

- 위조한 타인의 현금카드로 통장 잔액을 확인한 뒤 한번에 70만 원씩 하루 최고 700만 원까지 인출하였으며 범인들은 범행이 쉽게 탄로나지 않도록 하기 위해 중국동포 J씨 등 4명을 고용하여 현금 인출의 심부름꾼으로 활용하였고 전국의 은행점포를 돌면서 예금을 인출하였다.

N o t e

이 사고는 위조방지기능이 취약한 일부은행의 현금카드 시스템을 악용하여 MS(Magnetic Stripe)카드 판독기를 활용해 타인의 현금카드 정보를 분석한 후 현금카드를 위조한 사건이다.

이에 따라 은행들은 2003년 4월부터 불법 복제 및 위조 가능성이 없는 집적회로(IC) 내장 방식의 현금카드를 도입하였다.

 **사례 6 VAN사업자 설치 단말기를 통한 정보유출 사고**

1. 사고개요

2003년 K씨 등 7명은 범행에 이용할 현금인출기(CD기)를 구입해 CD기 내부에 컴퓨터와 CCTV, VTR 등을 설치해 현금카드 정보 및 비밀번호를 입수한 후 현금카드를 위조, 타인예금 약 5,600여만 원을 인출하였다.

2. 사고수법 및 특징

▶이들은 CD기에 처음부터 현금을 넣지 않은 채 운영하면서 고객이 현금인출 시도시 장애가 발생하도록 처리하고, CD기 안의 계측기와 노트북 컴퓨터를 연결하여 CD기 이용고객들의 정보를 디스켓에 저장토록 하여 434개의 계좌에 대한 은행코드와 계좌번호를 카드복제기와 연결해 손쉽게 '쌍둥이 카드'를 만들었다.

▶특히, 현금카드에 비밀번호는 입력되어 있지 않은 점을 알고 비밀번호를 알아내기 위해 폐쇄회로TV를 따로 설치하여 이를 내부에 장치한 VTR과 연결해 고객들이 비밀번호를 입력하는 장면을 24시간 녹화한 뒤 분석하였다.

▶이들은 경찰의 추적을 어렵게 하기 위해 전화와 은행계좌 등을 모두 인터넷을 통해 거래되는 제3자 명의의 속칭 '대포폰'과 '대포통장'을 사용하였다.

 **사례 7** **기타 전자금융관련 사고**

▶PC뱅킹 무단인출 사고

- 범인이 ○○은행 △△지점의 ◇◇증권 당좌예금계좌에서 PC뱅킹으로 공범인 K씨 명의 8개 은행 계좌에 각 5,000만 원씩 4억 원을 이체한 후 1억 6,000만 원은 인출하였으나 나머지 2억 4,000만 원은 회수되었다.

- ◇◇증권에서는 당좌예금이 부당 인출되었다며 경찰서에 고발하였고 공범인 K씨는 검거되었으나 주범(신원미상)을 밝혀내지 못하고 수사가 종결되었다.

- 한편, 주범이 밝혀지지 않고 경찰수사가 종결됨에 따라 PC뱅킹 패스워드의 유출경위가 명확하지 않다는 이유로 ◇◇증권사가 당좌예금 지급소송을 제기하여 법원은 ○○은행에 대하여 1억 5,000만 원의 배상책임을 부과하였다.

▶인터넷에서 금융거래정보 매입후 현금카드 위조

- K씨 등 5명은 인터넷에서 ○○○등 12명의 은행계좌번호 및 비밀번호를 돈을 주고 입수한 뒤 이를 이용해 현금카드를 위조한 후 은행에서 2차례에 걸쳐 600여만 원을 인출하였다. 이들은 현금카드 위조시 위조방지를 위한 난수값을 알아내기 위해 한 계좌당 카드 100매를 제작, 사용하였다.

▶비밀번호 부여 소홀

• L씨는 직장동료 S씨의 손가방에서 현금카드를 훔친 뒤 동 카드를 이용하여 12차례에 걸쳐 S씨의 계좌에서 360만 원을 인출하였다.

• L씨는 평소 S씨와 사이가 좋지 않던 차에 자신이 알고 있는 S씨의 휴대전화 비밀번호와 현금카드 비밀번호가 같다는 사실을 알고 신용카드 빚을 갚기 위해 친구와 같이 범행을 저질렀다.

▶유사 인터넷 사이트를 개설하여 개인정보 수집 후 사기

• 홍콩 해커가 국내 개인 컴퓨터를 해킹하여 세계 최대 전자상거래 회사인 '이베이'의 전자거래 사이트를 모방한 사이트를 인터넷을 통하여 개설하고, 사이트에 접속하는 사람들에게 신원정보 및 신용카드번호 등의 입력을 요구하여 수집한 금융관련 개인정보를 암거래하였다.

• 피싱(phishing : private data fishing)이라 불리는 이러한 사이버 금융사기는 아직 규모가 크지 않지만 위험수위가 높아질 것으로 전문가들은 예상하고 있다.

▶은행을 가장한 e-mail을 발송하여 개인정보 수집 후 사기

• 해외 해커가 외국의 ○○은행 사이트와 유사한 웹사이트로 오인되도록 이메일 주소를 사용하면서 '○○은행 고객님께'라는 제목으로 ○○은행 로고가 들어간 이메일 등을 통하여 전자금융거래고객에게 발송하였다.

- 동 e-mail을 보고 접속한 ○○은행의 고객들에게 계좌정리 등을 위하여 필요하다며 계좌정보 및 비밀번호를 요구한 후, 이들 고객들로부터 수집한 금융거래관련 개인정보(계좌정보 및 비밀번호 등)를 인터넷에서 암거래를 시도하였다.

▶은행 컴퓨터 해킹후 신용카드 위조

- 인도 출신 컴퓨터 기술자 M씨는 영국의 ○○은행, 홍콩의 ㅁㅁ은행, 미국의 ◇◇은행 등 세계 주요 은행 컴퓨터를 해킹하여 고객의 신용카드 정보를 빼낸 후, 신용카드 50여 장을 위조하여 미화 20만 달러 상당을 편취하였다.

인터넷뱅킹 허점을 이용한 피싱 수법(예시)

인터넷에 국내 유명은행 가짜 사이트 개설

'은행계좌에 잔금이 있으면 대출 가능하다'는 광고를 통해 가짜 사이트로 유인

피해자가 가짜사이트에 접속, 대출을 위한 금융정보 입력

은행 여직원을 사칭해 전화를 걸어 대출정보 확인, 보안 코드 번호 등을 확보

피해자의 진짜 은행계좌에서 인터넷 뱅킹으로 잔고 인출

PART **6**

금융사고의
원인 진단

우리는 지금까지 갖가지 유형의 금융사고를 살펴보

았다. 금융권역 구분없이 발생되고 있는 사고를 살펴보았으니 이제 그

원인이 무엇인가를 진단해 보아야 할 순서이다. 사고발생의 원인을 정확하게 알아야

그에 맞는 적절한 처방을 찾아낼 수 있을 것이다.

그동안 금융사고가 발생할 때마다 사안별로 원인을 언급하여 왔으나 명확하게 "이것 때문에 사고가 발

생했다"라고 밝혀내는 것은 사실상 어려웠다. 그 이유는 대부분의 금융사고가 한두 가지 만의 사유보다는

복합적인 원인에 의해 일어나고 있기 때문이다. 일반적으로 지목하고 있는 원인은 윤리의식 약화 및 애사심 결

여, 고용불안 및 과도한 성과주의에 의한 신분상 불안, 조직의 내부통제시스템 운영상 결함 등이다. 그 외에도 갖

가지 내 · 외부 환경적 요인도 빠짐없이 거론되고 있다. 어떤 경우에는 사고원인이 너무 다양하게 제기됨으로써

오히려 진정한 원인을 놓치는 것이 아닌가 하는 생각이 들 정도이다.

어쨌든 원인 없이 불이 날 리도 없을 텐데 원인이 그 만큼 다양하다면 처방도 쉽지 않다는 것을 암시하고 있

다. 여기서는 그동안의 사고사례에서 제기된 사고원인은 물론 감독 · 검사업무 수행상의 경험을 망라하

여 보다 폭넓게 원인을 찾아보려고 한다.

1. 내부통제시스템 무엇이 문제인가

금융사고가 발생하기만 하면 그 원인으로 가장 먼저 지목되는 것이 내부통제시스템 문제이다. 그러면서 시스템은 잘 구축되어 있으나 운영상의 잘못으로 사고가 발생하고 있다는 평가가 많다.

이러한 평가에 대해 일면 수긍을 하면서도 보다 근원적인 분석은 이루어지지 않고 있다고 생각된다. 내부통제시스템은 앞서 제3장에서 살펴보았듯이 편의상 시스템구축이라는 하드웨어적인 측면과 운영이라는 소프트 측면으로 구분할 때 두 가지 모두가 효율성을 갖출 때만이 소기의 성과를 발휘할 수 있다.

요컨대 제대로 설계된 시스템을 바탕으로 내부통제 운영 주체들이 각자의 역할을 적절하게 수행할 때 리스크 관리가 제대로 이루어지고 금융사고와 같은 부정한 일이 발붙일 수 없을 것이다.

그러므로 금융사고가 발생하는 것은 금융업무에 대한 일반적인 리스크 관리 실패와 같이 특정부문, 그러니까 내부통제 부문에 하자가 있기 때문이라고 생각된다. 그렇다면 내부통제시스템의 하자 또는 실패의 원인이 그간의 일관된 지적처럼 반드시 내부통제 운영상의 오류에만 있는 것인가 하는 것은 되짚어 볼 필요가 있다.

(1) 시스템은 완벽할 수 없어

우리가 내부통제시스템이라고 일컬을 때 시스템은 어떤 의미를 갖고 있는 것일까? 공학도의 말을 빌리면, 시스템은 일종의 확률과 같은 구조라고 설명하고 있다. 이는 어떠한 사실 혹은 사건이 일어날 수 있는 가능성을 전제하여 사건의 발생 자체를 확률적으로 최소화하려는 것이 시스템이라는 설명이다.

달리 말하면 시스템은 아무리 정교하게 설계한다고 하더라도 사건의 발생 자체를 제로확률에 이르게 하는 것은 어렵다는 얘기가 될 수 있다.

이를 금융회사의 내부통제시스템에 대입해 보면 아무리 정교하게 시스템을 구축하더라도 완벽을 기할 수 없다는 현실과 상통한다. 그렇다고 시스템의 구축을 포기할 수는 없는 일이다. 잘 구축되어 적절하게 개선·유지되는 내부통제시스템은 여전히 사고예방을 위한 확실한 방어벽 역할을 하고 있기 때문이다.

즉, 내부통제시스템 역시 사람에 의해서 설계되고 운영되는 것이어서 본질적으로 완전무결할 수는 없겠지만 적어도 노력하기에 따라서 얼마든지 시스템 자체의 효율성을 높일 수 있다고 본다.

이런 관점에서 내부통제시스템 구축상으로 정말 아무 문제가 없는지에 대해 짚어보았으면 한다. 사실 다수의 사고사례에서 보듯이 내부통제 작동상의 오류 지적과 함께 부분적으로 시스템 자체에도 문제가 있다는 점을 확인할 수 있다.

2004년 추석 무렵 모 금융회사 지방점포에서 외부인의 사기유혹에 넘어가 단지 수 초 만에 몇 조 원의 자금이체가 같은 금융회사 내에서 이루어졌다. 다행히 이로 인한 손실은 현실화되지는 아니하였다. 하지만 본부의 전산시스템이나 내부통제조직의 상시감시데스크에서는 이를 감지할 수 있는 시스템이 갖추어지지 아니하였다.

또 같은 해 모 은행에서 은행간 거액결제자금을 운용하는 자금결제실 직원이 수개월 동안 저지른 거액의 횡령사고의 경우도 그랬다. 이 사고는 책임자와 실무자간의 별도 비밀번호 사용이라는 이중견제를 무시한 전형적인 내부통제운영의 오작동에서 비롯된 사고였지만 그 단초가 되는 것은 자금운영부서와 회계부서간 견제와 균형이 지켜지지 않은 시스템상의 결함을 배경으로 하고 있었다.

이러한 사고사례를 보면 흔히 우리가 들은 표현대로 "잘 구축된 시스템에도 불구하고…"라는 평가는 적절치 않은 것 같다. 시스템 구축상으로 무슨 문제가 없었는지에 대해서도 살펴보면서 해법을 찾아야 할 것이다. 그래야만이 같은 유형의 사고가 재발되는 것을 막을 수 있을 것이다.

다시 말해서 내부통제시스템 설계에도 문제가 있을 수 있음을 인식하고 보다 근원적으로 접근해야 한다. 내부통제시스템을 확률구조로 이해하여 완전무결한 장치가 아니라는 점은 인정하지만 지나치게 운영상의 문제로만 평가한 나머지 시스템상의 문제를 소홀히 하는 우를 범해서는 아니된다. 그렇다면 내부통제시스템 구축에 있어 간과되기 쉬운 것이 무엇인지를 살펴보자.

(2) 시스템 구축에 간과되고 있는 것들

첫째, 내부통제시스템 구축의 실질보다는 형식이 중시되고 있다는 점이다. 이 시스템을 구축하면 어떤 효과와 어떤 영향이 있고 또

시스템 구축에도 불구하고 완벽성이 보장되지 않는다는 점을 인식해야 한다. 무엇보다 실질이 중시되도록 시스템이 확보되어야 한다. 그저 다른 금융회사에서 관련시스템을 구축하였으니 우리도 적용해 보자는 수동적인 자세는 결코 도움이 되지 않는다.

금융회사의 내부통제시스템은 자사의 환경과 실정에 맞도록 구축되어야 한다. 더욱 중요한 것은 시스템 구축으로도 커버되지 못한 부분을 인정하고 이를 보완하는 2차적인 장치까지도 고려해야 한다는 점이다. 그러기 위해서는 내부통제부서의 일방적인 설계보다는 해당업무 실무라인의 의견이 최대한 반영하여 시스템이 설계되도록 할 필요가 있다.

둘째, 내부통제시스템 구축을 위해 활용되는 물적 및 인적자원이 미흡하다는 점이다. 내부통제시스템은 결국 비용을 수반하게 마련이다. 과감한 예산과 우수한 인력 투입, 충분한 관심과 지원이 이루어지지 않을 경우 내부통제시스템은 여전히 취약성을 가지게 될 소지가 많다는 점을 상기하였으면 한다.

셋째, 유사 사고사례나 감독당국의 유의사항에 안이하게 대처하고 있는 점을 들 수 있겠다. 지금까지 발생된 사고를 들여다보면 대부분 같은 유형의 사고가 반복되고 있다. 다른 회사에서 일어난 사고나 감독당국이 애써 알려주는 사고유의사항 속에는 노력하기에 따라서 나름대로 해법을 찾을 수 있다. 그런데도 이런 통보를 접하면 내부통제부서에서 '이런 사고가 있었으니 유의할 것' 하고 영업점에 내려보내기만 하는 것으로 끝내는 것은 아닌가하고 염려된다.

이래서는 안 된다. 다른 회사에서 발생된 사고는 언제든지 우리 회사에서도 일어날 수 있으므로 시스템을 점검하는 기회로 삼아야 한다. 달리 말하자면 적어도 내부통제시스템상의 문제로 비롯된 사고에 대해서 적절하게 보수유지가 이루어졌다면 비슷한 수법의 사고가 이렇게 많이 재발되지는 않았을 것이다.

(3) 시스템의 2차적 목적에 대한 인식이 필요

몇 해 전 거액 CD사건이 터진 후 우연한 자리에 여러 은행의 지점 장들과 저녁을 함께 할 기회가 있었다. 자연스럽게 금융사고와 관련 된 이야기가 화제의 중심이 되었는데 여러 가지 얘기 끝에 내부통제 시스템 문제도 거론되었다.

아무리 시스템이 잘 갖추어져 있어도 사고자가 작심을 하고 주도 면밀하게 저지른다면 사고는 막을 수 없다는 것이 결론에 가까웠다. 한 명의 도둑을 열 명의 경찰이 막지 못한다는 얘기다. 맞는 말이다. 그러던 차에 누군가가 시스템은 당장 저질러지는 사고를 막지 못한 다고 해도 나중에라도 그 사실을 확인할 수 있어야 한다는 말을 했 다.

얘기인즉 사고 사실이나 그 징후를 당장 그 시각엔 알 수 없다 하 더라도 적어도 일정 시간 후(예컨대 당일 업무 마감시간)에는 낮 시 간에 일어난 사고 사실이 발견되었어야 한다는 것이다.

나는 이 말에 지극히 동의하는 입장이다. 잘 갖추어진 내부통제시 스템은 일차적으로 부정한 사고발생을 사전에 차단하기 위한 것이지만 한편으로는 일정 시점 이후에 사고 사실이 포착될 수 있도록 설계되어있어야 한다.

이 점에 있어서 우리 금융회사들은 선진국의 대형은행의 사례를 본받아야 한다. 오랜 역사를 거치면서 준법감시조직이나 내·외부 감사부서에 의한 내부통제 활동이 강화되어 왔고 또 그러한 경험을 바탕으로 설정된 내부통제시스템은 확실히 유효성이 높을 수밖에 없다.

시스템 구축에 있어 완벽성은 1차 그물에서 놓쳤더라도 2차 그물에서는 반드시 걸러지도록 설계할 때에 보장되는 것이다. 사고의 모든 원인을 시스템 운영의 잘못으로 단정하기 전에 해야 할 일이 바로 시스템 자체에 대한 점검임을 강조하고자 한다.

(4) 내부통제시스템 미작동이 가장 큰 문제

최근 2년간 발생한 대형 금융사고의 원인을 보면 가장 큰 원인은 역시 내부통제시스템의 미작동이다. 소위 내부통제시스템은 잘 구축되어 있으나 그 작동이 제대로 이루어지지 않았음을 보여주고 있다. 형식적인 일일감사 및 자점감사, 담당 책임자의 확인 소홀 및 책임자 패스워드의 부적절한 관리, 잔액대사 소홀 등 대부분 상호견제시스템이 작동되지 아니한 데에서 비롯되었다.

이렇게 약방의 감초처럼 지적되고 있는 사고의 원인은 규정상 정해진 절차가 복잡하고 번거롭다는 이유, 타성에 의한 업무처리, 대충대충 넘어가는 분위기가 결합하여 그러한 환경을 제공하지 않았나 여겨진다. 이런 것을 통틀어 내부통제시스템 운영상의 결함이라 할 수 있겠다.

잘 갖추어진 내부통제시스템에도 불구하고 그 작동은 미흡하다는 점은 그간 누차 지적되고 있는 문제라서 더 이상 설명도 필요 없다고 본다. 우리가 익히 알고 있는 그대로이다.

종합적으로 평가할 때 앞서 '제3장 내부통제에 대한 이해'에서 살펴보았듯이 내부통제운영에 있어 제시된 준칙이나 기본원칙이 무시되고 있기 때문이다. 대부분의 사고들이 이에 해당된다고 보면 된다. 사고예방을 위해 설계되고 채택된 핵심적인 원칙들이 막상 실행단계에서 작동되지 않고 있는 것이 문제점이다. 여기서 우리는 금융회사들이 내부통제 운영의 역량을 어느 부문에 더욱 집중해야 하는지 교훈을 찾을 수 있을 것으로 기대한다.

내부통제시스템 운영상의 미작동이 어떤 데에서 나타나는지 간략하게 살펴보면 대체로 다음과 같이 요약될 수 있다. 여기에 제시된 내용은 감독당국의 내부통제 점검은 물론 금융회사 자체검사과정에서 무수히 지적되고 있는 문제들이다.

주요원인	세부내용 예시
상호견제 불철저	▶일선부서와 주요부서(자금운용과 결제 등) 분리 불철저 ▶거액거래 복수결제 미이행 ▶책임자카드 및 단말기 조작자 카드관리 소홀 ▶책임자와 실무자간 비밀번호 분리사용 미이행 ▶중요열쇠 이중 보관·관리 소홀 ▶잔액증명서 발급, 제증서 재발행시 확인 소홀 ▶주요 인장관리 소홀
장기근무직원 순환 및 명령휴가 미이행	▶동일직무 장기 근무자 순환 배치 미실시 ▶명령휴가 미이행
자점감사 등의 불철저	▶형식적 자점감사 실시 ▶실물확인 및 잔액대사 불철저 ▶사고취약 요인에 대한 점검 소홀 ▶감사 업무 불철저
전산상시감시 항목 불합리	▶취약부문에 대한 전산상시감시 항목 미설정
관리감독 소홀 및 사고예방대책 교육 불철저	▶중요증서 관리 불철저 ▶거래처 인감, 통장, 카드 등에 대한 통제 소홀 ▶직원관리 소홀 ▶사고예방대책 교육 불철저

2. 금융종사자의 윤리의식 약화

잊을만하면 발생되는 금융관련 대형사건이나 사고사실을 접하면서 국민들은 우려와 함께 비난의 목소리마저 높이고 있다. 금융업은 신용을 근간으로 하며, 고객의 신뢰가 중요한 자산이 아닐 수 없을 텐데 사고 발생으로 인하여 그 이미지가 실추되고 있어 참으로 안타까운 일이다.

더욱이 최근 발생되고 있는 금융사고의 3분의 2는 금융회사 내부

임직원에 의해 저질러진 것으로 나타나고 있어 더욱 걱정스럽다. 일부 몰지각한 인사들 때문에 다수의 금융인이 비난을 받는 것일진대 세상 인심은 매우 혹독한 것 같다.

그래서 사고의 원인으로 먼저 지목되고 있는 것이 '금융인의 직업윤리와 준법의식 약화'가 아닌가 하고 생각된다. 이 사회에서 부정한 짓을 저지르는 영역이 매우 많은데 하필 금융사고에 대해서는 너무 가혹하게 취급하는 것이 아닌가 하고 생각할 수도 있다.

하지만 이건 단편적인 생각이다. 한때 우리 사회에서 금융회사 직원이라면 신랑감 후보군에서 그래도 높은 순위에 오른 적이 있었는데 지금은 예전 같지 않다고 한다. 어쨌든 금융인에게 높은 도덕성을 요구하고 있는 것은 엄연한 현실임에는 틀림없다.

(1) 윤리의식 약화는 사회적 현상

금융업에 종사하는 사람들의 윤리의식이 과거에 비해 저하되고 있다는 것은 우리 사회 전반에 흐르고 있는 변화와 무관하지 않다. 과거 종신고용보장의 전형적인 직장이 금융업종이었는데 지금은 전혀 아니다. 금융인들은 아무래도 금융자산을 다루면서 금융경제 관련 정보입수 기회가 많고 자금차입의 접근성 등에 따라 중산층 수준에 이르는 재테크가 비교적 용이하였다.

그러나 지금은 그렇지 않다. 사회경제적 환경이 급변하고 있다. 모든 것이 변하고 있다. 금융인도 변화 속에 살고 있는 하나의 직업인에 불과하기 때문에 재테크가 유리하다는 말은 더 이상 적용될 수 없을 것이다.

얼마 전까지만 해도 우리 사회는 근면과 저축, 절약이 하나의 시대정신이었는데 지금은 많이 달라졌다. 부의 축적 기회가 상대적으로 줄어들면서 자칫 불로이익을 우선시하는 잘못된 현상이 만연하여 가진 자와 그러지 못한 자와 양극화가 심화되고 있다. 오늘날 금융인들이 서 있는 위치는 그 중간이 아닐까하고 생각된다.

사회 환경이 괜히 개인을 어렵게 한 것은 아닐텐데도 젊은 세대들에게는 경우에 따라서 좌절을 느끼게 되는 계기로 작용할 수도 있을 것이다. 금융회사에 종사하는 사람들 역시 그 범주에서 완전히 벗어나 있는 것은 아니라고 여겨진다.

(2) 윤리의식 약화의 다양한 배경

먼저, 모든 것이 초고속으로 발전되고 있는 현대에 나타나고 있는 양극화 현상은 금융인의 윤리의식 약화에 직접적인 영향을 미치고 있다고 본다. 중산계층의 감소와 상하간 소득격차 심화가 사회의 의식구조에 영향을 미친다는 데에는 전문가들도 의견이 한결 같다.

최근 통계에서 볼 때에 우리나라 도시근로자가구 중 최상위 20%의 월평균 소득이 하위 20% 소득의 5.14배가 될 정도로 빈부 격차가 확대되고 있다. 신용불량자 양산과 청년실업률 증가, 감원과 구조조정의 불안은 비교적 안정된 직장으로 인정받던 금융회사 직원에게도 막연한 불안감으로 다가와 윤리의식을 무디게 만들고 직업윤리가 서야 할 자리에 돈의 유혹과 부조리가 도사리고 있는 것이 아닌가 하고 생각된다.

둘째, 신분보장이 되지 않는 불안정한 상황에서 주위에 큰 돈이 움직이는 것을 보거나 남들이 이룬 부의 축적과정을 지켜보면서 일부 몰지각한 금융인이 한탕주의에 빠져들고 있는 점이다. 신용과 정직을 최우선시하는 금융회사 직원이 오히려 그 반대의 유혹에 쉽게 노출됨으로써 대다수 금융인들의 명예를 실추시키고 있다.

금융회사에 근무하는 직원들은 아무래도 부동산가격 상승이나 주식(특히 선물 · 옵션) 투자 수익 등을 통한 대박 사례를 쉽게 접하게 된다. 이것이 마치 자신에게도 실현될 수 있다는 환상에 젖어 종국에는 건전한 노동정신을 훼손시키는 쪽으로 작용하게 된다. '10억 만들기' 등의 신조어들은 금융인을 포함한 일반인에게도 명예와 신뢰보다는 돈과 한탕주의를 숭배하는 오도된 시대정신으로 작용될 소지가 크다는 것을 보여주고 있다.

셋째, 금융인들이 돈 빌려 쓰기에 대한 두려움이 예전과 같지 않다는 점이다. 고래로 아껴 쓰는 절약정신, 남의 재물을 탐내지 않는 청렴의식, 빚을 무서워하는 경외심과 같은 덕목이 빛을 잃으면서 노동윤리의 약화와 일단 쓰고 보자는 과소비 행태가 확산되고 있다.

결국 일한 만큼 벌고 소비하겠다는 건전한 의식 대신에 먼저 쓰고 나중에 어떤 방법으로든 갚아나가면 되지 않겠냐는 풍조가 팽배해진 것이다. 이미 개인 신용대란에서 겪은 사회현상이다. 갚지 않으려는 의도로 과다하게 카드를 사용하는 것은 사기성이 있다는 최근의 법원 판례에서 보듯이 자신의 능력을 벗어난 과도한 소비풍조는 지양해야 할 것이다.

특히 앞서 살펴본 사고사례에서 보듯이 거액 금융사고의 단초는 대부분 무리한 주식투자에 비롯되었다. 자기소득에 맞게 적정하게 투자활동을 하는 것은 금융인들에게 권장할 만하다.

왜냐하면 작은 투자과정에서 실물경제를 이해하고 참여하는 기회로서 직무수행에도 도움이 될 수 있기 때문이다. 그러나 과도한 투자활동은 업무의 집중도를 떨어뜨리고 심지어 고객자산 관리보다 자신의 자산관리에 신경을 쓰게 되는 부작용이 도사리고 있음을 간과해서는 안 된다.

(3) 윤리교육 부재도 한몫을 해

사회 발전 속도에 상응하는 윤리교육이 제대로 이루어지지 않는데 대한 지적은 이미 우리의 사회의 큰 과제 중 하나다. 어린 학창시절 부터 오직 1등만을 강요받고 진학과 취업 등 경쟁에서 이기는 방법만을 교육받는 현실은 인성과 감성을 중시하고 소위 인간 됨됨이를 평가하는 미덕을 뒷전으로 밀어내고 있다. 심지어 대학입시 원서접수과정에서 사이버상으로 경쟁자들의 원서접수를 방해한 사례가 있었는데 이는 과도한 경쟁이 낳은 도덕불감증의 전형적인 사례이다. 더욱이 직장의 분위기도 전문성과 실적을 지나치게 중시하는 나머지 자칫 도덕성과 법규준수 의식을 후퇴시키는 쪽으로 작용해 왔다.

오늘날 장수 기업의 중요한 덕목은 도덕성임에도 불구하고 일부에서는 분식회계 등을 통한 경영성과를 과대포장하여 부정하게 대출받는 등의 비리가 끊이지 않았다. 과거에 비해서 많이 개선되고 투명해진 것은 사실이다. 하지만 아직도 완전히 근절된 것은 아니다.

사회적인 윤리의식 퇴조현상이 일부 금융인에게도 나타나 금융회사의 이미지를 훼손시키고 있는 것이 문제인데 이는 입사 후 교육훈련에 충실했는가에 대해서 반문해 볼 필요가 있는 대목이다.

선진국의 사례에서도 보듯이 금융산업에 있어서 윤리중시와 준법문화는 단지 마케팅의 수단이 아니라 금융회사가 살아남기 위한 필수불가결의 생존조건이다. 고객과 시장은 어느 금융회사가 더 정직하고 윤리적인 기업인지를 냉정하게 평가하게 될 것이고 궁극적으로 윤리의식이 투철한 기업과 거래를 하려고 할 것이다. 그러므로 금융인이야말로 그 첨병이 되어야 한다는 사명감이 필요하다.

이런 점에서 우리는 그동안 금융회사의 직원들을 대상으로 개인의 윤리의식이 회사 전체의 공신력제고와 금융시스템의 안정에 초석이 된다는 도덕성 재무장에 관한 교육을 소홀히 한 것은 아닌가 하는 아쉬움이 있다.

3. 경영진의 인식과 지원 미흡

그동안 금융회사의 내부통제 기능을 향상시키기 위한 노력과 다양한 제안들이 끊임없이 이어져 왔다. 이러한 노력은 국제적인 준칙으로도 나타나기도 하였고 굵직한 사건이 터지고 난 후의 대응책으로서 논의되기도 하였다.

금융협회는 물론 회계부문의 유관협회나 대형 금융그룹들이 나서고 또 감독당국도 적극 대응하여 왔다. 국내에서도 감독당국을 중심으로 기업의 내부통제 기능을 선진화하기 위한 노력을 지속하여 왔다. 1997년의 외환위기를 거울삼아 투명성 제고에 대한 사회적 요청이 금융회사 내부통제제도 개선에도 예외 없이 밀려왔다.

1999년 감사위원회제도 도입, 2000년 사외이사 선임 의무화 및 준법감시인제도 마련, Basel Ⅱ 조기 대응책 강구, 금융회사 감사실무자 직무교육실시 등 제도개선과 관행정착을 위한 노력이 지금도 계속되고 있다. 회계제도와 감독 검사제도를 혁신하고 금융사고 예방을 위한 다양한 활동을 끊임없이 전개하고 있다.

그럼에도 불구하고 금융회사의 내부통제시스템은 여전히 미흡한 것으로 평가되고 있다. 수익은 날로 늘고 있음에도 각종 금융사고로 인해 평판은 개선되지 않고 있다. 내부통제시스템이 원활하지 못한 것을 많은 사람들은 경영진의 인식부족에서 비롯된 것이라고 지목하고 있다.

금융회사의 경영층이 이런 말을 접하면 억울해 할지도 모르겠지만 나타나고 있는 현실을 보면 수긍하지 않을 수 없다. 왜냐하면 그간 내부통제 실패로 인한 부정이나 사고가 끊이지 않고 있음에도 아직도 쉬이 개선되지 않고 있는 것은 금융회사의 고위경영진이 발 벗고 나서지 않은 결과로 인식하고 있기 때문이다.

사실 모두의 책임이겠지만 그래도 굳이 따진다면 영향력이 큰 경영진에게 더 중한 책임을 물으려고 하는 일반적인 세평 때문인지도 모르겠다. 그러나 곰곰이 살펴보면 일반적인 평가가 매우 타당하다는 생각이 든다.

(1) 경영진의 책임이 가장 먼저 거론되는 이유

금융회사의 내부통제는 앞서 살펴보았듯이 기본적으로 이사회, 경영진, 감사위원(감사) 및 중간관리자와 일반직원에 이르기까지 조직 내 모든 구성원들이 운영주체이어야 한다.

그러나 그중에서도 이사회와 경영진은 모든 구성원들이 내부통제의 중요성과 내부통제 운영과정에서의 자신의 역할을 이해하고 적극적으로 참여할 수 있도록 통제문화 형성에 대한 일차적인 책임을 부여받고 있다. 이사회는 내부통제 환경 구성의 핵심적 요소이며 다른 여러 환경요인에 중요한 영향을 미치는 위치에 있다. 참으로 원론적인 말이라서 오히려 그 중요성이 반감되고 있는 것은 아닐까.

그런데 오늘날 국내 금융회사 내부통제의 실질적 주관이 이사회나 경영진 중심으로 이루어지는 것이 아니라 지나치게 내부통제 관련부서에 의해 주도되고 있는 것이 아닌가 하고 생각된다. 국제적 관행과 일반원칙은 예외 없이 내부통제에 대한 최종적인 책임을 경영진에게 있음을 강조하고 있지만 국내 현실은 아직 이에 미치지 못하는 것 같다.

그 배경과 원인이 무엇인가. 감독당국이 확실히 선을 그어주지 않아서 일까. 경영진의 인식부족일까. 내부통제가 다중적 감시로 운영되어 공동의 책임으로 인식하고 아무도 책임의식을 느끼지 못하는 것일까. 회사 실정에 따라 다르겠지만 바로 답을 찾기가 어려울 것이다. 하지만 경영진의 관심과 지원이 부족하다는 것은 부인하기 어려워 보인다.

(2) 내부통제에는 코스트가 수반되기 마련

내부통제는 반드시 그에 상응하는 코스트를 수반한다. 시스템을 구축·개선하고 충실하게 운영하려면 필연적으로 비용은 증가하게 마련이다. 특히 인력확충을 필요로 한다. 내부통제에 드는 코스트는 당장은 지출비용의 일종이라도 장기적으로 미래를 담보하는 적극적 자산이자 투자라는 인식이 부족한 것 같다.

최근 국내 금융사의 수익성이 크게 개선되고 있는데 과연 내부통제 시스템을 개선시키기 위해서 얼마나 많은 비용을 쓰고 있는지 묻지 않을 수 없다.

경영진의 입장에서 보면 당장 눈앞의 수익이 급해 보일 것이다. 그리고 비용을 최소화하는 것은 경영의 중요한 원칙이기도 하다. 기업이 손실구조 하에 있을 때엔 비용절감 노력에 매달리기 마련이다.

내부통제시스템을 개선시키는 것은 일종의 인프라 투자로 볼 수 있음에도 기업이 어려우면 아무래도 우선순위가 밀린다. 이러한 경향은 수익 구조를 가지고 있는 기업에 있어서도 사정은 비슷해 보인다. 내부통제 개선을 위한 지금의 비용은 장차 내부통제 실패로 인한 손실발생을 최소화하는데 기여할 수 있다는 적극적인 확신이 필요하다.

이론적으로 간단하지만 실현은 어렵다고 생각된다. 그러나 지금 귀찮지만 나중에 약이 되는 일을 하도록 하는 것은 역시 경영진만이 할 수 있는 일이다.

4. 구조조정과 고용불안이 금융사고의 큰 원인

1997년의 외환위기는 우리 사회에 많은 변화를 초래하였는데 그 중에서 고용문화의 변화가 미친 파장이 실로 적지 않다. 이제 우리 사회에는 완전히 고용이 보장되는 직장은 없다. 즉 구조조정의 사각지대가 없어진 것으로 볼 수 있다.

이러한 현상은 초기에 외국계기업을 필두로 지금은 대기업, 중소기업은 물론 민간기업, 공기업 구분 없이 확산되었다. 과거 은행을 비롯한 금융회사는 재직중 특별한 과오가 없는 한 정년이 보장되는 대표적인 안정된 직장이었다. 그러나 이제는 완전히 달라졌다.

전 산업부문에 걸쳐 예외 없이 진행된 대규모 구조조정과 노동시장 유연화에 가장 많은 영향을 받은 곳이 금융산업이다. 금융자산은 크게 늘어났어도 종사인력을 줄이되 한편으로 계약직은 늘려야 했다. 금융인들로서는 산업의 고도화치고는 아픔이 너무 컸다.

하지만 이는 전문직종으로서는 피할 수 없는 범세계적인 현상인 것 같다. 이는 금융업무가 점차 전문화되면서 효율성 제고 없이는 경쟁에서 살아남을 수 없다는 철칙에서 비롯된 것이다. 문제는 사회, 경제적인 환경변화가 최근 잇따르고 있는 금융사고와도 연관성이 매우 높다는 데에 있다.

(1) 구조조정이 인력부문에만 치중해온 느낌

우리는 외환위기가 진행되는 와중에 많은 금융회사가 문을 닫고 또 피인수되는 것을 목격하였다. 금융회사 수의 물리적 변동은 별론으로 하고 종사인력 현황을 보면 엄청난 감소를 실감할 수 있다.

2005년 6월 말 현재 은행권의 임직원수는 대략 8만 8천명이다. 이는 1997년 말 11만 4,000명에 비해 2만 6,000명 이상 줄어든 숫자이다. 이러한 현상은 타 금융권역도 마찬가지다. 2005년 6월 말 현재 은행, 증권, 보험, 저축은행, 신협, 여신전문금융회사 등의 총 임직원수는 20만 5,000명인데 이는 2001년 6월 말 22만 4,000명에 비해 2만 명 가까이 줄어들었다. 당연히 점포수도 1만 9,800여 개에서 1만 7,000여 개로 2,800여 개 줄었다.

그리고 인력 변동의 특이사항은 과거에 없던 계약직인 비정규직원비율이 전체 금융종사인력의 40%대에 이른다는 점이다. 이런 변화는 무엇을 의미하는가. 단적으로 말하자면 금융회사 직원의 업무가 가중되고 고용안정성이 현저히 낮아진 것으로 풀이할 수 있다.

예를 들면 은행의 경우 1997년에 비해 지점수는 증가한 반면 직원수는 크게 감소하여 지점당 평균근무 직원수는 지속적으로 줄어들고 있다. 그러나 은행이 취급하는 업무는 점차 늘어나 직원들의 업무부담이 증가하는 데에도 불구하고 공격적인 영업확대 국면 하에서 오히려 내부통제환경은 열악해지고 있다는 점을 지적하지 않을 수 없다.

오늘날 구조조정은 변화 혁신의 주요 과제로서 지속적으로 추진되어야 할 과제임에는 틀림없다. 그리고 치열한 생존경쟁에서 살아남기 위해서는 생산성 제고가 급선무이다. 그러나 일부에서 구조조정은 바로 인력감축이라는 명제로 인식해 인력 줄이기에만 지나치게 집착하지 않았는가 하는 점도 있다.

시계산업으로 유명한 스위스에 비슷한 사례가 있어 소개한다. 스위스의 시계는 세평 그대로 단연 세계 최고이다. 그러나 이같은 명성이 한때 흔들린 적이 있었다. 1970년대 초반부터 1980년대 말에 이르기까지 일본을 중심으로 전자식 시계가 선풍적인 인기를 끌게 되자 스위스 시계산업은 위기에 빠졌다. 이로 인해 매출은 줄고 수익성이 나빠져 도산이 늘어나자 당연히 인력부터 줄일 수밖에 없었다.

그러나 이게 나중에 화근이 되었다. 당시 기술인력마저 지나치게 줄인 나머지 1990년대 중반 들어 기계식 시계에 대한 복고가 시작되면서 시계산업이 점차 되살아나게 되었다. 그러나 10여 년 이상 지속된 인력감축 때문에 당장 전문 인력 확보가 큰 문제가 되었던 것이다. 경험있는 전문인력은 단기간에 양성되지 않기 때문이다. 이는 금융업도 마찬가지이다.

(2) 시스템 안정이 고려되지 않은 것은 아닌지

구조조정이 생산성 향상을 위한 다양한 방법으로 구사되지 않고 무조건 인력만 감축하려 한다면 그에 따른 역기능도 적지 않을 것이다. 과거 금융회사의 다양한 직위직급에서 저질러졌던 사고사례들과 요즈음 젊은 세대에 의해 이루어지는 초단기 거액사고를 보면 이런 생각을 지울 수 없다.

거듭 강조하지만 내부통제의 비용은 코스트이자 자산이다. 그리고 금융업은 인력과 전문성이 자산이다. 효율성과 안정성을 놓고 양자의 접점을 찾는 것이 관건임에도 지금은 지나치게 효율성만 강조되고 있다는 느낌이 든다.

그동안 우리가 보아왔듯이 금융회사의 인수 합병이 적지 않게 이루어졌다. M&A 또는 금융회사간 합병에는 반드시 통합리스크가 수반되게 마련이다. 인력부문에서 나타나는 문제나 조직문화의 충돌이 그러한 사례들이다.

아울러 지난 수년간 발생된 거액 횡령사고를 자세히 들여다보면 매각, 합병 등의 대규모 구조조정을 앞두고 있거나 진행 중인 곳에서 유달리 많이 일어났음을 볼 수 있다. 말로만 염려하던 리스크가 엄연하게 현실화된 것이다. 현실은 현실이다.

대규모 파업 역시 같은 현상이었다. 중소규모의 제2금융회사에서 일어났던 장단기 파업을 제외하고 대형 시중은행에서 발생한 파업은 그간 서너 차례 있었다. 최단 1일에서 최장 17일까지 이루어졌다. 이는 금융사고는 아니지만 분명 큰 사건이 아닐 수 없다.

17일간 영업이 정상적으로 이루어지지 못한 사태는 예상했거나 혹은 예상하지 못했거나를 떠나서 중대한 통합리스크가 현실화된 것이다. 사고원인을 찾아보자면서 파업 문제까지 거론하는 것은 개별 금융회사는 물론 금융시스템의 안정을 위해 교훈으로 삼자는 뜻에서이다.

(3) 고용의 불안정성과 사고는 연관이 높아

앞서 언급한대로 금융종사자의 인력이 대거 비정규직으로 변동된 것도 결코 바람직한 현상은 아닌 것 같다. 금전을 다룬다는 직업적인 특성을 고려할 때 일반적인 생산기업과 달리 신분의 안정성이 중시되어야 하지 않을까.

물론 계약직의 합리적인 운용을 통해 생산성과 안정성을 동시에 취할 수 있는 해법도 있을 수 있겠으나 동양적 고용문화에 오랫동안 젖어있는 현실 하에서 계약직의 정착은 상당한 시일이 걸릴 것으로 생각된다. 그리고 사회적인 공감대 형성과 함께 고용주와 근로자 모두 합리성을 바탕으로 올바른 성과평가의 정착과 궤를 같이 해야 할 것이다.

일본의 다국적기업 토요타는 지난 수년간 영업이익 10조 원 이상을 달성하면서도 그동안 구조조정을 지속해 왔다. 그러나 인력부문에 있어서는 특별한 사정이 없는 한 종신고용을 보장하고 있다고 하였다. 그런데도 생산성이 나빠졌다는 얘기는 듣지 못했다.

오늘날 국내외 금융회사에서 종신고용을 보장하는 곳은 한 곳도 없다. 그러면서도 지나친 인력감축 위주의 구조조정, 과다한 계약직 활용에 대해서는 여전히 유의해야 할 점이 많다고 생각된다.

인력감축만의 목적을 위한 구조조정은 결국 종사자의 고용 불안을 초래하고 그 결과 모든 직원이 단기업적주의로 내몰리게 될 가능성이 높다. 사실 구조조정은 일과성에 그쳐서는 안 된다는 것이 이 시대의 명제이다. 기업이든 금융회사이든 구조조정은 시장여건의 변화에 끊임없이 적응해 나가는 생존전략임에 틀림없다. 한편으로는 사람이 중시되는 금융업무에 고용된 사람들은 자신이 어느 정도 안정감을 갖추고 있을 때 딴 생각을 품지 않는다는 점도 고려되었으면 한다.

여기서 한 가지 덧붙이자면 구조조정은 어려울 때 보다는 오히려 잘 나갈 때 해야 한다는 점이다. 경기가 호황국면이고 수익이 나고 있는 상태에서 어려울 때를 대비해 사전적으로 대응하는 것이 나중에 다가올 불경기 상황에 대비하는 첩경이다. 인력이나 조직의 구조조정 역시 같은 맥락에서 접근해야 한다고 생각된다.

고용의 불안정성은 다른 요인들과 어우러져 금융사고의 중요한 원인으로 작용하고 있다는 것은 분명한 사실이다. 엄연한 현실을 앞에 두고서 그리고 서구식 고용문화가 자리 잡지 못한 현실 하에서는 구조조정이 또 다른 리스크가 될 수 있다는 점을 고려하고 이에 대비하여야 한다.

5. 지나친 성과중시와 과당경쟁은 부작용을 낳기 마련

외환위기 이후 국내 금융회사들은 안정적인 경영시스템 정착의 중요성과 함께 성과주의를 글로벌 스탠다드로 인식하기 시작했다. 이를 위해 사업부문별 경쟁원리 도입, 인센티브 및 차별적 보상시스템, 성과관리 프로세스 구축, 연봉제 및 성과중시형 인사제도 등을 추구하고 있다.

이와 같은 성과주의문화를 통해 경영효율성이 제고되고, 기업의 경쟁력이 강화되고 있다. 그러나, 성과주의 도입에 따른 부작용도 적지 않게 나타나고 있으며, 더러 금융사고의 원인으로도 작용되고 있다.

(1) 성과 중시에는 역기능 있어

개인별 보상의 과도한 격차가 지나친 경쟁과 내 몫 챙기기를 조장하고, 실적만 좋으면 과정을 무시해도 된다는 결과 지상주의로 인해 도덕적 해이가 초래될 수 있다. 특히 당해 연도 재무성과나 단기간의 경영실적 등 단기지표 위주로 성과를 중시할 경우 회사의 장기적 성장기반 마련에 어려움을 줄 수도 있다.

경영진을 비롯한 조직의 모든 구성원의 시야가 단기적 상황에 치중하게 되면, 눈앞의 업적과 성과만을 추구함으로써 자신의 성과와 관계없는 일에는 무관심해질 수 있다. 뿐만 아니라 단기실적을 둘러싼 생색내기와 큰 것을 한 건 해내겠다는 한건주의가 만연하게 되어 내부통제에 관한 기본원칙을 소홀히 할 가능성이 매우 높다. 추론이 아니라 그간 숱하게 경험한 일이기에 사례를 몇 가지 들겠다.

금융회사의 영업실적평가와 관련된 일이다. 한때 신용카드회원 유치경쟁이 과열인 적이 있었다. 대부분의 개인별 실적과 점포별 실적을 따져 포상을 하기도 하고 건당 수당을 지급하는 경우도 있었는데, 문제는 그 후유증이었다.

지역별 상위 점포에 점검을 나갔더니 장기 외항선원들의 급여자동이체를 이용하여 본인동의도 없이 신용카드를 무더기로 발급한 사례도 있었다. 기업고객에 대한 외국환 업무취급 실적경쟁에서 최우수 영업점으로 선정된 점포에 대략 1년 후 점검을 나갔더니 수출환어음 부도와 수입신용장 관련 대지급 사례가 어느 때보다 크게 증가한 사례를 확인할 수 있었다. 다 그런 것은 아니다. 그러나 과다한 실적 경쟁은 지금도 계속되고 있다.

환전 및 외환송금업무는 수수료 수입에 있어서 경쟁의 표적이다. 그러나 단기간에 실적이 상위가 된 점포에 가보면 일부이긴 하지만 해외여행자 대신 여행주선업체에서의 무더기 환전, 환전업자에 의한 해외 동포 편법 송금, 증여성 개인송금 편법 취급 등의 사례를 확인할 수 있다.

방카슈랑스도 그랬다. 2003년 9월부터 1단계 방카슈랑스가 시작되면서 모든 은행이 캠페인에 돌입했다. 어쩌면 당연한 일이다. 그러나 룰을 지켜가면서 경쟁을 해야 했다. 점검결과 다수 은행 다수 영업점에서 법규위반 사례가 확인되었는데 과당경쟁의 몫은 고스란히 업계로 돌아가게 마련이다. 감독당국의 제재조치는 별론으로 하고 2004년 9월로 예정되었던 방카슈랑스 확대 계획을 대폭 수정하지 않을 수 없었다. 과당경쟁의 현상은 PB 점포 확장, 은행 및 보험사의 주택담보대출 확대, 고금리 예금유치 경쟁, 프로젝트 파이낸싱 유치 경쟁 등으로 재현되고 있다.

(2) 캠페인성 경쟁은 내부통제 원칙이 간과되기 쉬워

캠페인을 통해 경영실적이 고양되는 것은 분명 순기능이다. 적당한 자극과 유인이 있어야 조직과 개인이 활성화되는 것은 세상의 이치이기도 하다. 경쟁에서 살아남기 위해서는 불가피한 일이라고 해서 순기능을 지나치게 중시하면 역기능이 나타나게 마련이다.

거시적 관점에서 금융회사 전체 혹은 사업부문 단위로 봐도 그렇지만 개별 영업점이나 직원 개인의 입장으로 돌아가 보자. 위에서 예를 든 사례에 국한해서 보면, 특정부문의 수수료 수입이 급증하고 실적 상위에 오른 영업점장과 직원들은 실적제고에 따른 논공행상을 받게 된다.

그러나 그 혜택은 매우 짧은 순간에 불과한 경우를 흔히 볼 수 있다. 일정기간이 경과하고 나면 전과 다르게 고객민원이 증가하고 일부에서는 부실이 늘어나기도 한다. 서서히 책임문제가 제기되어 내외부 감사결과 내부통제기준 위반, 부실가중, 금융실명제 위반 등의 책임추궁이 기다리고 있다.

원칙과 기본을 무시한 실적 제고는 잘못될 경우 개인이라고 해서 그 책임에서 벗어날 수 있는 것이 아니다. 성과를 강조하는 것은 너무나 당연한 일이지만 그로 인해 되돌아오는 부작용이 무엇인지를 고려해야 한다. 지나친 성과중시와 캠페인성 과당경쟁은 필연적으로 역기능을 수반하고 있다는 점을 유의해야 한다.

6. 경제 · 사회 분위기에 너무 휩쓸린다

전반적인 경제 · 사회 분위기가 금융사고 발생에 영향을 끼친다고 추론하는 것은 보는 시각에 따라 이론의 여지가 있을 수 있다. 그러나 우리 사회에서 흔히 볼 수 있는 가치관과 세대의 차이는 개개인의 마음자세와 상관없이 하나의 흐름으로 나타나고 있다.

이런 현상들이 자칫 노력보다는 열매를 먼저 탐하거나 돈이면 모든 것을 해결할 수 있다는 도덕적 해이로 발전될 수 있다. 사회 분위기가 이런 방향으로 흘러갈 경우 금융회사에 몸담고 있는 일부 직원들마저 부정한 금융사고에 연루될 가능성이 높아지는 것을 보아왔다.

경제 · 사회적인 변화가 큰 시기에 금융사고가 증가하고 있는 것 같다. 분위기가 이완되고 어수선할수록 유달리 대형사건 사고가 많이 발생하였다. 앞서 살펴 본 1980년대와 1990년대의 대형사고만 봐도 그렇다. 뿐만 아니라 도덕적 가치관의 해이 현상은 대형사고뿐만 아니라 크고 작은 범죄성 사고에도 영향을 끼치고 있다.

예컨대 대출관련 금품수수, 사적금전대차, 공과금 횡령 등의 금융 범죄행위가 끊이지 않고 발생하였던 것은 확실히 느슨한 사회분위기에 편승한 탓이라고 여겨진다.

이에 대한 배경을 살펴보자. 먼저, 한 번의 시도로 큰 재물을 얻거나 크게 성공하려는 어긋난 욕심을 들 수 있다. 우리 주변에서 로또, 경마, 카지노 등에서 대박 내지 일확천금을 노리는 사람들을 쉽게 볼 수 있다. 특히 외환위기를 겪고 난 후 살림살이가 어려워지게 되면서 한꺼번에 무언가를 다 얻겠다는 심리가 확산되었기 때문이다.

둘째, 가치관과 세대의 차이는 고용문화에도 영향을 주어 애사심이 부족해졌다는 것이다. 금융회사만 이런 것이 아니고 사회 전반적인 현상이다. 조직에 대한 충성심이 결여되면 혼자 살기 위해 무슨 짓이든지 저지를 수 있다고 생각하게 되는 가치관의 혼돈을 가져올 소지가 크다. 금전을 취급하는 금융종사자들이 자칫 사고에 빠져드는 것도 이 때문이라고 여겨진다.

오늘날 도덕적 해이 현상은 정치·경제·사회 등 다양한 면에서 크게 개선되고 있다. 참여정부가 들어선 이후 사회 전반적으로 투명성이 그만큼 제고된 결과이기도 하다. 이럴 때에 금융회사도 그간의 사고 불명예를 확실하게 단절시키는 계기로 삼아야 한다. 개인으로 하여금 조직에 대해 애사심이나 충성심을 갖도록 하는 것은 매우 어려운 과제인 것으로 보여진다.

지금 세대는 회사의 일방적인 강요에 의하기 보다는 이제 조직문화 차원에서 접근해야 할 것이다. 아무튼 금융종사자들이 전반적인 사회·경제적인 분위기에 쉽게 휩쓸릴 수 있다는 것은 금융사고가 발생될 가능성이 높은 환경에 노출되어 있는 것이므로 모두가 경계해야 할 일이다.

7. 느슨한 조직문화도 사고요인으로 작용

기업은 영리를 목적으로 하는 집단이다. 조직은 시간이 흐르면서 나름대로 독특한 풍토와 고유한 특성을 갖게 마련이다. 이러한 특성들이 축적되어 조직구성원에 보편적으로 나타날 경우 이를 조직문화로 발전되는 것이다.

조직문화는 기업이든 비영리기관이든 시대적인 요청과 환경변화에 따라 나름대로 변천을 거듭하고 있다. 어떤 것은 소멸되고 또 어떤 것은 새롭게 태어나기도 하며, 또 어떤 것은 결코 변하지 않아야 하는 것도 있다.

이른바 견실한 기업은 자연스럽게 조직문화를 통해 구성원들에게 조직이 기대하는 바를 전달하고 그들의 행동을 조율하며 정체성을 부여한다. 조직문화가 제대로 정착하지 못한 조직은 급격한 환경변화나 위기국면에서 쉽게 흔들리거나 혼란에 빠지는 것을 보아왔다.

(1) 조직문화에 대한 관심과 이해 부족

BIS에서 제정한 〈은행의 내부통제시스템 운영에 관한 일반지침〉에 따르면 강력한 통제환경과 조직문화를 형성하기 위해서는 모든 구성원이 내부통제시스템의 중요성을 인식하고 제반정책 및 절차 준수에 대한 실천의지를 공유하는 통제문화의 형성이 중요하다는 점을 강조하고 있다.

경영진은 중장기적으로 나타날 수 있는 리스크를 무시하고 단기적인 이익목표나 성과에 지나치게 의존하는 보상체제를 운영하거나, 자원의 남용 및 실수의 은폐 등을 야기할 수 있는 부적절한 직무분리 체계를 용인해서는 안 된다고 강조하고 있다.

예를 들어 내부감사활동에 의해 문제가 있다고 지적한 관리자를 단지 회사의 이익창출에 크게 기여하였다는 점을 중시하여 승진시킨다면 다른 직원들에게 미치는 영향이 적지 않을 것이다. 사고를 저질러도 이익을 내기만 하면 구제될 수 있다는 관행이 받아들여지면 잘못된 문화를 형성할 소지가 높다.

이는 곧 내부통제가 조직의 다른 목적(이익달성 목표)에 비해 부차적인 것으로 인식되는 결과를 초래하여 구성원들로 하여금 내부통제기준 준수 의지를 저하시킬 수 있다.

조직의 발전은 구성원들의 창의적인 열정과 애사심과 깊은 관련이 있다. 금융사고가 자주 발생되고 있는 회사와 적은 금융회사 간에는 분명 조직문화의 차이를 찾아 볼 수 있다고 본다.

한편, 조직문화는 어떠한 사건이 발생되었을 때 구성원의 의식 및 행동의 방향성을 결정짓는 요소로 작용한다. 바람직한 조직문화는 단기적으로 형성되는 것이 아니라 경영진과 직원들이 꾸준히 이어온 결과물이다. 그렇게 때문에 쉽게 변하거나 무너지지 않는 특성이 있다. 그러나 지금은 다른 것 같다.

최근의 환경변화가 지나치게 급격하고 인수합병과 같은 외부요인이 닥쳐왔을 때 심각한 도전을 받게 된다. 이는 외부요인으로 인해 구성원의 생존문제로 작용하게 되는 것이며, 일부 몰지각한 개인에게는 사고라는 극단적인 선택을 하게 되는 배경이 되고 있다.

(2) '자기책임의 룰'이 정립되지 않아

개인과 조직으로 연결되는 조직문화에 관한 논의는 쉽게 다룰 화두는 아닌 것 같다. 오늘날 초일류 기업들은 조직발전의 핵심 과제로서 변화와 혁신, 윤리 경영을 강조하고 있는 추세이다.

이러한 경향은 경영 원칙으로 제시되어 구호로만 그치는 것이 아니라 구성원의 도덕성을 바탕으로 외형적인 기업 가치로 나타나고 있다. 그 결과물로서 기업 활동의 과정과 결과가 바르게 나타날 경우 사회적 신뢰와 존경을 받는 모범적 기업으로 인정받고 있는 것이 국제적인 현실이다.

이와 같은 현실의 연장선에서 볼 때 조직문화가 느슨해진 배경은 '자기책임의 룰'이 확립되지 않았기 때문이라고 생각한다. 개인과 조직에게는 자기행위에 대한 보상이 적정하게 이루어져야 하듯이 책임도 부과되어야 한다. 흔히 우리는 자신을 스스로 진단·평가하는 데 익숙하지 않다는 지적을 받고 있다.

내부통제 운영에 있어서도 스스로 평가하는 문화가 정착되지 않을 경우 시스템의 효율성이 낮아질 수밖에 없다. 자기 행위에 대한 책임이 제대로 부과되지 않는다면 그야말로 조직의 기강에 틈새가 생겨나게 마련이다. 금융회사 종사자의 부정한 사고 행위는 철저한 자기책임의 룰이 확립되지 아니한 환경에서 자라난 독버섯과도 같다.

이제는 분명 달라져야 한다. 시대와 환경이 변하더라도 금융회사에 있어서 철칙으로 남아있어야 할 요체는 '견제와 균형'이다. 회계 원리가 그러하듯이 내부통제의 핵심도 상호견제에 있다.

지금 우리 금융회사들이 영위하고 있는 모든 업무환경과 절차에 상호견제 원리가 제대로 작동되고 있는지와 함께 임직원 개개인이 자기책임의 룰을 철저 하게 인식하는 조직문화가 자리 잡고 있는지를 살펴 볼 일이다.

(3) 평판의 중요성에 대한 인식 미흡

익히 알다시피 금융부문은 사회의 어느 부문보다 윤리경영이 요청되고 또 개인의 도덕성이 중시되고 있다. 이러한 신뢰에 금을 가게 하는 것은 과거 대형사건에서 보듯이 경영진의 무리한 경영과 함께 직원들에 의해 저질러지는 크고 작은 부정한 행위도 당연히 해당된다.

윤리경영은 도덕적 가치관에 입각하여 구성원 모두가 합심할 때에, 그리고 조직문화로서 자리 잡을 때에 확고해질 수 있다. 금융회사의 내부통제 소홀로 인한 사고급증의 원인으로서 조직문화를 거론한 이상 꼭 한 가지 언급할 것이 있다. 그것은 평판에 관한 금융인들의 인식 문제이다.

지금 국내 금융 종사자들이 자기가 소속된 금융회사의 평판에 대해 어느 정도 관심이 있는지 매우 궁금하다. 사실 금융업무의 리스크관리에 있어 평판리스크는 엄연히 존재하고 있고 또 그것이 잘못되면 매우 큰 손실이 될 수 있음을 인식은 하고 있지만 막상 구성원들이 어떻게 받아들이고 있는데 대해서는 알려진 바가 없다. 또 그 정도를 측정한 지표도 없다. 감독당국이 평가할 수 있는 성질의 것도 아니다.

가정을 해 볼 수는 있겠다. 평판인식도가 높은 회사와 그렇지 않은 회사간에 어떤 차이가 있을 것이다. 예컨대 사고행위자가 사고를 저지르기 전에 "내가 이 일을 저지르면 조직의 명예에도 금이 갈 것이다"라는 인식이 저변에 깔려있는 조직에서라면 사고행위를 마음먹었을까 하는 추론 같은 것이다.

이와 같은 아쉬움이 우리에게 주는 교훈은 분명하다. 평판을 두려워하는 배경은 바로 개개인의 염치에서 그리고 건전한 조직문화에서 비롯되는 것임을 알 수 있다. 평소 자기 회사의 명예와 평판을 존중하는 인식이 부족한 원인이 무엇인지에 대해서는 금융인 스스로 풀어야 할 숙제인 것 같다.

8. IT발달과 신종기법 확산

　우리나라의 정보통신기술은 세계 최고수준의 인프라를 구축하고 있는 것으로 평가되고 있다. 모바일 전화 보급률은 인구대비 76%, 초고속인터넷보급률이 가구수 대비 77%에 이르고 전자상거래도 매우 활성화되고 있다.

　뿐만 아니라 e−비지니스 일반화에 따른 관련산업의 급성장, 생산과 소비과정의 디지털화 등이 어느 나라보다 빠르게 진행되고 있어 세계유수 정보통신(IT) 기업들이 신제품을 개발하자마자 이상적인 시험무대(test bed)로서 한국을 활용하고 있다고 한다.

(1) IT발달에 따라 사고수법도 달라지고 있어

　IT발달을 통해 정보의 유통속도가 빨라지고 부가가치를 창출할 수 있는 방법이 확산되어 소위 금융혁신 활성화에 더불어 해킹, 피싱, 금융사기 등 신종기법의 사고도 골고루 나타나고 있다.

　이는 기술의 발전이 도덕성의 제고나 범죄 억제력과는 상관이 없고 오히려 대량거래 및 비대면성에 따른 범죄동기 유발요인으로 작용하고 있는 것 같다.

　마이크로소프트 사의 창업자인 빌 게이츠는 《빌게이츠@생각의 속도》라는 저서에서 생각의 속도로 변하는 디지털 혁명에 대하여 설파하였는데, 이는 IT의 발전이 빛보다 빠른 생각만큼이나 순식간에 이루어진다는 의미이다.

그러나 인간의 생각 그 자체 혹은 심성은 속도와는 관계가 없다. 인터넷 등을 통해 '해커'들의 무단침입에 의한 정부 데이터 접근, 국가와 개인의 정보 유출, 기간 전산망 교란 등의 심각한 사회문제를 일으키고 있다. 세계 모든 나라가 이 문제로 골머리를 앓고 있다.

국내에서는 인터넷 발급 서류는 물론 주민등록서류까지 위변조되고 있어 전자발급 서비스 자체를 일시 중단한 적도 있다. 심지어 대학에서 발급하는 증명서까지 위조하고 있다. 시간과 경비를 절약하고 효율성을 높이려는 전자기능화에 있어 완벽한 보안장치나 안전지대는 어느 분야에도 없음을 단적으로 보여주고 있다.

이러한 행위를 일컬어 사이버 범죄(cyber crimes)라고 하는데 금융부문 역시 사이버에 의한 범죄에서 자유로울 수 없는 것이 현실이다.

(2) 전자금융사고의 다양한 원인

그동안 전자금융매체와 관련된 금융사고는 내부직원에 의한 것보다 주로 외부인에 의한 사고가 많았다. 전자금융 사고가 확산되고 있는 다양한 배경을 살펴보자.

먼저, IT발달은 돈에 대한 개념을 희박하게 만들어 죄의식을 약화시켰다는 점을 들 수 있다. 각종 금융거래가 금융종사자와 대면없이 모니터 속의 숫자에 의해 이루어짐으로써 단말기를 통해 자금을 입력, 이체하고 그 결과를 확인하는 절차가 눈에 나타나지 않는다. 이는 곧 돈을 훔친다거나 유가증권을 절도하는 것에 비해 범죄를 저지른다는 의식 없이 유혹에 빠져들게 한다.

둘째, 전자금융기술에 대한 접근성 향상이 범죄 가능성을 높이고 있다. 전자매체에 의한 금융이용 방법은 일반인에게는 다소 배우기도 어렵지만 IT 또는 PC 전문가나 매니아들로서는 보안을 뚫고 시스템에 접근해 프로그램을 변조하려는 유혹에 도전하고 싶어지는 모양이다.

그리고 IT 기술진보는 필연적으로 해킹수법의 개발로 이어져 보안시스템의 발전을 동시에 촉구하고 있다. 전문가들이든 범죄 용의자이든 금융거래에 대한 접근 용이성을 악용할 가능성이 현저하게 증가되었다.

셋째, 사고금액이 거대화될 가능성이 내포되어 있다는 점이다. 실물의 이동만으로 볼 때는 불가능할 일도 간단한 전산조작과 키보드 조작으로 가능해졌다. 문제는 이러한 불순한 시도가 금융업무와 같은 대량거래에 접근할 경우 생각보다 위험이 커진다는 점이다. 특히 전자금융에 의한 자금이체는 엔터키를 누르는 순간 거액이 이동된다는 취약점에 항상 노출되어 있다.

(3) 금융이용자의 협조요청에 부족함은 없었나

우리나라의 전자금융시스템은 발전이 빠르고 기능도 최고수준이지만 보안시스템도 매우 우수한 것으로 평가되고 있다. 그러나 2005년 6월에는 인터넷뱅킹 이용자의 개인정보를 빼내 5,000만 원을 인출해 간 사상초유의 해킹사건이 일어났고 텔레뱅킹 시스템마저 전화도청 방식으로 뚫리고 있다. 유사한 사건이 2005년 상반기 중에만 다섯 건이나 일어났다. 그간의 사고는 주로 고객의 PC나 전화 등이 대상이었다.

또한 은행 웹사이트를 가장해 고객들의 개인정보를 빼내는 이른 바 피싱(phishing) 유사범죄까지 등장하여 전자금융거래의 안정성을 위협하고 있다.

감독당국에서도 금융이용자로 하여금 안전성에 대한 경각심을 고취시키기 위해 '전자금융거래 10계명'[48]을 안내하고 있다. 최근에는 해킹이나 피싱사기 등에 의한 피해를 예방하기 위한 10대 수칙[49]까지 만들어 홍보하고 있다.

은행 등 금융회사에서도 다양한 대책을 강구하고 있지만 보안전문가들의 말로는 "100% 안전한 전자거래는 있을 수 없다"고 하는 만큼 전자금융의 보안성 문제는 앞으로 가장 뜨거운 화두임에 분명하다.

금융회사에서 시스템 측면의 보안프로그램 강화, 방화벽 구축, 보안카드 신기술화 등을 통한 네트워크 안전망 강화가 적절하게 이루어져야 하겠지만 고객도 자신의 재산을 스스로 지키려는 노력이 필요하다.

금융회사들이 전자금융업무를 점점 확대하면서 한 가지 더 유의해야할 사항은 고객에 대한 협조요청이다. 금융회사 자체만의 노력으로는 전자금융사고를 막기가 힘들다. 이 점 고객의 편의성 제고와 함께 안전의식을 구하는 노력도 동시에 추진해야 할 과제가 아닐 수 없다.

9. 내부통제조직의 역할 미흡

    기업, 공조직, 사회 각 부문 등에 있어서 조직의 견제기능에 대한 중요성은 아무리 강조해도 지나침이 없다. 내부통제 문제가 제기될 때마다 언론 등에서도 감사조직의 확충이나 감사인력 전문화에 관한 의견을 끊임없이 제기하고 있다.

    다음은 그 예시다. 내부통제인력의 전문성에 관한 얘기가 주종을 이루고 있다.

    "사립대학의 문제점 해결을 위해 교육인적자원부는 전문성을 갖춘 감사인력을 확충해야 하며 별도의 감사기구를 신설하거나 종합감사를 전문기관에 위탁하는 방안도 고려해야 한다"
                                                                 - 교육관계자 -

    "정부 주요정책에 대한 시스템감사 및 평가업무에 적합한 우수 전문인력을 확보하기 위해 경제, 토목구조, 수자원관리, 교통, 에너지 등 분야에 박사학위 취득자 7명을 5급으로 특별채용했으며 앞으로도 조직의 전문역량을 강화하기 위하여 이공계 전공자를 중심으로 전문가 채용을 확대할 예정이다"
                                                                 - 감사원 관계자 -

    "회계, 경리 등 경영진과 가까운 인력은 노조원이 될 수 없는 규정 때문에 대부분의 노동조합이 전문성을 갖춘 내부 감사 인력을 갖추고 있지 못하다"
                                                               - 노조관계자 -

"감독당국이 리스크 중심의 감독(RBS)을 시행하는 과정에 서 전문인력의 부족이 가장 큰 장애 요인이며 외부 전문가 채 용, 집중 교육 등을 강화할 필요가 있다" – 금융연구원 관계자 –

(1) 내부통제조직의 역량 미흡은 늘 거론되는 문제

금융부문에 있어서도 이러한 요청이 계속 제기되고 있는데 그 배 경은 역시 내부통제 환경의 변화에 있다. 과거 규제중심의 감독시절 에는 감독당국이 내부감사 인력에 관한 가이드라인을 정해준 시기 도 있었다.

총 직원대비 감사실 인력비율, 감사실 인력 중 자격증 소지자 등 전문인력 배치비율(높은 것이 좋음)과 상위직급 보임비율(낮은 것이 좋음) 제한, 영업점에 감사통할 전임자 배치 등이었는데 지금은 모 두 옛날 일이다. 금융자율화 추세에 부응해 금융회사 스스로 알아서 하도록 한 것이다.

돌이켜 생각해보면 당시의 의도가 지금 어느 정도 자율적으로 지 켜지고 있는가. 대체로 보면 감사보조조직 및 준법감시실의 인력배 치는 금융회사 실정에 맞게 이루어지고 있으나 충분하지 않는 것 같 다. 전문인력 배치도 여전히 미흡한 실정이다. 확실하게 개선된 것 은 상위직급 배치 문제뿐이다. 지금 각 금융회사 감사보조조직에 과 거처럼 정년퇴직이 임박한 직원을 배치하는 곳은 아무데도 없다.

지난 2005년 8월에 실시된 금융감독원의 설문조사를 다시 언급해 보면 현실을 좀 더 자세히 볼 수 있다. 94개 금융회사의 감사 보조조직(준법감시조직의 근무인원은 제외)의 평균인원은 14.1명으로 권역별 편차가 매우 큰 것으로 나타나고 있다. 은행 평균 41.8명 및 증권사 평균 19명이나 상호저축은행, 자산운용사 등은 평균 2명 미만이다. 그리고 감사보조조직 구성원의 직급은 3, 4, 5급으로 골고루 분포되어 있다.

그러나 전문자격증 소지자는 22.6%에 불과하고 4,5급 직원의 경우 감사업무 경력 3년 미만이 38.2%에 이르고 있어 감사인력의 전문성 부족의 단면을 보여주고 있다.

금융회사 임직원들이 평가한 감사인력의 전문성에 대한 설문결과를 봐도 42.6%만이 전문성을 갖추었다고 대답했다 그러면서 전문성 강화가 요청되는 부문은 회계 및 재무, 리스크관리, IT부문, 금융실무지식, 법규 및 감사기법 순으로 나타났다.

(2) 내부감사의 내재적 한계

내부감사인은 앞서 살펴본 대로 내부통제시스템 운영 및 리스크관리, 지배구조의 효율성 등에 대해 객관적이고 독립적인 입장에서 검토하고 평가하는 일을 수행하고 있다. 그러나 자기가 속한 회사의 업무에 대해서 자체감사를 수행하는데 따른 본질적인 한계가 있을 수 있을 수밖에 없다. 최근에 와서는 이러한 경향은 많이 개선되고 있지만 감독당국의 검사와는 차별성이 있을 수밖에 없다.

먼저, 금융회사의 내부감사는 전반적인 경영실패 우려 등 대국적인 시각에서 조직의 현재와 미래를 평가하는 기능에는 제약이 있을 수 있다. 사업부문별 및 영업점별 세부평가에 치중하다보면 자칫 시스템적 리스크를 간과할 수 있다. 금융시장의 주요지표나 거시경제 지표, 산업환경, 경영여건, 동류그룹 비교 등에 깊은 관심을 가질 필요가 있다.

다음으로 중요 위규사항의 처리에 있어서 감독당국 검사에서는 반드시 조치하는 것과 비교할 때 내부감사는 자칫 그 처리를 고민하

구 분		감독당국 검사	자체 내부감사
감사 범위	종합	– 본점 경영실태 평가 (전문 검사역)	– 영업점 실태평가 (일반 검사역)
	수시	– 특정부문 점검(본점 및 영업점)	– 좌동
감사목적		– 금융회사의 건전성 제고 – 금융시스템의 안정	– 위규사항 사전예방 * 감독당국 검사에 대비한 사전검사 실시 사례도 있음
독립성		– 완전독립	– 일부 인간관계에 종속될 소지 * 감사요원도 언젠가는 영업점에 근무하게 됨
위규사항 처리		– 중요 위규사항: 반드시 조치 – 경미한 위규: 지도 또는 현지 조치	– 중요 위규사항: 처리방안 고심 – 경미한 위규: 지적 처리
제재 적용		– 엄격한 적용 * 위규정도, 위반횟수, 고의 · 과실, 형평성 등 고려	– 관대화 경향 (연고주의 및 온정주의 소지)
위규사항 사후조치		– 필요한 경우 자금추적 – 고발 또는 고발조치의뢰	– 불가능(당해회사 계좌의 경우 조회 가능) – 좌 동

감독당국 검사와 금융회사 내부감사 비교(예시)

는 사례가 있을 수 있다. 즉, 법규위반 소지가 있을 경우 현재화 시키지 않고 쉬쉬하거나 문제를 희석시키는 사례를 상정할 수 있다. 내부감사에서 가장 경계해야 할 대상이다.

아울러, 제재 조치에 있어서도 관대화 경향이 농후하다. 이는 영업실적 제고와 위규사항 처리의 상충적 관계에서 비롯될 수 있는 일이다. 그러나 근래에 들어 각 금융회사는 임직원의 범죄관련 행위에 대한 고발 등을 엄격하게 조치하고 있어 매우 다행스러운 일이다.

한편, 내부감사의 독립성은 그동안 지속적인 개선노력에도 불구하고 현실적으로는 제약이 있다. 상위조직인 감사위원회나 상근감사위원의 독립성은 별론으로 하더라도 내부감사 수행요원(감사실이나 준법감시실 직원)들도 독립적인 위치에서 엄정하게 감사를 수행할 수 있도록 보장되어야 한다. 예컨대, 조직내부에서 흔히 볼 수 있는 연고주의나 온정주의를 경계해야 할 것이다.

(3) 내부통제 평가는 여전히 미흡한 수준

금융회사 내부통제 환경과 어우러져 내부통제 평가기능도 여전히 미흡한 수준이다. 금융회사 스스로 내부통제 자체평가를 실시(68.3%)하고는 있으나 평가실적에 대해서는 부정적인 것으로 나타나고 있다. 내부통제시스템 평가가 효율적이기 위해서는 사업 또는 업무부문별 평가가 이루어져야 함에도 감사실의 일반 업무감사시 수평적인 평가만 하고 있는 것이다.

이는 곧 평가가 형식에 그치고 있고 평가결과 개선방안 제시기능이 미흡하다는 것을 반증하고 있다. 사실 내부통제 자체 평가에 대한 인식부족은 금융회사 경영진에게만 있는 것이 아니라 감사조직 스스로도 부족하다는 점을 인정하고 있다.

금융회사의 내부통제 평가에 관한 실정은 금융회사별로 큰 차이가 있고 경영진의 관심도에 따라 상당히 다른 양상을 보여주고 있지만 전반적으로 활성화 되지 않고 있는 것 같다. 금융회사의 경영실적이 현저하게 개선되고 있는 밝은 면에도 불구하고 내부통제 실패에 따른 사고 증가의 배경에는 내부통제 평가기능이 취약한 것도 한 몫을 하고 있는 만큼 앞으로 내부통제 평가업무에 역량을 배가할 필요가 있다.

그동안 금융회사 내부통제 조직이 보여준 열과 성을 폄하하려는 것은 결코 아니며 오히려 더 큰 격려를 보내고 싶다. 국내 금융회사의 감사조직은 어느 부서, 어느 조직보다 열심히 일하고 있으며 맡은 업무인 감사강화, 적극적인 사고예방 활동, 상시감시 업무 수행, 전산 감시능력 배양 등 실로 쉼 없이 노력하고 있는 점을 인정한다.

이 기회에 보다 한 차원 높은 내부통제를 구현하기 위해서 그동안 소홀하게 다루어 왔던 내부통제 평가역량을 획기적으로 확충하였으면 한다.

10. 조급성도 사고의 원인이다

2005년 8월에 발생된 거액 CD금융사고의 예를 보자. 증권회사와 은행간 제3자명의 CD발행거래 과정에서 발행의뢰인인 사기범 일당이 CD실물을 편취하여 도주한 사건은 CD발행시 과거의 업무취급관행에 안주한 나머지 반드시 지켜야 할 절차를 무시한 데서 비롯되었다. 본인 확인의무, 위조여부 확인, 발행과 교부의 상호견제 등 기본적인 절차가 지켜지지 아니하였다. 한편으로는 신속한 업무처리만을 요구하는 업무환경에서 비롯된 점도 부인하기 어렵다.

이런 금융사고를 보면 우리 사회에서 흔히 일어나고 있는 일반적인 안전사고가 연상된다. 모두 조금만 주의하고 또 정해진 원칙과 기준을 지키기만 해도 막을 수 있는 안전불감증에 의한 사고가 매년 반복되고 있다.

이러한 현상은 과거 압축성장 과정에서 '속도와 성과'를 지나치게 중시하고 안전을 경시해 온 시대흐름과 무관하지 않다. 그러나 금융회사마저 아직도 이런 흐름에서 탈피하지 못하고 있는 것은 실로 안타까운 일이 아닐 수 없다.

(1) 기다리는 문화에 익숙하지 않아

우리나라에 머물고 있는 외국인에게 한국에 대한 인상을 물어 보자 '빨리빨리'라는 함축성 있는 말로 대답한다는 것을 여러 번 들었다. 부족한 천연자원, 높은 인구밀도, 어김없는 사계절의 변화 속에서 살아남기 위해서는 부지런해야 하고 남들과의 경쟁에서 재빠르지 않으면 뒤쳐질 수밖에 없다. 소위 '빨리빨리'로 표현되는 속성문화를 바탕으로 지금처럼 초고속 경제성장을 이루고 인터넷 강국 소리를 듣고 있는 것은 분명 강점이기도 하다.

그러나 이제는 빨리빨리 만으로는 2% 부족한 느낌이다. 신속하되 정확해야 한다. 정확해지려면 원칙과 절차가 존중되어야 한다. 일반 사회나 산업계에서 흔히 보듯이 안전과 절차가 무시되면 나중에 얼마나 큰 피해를 가져오는지를 알아야 한다. 원칙이 무시되면 그 틈새에 금융사고가 도사리고 있음을 경계해야 한다.

또 한 가지는 우리 문화에 자리잡고 있는 '대충대충' 문화를 들 수 있다. 빨리빨리 하면서 대충대충 한다면 온통 문제투성이만 남을 것이다. 금융업무는 더더욱 그렇다. 절차를 꼼꼼하게 지키는 것은 신속성이 약간 희생되지만 사고발생을 방지함으로써 결과적으로는 이익이 될 수 있다. 그런데 금융회사 직원들이 절차에 입각하여 일을 꼼꼼히 하기 위해서는 고객들의 협조가 절대적으로 필요하다.

(2) 금융이용자의 조급한 태도도 시정되어야

서두르면 탈이 나게 마련이다. 금융회사들이 서비스 향상을 위해 노력하고 있는 만큼 고객들도 제대로 서비스를 받으려면 서둘러서는 안 된다. 예컨대 전자금융 업무에서 안전을 위해 요구하는 다양한 절차가 고객에게는 당장 불편으로 인식될 수 있다.

하지만 고객들이 여기에 대해 불만을 제기해서는 곤란하다. 고객이 반드시 협조해야 자신의 재산이 지켜질 수 있고 거래도 안전하게 이루어질 수 있다.

요컨대, 금융업무는 상호견제시스템을 바탕으로 이루어지기 때문에 약간의 시간소요가 필요하다. 일단 창구거래를 하게 될 경우 대체로 고객들이 기다리는 문화에 익숙해 질 필요가 있다. 그래서 금융회사는 그것마저 불편해 할까봐 창구를 늘리고 또 분위기를 안온하게 꾸미고 있는 것이다.

그런데 일부 고객들은 어떤가. 금융회사에서 요구하는 나름대로의 절차가 있음에도 이를 무시하거나 독촉하기 일쑤이다. 절차를 지키려는 직원의 입장을 배려하기는커녕 자기목적을 달성하기 위해 필요이상 재촉하고 심지어는 절차를 지키려는 직원에게 융통성이 부족하다고 폄하하는 경우를 흔히 볼 수 있다.

더욱이 금융회사의 업무처리 규정상 수용하기 어려운 사항에 대해서 아는 사람을 동원하는 경우도 있다. 심지어 청탁이나 로비를 통해서 해결하려는 사례도 있다. 이러한 금융이용자의 태도는 금융종사자로 하여금 자칫 그릇된 판단을 하게 할 수도 있다.

이 뿐만 아니다. 일부 고객들은 절차상 또는 규정상 문제가 없는 사항까지 감독당국에 민원을 제기함으로써 자기 목적을 달성하려고 한다. 이래서는 안 된다. 금융회사의 고객도 금융거래에 대한 인식을 점차 바꾸어 나가야 한다.

그런 점에서 선진국의 금융관행을 통해 많이 배워야 한다. 이들은 지켜야 할 내부통제절차를 인정해 주고 당연하게 받아들이고 있다.

우리가 금융거래를 함에 있어서 창구에서나 사이버 상에서 적어도 재촉하는 일은 없어야 한다. 직원들이 차분하게 지켜야 할 절차를 지키고 있는가 하는 점을 관전하는 자세가 필요하다.

PART **7**

어떻게 사고를
막을 것인가

우리는 지금까지 금융사고가 발생하게 된 이유와 배경에

대해서 살펴보았다. 이제 이러한 사고를 막을 수 있는 해법을 찾아야 한다.

금융 사고를 예방하기 위한 획기적인 대책이나 지름길은 없다고 생각한다.

그러나 앞서 살펴본 금융사고의 다양한 원인에 대해 역시 다양한 대책을 모색함으로써 분명히 최소

화시킬 수는 있다. 그동안 여러 각도에서 사고예방대책이 논의되어 왔는데 이 기회에 좀 더 구체적으로

접근해 보았으면 한다. 아무리 좋은 처방이라도 병의 원인이나 환자 개인의 체질에 따라 처방의 결과도

다르듯이 여기서 논의하는 대책 역시 개별 금융회사 실정에 맞게 모색되어야 할 것이다.

많은 금융회사들이 내부통제를 다잡기 위한 노력을 적극 경주하고 있는 이때에 이제는

글이나 말로 하는 이론보다 직접 실행해 옮기려는 실천의지가 더욱 중요하다.

1. 금융사고 예방을 위한 방안

금융회사의 내부통제 시스템을 강화하고 사고발생을 예방하기 위한 방법을 제3장에서 살펴본 COSO의 내부통제 5요소[50]에 대입해 보자.

금융회사가 바람직한 내부통제환경 및 문화를 전제로 하여 효과적인 리스크 평가를 통해 적절한 통제를 실시하고, 회사의 사업활동에 대한 인식·수집·기록 등에 대한 효율적인 시스템을 갖춤과 아울러 내부통제 활동의 유효성을 지속적으로 모니터링한다면 소기의 성과를 거둘 수 있다고 본다.

이러한 내부통제의 구성요소를 사고예방을 위한 대책에 연계시킬 경우 대략 다음과 같은 4가지 방향을 설정해 볼 수 있다.

첫째, 내부통제시스템의 혁신이다. 이를 위해서는 금융회사의 실정에 맞는 지배구조를 토대로 감사위원회와 준법감시기능을 재정비하고 내부통제 인력의 확충 및 전문성을 제고함으로써 내부통제시스템을 크게 개선시킬 필요가 있다. 아울러, 전산 등에 의한 상시감시 시스템을 더욱 강화하여야 한다.

둘째, 내부통제 원칙의 엄격한 운영이다. 이를 위해서는 이중견제시스템, 자점감사, 잔액대사 등 내부통제에 관한 기본원칙과 절차가 철저히 지켜지도록 해야 한다. 또한 대부분의 사고가 일선 영업점에서 비롯되고 있으므로 영업점장의 compliance 기능을 확대하여야 한다. 아울러 고객의 신용정보관리를 철저히 하고 금융실명제와 자금세탁 혐의거래보고도 제대로 지켜야 한다.

셋째, 내부통제 문화의 재정립이다. 금융회사의 모든 구성원이 내부통제시스템의 중요성을 인식하고 제반정책 및 절차를 준수하겠다는 실천의지가 중요하다. 이는 경영진의 내부통제에 대한 강력한 지

금융사고 예방을 위한 대응방안

기본방향	세부 추진방향
1. 내부통제시스템의 혁신	▶감사위원회 및 준법감시기능의 재정립 ▶내부통제 조직의 역량 강화 ▶전산 등에 의한 상시감시 시스템 강화 ▶사고예방을 위한 업무프로세스 재점검 ▶내부통제시스템 보수 및 유지 강화
2. 내부통제원칙의 엄격한 운영	▶내부통제의 원칙과 절차 준수 ▶영업점장의 compliance 기능 강화 ▶전자금융거래의 안전성 강화 ▶고객신용정보의 관리 철저 ▶금융실명제 및 자금세탁 혐의거래보고 이행
3. 내부통제 문화의 재정립	▶건전한 내부통제 문화 정착 ▶임직원의 윤리의식 제고 ▶경영진의 인식제고와 지원 ▶내부통제 교육의 강화
4. 감독당국, 자율규제 기관, 외부감사인 등의 대응	▶내부통제 기능 강화를 위한 감독당국의 지도 ▶자율규제기관의 역할 강화 ▶외부감사인의 역할 제고 ▶금융이용자의 관심과 협조

원과 함께 임직원의 윤리의식 제고와 내부통제 교육의 확충이 수반되어야 한다.

마지막으로 금융회사의 업무를 감독·지도하는 감독당국, 외부감사인 및 자율규제기관들의 금융회사의 내부통제 강화를 위한 적극적인 협조가 있어야 한다.

금융사고를 어떻게 막을 것인가. 그 해법은 분명히 있다. 우리는 지금까지 살펴본 내용을 토대로 금융회사와 소속 임직원이 노력하고 감독당국을 비롯한 외부관계자가 적극 협조한다면 금융회사의 내부통제기능을 획기적으로 제고시킬 수 있고 또 사고 발생도 크게 줄일 수 있을 것으로 확신한다.

2. 내부통제시스템의 혁신

가. 내부통제시스템의 획기적인 개선 필요

내부통제시스템의 오류나 작동 미흡에서 비롯되는 문제를 풀기 위해서는 일차적으로 시스템 개선문제부터 접근해야 한다. 일련의 금융사고에 대한 대응책으로 제시되는 땜질식 처방으로 그칠 일이 아니다.

때마침 감독당국도 글로벌 스탠다드에 입각한 감독·검사업무의 선진화 방안을 마련하였다. 지난 2005년 2월부터 리스크중심의 감독·검사(RBS, Risk Based Supervision)로의 이행을 천명하면서 검사업무의 효율성을 높이고 금융회사의 수검부담을 완화하기 위해 RM제도를 시행하였다.

감독당국의 RBS 정착과 수검부담 경감은 금융회사 자체적인 내부통제기능 제고가 전제되어야 성과를 거둘 수 있다. 따라서 모든 금융회사는 감독환경의 변화에 부응하여 내부통제시스템을 획기적으로 개선시키는 것을 시급한 과제의 하나로 인식하여야 한다.

다행히 최근 대형은행을 중심으로 내부통제제도의 혁신을 도모하고 있으며, 또한 중소 금융회사들도 내부통제의 중요성에 관한 인식을 높이고 있는 것은 매우 바람직한 일이라 하겠다.

(1) 내부통제 조직의 역량 강화를 시작으로

기업의 경영활동은 크게 '기획(Plan) – 집행(Do) – 사후점검(See)'의 3단계 순환과정으로 구분된다. 이 과정에서 어느 하나의 기능도 소홀히 해서는 안 될 것이다. 내부통제는 경영활동의 모든 과정이 효율적으로 운영되는지를 평가하고 평가결과 나타난 미비점을 개선시킴으로써 경영목표 달성을 도와주는 역할을 담당하는 것임을 앞서 살펴보았다.

특히 금융회사에 있어서는 업무의 특성상 리스크 요인이 매우 많고 또 어떤 업무보다 정확성이 강조되고 있다. 그래서 리스크 관리를 담당하는 조직과 감사 및 준법감시 조직 등 내부통제조직의 중요성이 강조되고 있는 것이다.

이 같은 배경으로 COSO는 내부통제를 "금융회사가 효율적인 업무운영, 정확하고 신뢰성 있는 재무보고 체제의 유지, 관련법규 및 내부정책·절차의 준수 등과 같은 목표를 달성하는데 합리적 확신을 주기 위하여 이사회, 경영진 및 직원 등에 의하여 실행되는 일련의 통제과정"으로 풀이하고 있다.

또 IIA(The Institute of Internal Auditors)는 내부감사(Internal Audit)에 대해 "기업의 가치를 제고하고 업무운영을 개선하기 위하여 독립적, 객관적으로 운영되는 검증 및 컨설팅 활동(Assurance and Consulting Activity)이며 이는 리스크 관리, 내부통제 및 지배구조의 운영의 유효성에 대하여 체계적, 전문적으로 평가하고 개선토록 함으로써 기업의 목표를 달성할 수 있도록 지원한다"고 설명하고 있다.

내부통제 조직의 역량을 강조하면서 국제적인 준칙상의 정의를 다시 언급하는 이유는 이 문제에 대해 보다 근본적으로 접근해보고자 하는 의도에서다. 참고로 국내 대형은행의 내부통제조직별 역할을 사례로서 소개하고자 한다.

(2) 감사위원회(감사)의 재정립

내부통제의 운영주체는 이사회, 경영진, 감사위원(감사) 및 중간관리자와 일반직원 등 조직의 모든 구성원이다. 그 중에서도 이사회와 경영진은 직원들이 내부통제의 중요성과 내부통제 운영과정에서 자신의 역할을 이해하고 적극적으로 참여할 수 있도록 통제문화 형

국내 A은행 내부통제 조직별 현황		
이사회	▶은행내의 내부통제 문화 정착을 위한 노력 ▶효율적인 내부통제체제의 구축 및 운영에 관한 기본방침 수립	
경영라인조직	**은 행 장**	▶전행적인 내부통제 정책을 수립·이행
	그룹(본부장)	▶소관부문의 내부통제 방침과 절차를 수립·이행·점검하고 보완, 개선 등으로 내부통제시스템 유지 **CFO → 재무보고통제팀 : 재무보고통제담당자 업무 총괄**
	직 원	▶내규, 정책, 규정, 지침, 윤리강령 등 내부통제기준에 따라 직무를 수행
	준법감시인	▶법규준수 측면 통제 및 모니터링 **준법감시팀 : 준법감시원 업무 총괄**
	리스크관리 그룹장	▶전행 차원의 제리스크를 인식·측정하고 관리체제를 구축·운영 **시장리스크팀 : 운영리스크담당자 업무 총괄**
리스크관리위원회		
감사위원회	**상근감사 위 원**	▶경영진 집행업무 감사 ▶내부통제시스템 평가(재무검사, 본부 및 영업점 일반검사) **검사기획팀 : 금융사고예방업무 및 자점검사자 업무 총괄**

성에 대한 일차적인 책임을 부여받고 있다.

그렇게 하기 위해서는 경영진이 먼저 내부통제 조직을 정예화하고 이들로 하여금 업무를 적절하게 수행할 수 있는 여건을 마련해주는 것이 첫 번째 과제여야 한다. 내부통제조직을 혁신하기 위해서는 먼저 금융회사 실정에 맞도록 감사위원회와 준법감시인과의 관계와 역할을 보다 분명히 설정할 필요가 있다.

앞서 설명한대로 금융감독원이 2005년 하반기에 금융회사의 감사위원회 제도 운영 현황에 대해 94개 금융사 850명(감사조직 구성원 1,128명의 75.4%)를 대상으로 실시한 설문조사 결과에서 많은 시사점을 확인할 수 있다.

예컨대 감사위원회의 독립성, 상근감사위원 선임의 필요성, 감사자격의 적극적 요건, 감사위원의 대우 문제 등에 대해서는 매우 긍정적인 반응을 보인 반면에 감사위원의 임기 단기화(상근감사위원의 평균 재임기간 2.8년, 비상근 감사위원은 2.1년), 감사위원의 자질 및 전문성, 이사회와 감사위원회와의 관계, 이사회 하부 위원회 구성의 중복 보임, 감사보조조직의 전문성 등에 대해서는 보통 수준으로 평가하고 있는 것으로 나타났다.

뿐만 아니다. 내부통제 자체 평가가 매우 미흡하고 일부 회사에서는 감사위원의 보신주의에 의한 경영진 견제 취약 우려 등을 지적하는 사례도 있었다. 이렇게 다양하게 제기된 취약요인에 대해 금융회사 실정에 맞게 스스로 진단하고 개선방안을 도출할 필요가 있다.

(3) 준법감시기능 제고

한편, 준법감시기능에 대해서는 지난 2003년 금융감독원의 금융회사를 대상으로 한 실태조사시 담당업무 대비 인적·물적 자원이 부족한 것으로 나타났다.

조사대상 금융회사의 준법감시부서 평균인원은 은행 10명, 증권

감사위원회 기능 재정립 방향		
구 분	취약점	대응방안(예시)
감사위원회 (감사)의 지위	▶독립성 결여	▶지배구조 개선 취지에 부응한 대주주 영향력 배제
	▶일부 보신주의	▶감사위원회 역할에 대한 합리적 평가방안 모색 ▶내부통제소홀 반복시 감독당국의 엄중한 책임 추궁
	▶임기 단기화 및 잦은 교체	▶3년 이상 임기 보장
이사회와의 관계	▶감사위원의 이사회내 여타위원회 중복 선임	▶원칙적으로 타 위원회 겸임 제한 ▶감사위원회 고유권한 확보를 통해 이해상충 방지
감사위원 전문성	▶일부 전문성 미흡	▶적극적 자격요건 심사 강화 (감독당국의 fit & proper 심사 강화) ▶인재풀(pool) 확대 및 감사요원 양성
업무활동	▶내부통제 평가기능 취약	▶리스크 평가 및 자가진단 역량 제고 노력

9.5명, 투신운용사 3.6명, 보험 8.3명, 여전사 3.8명에 불과하여 대부분의 회사들이 주요 업무인 임직원 내부통제제도 준수에 대한 모니터링 업무, 일상업무 사전감시 업무, 내부통제제도 관련 자문 및 교육업무를 모두 충실히 수행하기에 인력이 절대적으로 부족하다고 응답하였다.

준법감시인은 영미식 기업지배구조하에서 시행되어 왔으며 독일식 기업지배구조를 모태로 발전해왔던 국내 기업 풍토에서는 익숙치 아니한 제도이다. 즉 영미식 기업지배구조에서 감사위원회(audit committee)는 회계감사와 내부통제제도 운영에 대한 평가를 주로 담당하고 준법감시인(compliance officer)은 일상적 상시감시 업무를 담당하고 있다.

그러나 우리나라의 경우 감사위원회가 경영활동에 대한 포괄적 감사권을 갖고 위법성 감사업무를 수행하여 왔는데 새로운 준법감시인 제도를 도입한데다 제도 시행기간도 일천하여 일부 혼선이 있어 보인다. 그래서 감독당국은 금융회사의 의견을 반영하여 각 권역별 준법감시인 모범규준을 마련한 바 있다. 준법감시인은 법규준수 업무를 위주로 하고 그 책임에 관해서는 법규상 의무사항을 제외하고는 자체 내규에서 정하도록 하고 있다.

그럼에도 불구하고 현실적으로는 감사위원회 기능과 중복이 있을 수 있고 또 준법감시조직의 인력이 상대적으로 부족한 점이 애로사항으로 거론되고 있다.

그러므로 금융회사는 그간의 제도 운영 경험과 해당 권역의 모범규준을 참고하여 가장 적절한 운영 모델을 정립시키는 것이 필요하다. 예컨대, 업무수행과정이 중요한 경우에는 준법감시기능을 강화하고 사후평가로 보정이 가능한 경우에는 감사위원회 기능을 확충시키는 방향으로 스스로 해법을 찾아야 한다. 내부통제시스템의 혁신은 아무래도 컨트롤 타워(control tower) 역할을 수행하는 기능부터 재정립하는 것에서 출발해야 할 것이다.

물론, 감독당국도 제도 운영상 제기되고 있는 현안들에 대해서는

장기적인 관점에서 진지한 논의를 거쳐 합리적인 방안을 도출할 것
으로 기대한다.

준법감시기능 재정립 방향		
구 분	취약점	대응방안(예시)
준법감시인 지위	▶준법감시인 역량 미흡	▶적극적 자격요건 심사강화 및 인재풀 확충 ▶가급적 임원급으로 보임하여 적정한 권한 부여
감사위원회와의 관계	▶역할 중복	▶회사실정·규모·특성 등을 고려한 best practice 마련
보조조직 (준법감시실)	▶인력부족 및 전문성 미흡	▶충분한 전문인력 확충 ▶내부통제 관련 교육 강화

(4) 내부통제 조직·인력의 확충

다음은 내부통제 실무기능 강화에 관한 사항이다. 감사위원회와
준법감시인의 기능을 재정립하고 나면 자연스럽게 그 실무부서의
역할을 재편할 필요가 있다.

이와 관련하여 제기되고 있는 문제를 살펴보면 먼저, 감사부서와
준법감시실외에도 영업활동별로 편재된 사업부문, 그리고 각 영업
점의 내부통제기능을 어떻게 관장하고 또 어떻게 공조하느냐에 대
한 논의가 필요하다는 점이다.

예컨대, 사업부문이나 영업점 자점검사에 대한 내부통제 통할이
누구에게 있는가 하는 명확한 기준이 없다는 점도 논의대상이다. 이

는 과거에는 관련규정에 의하여 감독당국에서 내부통제기준을 정하여 주던 시절이 있었으나 지금은 법규에서 일반적 원칙을 제시하는 것을 제외하고는 금융회사의 자율에 맡겨져 있다. 금융회사의 규모, 복잡성 등 리스크 프로파일에 따라서 최적의 선택이 이루어지도록 실정에 맞게 정리되어야 할 문제라고 본다.

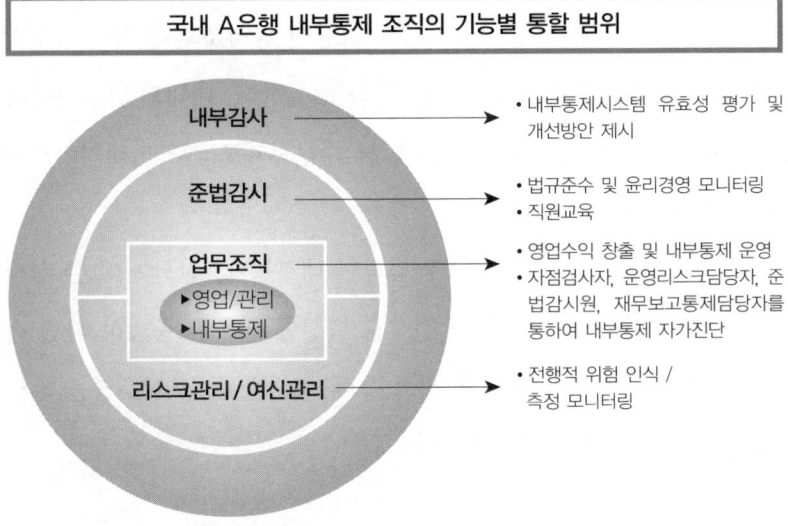

둘째, 금융회사의 1인당 취급액과 업무량이 많아지면서 대형 금융 사고 위험이 높아지고 있는 상황에서 감사부서와 준법감시실 인력의 적정성을 점검하는 일이다. 최근 국내 금융회사들은 수익성이 크게 호전되고 있지만 단기성과와 주주가치를 지나치게 중시한 나머지 내부통제 인력의 역할을 경시하는 경향이 있다.

지속적인 성장을 위해서는 인력에 대한 과감한 투자가 필요하다.

지금은 과거처럼 감독당국이 총자산대비 검사인력비율을 기준으로 제시하는 시대는 아니다. 국내 금융회사의 자산대비 인력구조는 외국 주요은행들의 절반수준에 불과하다고 한다. 이는 곧 고객에 대한 체계적인 분석, 대량거래취급에 따른 위험요소로서 준법감시 및 사고 예방활동이 취약해 질 수 있음을 내포하고 있는 것이다.

셋째, 적정한 인력 충원 이후에는 그에 상응한 임무를 재설정 하는 일이 필요하다. 국내 금융사들은 그동안 감사조직에 의한 사후감사 활동에 치중해 왔는데 이제는 달라져야 한다. 대내외 금융환경과 내부통제 여건이 급변하고 있는 만큼 내부통제조직도 미래지향적인 역할을 모색해야 한다.

앞서 강조하였듯이 리스크에 입각한 내부통제, 전산에 의한 상시 감시 강화, 업무의 광역화 및 신상품 확산에 대응한 준법성 사전 점검, 내부통제 자체평가 역량 제고 등에 초점을 둔 조직운영을 고려하여 선택과 집중할 필요가 있다.

(5) 내부통제인력의 전문성 제고도 시급

내부통제 업무를 효율적으로 수행하기 위해서는 내부감사 관계자, 준법감시인 등에 대해 전문성(professional competence)을 제고하는 것이 요청된다.

미국의 OCC(Office of the Comptroller of the Currency, 통화감독청)는 매뉴얼에서 감사인으로 하여금 금융업무의 각 분야에 대해 감사할 수 있는 충분한 자질, 지식 및 경험을 가진 직원을 고르게 채용하도록 하고 필수적인 자질을 다음과 같이 언급하고 있다(OCC의 Comptroller's Handbook).

- 적절한 교육수준 및 경력
- 부여된 임무를 완수할 수 있는 조직관리 능력 및 기법 보유
- 구두 또는 서면에 의한 능숙한 의사소통능력
- 회계기준 및 원칙, 감사기준 및 원칙, 감사기법 등에 대한 이해
- 건전한 업무처리 관행으로부터 벗어난 특정 상황의 중요성을 인식하고 평가하는 능력
- 이미 드러났거나 내재되어있는 문제점을 발굴하여 해결방안을 강구하는 능력

한편, 금융회사 내부통제인력의 전문성 미흡에 대해서는 금융회사 스스로 인정하고 있다. 감사보조조직의 전문자격증 소지자는 22.6%에 불과하며 그나마 은행이나 증권사가 차지하는 비중(전체 226명 중 193명)이 대부분인 점을 감안할 때 여타 금융사는 전문인력이 현저하게 부족해 보인다. 또 감사업무는 비교적 경험있는 책임자 급을 요구하고 있음에도 감사업무경력이 3년 미만인 4-5급 직원도 38.2%에 이르고 있다.

그러면 대응책은 무엇인가. 내부통제 인력의 전문성을 강화하는 방법은 대략 두세 가지다. 금융권역별로 전문자격증을 갖춘 우수한 인력을 충원하든가, 현재 인력을 교육훈련 하든가, 외부 아웃소싱을

늘리는 방법 등을 고려할 수 있다.

바람직한 효과를 거두기 위해서는 세 가지 방안이 모두 동원돼야 할 것이다. 감사조직의 전문성이 요청되는 부문은 회계 및 재무, 리스크관리, IT관련 부문, 금융실무 지식 및 법규 순으로 나타났는데 이 점 금융회사 관계자들이 참고할 필요가 있다.

금융권역별 전문 자격인증제도의 종류	
공통	공인회계사, 세무사, 금융자산관리사(FP), 공인내부감사사(CIA)[1]
은행	신용분석사, 신용위험분석사(CRA), 여신심사역, 국제금융역 등
증권	증권분석사(CIA)[2], 투자상담사, 운용전문인력, 자산관리사, 재무위험관리사(FRM), 재무분석사(CFA) 등
보험	보험계리사, 손해사정사, 보험중개사, 변액보험판매관리사 등

주: 1) Certified Internal Auditor
    2) Certified Investment Analyst

아울러 금융교육 전문기관의 연수와 권역별 협회 등을 중심으로 전문과정 연수와 함께 내부통제 및 감사업무에 대한 연수를 더욱 확충하여야 할 것이다.

중장기적으로는 금융회사의 감사 전문인력 수요에 대처하기 위한 감독당국 부설 전문 교육기구 신설 방안도 고려되었으면 한다. 더불어서 금융회사들은 전문성 부문에 대해서는 외부감사 기능을 적절히 활용해야 할 것이다.

나. 전산 등에 의한 상시감시 시스템 강화

최근 정보통신기술(IT)의 눈부신 발전은 금융산업의 디지털화에 영향을 주어 대량거래의 신속한 처리를 가능하게 하였다. 반면에 거래에 수반되는 리스크가 새로운 위협요인으로 떠오르고 있어 내부통제 기능의 역할 제고가 한층 요청되고 있다. 대량거래에 따른 위험에 대처하는 방법은 모니터링과 사후 검증방법을 고려할 수 있다.

전자는 전산에 의한 상시감시시스템으로 이는 창구거래의 특이사항을 데스크에서 실시간 모니터링하는 것을 말하며, 후자는 일정기간 집약된 정보에 대해 통계적 기법을 활용하여 추세분석 등에 의한 추출감사 기법을 말한다.

(1) 상시모니터링 강화의 필요성

오늘날 금융업무의 다변화에 상응하여 내부통제 기법도 진보되고 있는데 앞으로 가장 관심을 두어야 할 부문이 전산에 의한 상시감시와 추출감사를 강화하는 길이다. 이는 업무가 아무리 증가하더라도 감사인력을 무한정 늘릴 수는 없으므로 효율성 제고 측면에서도 필요한 일이다.

그리고 모니터링 결과 이상거래에 대한 추적이 효율적으로 이루어지도록 해야 한다. 상시감시데스크에서 포착된 내용에 대해서는 데스크에서 직접 확인하거나 해당거래의 진행을 바로 차단시킨다든지 해당 영업점장으로 하여금 즉각 체크하도록 조치하는 방안이 확보되어야 한다.

다행히 은행을 비롯한 대형 금융사들은 실시간 모니터링에 역량을 집중시키고 있고 중소 금융회사들도 상시감시체크리스트를 지속 개발하고 있는 것은 매우 바람직한 일이다. 상시감시시스템을 더욱 강화해야 할 필요성은 다음과 같이 정리할 수 있다.

- 전자금융의 확산 등으로 금융영업 행태의 변화
- 내부통제 강화에 상응하는 감사부서의 인력증원 한계
- 경쟁심화 및 실적평가 강화로 영업점의 공격적인 경영
- 영업점 자점감사 인력의 감소 및 책임자급의 창구 전진배치
- 1인당 업무취급량 증가 등에 따른 사고발생 개연성 등

(2) 상시 모니터링의 유효성을 제고해야

실시간으로 이루어지는 창구거래에 대하여 모니터링을 강화하기 위해서는 상시감시 인력을 증원하는 것이 우선적으로 요청된다. 시중은행의 경우 상시감시 전담인력이 1인당 평균 39개 점포를 담당하고 심지어 일부에서는 100개 점포를 담당하는 경우도 있는데 업무부담이 과중하여 실효성이 낮을 수 있음에 유의해야 한다.

내부통제 인력 증원은 매우 필요한 데도 현실은 이에 따르지 못해 아쉬운 일이다. 따라서 효율성을 고려할 때 가장 유효한 방법은 상시모니터링을 강화하는 길밖에 없다. 그러기 위해서는 수많은 금융거래를 실시간으로 일일이 검색하는 것은 불가능하므로 사고 개연성이 있는 거래에 대한 검증시스템의 구축이 관건이다.

소위 조기경보시스템(early warning system)은 시스템을 어떻게 합리적으로 설정하느냐가 성공의 요체이다. 모니터링 대상거래를 지나치게 확대하면 감사요원의 업무가 과중되고 또 지나치게 축소하면 이상거래 확인의 실효성이 낮아질 수 있다.

이 부문이야말로 그동안 발생했던 사고사례에서 해법을 찾아야 하고 또 회사 실정에 맞추어야 할 것이다. 사실 그간의 사고 중에서 일선 영업점을 중심으로 비교적 장기간에 걸쳐 일어났던 사고는 상시감시시스템의 취약성 때문에 발견되지 않았다.

일선 영업점의 주요 영업활동에 있어 공통적인 항목, 수신 및 여신, 외국환, 본지점 거래 등으로 구분하여 모니터링 대상 항목과 모니터링 주기를 설정하되 그간 노출된 사고취약부문은 빠뜨려서는 안 된다.

예컨대 텔러의 시재과다 보유, 거액 현금인출 및 대체거래, 동일 계좌 반복입출금, 일정금액 초과 계좌의 중도해지, 딜링부문의 취약요인 등 특이거래에 대하여는 상시감시가 철저하게 이루어지도록 해야 한다. 이같은 상시 모니터링의 원리는 보험사나 증권사에 있어서도 크게 다르지 않게 적용할 수 있을 것이다.

(3) 상시감시시스템의 선진화

최근 금융회사들이 전산에 의한 상시감사의 비중을 확대하고 있으나 이러한 상시감시시스템이 단순거래에 대한 모니터링 기능을 수행하는 등 일반거래 처리시스템으로 설계되어 그 효율성이 기대에 미치지 못하는 면도 있다고 한다. 상시감사시스템을 보다 선진화하여 사

선진화된 전산 상시감시시스템(예시)		
상시감시시스템	리스크 분석시스템	지식분석 및 관리 모듈
▶사고예방 및 과실지도 중심의 상시모니터링 ▶개인정보 등을 포함한 다양한 요소를 고려하여 모니터링 ▶고위험 필터모형에 의한 사고적발 중심	▶감사대상(영업점, 개인) 중심의 위험도를 측정하는 등급시스템(scoring system) ▶감사대상 선정 및 감사테마 제공을 위한 의사결정을 지원 ▶감사대상에 대한 추세정보를 분석	▶사고 DB구축, 사고분석, 감사결과 DB 등을 구축하여 활용 ▶전산상시감시시스템을 보다 정교하게 하고, 시스템의 시나리오를 신축적으로 변경가능하게 함으로써 지속성 유지

고의 발생소지를 조기에 차단·적출할 수 있도록 하여야 한다.

전산에 의한 상시감시시스템의 유효성이 확보될 수 있는 하나의 방법은 통계적 기법을 활용한 추세분석이다. 영업점에서 일정기간 동안 발생된 영업실적의 추세변동을 관찰하기 위해서는 CAATs (Computer Aided Audit Tools & Techniques, 전산감사기법)[51]와 같은 분석기법을 활용하는 것이 바람직하다.

그러기 위해서는 먼저 영업점의 주요 업무별 거래내역, 주요 계정 월말잔액 변동, 유가증권 및 파생상품 거래내역, 상시감시과정에서 도출된 문제점 및 특이사항에 대한 추세분석이 합리적으로 이루어지도록 해야 한다. 예컨대 부실징후여신의 급증, 예금 및 신용카드, 방카슈랑스, 환전 실적 급증 등에 대해서 시스템을 적용할 경우 감사대상 영업점과 중점감사항목을 선정하는 데에 도움을 줄 것이다.

어떻게 보면 금융회사의 창구거래에 대한 실시간 모니터링이 조기경보시스템의 씨줄이라면 사후 추출감사는 날줄로 비유될 수 있다. 그런 점에서 전산자료에 대한 입력·출력, 접근 및 보안성 등에 대한 전반적인 점검과 더불어 감사항목과 감사주기를 설정하는 일이 중요한 과제이다.

특히, 최근에 발생한 사고를 취약분야로 보되 업무별, 리스크종류별, 원인별 취약점 등에 대한 다양한 분석을 실시하여 궁극적으로 사전예방적인 감사업무가 이루어질 수 있도록 해야 한다.

(4) 상시감시와 현장감사의 연계 강화

전산 등에 의한 상시감시가 적정하게 이루어지기 위한 마지막 단계는 상시감시데스크에 포착된 이상거래가 바로 추적이 될 수 있도록 최적화하는 것이다. 즉, 검증시스템에 의해 1차적으로 이상거래

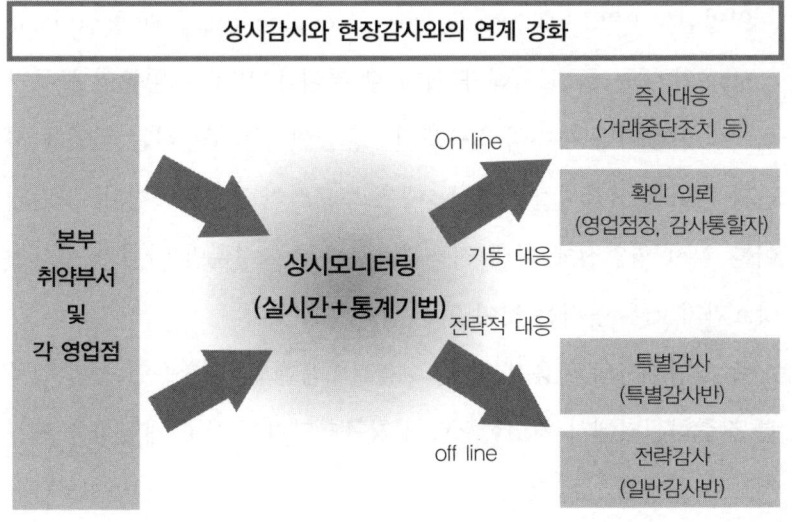

로 확인되면 거래를 자동적으로 중단시키거나 해당 영업점장 또는 감사통할자에게 즉각 조치될 수 있도록 해야 한다.

또한 실시간 모니터링과는 달리 통계적 기법에 의한 자료축적결과 나타난 점검 필요사항의 경우 현장감사 방법을 적극 활용해야 할 필요가 있다. 이를 위해서는 상시감시와 현장감사간의 채널을 충분히 구축하여 상호간의 피드백 기능이 원활하게 작동되도록 하여야 한다.

다. 사고예방을 위한 업무프로세스 재점검

앞서 열거된 사고사례를 교훈삼아 내부통제환경을 개선하는데 노력하였으면 한다. 내부통제의 원칙과 절차가 제대로 이행되지 않는 환경이나 배경을 찾아내어 사고 취약부문을 원초적으로 줄여보자는 것이다.

영업점의 BPR(Business Process Reengineering)[52]과 콜센터(call center)의 예를 들면 이해가 쉽게 갈 것이다. BPR은 일종의 물류기법처럼 물품이나 서류의 집중보관·공급센터를 구축하는 것인데 시간과 경비를 절감시킬 수 있는 매우 능률적인 프로세스이다. 그런데 이를 일선 영업점에 확대 적용함으로써 효율성뿐만 아니라 사고예방효과가 매우 높다는 것이 이미 입증되고 있다.

즉 영업부서의 신용장 결제, 수출환어음매입, 대출승인 등의 업무를 집중화센터에서 처리함으로써 창구담당자의 사고 개연성을 획기적으로 줄이고 있는 것이다.

콜센터 또한 이와 다르지 않다. 고객서비스를 제공하는 목적 못지않게 사고 예방효과가 매우 크다. 즉, 거액예금인출, 예금중도해지, 대출실행 등을 전화 또는 문자메시지(SMS) 등으로 고객에게 영업점으로부터 독립된 제3자가 알려준다는 것은 창구담당 실무자의 부당한 업무처리를 방지하는 효과가 매우 크다는 점이다.

이와 같은 사례에서 한발 나아가 전산상시감시 항목 및 기법개발, 자점감사 보완, 사고여부 검증절차 보완, 검사기법 개발 등 다양한 아이디어를 채택함으로써 내부통제시스템의 유효성을 높여야 한다.

이는 곧 타성에 젖어있는 현재의 업무환경이나 처리절차에 대해 추가적인 인력충원없이 사고소지를 차단할 수 있는 끊임없는 시스템 개선 노력을 의미한다. 그러기 위해서는 전 직원을 대상으로 내부통제시스템의 유효성을 높일 수 있는 창의적인 업무제안을 연중 내내 수집할 필요가 있다. 우수한 제안에 대해서는 포상을 실시하는 한편, 실제업무에 활용함으로써 사고예방 프로그램의 질적 수준을 제고할 수 있다.

라. 내부통제시스템 보수 · 유지 강화

금융회사 특성에 맞는 효율적인 시스템 구축도 필요하지만 이를 적절하게 보수 유지하는 것도 매우 중요하다. 잘 구축된 내부통제시스템은 금융회사의 목표달성과 사고방지에 중요한 역할을 한다는 것은 주지의 사실이다.

그런 점에서 시스템 구축에도 불구하고 작동이 제대로 되지 않을 경우 그 사유가 무엇인지, 통제환경이 어떻게 변했는지, 특별히 보완(update)할 부분은 없는지 등에 대해서 전반적으로 점검·보수함으로써 시스템의 유효성을 높이는 노력이 필요하다.

사실 이러한 보수 유지는 자칫 소홀해지기 쉬운데 그 이유는 현실적으로 내부통제시스템 구축이나 활용, 감사활동 등에 비해서 우선순위에 밀릴 소지가 매우 크기 때문이다.

생각해 보면 내부통제시스템을 보수·유지하는데 가장 효과적인 방법은 내부통제시스템 평가를 제대로 하는 일에서 출발해야 한다. 이는 기왕에 구축된 내부통제시스템에 대한 검증과 사후정비를 제

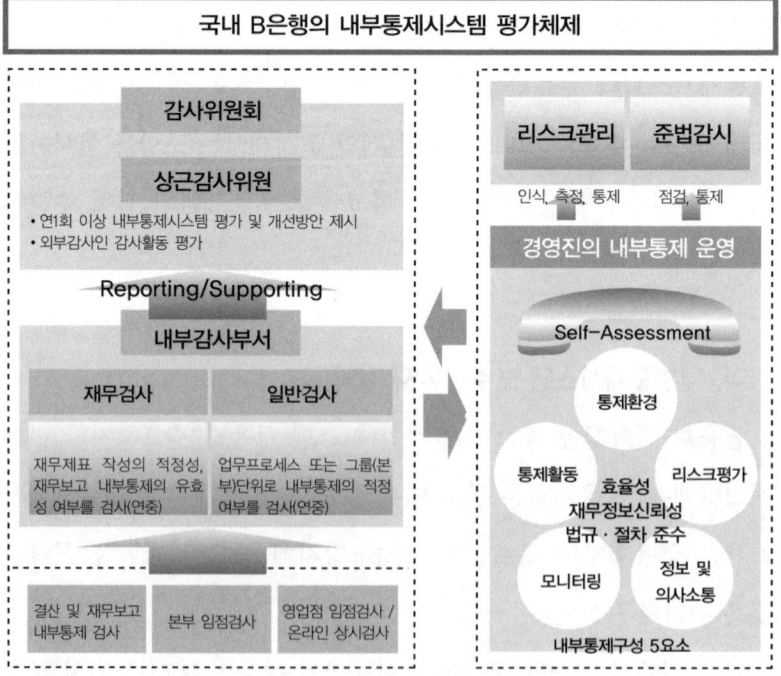

대로 하는 것을 의미한다. 내부통제시스템을 구축하는 것이 어부들에게 있어 그물을 만드는 것이라면 시스템 보완은 그물을 항상 최선의 상태로 유지하도록 수선하고 다듬는 것과 같다.

그러므로 적절한 평가를 통하여 취약점이나 문제점을 발굴하고 또 그 문제점을 적절하게 개선시키는 효율적인 feed-back 과정이 바로 보수·유지의 핵심활동이라 하겠다.

참고로 국내 대형은행의 내부통제평가시스템 체제와 평가절차를

국내 B은행의 내부통제 평가 단계별 활동

전략분석	• 매년 외부환경(금융 및 경제상황, 감독정책, 국내외 규제사항 등)과 내부환경(은행의 경영목표 및 전략, 영업현황 등)을 파악 • 경영목표 달성 지원을 위한 내부감사의 방향과 역할을 강구 ▶산출물 : 비즈니스 이해문서(Business Understanding Documents)
업무분석	검사대상업무의 고유한 목표를 업무계획, 업무분장규정, 업무메뉴얼, 임직원 인터뷰, 관련문서 확인 등을 통하여 파악 → 목표달성을 저해하는 요인(위험)을 인식 ▶산출물 : 업무프로세스 분석 기술서(Template)
위험평가	• 검사대상 업무별로 내재하는 위험의 발생가능성(Probability)과 영향도(Impact)를 고려 • 총위험, 잔여위험을 등급화하고 Testing 대상을 선정(통제의 설계 및 운영의 형태에 기초한 위험평가) ▶산출물 : 위험평가 Matrix, 감사절차서류
통제평가 및 등급화	• 내부통제가 설계목적에 부응하여 효율적으로 운영되는지 여부를 Walk-through 방식으로 테스트 • 통제환경 및 문화, 리스크평가, 통제활동, 정보 및 의사소통, 모니터링 부문의 결함을 발견 • 관련 개선방안은 경영진, 실무직원과의 협의와 동의를 통하여 확정 ▶산출물 : 감사조서, 경영진 동의서
보고 및 사후조치	• 발견 및 개선권고사항과 해당 업무(그룹, 본부)의 내부통제 5요소별 평가 결과 등을 상근감사위원이 최종 확정 및 분기별 감사위원회에 보고 • 각 업무별 평가내용을 종합하여 연1회 '내부통제시스템 평가보고서'를 작성 ➡감사위원회, 이사회에 보고 ▶산출물 : 감사보고서(업무별 또는 조직별), 내부통제시스템 평가보고서

소개한다. 이러한 실제 사례는 여타 권역의 금융회사는 물론 중소금융회사들에게 자체적인 평가체제의 구성, 내부통제조직의 업무구분, 평가단계별 활동 및 사후조치 등의 업무에 크게 참고가 될 것으로 기대한다.

3. 내부통제 원칙의 엄격한 운용

가. 내부통제 원칙과 절차의 준수

금융회사의 내부통제는 우리 사회의 일반적인 위기관리 시스템과 크게 다르지 않다고 생각한다. 장차 닥쳐올 수 있는 위험을 인식하고 이에 대응하는 일련의 절차와 거의 같다고 보면 된다. 즉 ①사전대비 ②현장대응 ③사후수습 ④피드백의 순으로 요약되는 것이 바로 위기관리과정이다.

이러한 과정을 금융회사 내부통제시스템에 대입해 보면 사전대비(=시스템 구축), 현장대응(=사고확인 감사 실시), 사후수습(=사고처리), 피드백(=시사점 도출 및 재발방지)으로 구성될 것이며, 문제는 사전대비와 피드백 과정이 다소 취약한 데에 있다.

제도가 아무리 완벽해도 구성원들이 통제절차를 따르지 않거나 구축된 시스템이 효과적으로 작동되지 않으면 사고 발생을 방지하기 힘들다. 일단 사고가 터지면 사고예방을 위한 새로운 조직을 만들고 캠페인성 구호를 등장시키는 1회성 방안으로는 문제를 해결할 수 없다.

내부통제시스템을 제대로 받쳐주기 위해서는 운영이 충실하게 이루어져야 한다. 즉, 스스로 정한 원칙과 절차가 정당하게 지켜지도록 해야 한다.

금융사고예방에 관한 핵심원칙을 되돌아보자. 그동안 발생된 대부분의 사고는 이런 핵심적인 준칙들이 간과되었기 때문에 일어났다. 이는 우리가 익히 다 알고 있는 사항이다. 그러나 실제로 제대로 지켜지지 않고 있는 것이 문제였다. 원칙을 정했으면 원칙대로 해야 하는데 현실은 그렇지 못한 것 같다.

원칙대로 하려면 인력도 부족하고 시간도 걸리는데 현실을 모르는 소리라고 불만을 제기할 수 있을 것이다. 그러나 지금 그런 불평은 중요하지 않다. 사실 이런 원칙들은 너무나 중요한 것이기에 오히려 너무 쉽게 취급하는 것은 아닐까 하는 생각도 든다.

(1) 이중견제시스템(double check system)은 기본 중의 기본

금융업무의 근간에는 이중견제시스템이 자리잡고 있다. 이는 견제와 균형(check and balance)라고도 불리우는데 금융인으로서는 정말 수도 없이 들어본 말일 것이다.

예를 들어보자. 금고의 이중 잠금장치, 복수인에 의한 금고열쇠 보관 및 개폐, 자금현수송시 복수인 이상 수행, 텔러와 책임자간 별도의 패스워드 사용, 실물자산과 예탁의 분리, 일선부서(front office)와 후선부서(back office) 분리, 자금운용과 결제의 분리, 자금과 회계의 분리, 잔액조회제도 등등 이루 말할 수 없을 정도이다.

그런데 이렇게 잘 설계된 견제시스템을 왜 지키지 않는 것인가. 사실 일선 창구에서 업무는 산더미처럼 밀리고 인력은 부족하고 언제 원칙대로 하느냐고 강변할 수도 있겠다. 텔러는 창구에 매달려 있어야 하고 책임자는 다른 업무로 바쁘거나 부재중일 때 이중견제 장치는 번거로운 일로 여겨짐으로써 견제기능이 제대로 작동되고 있지 않고 있다.

문제는 견제장치에 대한 느슨한 인식이 일선 창구뿐만 아니라 여러 부문으로 확산되는데 있다. 이러한 용인이 자칫 거액결제부서나 자금부서에서도 아무 생각없이 전이될 수 있는 환경을 경계해야 한다.

(2) 자체감사(자점감사) 한 번을 하더라도 제대로 해야

영업점이든 본부부서든 금융회사는 다양한 방법으로 자체점검을 실시하도록 규정하고 있다. 내부통제 매뉴얼상으로 일일감사, 주간 중점항목 감사, 월중 월말 실물감사(현물대사), 기말감사 등이 그 예다. 영업점 단위의 자체감사는 조직의 일원이 다른 구성원의 업무를 감사하는 것이므로 형식적으로 이루어질 개연성이 높다.

사실 앞서 사고 사례에서 장기간에 걸쳐 일어난 사고의 경우만 보더라도 자체감사가 제대로 효과를 발휘하지 못한 것을 알 수 있다. 사고수법이 물론 정교해서 그럴 수도 있겠으나 꼭 그런 것만은 아닌 것 같다.

차제에 영업점의 다양한 자체감사 프로그램을 전반적으로 점검해 보았으면 한다. 감사대상 항목, 감사수행자, 감사방법, 감사주기, 감사결과 조치 등을 살펴보고 필요 없는 것은 줄이거나 과감하게 폐지하되 꼭 놓치지 말아야 할 것은 빠뜨리지 않는 방향으로 정비해야 한다.

필요하면 감사자의 소속이나 업무통할 체제를 달리하여 그 실효성을 높여야 한다. 그리고 영업점장이나 본부부서장으로서는 각종 자체감사 항목중에 어느 것 하나를 지목하여 그야말로 원칙에 입각하여 한번을 하더라도 제대로 감사하여야 한다.

(3) 명령휴가 왜 규정대로 실시하지 않나

어느 금융회사든 내부통제에 관한 기본적인 원칙은 잘 설정되어 있으나 문제는 설계된 장치가 제대로 가동되지 않는 데 있다. 특히 유능한 직원에게 맡겨둔 업무에서 예상치도 않게 터진 거액사고에서 보면 명령휴가가 대부분 이루어지지 않았다.

국내 금융회사 치고 명령휴가 제도를 도입하지 않고 있는 회사는 없다. 그런데도 사고가 발생하여 책임추궁을 하다보면 예외 없이 이 문제가 지적되고 있다.

사고행위자가 워낙 유능하고 성실한 직원이기에 사고수법이 정교하여 설령 명령 휴가중 불시감사를 실시하더라도 단서를 발견하지 못할 수도 있다. 그러나 자신의 업무가 부재중에 누군가에 의해 불시 점검된다고 생각하면 웬만큼 용의주도한 직원이 아니고서는 함부로 엉뚱한 마음을 먹지 않을 것이다.

명령휴가 중 불시감사의 효과는 별론으로 하더라도 이러한 내부통제 환경 조성이 중요하다. 영업점의 인력사정이 열악하여 명령휴가 이행이 어려운 것이 현실이다. 그러나 지킬 것은 지켜야 한다. 앞으로 명령휴가제도와 순환보직제도를 제대로 이행하지 않는 영업점장에 대해서는 그 책임을 엄중히 물어야 할 것이다.

(4) 잔액대사 철저히 해야

금융업무와 관련된 모든 거래 활동은 우리가 잘 아는 바와 같이 최종적으로는 회계장표에 집약된다. 당일의 거래내용과 자금수수의 과정은 전표에서 출발하여 일계표와 잔액시산표로 마감되어 금융회사 전체로 대차대조표나 손익계산서에 반영되는 것이다.

사실 이러한 과정이 올바르게 이루어진다면 금융사고가 발붙일 수 없다는 것이 회계활동의 원리이다. 그러나 현실은 그렇지 못하다. 회계처리 과정에는 약간의 빈틈이 있게 마련이고 사고자들은 그 빈틈을 교묘하게 왜곡시키고 악용하는 것이다.

그간 발생된 횡령사고를 보면 회계활동의 기본 중에 기본인 잔액대사가 철저하게 이루어지지 못함으로써 사고가 장기화되고 있다는 것을 알 수 있다. 되짚어보면 볼수록 잔액대사의 중요성이 부각되는 점이다.

영업점의 일일마감 및 월말대사, 감사조직의 실물 및 장표 대사,

회계법인의 잔액대사 등이 치밀하게 실행되었다면 상당수의 사고가 조기에 발견되었을 것이라는 추정을 통해서 이 문제를 반추했으면 한다.

모 캐피탈회사에서 일어난 6년간의 거액 횡령사고에서 본다면 내외부감사에서 잔액대사가 한번이라도 제대로 이루어졌다면 사고가 그렇게 오래 지속되지는 못했을 것이다.

감독당국은 이 같은 문제를 해결하기 위한 방안의 일환으로서 금융회사의 '예금잔액 조회시스템[53] 개선' 및 '양도성정기예금증서(CD) 등 무기명유통금융자산의 실재성 등 확인을 위한 감사절차 마련' 등의 개선방안을 제시하였다.

전자는 2005년 5월에 예금잔액증명서 위변조 및 허위발급으로 인한 금융사고를 예방하기 위해 은행 및 증권회사에 대해 2006년 6월까지 인터넷을 통한 잔액증명서 조회시스템을 구축하도록 촉구한 것이다. 그리고 후자는 2005년 12월 감사품질을 향상시키기 위하여 '회계감사에 관한 실무의견서'로 제시한 것인데 감사인은 CD등 실물자산의 실재성을 확인하기 위해 CD등의 실물을 확인하는 한편 정상적으로 소유하고 있는지 여부에 대해서 관련 자금흐름에 대한 검토 등을 거치도록 하였다.

이제 금융회사의 내부통제조직도 변해야 한다. 형식적인 일상감사나 실제 대사가 이루어지지 않는 잔액대사를 지양하고 한번을 하더라도 철저하게 확인하는 자세가 필요하다.

(5) 캠페인 뒤에는 꼭 사후 감사를 실시해야

오늘날 많은 금융회사들이 지나치게 실적 우선주의로 나가고 있어 걱정이 된다. 앞서 살펴보았지만 과당경쟁과 쏠림현상 뒤에는 반드시 부작용이 있다. 특히 캠페인성 실적증강 운동 뒤에는 크고 작은 후유증이 있음을 보아 왔다.

개인과 조직에 대한 실적 평가 없이는 공평한 성과관리가 이루어질 수 없는 것이 현실이다. 캠페인성 실적유치 경쟁과 개인이나 조직에 대한 성과중시는 불가피한 일이지만 역기능에 대해서도 대비할 필요가 있다.

금융업무는 본질적으로 마케팅을 바탕으로 이루어진다. 새로운 상품을 출시하면 당연히 특별판매 활동을 해야 하고, 적절한 수수료 수입을 올리려면 캠페인성 유치활동을 실시해야 한다. 그런데 감독당국이 경계하는 것은 무리하게 목표실적을 배정하고 이를 평가하고 있는 점이다. 실적을 늘리는 일과 이를 적정하게 보상하는 일에 중도를 취하는 것은 쉬운 일은 아니다.

이런 것을 제안하고 싶다. 캠페인을 하되 결과 평가를 마친 뒤에 실적 상위 점포에 대해서는 반드시 사후감사를 실시하는 것이다. 그리고 이런 사실을 각 영업점에 미리 알려주자. 이렇게 하는 것이 영업점장과 직원들을 위규행위의 가능성으로부터 보호하는 길이라고 생각한다. 운동경기와 마찬가지다. 경기에서 좋은 성적을 거두되 페어플레이를 하라는 것이다.

(6) 취약 시기엔 직무 감찰활동도 강화해야

금융사고는 결국 사람이 저지르는 것이다. 외부인이든 내부인이든 부정한 사고를 일으키는 데에는 확실히 환경의 영향을 많이 받는다. 구조조정 진행시기, 정치·사회적으로 어수선한 시기, 경기의 침체기와 같은 취약시기에는 사회·경제적 변동요인에 이끌려 금융사고도 증가된다는 점이다.

부동산 경기가 과열되면 투자열풍에 휩쓸려 금융회사 임직원대출이 증가되고, 유가증권시장이 활황이면 주식투자 증가, 소비 진작기에는 카드 대출확대 등의 성향을 상정할 수 있다. 문제는 그 반대의 상황, 즉 부동산 거품이 꺼진다거나 주식 시장의 폭락, 경기침체의 장기화 같은 현상을 경계해야 한다.

금융인이라고 해서 반드시 리스크를 잘 관리하는 것도 아니다. 그간 거액사고는 과도한 주식투자, 부채과다, 무분별한 도박 탐닉 등에서 비롯된 사실만 봐도 그렇다. 취약시기엔 내부통제부서나 윤리강령 관장부서의 활동 강도를 높여야 한다. 그렇게 하는 것이 직원을 보호하고 조직을 보호하는 길이다. 아울러 부정한 행위에 대한 자진신고, 내부고발, 외부 옴부즈만 등을 적절히 활용하여 직무감찰 활동의 실효성을 높여야 한다.

(7) 업무는 위임될 수 있어도 책임은 위임되지 않아

금융회사에 대한 검사업무를 수행하다 보면 여러 가지 사례를 경험한다. 종합검사의 경우 지도위주로 검사가 이루어지지만 내부통제 점검과 같은 부문검사에서는 더러 중대한 위규사항을 다루게 된다. 검사를 마무리하면서 말미에는 책임문제를 거론하게 되는데 검사역으로서 이때가 가장 곤혹스럽다.

행위자의 주된 책임 배분, 다수관련자의 책임 확인, 직상위 또는 차상급자의 감독책임, 상사의 지시에 따른 하급자의 추종책임, 감사위원이나 내부통제관계자의 감독소홀, 경영진이나 기관의 책임 등에 대해 검사역이 판단해야 할 부분이 적지 않다.

관련 임직원의 진술에 따르더라도 책임관계가 불분명하거나 서로 부인하는 경우도 있다. 때로는 금융회사의 임직원들이 업무의 위임과 책임관계에 대한 인식이 낮은 것이 아닌가 하고 생각될 때도 있다.

달리 말하면 평소 임직원 스스로 자신의 직무에 대한 책임이 어디까지인지 잘 알고 있으면 내부통제를 그렇게 소홀히 하지 않을 것이라는 얘기이다. 적어도 내부통제에 관한 일은 반드시 자신의 책임이다. 자신의 일인데도 아무 생각없이 동료나 부하직원에게 맡기고는 막상 문제가 생기면 책임이 없다고 항변하는 경우를 상상해 보기 바란다.

"어이 김과장, 이거 알아서 해 줘", "그래 김대리가 판단해서 처리하고 본점에 보고하게", "지점장이 실물검사까지 할 것 있나, 김차장이 대신하게", "옳지 김계장이 했으니까 틀림없겠지 뭐", "섭외차 나가는 길이니 자네가(동료책임자가 아닌 부하직원임) 알아서 처리해", "이거 맨날 하는 거니까 문제없지" 이런 직원들에게 감독당국의 한사람으로서 꼭 한마디하고 싶은 말이 있다. "사람은 믿되 업무는 믿지 말라"고. 그리고 "일단 믿었다면 나중에 돌아오는 책임도 당신의 것이다"라고. 업무는 누구에게든 위임할 수 있어도 책임은 결코 위임되지 않는다는 내부통제의 기본원칙을 잊지 말았으면 한다.

나. 내부감사의 충실화

(1) 내부감사 역량제고 필요성

내부감사는 감사위원회 또는 그 하부조직에 의해 수행되는 일종의 사후통제활동이다. 내부감사는 내부통제의 큰 틀하에서 사후검증 및 문제해결 중심으로 이루어져 왔으나 최근 들어 리스크 중심의 평가 및 컨설팅에 초점을 두고 있다. 내부감사는 일상감사, 종합감사, 특별감사 등의 형태로 수행될 수 있다.

일상감사는 본부 부서중심의 사전 또는 사후감사와 영업점 단위로 이루어지는 일일감사로 구분된다. 그러나 여기서 논의하려고 하는 부문은 감사보조조직에 의해 수행되는 사후적 감사 즉 종합감사(정기감사)와 특별감사(수시감사)에 관한 사항이다.

현재 이루어지고 있는 감사시스템을 전면 재점검하여 감사의 품질을 획기적으로 개선시키는 노력이 필요하다. 내부통제가 진화하듯이 내부감사도 지속적인 변화 · 혁신을 통하여 시대적 요청에 부응할 수 있도록 해야 한다.

(2) 내부감사의 탄력성 제고

종합감사는 주로 본부부서를 대상으로 실시하되 앞으로는 리스크 평가 기능을 중시하여야 한다. 그리고 상시감시결과 및 일상감사활동 과정에서 나타난 취약부문 점검에 대한 연계성을 높일 필요가 있다. 아울러 영업점을 대상으로 정기적으로 실시하는 종합감사의 경우 형식적 요소를 배제하고 감사주기, 감사항목, 평가방식 등을 개선할 필요가 있다.

또한 특별감사(수시 및 부문감사)의 경우에도 감사기간, 감사인원 등에 구애받지 않고 탄력적으로 실시하는 것이 바람직하다. 즉 '필요한 사항에 대해, 필요한 시기에, 필요한 만큼' 3必 원칙에 입각하여 감사를 실시하여야 할 것이다.

그리고 특별감사는 감독당국의 정책적 요청사항, 과당경쟁 소지, 캠페인성 실적경쟁분야 등을 대상으로 선제적으로 조치함으로써 내부감사의 효율성을 높여야 한다. 최근 금융권역 구분없이 모든 금융회사가 무한경쟁에 돌입하면서 단기적인 업적달성을 중시하고 있는 이러한 시기에 내부감사 부서야 말로 견제기능에 더욱 충실하여 '속도보다는 방향'을 의식하는 자세를 견지할 필요가 있다.

(3) 내부감사의 한계극복에 노력

내부감사는 자체 구성원에 의해 내부조직을 평가하고 감사하는 만큼 내재적인 한계가 있기 마련이다. 이를 극복하기 위해서는 감사요원 전문성 확보와 함께 내부감사의 품질을 높일 수 있도록 노력해야 한다.

문제가 확인되거나 예상되는 부문에 대해서는 실태를 철저히 파악하여 다른 영업점에도 확산될 소지가 있는지 여부를 면밀하게 점검하여야 한다. 그리고 확인된 위규상황에 대해서는 엄격한 제재적용으로 관대화 경향을 배제해야 한다.

사실 온정주의나 연고주의를 초월하여 감독당국보다 더 매섭게 조치함으로써 자체감사니까 봐 줄 것이라는 인식을 애초부터 불식시킬 필요가 있다.

아울러 감사업무 수행시 감독당국이 지적 조치하거나 지도한 사항, 최근의 사고사례 및 사고예방대책 등에 대해서도 지속적으로 점검하여야 한다. 그리고 내부감사 결과 지적사항으로 처리한 사항에 대해서도 시정여부와 재발방지 등에 관한 사후관리를 철저히 함으로써 피드백 기능을 강화할 필요가 있다.

다. 영업점장의 compliance 기능 강화

그동안 발생한 금융사고의 대부분은 영업점에서 발생한 것임을 보아 왔다. 본부에 편성된 내부통제 부서의 통제범위가 광범위하여 영업점에 사각지대가 많다는 것을 보여주고 있는 셈이다.

그래서 내부통제부서는 전산 등에 의한 상시감시를 강화함으로써 특이사항 발견을 시스템적으로 해결하려는 것이다. 그 연장선에서 영업점 일선에서도 누군가가 통할자 역할을 수행하여야 한다. 전국 규모의 대형 금융회사들은 각 지역본부에 감사조직을 별도로 배치해 두고서 내부통제의 강도를 높이고 있다.

과거 은행 영업점의 경우 차장급 직원이 감사통할 책임자로서 내부통제의 상당부분을 관장하였다. 그러나 오늘날 환경은 그렇게 할 형편이 못된다. 수익성과 효율성을 생각한다면 업무량에 상응하여 인력을 늘릴 수 없는 것이 현실이다. 만약 영업점에 인력 1명을 늘린다면 그에 상응하는 생산성을 올려야 하는데 현실적으로 선택하기 어렵다.

이와 같은 환경 하에서 유효한 방법은 영업점 전직원의 내부통제 요원화가 유일한 대안이다. 모든 직원이 내부통제 기준에 입각하여 원칙과 절차를 준수토록 하는 것이다.

이는 곧 다음에 설명할 올바른 내부통제 문화의 정착과 직결되는 문제이다. 뿐만 아니라 영업점장의 compliance기능을 강화하는 방안이다. 영업점장이 모든 업무를 관장하기는 실무적으로 한계가 있겠지만 사고 취약부문 중심으로 통제기능을 십분 발휘하는 것이다.

국내 대형 시중은행에서 영업점의 준법감시를 강화하기 위해 '영업점장 compliance 자가진단'을 실시하는 사례가 있다. 이 은행의 자가진단에 따르면 준법감시부서에서 최근 제·개정된 법규에 대한 점검항목 및 각 사업본부의 의견을 반영하여 매월 '월별 자가진단 항목'을 확정하고, 각 영업점장은 매월 진단항목을 확인하고 항목별 준수여부를 전산시스템을 통해 점검하고 있다.

한편, 준법감시부서에서는 보고된 결과를 바탕으로 준법감시활동이 부진한 점포를 선별하여 사후지도를 실시하고 있다.

국내 B은행의 영업점장 자가진단 항목(일부 발췌)

구 분	진단 항목
준법감시 (환경구축)	▶평소 법규준수에 대해 점포장이 관심을 가지고 있고 그러한 사실을 소속직원에게 수시로 알리며 적법하게 행동하고 있는가? ▶직원들이 법규위반사실이나 가능성이 있다고 느끼는 점에 대해 점포장 또는 준법감시담당자에게 상담 또는 보고를 할 수 있는 분위기가 갖추어져 있는가? ▶점포장 또는 준법감시담당자는 준법감시 교육 등을 지속적으로 수행하고 있는가? ▶직원들이 윤리경영 및 준법감시가 잘 되고 있다는 자긍심을 갖고 업무에 임할 수 있도록 환경을 갖추고 있는가?
준법감시 (공통)	▶수뢰 등의 금지: 임직원 직무와 관련하여 직간접을 불문하고 증여 기타 수뢰의 요구, 수득 또는 이에 관한 약속을 할 수 없음(은행법 21) ▶금융회사 임직원이 그 지위를 이용하거나 그 직무와 관련하여 고객과의 사이에 사적으로 금전 등의 대출/보증/인수/차입 또는 이의 알선 등의 행위를 한 경우가 있지는 않은가? ▶수재 등의 범죄(특정경제범죄가중처벌법 8) ▶사금융알선 등의 금지(특정경제범죄가중처벌법 5, 3) ▶내부정보를 이용한 증권투자금지(증권거래법 188의2, 188의3) ▶사문서(잔액조회서, 예금증서, 부채증명서 등)의 위변조 죄(형법 231) ▶선관주의의무(인감대조 등)준수 (민법 681, 390, 750) ▶성희롱 금지 분위기 조성
준법감시 (자금세탁)	▶자금세탁방지를 위해 지속적인 직원교육이 실시되고 있는가? ▶자금세탁과 관련된 거래를 인지하였을 때 보고채널을 알고 있는가? ▶자금세탁보고에 사실을 고객에게 알리는 행위를 하지 않았는가? ▶직원들이 인지하지 못한 채 거래처의 자금세탁을 돕고 있지는 않는가? • 수표 입출금을 현금입출금으로 처리하거나 대체거래를 현금거래로 처리하는 행위 • 전표상에 수표번호를 바꿔 기재하거나 창구직원간 수표 맞바꿈 행위

	• 수표발행시각 등 자금입출금 시각 조작 • 차명으로 예금한 후 이를 담보로 실명으로 대출 • 위와 같은 업무처리의 증거가 되는 전표·마이크로필름의 폐기 행위 ▶시크릿뱅킹을 자금세탁의 수단으로 사용토록 방조하지 않는가?
수신/신탁	▶손실보전 각서 등을 고객에게 써 주는 등의 비정상적인 영업행위를 하고 있지는 않은가? ▶비정상적인 예금유치 과당경쟁을 하지는 않은가? ▶사고발생소지가 있는 타점권을 교환결제전 지급을 하지는 않은가? ▶자기앞수표 및 양도성예금증서 등의 선발행과 무자원입금거래를 하고 있지는 않은가? ▶상품안내를 위한 자료 및 상담시 고객이 오해할 만한 내용을 포함하고 있지는 않은가? ▶지점에서 자체제작된 홍보자료(리플렛 등)을 상품개발부서의 사전심사를 거쳤는가? ▶신탁 및 제휴상품 판매시 투자설명서 등을 고객에게 충분히 설명하였는가? ▶주식납입금 수납업무절차가 적정하게 수행되고 있는가? ▶이자수납(화재보험료 수납 등)을 위한 임의통장 등이 혹시 사용되고 있지는 않은가? ▶주금결탁납입에 직원들이 연루되지 않도록 직원관리 및 교육을 적절히 하고 있는가? ▶실명확인기준에 의거 예금주별 실명확인 이행이 적절히 이루어지고 있는가? ▶개인신용정보에 대한 관리(유출에 대한 위험성)가 적절히 이루어지고 있는가?
여신 (금지행위)	▶중소기업여신과 관련하여 예금구속행위를 하고 있는가? ▶여신취급시 백지수표를 받거나 담보용 백지어음의 보충권을 남용하는 불공정거래행위를 하고 있지는 않은가? ▶제3자로부터 담보를 취득할 경우 포괄근담보 및 보증을 요구하는 행위는 하지 않는가? ▶여신거래처 고용임원 및 제3자 담보제공자에 대해 연대입보를 요구하는 행위는 하지 않는가? ▶신용보증기금 등의 신용보증서 등 공신력 있는 금융회사의 지급보증서를 담보로 하는 여신에 대하여 연대보증인의 보증을 요구하는 행위는 하지 않는가? ▶통상적인 대출담보비율을 초과하여 담보요구와 계열회사의 채무보증을 이중으로 요구하거나 계열회사의 중복채무보증을 요구하는

	행위는 하지 않는가? ▶예치되어 있는 예적금, 금전신탁 등에 대해 예금증서 미교부 또는 보관 등의 방법으로 사실상 해약 또는 인출을 제한하는 행위를 하지는 않는지? ▶상품 또는 유가증권에 대한 투기를 목적으로 한 자금 대출을 하고 있지는 않는가? ▶전결권한 위반(분할대출, 품의위반, 무품의 등)의 대출이 실행되고 있지는 않은가? ▶여신관련으로 법무사와 유착되어 있지는 않는가?
여신 (금지행위)	▶직원이 대출금이자를 대납하는 행위는 하지는 않는가? ▶채권추심업무를 함에 있어 아래의 불법을 저지르고 있지는 않는가? • 폭행 또는 협박을 가하거나 위계 또는 위력을 사용하는 행위 • 채무자의 채무에 관한 사항을 정당한 사유없이 채무자 관계인에게 알리어 부담을 주는 행위 • 채무자 또는 그의 관계인에게 채무에 관한 허위사실을 알리는 행위 • 심야방문 등과 같이 채무자 등의 사생활 또는 업무의 평온을 심히 해치는 행위
여신 (규정준수)	▶여신을 취급함에 있어 제규정을 준수하고 건전한 상식에 의한 합리적인 판단을 하는가? ▶담보에 의지하여 채무자의 상환능력과 상환의지를 무시한 여신결정을 하지는 않은가? ▶신규여신 취급시 현장방문과 취급후의 Call Report 작성의무를 철저히 준수하는가? ▶차주신용등급을 부당하게 상향평가 하지는 않은가? ▶담보물건 현장답사를 실시하고 담보가를 과대평가하지는 않은가? ▶불법·부당한 자금용도의 여신 취급은 하지 않은가? ▶여신전결권을 준수하고 분할여신 취급은 하지 않은가? ▶반사회적·비윤리적 채무자에 대한 여신취급은 하지 않은가? ▶청탁여신을 배격하고 고객과의 밀착 등에 의한 비윤리적 행위는 하지는 않는가? ▶영업구역을 벗어나 원격지 여신 취급은 하지 않는가? ▶장기연체채무자에 대한 이·수관 실시여부는 점검되었는가?
외환	▶분할 송금 등 거래처의 편의를 위해 비정상적인 외환거래를 하고 있지는 않은가? ▶경제적 합리성 없이 외국으로부터 거액을 지급/수수하는 거래는 하

443

	지 않는가?
	▶출처가 불분명한 자금을 해외투자명목으로 친인척(본인계좌 포함) 계좌로 송금하고 있지는 않은가?
	▶외환/파생상품거래에서 고객의 불법/변칙적인 거래행위를 지원관여하고 있지는 않은가?
	▶조세피난처 또는 자금세탁방지대책에 소극적인 국가와 관련된 거래를 하고 있지는 않은가?

이 제도는 영업점장의 준법감시업무에 대한 관심을 유도함과 아울러 그때그때 이슈화 된 문제점에 대한 모니터링이 이루어지도록 하고, 주요 법령 및 규정 변경사항 등의 원활한 작동을 가능케 함으로써 영업점의 준법감시기능을 제고하고 있다.

소개된 내용은 비록 은행의 것이지만 이러한 기법을 벤치마킹하여 각 금융회사의 특성에 맞게 응용할 수 있을 것이다. 특히, 모범적 사례가 부족하다는 의견을 제시하고 있는 비은행 금융회사, 중소규모 금융회사에 많은 참고가 되었으면 한다.

국내 C은행의 영업점 사고예방 간이 점검항목(예시)		
구분	**점검항목**	**점검내용**
매일 점검	일반점검	▶복무관리 : 출퇴근 및 직원 동태 파악, 법규 준수 및 윤리강령 ▶자점감사 : 감사명령, 감사 실시 책임, 감사결과 기록 및 보고 ▶직원교육 : 검사부, 준법감시실 지시사항, 사고사례 및 유의사항 ▶사고 및 주요 정보보고 : 사고 문제 발생 또는 발생 우려시
	업무별 점검	[영업시간중] **사고예방을 위한 부점장 점검사항** (1) 거액거래 : 일중 2회 이상(중식, 마감후 등) 거액거래명세 점검 (2) 여신증감 : 여신 변동내역 점검(여신운용상황일보, 여신취급 　　명세) (3) 자점감사 : 자점감사시스템과 일일(전담)감사일지에 의해 점검 (4) 책임자키 : 책임자별로 일중 2회 이상 출력점검 여부 확인 (5) 직원현황 : 직원 근태 상황, 영업시간중 이석 및 업무처리 　　실태 (6) 업무마감 : 업무마감 현황(교환지출, 시재마감, 보안 등), 　　전표점검 **기타 주요 점검사항** (1) 시재금 관리 : 시재금 과다보유, 거액현금 방치 여부(창구, 지 　　불계) (2) 자동화기기 및 현금 : 점내외의 CD기의 시재금 장착 및 관리 　　상태 등 (3) 창구동태 파악 : 금융사고 및 민원 예방, 거동수상자 감시 (4) 점포장 결재사항 : 수시결재로 문제징후 조기발견, 고객동향 　　파악
		[영업시간후] ▶시재검사(시재담당책임자) 및 전표감사(전담가사자) 이행여부 ▶금고보관 여부 : 창구시재, 중요증서, 주요인장, 수제금고, 채권 　서류 ▶등기우편 관리 : 발송, 접수, 인수도 관계 이상유무(특히 유가 　증권) ▶계수(실적)관리 : 주요계수변동상황, 거액거래, 주요고객의 거래 　상황

	점포안전 관리	▶대상업무 : 보안, 금고와 중요열쇠 관리, 소방, 안전장비 ▶보안 경비시설 : CCTV, 비상벨, 출입문, 금고, CD기 등 ▶현수송 : 청경포함 2명이상, 현송장비 휴대(가스총, 안전가방), 대행업체 활용 ▶점주변 동태파악 : 영업시간 전후 영업장, 점주변 거동수상자 감시 ▶시간외 출입자 : 영업시간 종료후 출입문 관리상태 점검 및 출 입자 관리
월중 점검	감사업무 (내부통제 지침)	**사고예방을 위한 월중 점검사항** (1) 현금시재 : 매월 1회 이상 본인 직접 점검(지불, 창구, 외환, CD기) (2) 중요증서 : 매월 1회 이상 본인 직접 점검(서무, 창구 보유분) (3) 실물점검 : 각종 카드, 인지. 증지. 부도실물, 보유 유가증권 등 (4) 전표 관리 및 고객통장 보관의 적정성 여부 (5) 직원교육 : 매월 1회 이상(사교예방, 직업윤리, 검사부 공문 등) (6) 명령휴가 : 고위험 업무, 장기간 동일업무, 휴가 미사용 직원 등 (7) 자점검사 : 매월감사항목, 검사부 지정 불시특명감사 실시 여부 **기타 점검사항** 검사지적 및 지시사항, 사무인계인수서 사후관리 및 기타 검사부 등의 불시테마점검사항 등(환전, 예금담보대출 등)

참고 7-3

증권회사 내부통제 실무점검(예시)

– 계좌개설, HTS(Home Trading System, 온라인을 통해 주식매매를 하는 시스
템) 거래신청 등에 대한 철저한 본인 확인

– 출금시 거래인감 확인 철저

– 책임자 카드 관리 철저

– 직원이 고객카드, 인감, 통장 등을 소지하지 않도록 감독 강화

– 카드 분실 등 사고등록분에 대한 책임자 확인 철저

– 영업점에 대한 통제 및 견제기능 강화

- 본지점감 회계, 전산자료에 대한 상호대사 철저
- 가입금, 선입금에 대한 모니터링 강화를 위해 일정금액 이상의 입금에 대해 영업점과 유선 확인
- 법인인감 날인시 담당 부서장의 승인여부 및 용도의 적정성 등 확인
- 직인 날인부에는 'XX외 3건'으로 기재하지 말고 건별로 기재 확인
- 거액 자금거래 등에 대한 모니터링 강화
- 타 금융회사 계좌에서 개인고객계좌로 거액이 입금되는 경우 등 불법 혐의거래로 의심되는 사항에 대해서는 상대 금융회사에 신속히 통보하여 사고여부 등 원인 규명
- 전자금융거래에 의한 출금시 계좌주의 휴대전화에 출금내역 통보
- 회계처리 정정분에 대한 책임자 관리 강화
- 자금관련 후선업무 담당자 및 책임자의 순환보직 실시
- 잔고증명서 발급업무에 대한 준법감시부서 등의 감독 강화
- 반송계좌에 대한 확인 강화
- 영업점 금고 열쇠관리 및 전산기기에 대한 비밀번호 관리 철저
- 고객신용정보관리에 대한 감독 강화

참고 7-4

자산운용회사 내부통제 실무점검(예시)

- 통장, 인장 등 관리업무와 자금·회계업무의 분리
- 회계시스템 접근권한 관리 및 회계처리기록 관리 철저
- 인터넷 뱅킹 이용시 비밀번호 등 관리 철저
- 출금, 이체금액 규모에 따른 승인 비밀번호 다단계화
- 비밀번호 변경시 타 직원에 대한 비밀번호 노출 방지
- 보안카드의 수시 교체
- 초기 개설시 감독자 동행
- 통장 이용시 은행 출금·이체후 감독자의 실시간 통장 확인
- 지정계좌로만 출금·이체가 가능하도록 조치
- 일일 총 집행금액이 일정금액을 초과할 경우 통보 요청

예) 은행으로부터 대표이사에게 SMS 발송
– 은행창구에서 출금시 복수 직원 동행
– 인감사용시 부서장 확인 및 사용대장 기록 철저
  • 부서장 확인 날인을 하급 직원에 일임 금지
  • 인감사용대장 기록시 목적 및 사용내역을 구체적으로 기재
    예) 'ㅇㅇ외 3건' 등으로 기재 금지
– 회계처리 정정분에 대한 책임자 확인 의무화
– 고객신용정보관리의 철저한 이행여부 점검
– 정기적인 사고예방 교육의 실시여부 점검

라. 전자금융거래의 안전성 강화

지금의 모바일 환경을 두고 유비쿼터스(ubiquitous)[54]라고 일컫는데 금융부문 역시 그 범주에 속하여 매우 빠른 속도로 전자화되고 있다. 전자금융업무가 고도화되면 될수록 안전성 문제도 심각하게 도전받고 있다.

금융회사들은 전자금융거래의 안전성을 제고하기 위하여 적절한 보안대책을 강구하여 왔다. 은행을 중심으로 전자금융거래 비중이 높아지는 것에 상응하여 다양한 대응책이 제시되어 왔고 지금의 안전성수준도 매우 높은 편이다.

하지만 2005년 중 국내은행에서 일어난 신종 해킹기법에서 보듯이 안전성을 위협하는 형국도 만만치 않다. 이러한 해킹이 은행 사이트를 직접 겨냥한 것은 아니지만 강도 높은 안전대책이 절실히 요청되고 있음을 시사하고 있다.

(1) IT발전에 상응한 보안대책 마련

은행 금융회사의 경우에서 본다면 일반적인 현금인출기 거래에서부터 인터넷 뱅킹에 이르기까지 다양한 전자금융거래 형태에 상응한 보안대책을 이행하고 있다. CD/ATM기 1회당 및 1일 인출·이체 한도 설정, 각종 비밀번호에 대한 오류입력회수 제한 등에서 한발 나아가 IC카드[55]에 의해 보안성을 강화하고 있다.

모바일 및 텔레뱅킹에 있어서도 전화번호 제한, 다단계 확인절차 설정, 암호화 송수신, SMS(Short Message Service) 통보제도 시행, IC칩 기반의 서비스 강화 등의 보안대책이 나날이 도입되고 있다.

특히 점차 확대되고 있는 인터넷 뱅킹에 대해서는 공인인증서 및 일회용 비밀번호 또는 보안카드 사용, 6자리 이상의 이체용 비밀번호 사용, 암호화된 송수신 활용, 해킹 방지 프로그램 자동설치, 바이러스 자동 검사 등등의 보안대책을 강화하고 있는 중이다.

이와 같은 안전성 대책에도 불구하고 앞서 보았듯이 전자금융 사고도 지속 발생되고 있다. 1998년 6월 도청에 의한 텔레뱅킹사고에 이어 2002년 12월 현금카드와 신용카드의 복제, 2004년의 텔레뱅킹 사고 4건 및 인터넷뱅킹 사고 1건에 이어 2005년에는 국내 최초로 인터넷 뱅킹 해킹사고와 2건의 은행공식 사이트를 모방한 피싱(phishing) 유사사고가 발생했다.

우리의 전자금융시스템은 해킹, 컴퓨터 바이러스, 도청 등의 공격에 항상 노출되어 있다. 인터넷 뱅킹은 해킹과 바이러스에, 텔레뱅킹은 도청에, 공인인증서에 의한 전자서명 방식도 해킹에 대응력이 취약하다는 평가가 있다. 지금까지 나타난 것으로만 보아도 IT 발전에 상응하는 사이버 금융범죄가 골고루 일어난 것으로 볼 수 있다. 이에 대한 대비가 철저히 이루어져야 한다.

(2) IT보안업무에 대한 지원강화

금융회사와 감독당국은 그 어느 부문보다 전자금융거래 시스템의 안정성 확보와 이용자 보호를 위해서 노력해 왔다. 이러한 노력이 있었기에 전자금융거래 사고로 인한 금융회사의 피해손실이 아직까지 미미한 수준이었다.

그러나 전자금융거래의 안정성 문제는 피해금액보다는 해당 금융회사 뿐만 아니라 금융시스템 전반에 대한 신뢰도와 직결되는 문제임을 인식할 필요가 있다. 금융회사의 경영진이나 내부감사자에게 다음과 같은 사항을 강조하고자 한다.

첫째, 전자금융거래의 안정성 확보를 위한 예산지원과 전문인력 확충에 관심을 기울어야 한다. 금융부문의 관리예산중 IT부문이 차지하는 비중이 적지 않은 것이 사실이다.

특히, IT투자는 투입 다음해부터 감가상각비가 계상되므로 경영진은 비용증가에 대한 우려를 하게 마련이다. 하지만 IT발전과 보안업무 강화를 위해서는 예산과 전문인력 지원을 늘리는 것이 반드시 필요하다. 이는 이사회나 경영진의 적극적인 지원이 이루어질 때 가능한 일이다.

둘째, 개별거래 또는 개별 시스템의 안전성도 중요하지만 금융회사 전체의 IT리스크를 중시해야 한다. 특정부문의 한 가지가 잘못된 경우 그것이 여러 부문에 문제가 전이되지 않도록 위험요인을 지속적으로 점검·평가할 필요가 있다. 또한 IT업무에 대한 아웃소싱이 증가하고 있는데 이 부문에 대해서도 리스크를 인식하고 적절히 대응해야 한다.

셋째, 금융이용자 즉 고객과의 친밀성을 높여야 한다. 사고예방에 무슨 친밀성이냐 할지 몰라도 생각해보면 금융회사의 배려가 필요한 부분이다. 이는 곧 비대면성에 따른 서비스 소홀 염려와 함께 안전성에 대한 책임공유 의식을 간접적인 방법으로 높여보자는 취지이다.

2007년 1월 1일 시행될 '전자금융거래법'[56]의 핵심도 사고에 대한 책임문제로 귀결되고 있는 데에서 보듯이 고객과의 관계는 매우 중요한 요소이다. 금융회사가 먼저 자신의 IT시스템과 고객을 신뢰하는 것을 급부로 하여 고객으로부터 신뢰를 받도록 하여야 한다.

마지막으로 IT부문에 있어서 획기적인 대책은 있을 수 없다. 한순간도 방심하지 않고 노력하는 길 밖에 없다. IT관련부서만이 할 일이 아니다. 금융회사에 몸담고 있는 모든 종사자들이 노력해야 할 일이다.

금융회사의 CEO나 감사위원이 아무런 예고 없이 본점사무실과는 다소 멀리 떨어져 있는 전산센타를 한번 방문하는 것만으로도 IT업무 종사자에게 큰 힘이 될 수 있다.

마. 고객신용정보는 금융인프라의 일종

우리가 일상생활이나 금융거래에서 자주 쓰는 용어 중에는 '개인신용정보'라는 말이 있다. 신용정보는 개인의 신상을 토대로 금융회사 등과의 거래과정에서의 나타난 신용능력 상태를 말한다. 신용정보에 관한 법률상 정의[57]는 '금융거래 등 상거래에 있어서 거래 상대방의 식별·신용도·신용거래능력 등의 판단을 위하여 필요로 하는 정보'로 기술하고 있다.

구체적인 예로는 개인의 성명·주소·주민등록번호·직업, 법인의 상호·법인등록번호·사업자등록번호, 금융거래(대출, 보증, 신용카드 등) 내용을 판단할 수 있는 거래종류·거래당사자·거래기간·거래금액 등이 이에 해당된다. 개인이든 법인이든 신용정보는 신용사회로는 나아가는데 있어 결정적인 역할을 하는 것이므로 취급자들은 매우 소중하게 다루어야 한다.

이는 금융회사 뿐만 아니라 일반사회에서도 마찬가지다. 그런데도 최근 사이버상에 개인정보가 도용·오용·남용되는 사례가 적지 않게 발생되고 있다. 금융회사로서는 실로 철저히 대비해야 할 일이 아닐 수 없다.

신용정보는 일단 금융회사와 여하한 금융거래를 시작하는 그 순간부터 생성되는 법이다. 고객의 동의에 의해 제시된 신용정보는 금융회사가 관리책임을 지게 되며, 모든 금융회사와의 약속에 의거 상호 이용할 수 있도록 하고 있다.

금융회사는 금융거래자의 신용정보를 엄격하게 관리 활용하도록

법으로 규정하고 있는 것이다. 앞으로 금융회사 임직원 모두 고객 신용정보를 중요한 금융 인프라로 여기고 소중하게 다루어야 한다.

(1) 고객정보보호는 금융회사의 기본

금융회사가 고객정보를 제대로 관리하지 못하고 있다는 이야기는 어제 오늘의 일이 아니다. 과거에 보면 노점상이 사용하는 포장지에 금융거래자료가 수록된 용지가 섞여 있어 사회적으로 문제가 된 적이 심심찮게 일어났었다.

이런 사건의 발단은 폐기를 조건으로 대행업체에 맡긴 폐지가 시중에 팔려나가 포장용지로 재활용되었기 때문이다. 돌이켜보면 매우 단순한 사고인데 당시 금융실명제가 도입되던 시기에 이런 일이 터졌으니 오죽 했겠는가. 금융업이 발전하듯 고객 신용정보 유출사고도 자연스럽게 발전하는 것 같다. 여전히 같은 유형의 문제가 재생산되고 있어 안타깝다.

지난 3년간 고객의 신용정보 유출과 관련한 사고가 다수 발생하였다. 은행의 PB전담직원이 자신이 관리하는 고객의 정보를 무단으로 유출시켜 문제가 된 적이 있다. 또한 실무자의 실수로 수만명의 고객정보를 다른 금융거래자에게 파일로 송부된 사례도 있었다.

비은행 금융회사에서 고객정보를 불법으로 외부인(범죄인)에게 제공하거나 외부인이 금융회사 직원의 ID 및 패스워드를 도용하여 금융회사로부터 고객정보를 빼내 제3자에게 매도하는 사건도 있었다.

이 뿐만 아니다. 2005년 5월에는 증권사 영업점에서 다수인의 고객 정보를 대량으로 도난당한 사고가 일어나기도 하였다. 증권사의 용역직원이 유출한 고객정보를 이용해, 범죄조직이 고객명의의 위조 주민등록증을 제시한 후 현금카드와 통장을 재발급받는 수법 등으로 수 개의 은행을 전전하면서 증권연결계좌에서 수억 원을 인출하다가 적발된 사고였다.

이와 같은 사고를 거울삼아 고객정보 관리에 만전을 기하여야 한다. 예컨대, 금융지주회사 소속 금융회사간의 고객신용 정보교환, PB전문요원 등의 고액자산가 정보관리 실태, 전자금융거래에 있어서의 신용정보유출 방지대책, 일선 영업점에서의 고객정보철에 대한 물리적 보안상태 등 취약요인에 대해서는 중점 점검할 필요가 있다.

(2) 고객의 입장에서 되돌아 보라

감독당국은 금융거래자 신용정보의 오·남용에서 야기될 수 있는 우려와 개인의 사생활 보호에 대한 사회적 관심이 증가함에 따라 여러 가지 대응방안을 모색해 왔다.

2005년 11월 '개인신용정보 관리·보호 모범규준'을 제시한 바 있다. 예컨대 금융회사가 카드발급 등과 관련하여 고객정보의 제공·활용에 대한 동의를 받을 때에 동의할 내용과 고객의 권리사항에 대해 충분히 설명·고지하여야 하고, 사후에라도 제휴회사 등으로의 정보제공을 중단할 것을 요구할 경우 이를 수용해야 한다.

또한 고객정보를 제공받아 활용하는 제휴회사 등이 정보의 오남용을 하지 못하도록 고객정보 보호를 위한 보안관리 약정을 별도 체결토록 하고 있다. 뿐만 아니라 내부통제를 철저히 하기 위하여 2006년부터 신용정보 관리와 보호를 전담하는 '신용정보 관리·보호인(가칭)'을 지정·운용하도록 하고 있다.

지금 우리 사회는 신용사회로 자리를 잡아가면서 개인 정보보호에 대한 관심이 어느 때보다 강하게 제기되고 있다. 또한 금융업이 겸업화의 진전, 복합금융상품의 확대 등의 영향으로 고객의 수요도 과거에 비해 훨씬 다양해졌다.

이런 때에 금융회사가 고객 신용정보에 대한 관리를 소홀히 할 경우 그 미치는 파장은 적지 않을 것이다. 만약 유사한 사고가 재발될 경우 피해 당사자는 물론 사회적인 비난이 만만치 않을 것이다. 금융회사가 받게 될 금전적 손실보다는 오히려 평판 손실이 더 클 것으로 여겨진다.

사실 일반 고객들이 금융회사와 거래를 하면서 늘 불안해하는 것 중의 하나가 자신의 신용정보가 노출되지 않을까하는 불안감이다. 이러한 불안은 전자금융거래 고객들이 더 크다고 한다. 시간적·거리적 편의성과 함께 경제적 이유로 인터넷뱅킹 등의 전자거래를 하고는 있지만 한편으로는 신용정보 노출에 대한 불안감이 가시지 않는다는 것이다. 금융회사들은 이 점을 고객의 입장으로 돌아가서 생각해야 한다.

고객은 자신에 관한 온갖 신상정보를 알려 주는데 금융회사가 그

정보를 철저하게 보호해 줄 것인지에 대해 의구심을 가지고 있으며 고객정보 유출에 관한 언론보도 때마다 마음이 늘 불안해하고 있다는 점을 금융회사 관계자들이 명심해야 한다.

바. 금융실명제와 자금세탁 혐의거래보고의 철저한 이행

금융회사의 일선 창구에서 금융실명제와 자금세탁방지와 관련한 절차를 잘 준수하는 것만으로도 내·외부인에 의한 금융사고를 상당부분 줄일 수 있다. 이 두 가지 제도는 오늘날 금융거래의 근간으로 뿌리내려 사회의 투명성을 제고하는데도 크게 기여하고 있다.

이는 또한 돈이 매개되는 금융사고에 수반되는 부정한 거래를 사전에 차단하거나 사후 추적할 수 있는 장치이기도 하다. 일부 사기성 금융사고는 사실 금융실명제 덕분에 더 이상 확산되지 않는 면도 있다. 앞서 살펴본 1980년대와 1990년대 초반에 일어난 실명제 시행 이전의 사고와 비교해 보면 쉽게 알 수 있을 것이다.

(1) 금융실명제

금융실명제는 1993년 8월 12일 '금융실명거래 및 비밀보장에 관한 긴급재정경제명령'을 전격 발동함으로써 시행되었다. 그 골격은 법안명칭에 명시하였듯이 모든 금융거래를 실지명의로 하자는 것과 금융거래에 관한 비밀보장을 확실히 하는데 있다. 긴급명령은 많은 논란을 거쳐 1997년 말 '금융실명거래 및 비밀보장에 관한 법률'로 대체되었고 그 후 큰 무리없이 금융관행으로서 정착되어 왔다.

금융실명제의 목적은 금융거래의 정상화를 통하여 경제정의 실현 및 국민경제의 건전한 발전을 도모하자는 것인데 무엇보다 금융거래의 투명성을 높이려는 것이 가장 큰 목표이다. 금융회사를 경유하는 모든 금융거래를 의무적으로 실지명의로 사용한다는 것은 우리 근대 금융 100년의 역사상 매우 획기적인 조치로 평가되고 있다.

자금이동이나 자금출처를 명확히 함으로써 각종 음성적 거래를 단절시키고 건전한 금융환경을 조성하는데 결정적인 역할을 하고 있다.

다만 금융실명제가 자금의 진정한 실소유자를 밝혀주는 데까지는 미치지 못하여 소위 '합의차명거래'의 여지가 남겨져 있는데 이 점은 부동산 실명제와는 다소 형평이 맞지 않는 것 같다. 그리고 긴급명령제정시 실명확인의무 위반에 대한 처벌이 금융회사 임직원 대상으로만 입법된 결과 지금까지 많은 금융회사 창구직원들이 제재를 받게 된 것은 매우 안타까운 일이 아닐 수 없다.

당초에는 실명법 위반사실이 확인되면 무조건 제재대상이었는데 감독당국이 이를 고쳐 지금은 법정의와 형평성을 고려하여 실명제 위반의 고의 과실을 따져 제재하고 있다.

개인적으로는 금융실명제가 상당히 정착된 지금은 실명제 위반에 대한 제재조치를 완화하는 방향으로 정비할 필요가 있다고 본다. 어쨌든 제도자체에 대한 공과로 본다면 금융실명제가 금융거래의 기본틀임은 이론의 여지가 없고 또 금융회사 직원들은 법령에 의거 당연히 준수하여야 한다. 이러한 기본적인 장치의 철저한 이행이 금융사고를 예방하는 데에도 크게 도움이 된다는 것을 상기하였으면 한다.

(2) 자금세탁방지제도의 이해

자금세탁방지제도는 금융회사를 이용한 범죄성 자금의 세탁(money laundering)[58]을 방지함으로써 금융거래질서를 확립하고 조직범죄, 마약범죄 등 반사회적 범죄의 확산을 예방하는데 주된 목적이 있다.

우리나라의 자금세탁방지와 관련한 절차는 2001년 9월 27일 '특정금융거래정보의 보고 및 이용 등에 관한 법률' 및 '범죄수익 은닉의규제 및 처벌 등에 관한 법률' 제정으로 시작된 비교적 새로운 금융관행이다.

'특정금융거래 정보의 보고 및 이용 등에 관한 법률'에 따라 금융회사에게 자금세탁혐의거래에 대한 보고의무가 부과되었고, 보고된 혐의거래를 심사분석하는 기구로 금융정보분석원(FIU, Financial Intelligence Unit)이 설립되었다.

한편, '범죄수익 은닉의 규제 및 처벌 등에 관한 법률'은 특정범죄 및 마약류범죄로부터 얻은 수익 등을 은닉·가장한 경우 자금세탁범죄로 처벌할 수 있도록 하고 범죄수익 및 범죄수익 유래재산을 몰수 또는 추징할 수 있도록 하였다.

선진국을 포함한 대부분의 국가가 자금세탁을 방지하기 위한 제도들을 시행하고 있으며, FATF[59]와 같은 국제기구를 통해 범국제적으로 자금세탁방지에 관한 협조체제를 구축하고 있다.

(자금세탁방지제도 주요 내용)

자금세탁방지제도 도입 초기에는 혐의거래보고제도를 우선 시행하였으나, 국제적 기준에 일부 미흡한 면이 있어 2005년 1월 '특정금융거래정보의 보고 및 이용 등에 관한 법률'을 개정하여 고액현금거래보고제도 및 고객알기제도를 추가하였다. 이에 따라 1년의 준비기간을 거쳐 2006년 1월부터 고액현금거래보고제도 및 고객알기제도가 본격적으로 시행되고 있다.

금융회사로서는 업무상 번거로움이 추가되기는 하였으나 글로벌 스탠다드에 근접한 금융환경을 만들어 가고 있다는 것은 환영할 만한 일이다.

① 혐의거래보고제도(STR, Suspicious Transaction Report)

혐의거래보고제도는 자금세탁제도의 근간이 되는 제도로 금융거래와 관련하여 불법재산 또는 자금세탁을 하고 있다는 의심이 드는 거래에 대해 금융정보분석원에 보고하고 있다.

고객과 직접 접촉하는 금융회사의 일선창구 종사자가 거래자 및 거래내용을 확인하는 과정에서 의심스런 거래를 인지할 수 있기 때문에 금융회사를 이용한 자금세탁행위를 방지하기 위해서는 금융회사 종사자의 전문지식과 업무경험을 활용하는 혐의거래보고가 가장 효과적이다.

우리나라의 경우 원화 2,000만 원 또는 외환 1만 달러 이상의 거래로서 자금세탁행위를 하고 있다고 의심되는 합당한 근거가 있는 경우 혐의거래보고를 하도록 하고 있다.

한편, 감독당국에서는 각 금융권역별 협회와 공동으로 금융회사 직원이 개별금융거래가 혐의거래에 해당하는지를 판단하는데 도움이 되도록 자금세탁 발생가능성이 높은 거래유형을 혐의거래 참고유형으로 정리하여 제공하고 있다.

자금세탁 혐의거래 참고유형 예시

[은행]

▶수신거래
- 합리적 이유 없이 고액 현금에 의한 빈번한 입·출금 거래
- 출처가 불분명한 거액 현금을 자기앞수표로 교환하거나 자기앞수표를 고액 현금으로 교환
- 단기간에 빈번히 거액이 입·출금된 후 계좌가 해지되거나 또는 거액을 송금 받은 직후 다수인에게 빈번히 송금하는 거래
- 자금출처, 수취인 등을 은폐하기 위해 일정금액 미만으로 분할거래하거나 여러 명 또는 여러 영업점에서의 분할거래
- 타인명의 계좌 이용, 휴폐업자명의 또는 위장법인명의 계좌 이용 거래
- 대여금고를 빈번하게 이용하거나 야간금고를 이용하는 거래로 평소와 크게 다른 형태의 거래
- 합리적 이유 없는 원격지 거래, 어음 또는 수표 등의 결제자금을 빈번히 타인재원으로 충당하는 거래, 거래비밀보장을 강조하는 등 부자연스러운 거래
- 합리적 이유 없이 거액의 채권 등을 보호예수하는 거래
- 거액의 신탁계약을 체결하고 합리적 이유 없이 중도해지요청하는 거래 등

▶여신거래

- 취득경위에 의심이 있는 재산을 담보로 하는 대출
- 평소 거래관계가 없는 타인명의 재산을 담보로 하는 대출
- 취득경위에 의심이 있는 거액 예금을 담보로 하는 대출
- 합리적 이유 없이 장기연체된 대출금을 갑자기 상환하는 거래 등

▶외환거래
- 경제적 합리성 없는 고액의 대외지급 거래 : 단체 해외여행자의 해외여행경비, 해외이주비, 외국인의 보수, 각종 수수료, 기술용역대가, 해외사무소 경비, 현지금융, 해외투자 등
- 경제적 합리성 없이 외국으로부터 고액을 송금 받는 거래 : 증여성 송금, 외국인 투자기업 또는 외국기업국내지사 이용, 비거주자의 대외계정 이용, 외화차입 등
- 여러명 명의 또는 여러점포에 분할하여 고액을 송금 또는 영수하는 거래
- 중계무역, 수출입가격조작, 선적서류조작 등을 이용한 탈법혐의가 있는 무역거래
- 조세피난처 또는 자금세탁방지에 소극적인 국가와 관련된 거래 등

[증권]

- 특별한 이유 없이 고액의 현금으로 빈번하게 투자를 행하는 거래
- 평상시에 거래가 없다가 갑자기 거액을 투자하거나 대량의 주식을 가지고 와서 현금화를 요청하는 거래
- 평소 고객의 성향과는 달리 단기간에 빈번하게 행해지는 거래 또는 다수인에게 빈번하게 송금하거나 송금을 받는 거래
- 타인명의 계좌 개설의 혐의가 있는 거래, 법인계좌를 이용한 개인자금의 유가증권매매 혐의거래,투자목적과 관계없이 다수의 계좌개설 요청
- 대리인 거래에서 유가증권매매이익이 본인 이외의 자에게 귀속하는 것으로 의심되는 거래
- 특별한 이유 없이 원격지 영업점에서의 거래, 혐의거래 신고를 하지 않도록 의뢰하는 거래
- 합리적 이유 없이 다종 다량의 무기명증권 실물을 매각하는 거래
- 거액의 증권을 현금으로 매입 의뢰하고 합리적 이유없이 유가증권의 실물 인도를 요청하는 거래
- 대체 입 출고 또는 회사간 이체 입 출고를 통해 타인명의 계좌로 유가증권을 빈번하게 이동하는 거래

- 위조통화 증권 또는 도난통화 증권 등의 입출고와 관련된 거래
- 출처가 불분명한 거액 현금을 자기앞수표로 교환하거나, 다종·다량의 자기앞수표를 거액의 현금으로 교환하는 거래
- 취득경위 등에 의심이 있는 거액 유가증권 담보 대출 등

[보험]

- 합리적 이유 없이 고액의 현금(외화포함)만을 사용해 보험료를 납부하는 계약자와 관련된 거래
- 합리적 이유 없이 고액의 보험금 또는 환급금을 현금으로만 요구하는 거래
- 합리적 이유 없이 단기간에 현금 또는 수표를 사용하여 다수의 보험계약을 분산하여 체결
- 보험계약 체결 후 차명으로 의심가는 계약자와 관련된 거래
- 계약자인 법인의 실체에 의심가는 보험계약과 관련된 거래
- 합리적 이유 없이 계약자나 수익자를 변경한 후 보험금 등이 지급된 계약
- 고객의 인적사항(거주지, 직장 등) 고려시 당해지점을 통해 보험을 가입할 만한 합당한 이유가 없다고 판단되는 고액거래
- 수납된 현금, 수표 등이 위조 또는 도난 된 것이라는 의심이 든다고 인정되는 경우
- 취득경위에 의심가는 재산이나 타인명의의 재산을 담보로 하는 대출 등

② 고액현금거래보고제도(CTR, Currency Transaction Report)

고액현금거래보고제도는 5,000만 원[60]이상의 고액 현금거래에 관하여 금융정보분석원에 보고하도록 하는 제도이다. 이 때 5,000만 원의 기준은 보고 금융회사에서 동일인이 1거래일 동안의 지급금액을 합산하거나 영수금액을 합산한 금액을 말한다.

이는 혐의거래보고제도가 금융회사의 주관적 판단에 의존하는 데 비해 일률적 기준에 따라 보고토록 함으로써 혐의거래에 대한 금융회사의 판단부담을 덜어준 면이 있다.

현금거래 합산의 구체적인 예시		
거래 사례	보고여부	비고
甲은행에서 A가 자기 명의의 2개의 계좌를 이용, 오전에 a계좌에서 현금 2,000만원, 오후에 b계좌에서 현금 3,000만원을 각각 인출한 경우	해당됨	지급액 5,000만원
甲은행에서 A가 1개의 계좌를 이용, 오전에 현금 3,000만원 입금, 오후에 현금 2,000만원 출금한 경우	해당 안됨	지급액 2,000만원, 영수액 3,000만원
甲은행에서 A가 오전에 자기 계좌에 현금 3,000만원을 입금하고, 오후에 같은 은행에서 현금 2,000만원을 무통장입금으로 乙은행의 B계좌에 송금한 경우	해당됨	영수액 5,000만원
甲은행에서 A가 오전에 자신의 계좌에 4,900만원을 현금 입금하고, 오후에는 B에게 현금 100만원을 송금한 경우	해당 안됨	영수액 4900만원 (*100만원 송금은 합산 제외)
乙은행에서 B가 1개의 계좌를 이용, 오전에 현금 4,900만원을 현금 입금, 오후에 현금 100만원 입금하는 경우	해당됨	해당됨

③ 고객주의의무(CDD, Customer Due Diligence)

고객주의의무는 금융회사가 자금세탁행위에 이용되지 않도록 금융거래시 고객의 신원, 거래목적 등을 파악하여 고객에 대하여 합당한 주의를 기울여야 하는 의무로서 고객알기제도(KYC, Know Your Customer)라고도 한다. 혐의거래보고의 품질향상을 위해서는 고객 및 금융거래에 대한 정확한 정보 확보가 필수적이다.

고객주의의무에 따라 금융회사 창구에서는 신규계좌개설 또는 2,000만 원(외화 1만 달러) 이상의 일회성 금융거래에 대해 거래고객의 신원 확인시 '금융실명거래 및 비밀보장에 관한 법률'에 의한 실지명의 이외에 개인은 주소·연락처, 법인은 업종/설립목적·주된 사무소 소재지·연락처·대표자의 실지명의를 별도로 확인하여야 한다. 이 과정에서 실제거래당사자 여부가 의심되는 등 자금세탁 우려가 있는 거래에 대해서는 당사자 여부 및 금융거래의 목적을 확인하여야 한다.

고객주의의무제도 요약		
구 분	**고객의 신원사항 확인**	**실제 당사자 여부, 금융거래목적 확인**
대상	▶계좌 신규개설시 ▶2,000만원(미1만달러)이상 일회성 거래시	▶자금세탁행위를 할 우려가 있는 경우
확인 사항	<table><tr><td>구분</td><td>신원내용</td></tr><tr><td>개인</td><td>실지명의, 주소, 연락처</td></tr><tr><td>영리법인</td><td>실지명의, 업종, 본점 및 사업장 소재지, 연락처 대표자의 실지명의</td></tr><tr><td>비영리법인, 기타 단체</td><td>실지명의, 설립목적, 주된 사무소의 소재지, 연락처 대표자의 실지명의</td></tr><tr><td>외국인, 외국단체</td><td>위 사항, 국적, 대한민국내거소 또는 사무소 소재지</td></tr></table>	▶실제 거래당사자 여부 ▶금융거래목적
확인 방법	▶서면 ▶확인후 다시 금융거래를 할 경우 동일 확인조치 생략 가능	▶서면
진위 확인 자료 (예시)	▶실지명의 : 금융실명법 상의 실명 확인 자료 등 ▶주 소 : 주민등록등본, 주민등록증, 법인등기부 등본, 사업자등록증 등 ▶연 락 처 : 명함, 전화요금 영수증 등 ▶업 종 : 사업자등록증 등 ▶설립목적 : 법인등기부 등본, 정관 등 ▶국 적 : 여권, 외국인등록증 등	
이행 시기	▶원칙 : 당해금융거래가 이루어지기 전 ▶예외 : 금융거래 성질상 불가피한 경우 사후확인 가능 　• 학생 등 일괄계좌개설의 경우 개설후 최초 금융거래시	

우리나라 자금세탁방지제도 비교			
구 분	주요 제도	대상 거래	대상금액 / 확인사항
금융회사의 FIU보고제도	혐의거래 보고제도 (STR)	불법재산이라고 의심되거나 자금세탁의심이 있는 경우	원화 2,000만원 또는 외화 1만달러 이상 * 기준금액이하인 경우라도 자율적 보고 가능
	고액현금거래 보고제도 (CTR)	자금세탁의심과 관계없이 일정금액 이상 일률적 보고	5,000만원 이상 현금 지급 또는 영수거래
금융회사의 고객주의 의무 제도 (CDD)	일반적인 경우 거래당사자의 신원 확인	계좌 신규 개설 또는 일정금액 이상의 일회성 금융거래	계좌 개설 또는 2,000만원/1만달러 이상 일회성 금융거래시 ⅰ) 실지명의 ⅱ) 주소 · 연락처 ⅲ) 외국인의 경우 국적 등 확인
	자금세탁우려가 있는 경우의 고객 확인	실제거래당사자 여부가 의심되는 등 자금세탁 우려가 있는 금융거래	실제 당사자 여부 및 금융거래의 목적확인

(3) 국제적 관행으로 정착되어야

자금세탁방지의무에 관한 절차는 금융의 본질적인 업무는 아니지만 제도의 취지 및 중요성을 감안할 때 금융회사에서 반드시 이행하여야한다. 금융회사 일선창구에서는 자금세탁혐의가 있는 금융거래에 대해서는 금융정보분석원에 보고함으로써 금융회사를 이용한 불법재산의 가장 · 은닉 또는 자금세탁행위가 이루어지지 않도록 적극 협조해야 한다.

국내의 모든 금융회사는 자금세탁혐의거래 보고에 관한 세부지침을 정하고 실무자에 대한 교육을 지속적으로 실시하여야 한다. 예컨대 자금세탁 방지관련 업무지침에는 혐의거래의 인지, 보고절차, 기록보관방법 등을 보다 구체적으로 매뉴얼화하여, 취급실무자들이 그 내용을 숙지하도록 하여 보고대상 혐의거래가 누락되지 않도록 유의하여야 한다.

또한 해외금융기관과 환거래계약을 체결할때에도 상대은행의 자금세탁 법규준수 실태를 확인하여야 한다.

자금세탁방지제도가 성과를 거두기 위해서는 고객과 직접 접촉하는 창구 직원들의 절차준수가 우선적으로 요청되며, 경영진의 관심과 지원도 필요하다. 아울러 관련업무를 효율적으로 처리하기 위해서는 전산시스템을 잘 구축해 둘 필요가 있고 최근 확산되고 있는 전자금융거래에 대해서도 유효적절한 모니터링 방안을 확보해야 한다.

한편, 자금세탁 혐의거래 보고와 관련한 법규를 준수하는 일은 국내 금융회사의 해외점포도 마찬가지이다. 우리나라의 자금세탁 관련 법률은 선진국 감독당국과 거의 같은 수준이긴 하지만 위반시 제재처분의 경우 선진외국이 우리보다 강했으면 강하지 결코 약하지 않다. 제재의 경중여부를 떠나 해외 진출점포는 현지 감독당국이 요구하는 법규의 준수 및 관련 내부통제시스템 강화, 직원 교육 등을 철저히 이행하여 위반행위가 나타나지 않도록 각별히 유의해야 한다.

특히, 미국의 경우 9.11테러 이후 제정된 애국법(the USA

PATRIOT Act of 2001)에 의거 각 금융회사를 대상으로 자금세탁 및 테러자금조달에 관한 준수사항을 더욱 강화시키고 위반시 제재조치도 매우 강력하게 부과하고 있다.

이와 같은 국제적인 금융관행을 이행함에 있어 두가지 사항을 강조하고자 한다.

첫째, 국내외를 불문하고 사회 전체적인 투명성 확대 요구에 의해 법규에 반영된 것이므로 자발적으로 지키자는 것이다. 우리나라는 현재 자금세탁방지제도와 관련하여 이미 대부분의 선진국들이 도입한 '테러자금조달억제를 위한 법률'[61]제정을 추진중에 있다. 동 법률의 입법이 완료되면 우리나라의 자금세탁 방지에 관한 관행은 확실하게 선진국 수준으로 진입하게 될 것이다. 다만, 이러한 노력은 각 금융회사 실무자들의 협조 없이는 정착되기 어려운 일이다.

둘째, 만약 어느 금융회사가 국제적인 요구를 무시하는 사례, 즉 자금세탁이나 테러자금조달 혐의가 있는 거래에 연루될 경우 국내외 금

자금세탁 관련 검사 현황										단위: 개
	정통부	한은	금감원	농협	수협	산림	신협	금고	기타[2]	계
대상기관[1] (영업점)	1 (2,742)	941	393	1,298	99	144	1,049	1,612	150	5,687
02년	(18)	115	93	756	23	132	575	236	11	1,959
03년	(77)	53	90	691	35	74	665	486	8	2,103
04년	(61)	69	91	630	43	28	267	552	0	1,741
05년	(213)	64	47	1,416	41	273	180	423	0	2,657

주: 1) 정통부는 우체국(영업점), 한국은행은 환전영업자, 농수산림조합 등은 산하 조합 등이 대상기관임
　　2) 기타는 산자부(CRC), 중기청(창투사) 등
자료: 금융정보분석원 2005 〈연차보고서〉

융활동에서 미치게 될 평판 손상은 엄청나게 클 수밖에 없다는 점이다.

요컨대 금융실명제와 자금세탁방지제도는 법절차적 요청에 의한 수동적인 접근보다는 금융회사 스스로 리스크 관리 및 내부통제 강화 차원에서 보다 적극적으로 대처하여야 할 것이다.

4. 내부통제 문화의 재정립

가. 임직원의 윤리의식 제고

금융사고의 원인으로 가장 먼저 지목되고 있는 것이 '금융회사 임직원의 윤리의식 저하' 임은 앞서 살펴보았다. 이 문제는 개별 금융회사로서도 심각하게 다루어야 할 과제이자 모든 금융종사자들이 주목해야 할 일이다.

금융업무가 날로 전문화되면서 관련업무나 종사인력에 대한 전문성을 지나치게 강조한 나머지 도덕성이 알게 모르게 경시되고 있는 것은 아닐까. 성과를 과도하게 중시한데 따른 파급효과일까. 여러 가지 배경이 있을 수 있겠다. 하지만 사회 환경의 변화 탓으로 돌리기엔 저간의 현실이 이를 용납하지 않는 것 같다.

(1) 도덕성은 대체될 수 없어

과거 유수 은행에서 직원을 채용할 때 이런 말이 나돈 적이 있다.

"너무 가난한 집안 출신도 곤란하고 너무 부자 집 자식도 적당하지 않다." 텔러 중심의 은행업무 종사자를 뽑을 때 회자된 말이다. 하지만 전하고 있는 메시지는 매우 단순하다. 남의 돈을 다루는 직업인의 성향이 간접적으로 표현된 것 같다.

너무 가난하면 금고에 산더미처럼 쌓여있는 현금뭉치를 보고 행여 혹한 마음이 생길까 염려되고 지나치게 부유한 사람은 진정 소중하게 다루어야 할 고객의 자산을 업신여길까를 두려워한 경계심을 은유하고 있다. 재산의 과다로 직업인의 적격성을 판단하는 것은 물론 아닐진대 사람 쓰는데 있어서의 신중함을 읽어낼 수 있는 대목이다.

이 같은 신중함은 오늘에도 이어져 금융회사가 직원을 채용할 때 직무의 적성 못지않게 인성검증을 중시하고 있다. 텔러나 금융상담사 등을 채용할 때에 학교의 성적보다는 행동지표를 더 중시하는 것도 같은 맥락이다.

금융인으로서 전문성과 도덕성은 어느 것도 양보할 수 없는 덕목이다. 담당할 직무의 성격에 따라 중요도는 약간 다르겠으나 공히 도덕성을 바탕으로 한 전문성 겸비가 바람직하다. 이 말은 굳이 다른 말로 하자면 "전문성은 대체될 수 있어도 도덕성은 대체될 수 없다"는 것이다.

범세계적으로 윤리경영 문제는 이미 기업가치의 중요한 덕목으로 자리를 잡아가고 있다. 사기업이든 공기업이든 윤리경영은 외부적으로는 고객과 사회일반을 향해 표방되는 것이지만 의당 그 출발점은 내부 경영진과 종업원 각자에서 비롯된다.

과거에는 기업의 정관, 취업규칙, 인사관리규정 등에 고압적인 강요 일변도의 규범을 정하고 있었으나 요즘에는 대부분 별도의 기준으로서 윤리강령(code of conduct)을 명시하고 있다. 이는 사회가 그만큼 투명성을 더욱 강도높게 요청하고 있는 증거이다. 기업은 종업원의 모든 업무활동에 있어서 예컨대 구매, 판매, 용역제공, 입찰, 납품업무 등의 취약분야별로 임직원 스스로 지켜야 할 규범을 정하고 이를 제대로 지키지 않을 경우 징계조치, 심한 경우 해고 등의 불이익 처분을 받을 수 있음을 서약까지 받는 경우도 있다.

(2) 윤리의식은 사회적인 요청

윤리의식에 대한 요청은 사실 금융회사가 일반기업 보다 더욱 철저해야 한다. 공공성과 사회성을 바탕으로 감독당국은 금융회사의 고위임원에 대한 적격성을 심사(fit and proper)하는 것은 우리나라에만 있는 것이 아니다. 이런 것을 규제로 이해하면 안 된다. 세계모든 나라의 감독당국이 지키고 있는 국제적인 준칙의 일종이다.

이는 아무나 금융회사의 고위 경영진이 되어서는 안 된다는 것을 보여주고 있는 것이다. 금융회사 종업원들도 그 연장선에 있어야 한다. 이와 같은 배경으로 금융회사들은 일반 기업보다 비교적 높은 수준의 윤리강령을 제시하여 왔다. 그리고 윤리강령의 도입시기도 빨랐던 편이다.

그럼에도 불구하고 지금 상황에서 본다면 금융 종사자들의 윤리강령에 대한 인식도가 국내 초일류기업에 비해 앞선다고 말하기 어려운 것이 아닌가하고 생각된다. 그 이유는 아마 고용문화에서 찾을 수 있을 것 같다. 비록 과거의 일이긴 하지만 금융회사 임직원의 잘못에 대한 책임추궁 태도가 일반기업에 비해 가볍지 않았나 여겨진다.

이 말을 뒤집어보면 똑 같은 잘못에 대해 금융회사가 더 관대했다는 말이 될 수도 있다. 물론 금융회사별로 당연히 차이는 있었을 것이다.

(3) 윤리강령의 엄격한 적용이 관건

윤리강령에 관해서는 아무래도 외국금융회사와 비교하는 것이 좋겠다. 우리나라에 진출한 외국계 금융회사들은 애초부터 피고용인의 윤리규범을 매우 중시하였다. 그 덕분에 내부직원에 의한 금융사고 발생도 거의 없었다.

우리가 익히 보아 왔듯이 업무상 실수는 몰라도 고의로 사고를 낼 경우 자신의 직장에서 살아남지 못하는 것은 물론이고 다른 외국계 금융회사로의 전직도 사실상 어려웠다. 자기책임에 대한 대가가 얼마나 냉엄한 것인지 업계 스스로 교훈을 주는 문화가 정착되어 있다.

잘못이 있으면 책임을 엄하게 묻고 기본적인 윤리의식을 저해하는 행동에 대해서는 결코 온정적으로 대하지 않는 따끔한 전통이 면면히 이어져 왔다면 오늘과 같이 이렇게 내부인에 의한 금융사고가 많이 일어나지 않았을 것이다.

금품수수나 횡령, 배임, 사적금전대차 등은 사실상 금융범죄 행위이다. 그런데도 과거에 보면 일부 금융회사는 스스로 법에 따른 조치를 취하지 않고 관련 손실을 배상하기만 하면 가벼운 징계 정도의 조치로 넘어 갔던 것이다.

물론 벌이 강하다고 범죄가 없어지지 않는다는 것은 일반 형사범죄에서도 보고 있는 현실이기도 하다. 그런데 오죽했으면 감독당국이 금융범죄 혐의자에 대한 사법당국 고발기준까지 만들어야 했을까. 금융관련 범죄혐의자에 대해서는 웬만하면 특정경제사범으로 취급한 것만 보아도 금융인에게 얼마나 높은 직업윤리를 요구했는가를 볼 수 있는 단면이다.

사실 금융회사 임직원의 부정한 행위에 대해 감독당국이 고발을 해라 말아라 하는 것은 지금 시대에는 맞지 않는 일이다. 예나 지금이나 금융회사 스스로 나서야 할 일이다. 자기의 금고를 축내는 범죄행위를 행한 직원에 대해 법과 원칙대로 보다 단호하게 조치했어야 했다.

다행히 우리 금융의 역사가 진보적으로 발전하면서 자기책임의 룰이 점차 자리매김하고 있다. 그 결과 지금은 임직원의 부정한 행위에 대한 책임추궁 자세는 현저하게 개선되었다.

대부분의 금융회사들이 종업원의 범죄성 행위에 대해 엄격하게 조치하고 있는 것은 자기 조직의 장래를 위해서도 그리고 우리 금융산업의 발전을 위해서도 매우 바람직스런 일이라 하겠다.

(4) 윤리강령에 있어 중시되어야 할 사항

한편으로는 자금운용, 주식투자, 파생상품 취급, 기업 M&A, 부동산 금융 등 특정 업무에 종사하는 직군에 대해서는 주식 등 실물투자 내역을 투명하게 신고하도록 할 필요가 있다.

최근 대형 금융사고의 주된 단초가 사고자의 과도한 주식투자에서 비롯된 점을 상기하여 아예 이 문제를 윤리강령에 반영하는 것을 고려해야 한다. 그렇게 하는 것이 조직과 직원을 보호하는 길이다.

그리고 윤리강령을 제정하거나 수정할 때에 금융 종사자 스스로 문제점을 지적하고 개선방안을 제시하도록 하는 것이 바람직하다. 왜냐하면 위에서 일방적으로 강요하는 규범 보다는 직원들 스스로 토론하고 창안해 낸 규범이 당연히 효용성이 높을 것이기 때문이다.

상호 협의를 바탕으로 제정된 윤리강령은 짐작컨대 매우 세분화 될 것으로 여겨지며, 임직원을 얽어매는 규정이 아닌 서로간의 약속이 됨으로써 조직 전체가 더 높은 도덕적 가치를 지향할 수 있게 될 것이다.

끝으로 강조하고 싶은 것은 윤리의식 제고를 위한 인성교육은 단순히 "여러분 모두 도덕군자가 되어야 합니다"라는 식이어서는 안된다는 점이다. 다시 말하면 윤리교육은 내부통제 대응책과 연계된 살아있는 실천교육으로 승화되도록 함으로써 성인대상 교육의 실효성을 높일 필요가 있다.

나. 경영진의 인식제고와 강력한 지원 필요

그동안 금융회사의 내부통제 기능을 향상시키기 위한 노력과 다양한 제안들이 끊임없이 이어져 왔다. 이러한 노력은 국제적인 준칙으로도 나타나기도 하였고 굵직한 사건이 터지고 난 후의 대응책으로서 논의되기도 하였다.

금융이나 회계부문의 유관협회나 대형 금융그룹들이 나서고 또 감독당국도 적극 대응하여 왔다. 국내에서도 감독당국을 중심으로 기업의 내부통제 기능을 선진화하기 위한 노력이 지속되어 왔다. 외환위기를 거울삼아 투명성 제고에 대한 사회적 요청이 금융회사 내부통제제도 개선에도 예외 없이 밀려왔다.

그러나 금융회사의 내부통제제도는 외부의 변화와 자체적인 개선노력에도 불구하고 여전히 미흡한 탓인지 크고 작은 금융사고가 끊이지 않고 있다. 그래서 많은 사람들은 이사회와 경영진의 내부통제에 대한 인식부족을 지목하고 있다. 어쩌면 금융회사의 경영층이 이런 말을 접하면 억울해 할지도 모르겠다. 하지만 나타나고 있는 현실을 보면 수긍하지 않을 수 없다.

(1) 이사회와 경영진의 책임은 거듭 강조되어야

기업의 내부통제는 앞서 살펴보았듯이 기본적으로 이사회, 경영진, 감사위원(감사) 및 준법감시인, 중간관리자와 일반직원에 이르기까지 조직내 모든 구성원들이 운영주체임이 틀림없다.

그 중에서도 이사회와 경영진은 모든 조직원들이 내부통제의 중요성과 내부통제 운영과정에서의 자신의 역할을 이해하고 적극적으로 참여할 수 있도록 통제문화 형성에 대한 일차적인 책임을 부여받고 있다.

국제적 관행과 일반원칙도 예외 없이 내부통제에 대한 최종적인 책임을 경영진에게 있음을 강조하고 있지만 국내 현실은 아직 이에 미치지 못하는 것 같다. 지금 국내 금융회사가 해야 할 일은 기초를 다지는 일이다. 국제적인 선진 금융회사를 지향한다면 지금 바꾸어야 한다.

누가 나서야 하는가. 당연히 경영진이 먼저 앞장서야 한다. 최근 구조조정을 거친 대부분의 금융회사들이 큰 폭의 수익을 실현하고 있는 지금이야말로 내부통제 인프라를 획기적으로 보완하고 개선시킬 수 있는 적절한 시점이다.

(2) 내부통제 수준이 바로 회사의 경쟁력

금융의 자율화 추세가 강화되면 될수록 회사의 내부통제제도 구축과 운영수준은 곧바로 회사의 경쟁력에 영향을 미치게 된다. 흔히 의학 전문가들의 평범한 말에 따르면 건강을 유지하기 위해서는 예방의학이 중요하다고 한다.

질병에 걸린 후 이런 저런 좋은 약을 찾고 수술요법 등을 시도하는 것보다 미리 자신의 몸에서 약한 부분이 어디인지 진단하고 대비하는 것이 중요하다고 한다. 하지만 실천하는 것은 참으로 쉽지 않다. 금융회사의 경우에 있어서도 이치는 같다. 지금은 하기 싫고 어려운 일에 10분 투자해 두는 것이 나중의 10시간 이상 고된 일을 덜어준다고 한다.

금융업무는 필연적으로 리스크를 수반한다. 그러나 리스크를 사전에 인식하여 잘 대처할 수 있다면 그 회사는 건강한 회사임에 틀림없다. 내부통제의 실패에서 비롯되는 부정이나 사고를 사전에 방지하는 일 또한 같은 맥락이다.

사고가 많은 금융회사는 그만큼 경쟁력을 잃게 될 것이다. 지금이야 말로 경영진의 내부통제에 대한 인식과 실천의지, 전폭적인 지원이 강력하게 요청되는 때이다.

(3) 과당경쟁에 대한 경계심 늦추지 말아야

우리는 이미 본서의 서두에서 쏠림 현상과 과당경쟁의 후유증에 대해서 살펴보았다. 이러한 후유증은 금융사고와 같은 특정 사건 보다 훨씬 치명적인 사실도 경험하였다. 근년에 와서 대부분의 금융회사들은 수익성이 어느 정도 회복되었지만 근원적인 수익창출 능력은 여전히 취약하다는 것이 일반적인 평가이다.

그래서 금융권역 구분 없이 모든 금융회사들이 안정적인 수익확보를 목표로 하면서 생존경쟁으로 치닫고 있다. "우량 고객은 한정되어 있어 고객을 뺏고 뺏기는 쟁탈전에 피를 말리고 있다"는 것이 일선 영업점장들의 한결같은 하소연이다.

이러한 경쟁은 우수고객 확보를 위한 금리우대, 주택담보대출·중소 기업대출 등의 대출세일경쟁, 우량 신용카드 회원 유치경쟁, 환전수수료·인터넷뱅킹·자동이체·사이버증권거래 등의 수수료 인하 경쟁, 모집인을 활용한 금융상품 판매경쟁, 특정지역(해외 포함) 점포신설 경쟁, 법원이나 지방자치단체 등의 공공기관 유치 경쟁, 프로젝트 파이낸싱 경쟁 등으로 다양하게 나타나고 있다.

무한 경쟁의 환경 하에서 우리는 다시금 경계의 목소리에 귀 기울일 필요가 있다. 과당경쟁의 뒤끝에는 필연적으로 부작용이 있음을 상기하였으면 한다. 사실 실적 증강을 위해서는 적당한 인센티브와 함께 경쟁만큼 좋은 약이 없다.

그러나 "약도 지나치면 독이 될 수 있다." 금융회사의 경영진은 선의의 실적경쟁을 의도하고 있겠지만 막상 일선 영업점은 사정이 다르다. 자칫 과열의 범주를 벗어나 불법행위는 물론 금융사고와도 연계될 수 있음을 유의할 필요가 있다.

여기서 한 가지 사례만을 살펴 보자. 모집인 활용은 초기에는 보험사를 필두로 영업망이 취약한 외국계 금융회사들이 널리 활용하였지만 지금은 권역 구분없이 국내 금융사들도 보편화되었다.

그러나 일부 모집인이 정식 직원인 것처럼 행세하면서 고객의 예금 · 펀드 투자금을 횡령하거나 사금융거래 알선 등 불법행위에 연루되는 일이 발생하였다. 이미 일부 저축은행에서 소액대출 유치 과당경쟁에서 겪은 일이기도 하다. 또한 영업점 직원이 이에 동조하여 창구에서 취급한 가계대출을 모집인의 실적으로 처리하여 수수료를 부당 지급하는 편법적인 사례도 있었다.

사실 마케팅에 있어서 모집인 활용은 단기적으로는 유익할지 모르나 장기적으로 영업점 본연의 마케팅능력을 저하시킬 소지가 있다는 지적도 있다. 어쨌든 경제적 효율성과 실적제고 목적으로 도입한 마케팅 수단이 부당한 금융사고로 이어졌다는 것은 일차적으로 사람 탓이긴 하지만 분명 과당경쟁이 낳은 부작용이 아닐 수 없다.

이것은 하나의 사례에 불과하다. 우리가 다방면으로 면밀히 생각해보면 과당경쟁으로 인해 빚어질 내부통제 상의 취약점이 곳곳에 도사리고 있음을 알 수 있다.

이와 같은 사례를 거울삼아 금융회사의 경영진과 내부통제 부서는 과도한 실적 경쟁 후에 닥쳐올지도 모를 부작용이나 내부통제시스템의 허점에 대해서 경계심을 늦추지 말아야 한다.

금융회사들이 위험관리에 대한 철저한 검증 없이 경쟁만을 위한 경쟁에 자신도 모르게 빠져들 경우 자칫 '제살 깎아 먹기'가 될 수 있다. 나아가 실적이나 고객유치경쟁에서 사실상 승리하고도 오히려 더 큰 곤경에 처하는 '승자의 재앙(Winner's Curse)'이 초래되지 않을까를 두려워해야 한다.

(4) 통합 및 구조조정 리스크에 대한 인식

외환위기 이후 국내 금융산업은 은행의 대형화를 필두로 M&A가 본격화되었다. 초기에는 금융구조조정 과정에서 부실정리, 대외신인도 제고 등을 중시하면서 금융시스템의 안정성 도모에 초점을 두었다. 그러나 글로벌한 무한경쟁이 현실화되면서 경쟁논리에 의한 M&A가 확대되고 있다.

이와 같은 M&A 활성화 과정에서 금융회사의 외형규모가 커지는 데 따른 새로운 리스크영역이나 리스크 관리 수준에 대한 논의는 더러 있었으나 통합과 관련한 리스크에 대한 분석은 소홀하지 않았나 생각된다. 금융그룹화가 추진되면 될수록 자산과 부채가 종합·확대되면서 상호연결관계가 복잡해지고 리스크의 측정·관리가 어려워진다.

자칫 예상손실에 대한 사전적 관리가 소홀해질 경우 예상치 못한 위험이 발생할 가능성도 배제할 수 없다. 더욱이 조직이 방대해지고 복잡해지면서 운영리스크가 크게 증가하기 마련이다.

일반적으로 M&A에 수반되는 리스크는 지배구조 및 고객통합 리스크, 재무통합 리스크, IT통합 리스크, 인사제도 및 내부규정 통합 리스크, 조직문화의 충돌 등이 주로 거론된다. 문제는 M&A를 통하여 외형확대와 수익성 향상을 기대하면서도 리스크 대책 설계는 미흡하지 않았나 하는 점이다.

예컨대 M&A 논의과정에서부터 통합실행 사이의 중간 단계에서 리스크 통제의 블랙홀이 발생된 사례가 적지 않다. 이는 합병추진 금융회사보다 피합병 예정 금융회사에서 대형 횡령사고가 다수 발생한 것이 그 교훈이다.

그러므로 금융회사의 경영진과 경영전략팀은 인수·합병의 성공적 완수라는 목표 달성을 위해서 우리가 익히 알고 있는 리스크 이외에 복병처럼 잠재하고 있는 내부통제와 관련된 운영리스크에 좀더 적극적으로 대처할 필요가 있고, M&A로 인해 발생되는 시너지 효과 저 너머까지 폭넓고 세심한 시각으로 접근할 필요가 있다.

생존경쟁을 위해서는 합병과 구조조정이 불가피한 일이지만 통합리스크에 효과적으로 대처할 수 있는 방안도 반드시 고려되어야 한다.

다. 건전한 내부통제문화 정착이 관건

최근 기업의 사회적 책임(CSR, Corporate Social Responsibility)에 대한 중요성이 크게 강조되고 있다. 인권, 환경, 도덕성, 지역사회 공헌 등 종래의 경제적 성과에 한발 나아가 사회적 책임의 조화를 통해 기업가치를 증진시키려는 지속가능경영(sustainability management)이라는 새로운 경영이념이 부상하고 있다.

요약하면 경제적 수익성을 바탕으로 사회적 책임성과 환경적 건전성을 중시하는 것을 조직문화로 승화시켜야 한다는 것이다.

(1) 내부통제문화의 중요성

바람직한 기업문화의 연장선에서 금융회사의 모든 구성원이 내부통제시스템의 중요성을 인식하고 제반정책 및 절차를 준수하겠다는 실천의지를 공유하는 통제문화의 중요성을 언급하고자 한다.

우리는 이미 금융사고가 자주 발생하고 있는 회사와 그렇지 않은 회사 간에 분명히 적시할 수는 없지만 조직문화에서 상당한 차이가 있음을 보아왔다. 조직문화는 결국 구성원의 준법정신을 바탕으로 오랜 기간 관행으로 이루어져 온 것일진대 그 반대의 경우 내부통제문화가 제대로 확립되지 않았음을 설명하는 것이다.

그런 점에서 내부통제 문화는 조직 구성원의 업무처리가 공정한 절차를 바탕으로 이루어지고 있고 또 그러한 태도가 정당성으로 인정받을 수 있어야만 제대로 정착될 수 있다. 이 부분에 대해서는 2005년 2월에 소개된 ≪블루 오션 전략≫[62]이라는 책에서 언급하고 있는 표현을 옮겨 보면 도움이 될 것 같다.

"기업은 모든 직급의 신뢰와 참여를 고취하고 자발적인 협력을 진작시키기 위해 처음부터 전략수립과 실행을 전략화해야 한다. 이러한 원칙은 불신과 비협조, 심지어 태업 같은 관리리스크를 최소화하는 데 도움이 된다. 기업은 '당근과 채찍'이라는 틀에 박힌 기존의 방법을 뛰어넘어 전략 수립과 실행에 있어서 '공정한 절차(Fair Process)'를 적용해야 한다. 공정한 절차의 세 가지 요소, 즉 참여(engagement), 설명(explanation), 기대의 명확성(clarity of expectation)을 들 수 있는데 이들 요소는 상호보완적 성격을 갖고 있다. 구성원들은 직급의 고하에 관계없이 모두 이 세 가지 요소를 기대하기 마련이다.

'참여'는 조직 구성원 개개인에게 그들의 생각을 묻고 다른 사람의 아이디어나 의견에 대해 이의를 제기할 수 있게 한다. 참여는 곧 경영진이 구성원들과 그들의 의견을 존중하고 있음을 보여주는 것이다.

'설명'은 전략 결정에 의해 영향을 받는 모든 사람들에게 왜 최종 결정이 그렇게 내려졌는지 이해시키는 것을 의미한다. 의사 결정 과정이나 결과에 대해 설명을 하면, 그들은 경영진이 자신들의 의견을 고려하고 회사 전체의 이익을 위해 공정한 결정을 했다는 확신을 갖는다.

'기대의 명확성'은 결정된 전략에 대해 경영진이 게임의 새로운 법칙을 명확하게 알려줘야 한다는 것을 뜻한다. 비록 그 기대 목표가 다소 벅차더라도 종업원들은 어떠한 기준으로 평가받고 실패할 경우 어떠한 벌칙이 있는지를 사전에 알아야 한다."

(2) 내부통제문화 정착을 위한 요건

금융회사에 있어 내부통제 문화를 관행으로 정착시키기 위해서 다음과 같은 사항이 고려되었으면 한다.

첫째, 기업의 가치를 도덕성 재무장에 둘 필요가 있다. 오늘날 윤리경영은 아무리 강조해도 지나침이 없다. 기업의 궁극목표인 수익성은 도덕성이라는 가치와 동시에 이루어질 때에 사회적으로 인정받을 수 있다. 또한 윤리경영은 조직뿐만 아니라 조직 구성원에게서 나오는 것이므로 그 지표가 모든 임직원들에게 절대적인 지향점으로 받아질 때 하나의 문화로 정착할 수 있는 것이다.

둘째, '자기책임의 룰'을 분명하게 확립해야 한다. 임직원 스스로 자기 직무와 행동에 대해서 엄격한 책임의식을 느끼는데서 출발해야 한다. 실수가 아닌 고의가 관용이라는 이름으로 용인되거나 내부통제기준 및 윤리강령의 명백한 위반행위에 대한 책임추궁이 제대로 이루어지지 않을 경우 조직에 미치는 영향은 적지 않다. 지나친 온정주의와 연고주의도 경계 대상이다.

그 이유는 어느 한 사람이 부정한 짓을 하더라도 상사나 조직이 봐주더라는 인식이 잠재화될 가능성이 매우 높기 때문이다. 수익성을 높이고 실적만 올리면 법규준수의 정당성이 완화될 수 있다는 풍토가 만연해지면 조직의 기강이 해이될 수밖에 없다.

셋째, 스스로 자신 또는 조직을 진단·평가하는 관행에 익숙하도록 해야 한다. 내부통제시스템의 원활한 작동을 보장하기 위해서는 과거 문제에 대한 사실 확인이나 현재 상황에 대한 엄격한 평가도 중요하지만 변동성이 크고 불확실성이 많은 여건 하에서는 사전적 대응이 긴요하다.

그러기 위해서는 평소 개인이나 조직 스스로 자신을 평가하는 것이 하나의 관행으로 받아들여지고 나아가 기업문화로 정착시키는 노력이 필요하다. 이 문제는 앞으로 내부통제조직의 사활이 걸린 문제의 하나로 인식해야 한다.

(3) 내부신고 문화

한편, 최근 다수의 금융회사들은 윤리경영 중시 또는 사고예방대책의 일환으로 구성원의 부정한 행위에 대한 내부고발(inside whistle)제도를 논의하고 있다. 선진국에서는 이미 관행으로 정착되고 있는데 동양사회에서는 고발이라는 단어자체에 대한 부정적 인식 때문인지 아직 활성화되지 않고 있다.

그러나 우리나라에서도 정치·경제·사회 전반의 투명성이 크게 높아지면서 내부고발의 순기능에 대해 눈을 뜨기 시작한 것 같다. 용어 자체가 지닌 부적절성에 알레르기 반응을 보이는 것보다는 합리적인 운용을 통해서 유용성을 높일 수 있다고 본다.

내부신고 관행의 정착을 통해서 금융회사의 불필요한 손실을 줄이고 금융사고에 연루되거나 유혹에 넘어갈 수 있는 위험으로부터 임직원을 보호할 수 있다는 것이 가장 큰 유용성이다.

예컨대 상사의 부당한 지시, 임직원의 윤리강령 위반 행위, 인사 관련 부정, 성차별 등의 내부불법행위를 익명으로 신고토록 하는 것이 그 예이다. 신고하는 사람의 신분이 노출되지 않도록 하기 위해서 가급적 독립적인 외부전문가(옴부즈만)를 활용하는 것도 좋은 방법이다.

앞서 살펴보았듯이 개인의 윤리의식 결여는 개인 품성 탓이 일차적인 원인이긴 하지만 그러한 부정의식이 뿌리내릴 있는 토양, 즉 조직문화에도 큰 원인이 있다. 따라서 내부통제 문화를 기업의 든든한 조직문화로 승화시키는 노력이 한층 필요하다.

라. 내부통제 교육의 획기적인 강화

금융회사 직원들은 입사할 때부터 퇴직시까지 그야말로 교육에서 시작해 교육으로 끝난다는 말이 실감날 정도로 교육의 풍요 속에서 지내고 있다.

이는 어느 산업분야보다 먼저 직업교육 전문기관으로 탄생된 한국금융연수원만 봐도 그렇다. 금융연수원은 국내 경제활동에 있어 은행산업의 역할이 날로 막중해지기 시작할 무렵인 1976년에 개원되었다. 은행에 몸담았거나 현재 재직중인 사람으로서 금융연수원을 다녀오지 않은 사람은 거의 없을 것이다.

금융연수원은 개원 이래 최근까지 대략 110여만 명이 연수를 받고 각 금융전문분야에서 활동하여 왔으며 지금도 매년 150여 개 연수과정을 운영하고 있다. 이는 비단 은행권 대상인 금융연수원 뿐만 아니다. 보험연수원, 증권연수원 등에서도 거의 비슷하게 이루어지고 있는 현상이다.

금융업은 분명 전문성을 필요로 하고 있다는 점과 금융업 종사자로서는 업무상 필요한 교육훈련이 매우 중요하다는 것을 증명하고 있는 것이다.

(1) 내부통제 교육부족에 대한 반성

금융회사에 입사하면 그 순간부터 재직기간의 상당부분을 연수로 보내게 마련이다. 신입직원 연수는 대개 4주에서 3개월, 직급 변동시 마다 직무연수와 승진을 전후한 관리자과정 연수가 보통 3, 4주이고 외환, 대출, 법률, 파생상품, 리스크관리기법 등 주요 전문분야별로 사내외 연수를 받아야 한다. 보험권역이나 증권권역에서도 이와 유사한 유형의 다양한 전문교육 프로그램이 운영되고 있다.

오늘날 우리사회의 중요한 화두의 하나가 지식경영인 만큼 금융종사자의 전문지식 습득에 대한 중요성은 아무리 강조해도 지나침이 없다. 그러나 여기서는 전문성부문에 대한 교육훈련 못지않게 금융인의 바람직한 자세나 내부통제 중요성에 관한 연수는 소홀하지 않았나 하고 반문해 볼 필요가 있다.

그리고 금융회사의 감사부서나 준법감시실 소속의 실무자에 대한 직무연수도 미흡하다는 평가가 있다. 이 점에 대해서 감독당국도 적극 나서고 있다. 금융감독원은 매년 은행, 증권, 보험, 상호저축은행 등의 초중고급 감사요원 및 준법감시요원을 대상으로 감사직무연수를 겸한 워크샵을 실시하고 있다.

연간 600여 명이 연수에 참가하여 감독당국의 전문 강사요원들로부터 감독 검사방향, 검사기법, 사고사례 등에 대한 심도 있는 교육을 3-4일간 받는다. 연간 25회 정도로서 동하절기를 제외하고 거의 연중 실시된다. 이 연수는 별도의 대가없이 실시해주고 있다.

감독당국의 이런 지도노력을 금융회사 경영진은 알고나 있을까 묻고 싶다. 금융회사 스스로 내부통제 요원의 전문화에 한층 관심을 기울여야 할 것이다.

(2) 교육훈련은 상사의 책임

인텔의 공동창업자이자 전 회장인 앤디그로브(Andy Grove)는 직원교육에 대한 중요성을 강조하면서 교육훈련에 대한 책임이 CEO 등의 경영진, 간부직원들에게 있음을 역설하였다.

"상사는 부하직원들을 훈련시킬 책임이 있다. 훈련부족으로 발생하는 문제들은 사소한 불평에서 시작되지만 엄청난 재앙을 가져올 수 있기 때문이다. 리더의 성과는 곧 기업의 미래를 좌우한다. 눈앞의 문제를 해결하기 위한 미봉책이 아닌 체계적인 직원 훈련을 통해 기업의 앞날을 밝히는 등불이 돼야 한다."

그리고 "훈련이 부족한 직원은 결과적으로 기업의 고비용을 초래하게 되므로 경험이 풍부한 리더들에 의해 교육훈련의 중요성을 직접 실행하도록 해야 한다. 이미 올바로 시행되고 있는 일에만 초점을 맞춘 기존의 훈련방식을 지양해야 한다. 그간 잘못 시행되어온 문제점도 새로운 아이디어와 원칙, 기술을 가르치는 훈련을 통해 고칠 수 있다"고 말했다.

이 말은 국내 금융회사에서 실로 귀담아 들어야 할 중요한 가르침이 아닐 수 없다. 금융회사의 현실에 대입해 보면 그간 발생된 금융사고의 원인에는 상당부분 직원교육의 잘못에서 비롯된 것임을 부인하기 어려울 것이다. 당연히 경영진을 비롯한 상사들에게 주된 책임이 돌아가는 것이기도 하다. 책임의 정도나 소재를 따지기에 앞서 생각해 보면 그동안 내부통제 교육의 중요성을 보다 일찍 인식하지 못한데 대한 아쉬움이 드는 대목이다.

앤디그로브의 주장을 믿는다면 아직 긍정적이다. 왜냐하면 그는 분명히 지금까지 잘못되어 왔던 것도 교육훈련을 통해서 고칠 수 있다고 했기 때문이다.

(3) 실무와 토론 중심의 사고예방대책 교육

모름지기 앞으로 이루어지는 금융회사의 사내외 연수과정에 반드시 '금융사고 사례와 예방대책'을 다루도록 하는 것이 좋겠다. 그간 일어난 사고에 대한 분석은 물론이거니와 연수를 통해서 직원들 스스로 원인과 대책을 찾을 수 있을 것으로 기대한다.

외부 전문강사이든 금융회사의 내부강사이든 아니면 그 연수과정에 참가한 연수원 상호간이든 사례중심 교육을 통해서 얻는 효과는 적지 않을 것이다.

뿐만 아니라 전문업무 연수과정시에도 그 업무와 관련된 내부통제 관련사항을 발굴하여 "이러 이러한 업무를 하게 됨에 따라 예상되는 리스크는 이런 유형이 있고 그에 따른 대응책은 무엇인가?"하는 실용성 측면의 교육이 강조되어야 한다. 전문지식만 전달할 것이 아니라 위험에 대한 인식도 미리 심어주는 것이 바람직하다.

내부통제에 관한 연수는 그 효과면에서 사례발표 및 토론이 매우 중요하다. 토의 과정에서 해법을 찾을 수도 있고 또 사고에 대한 경각심을 주지시키는 것만 해도 큰 이점이다. 일방적으로 듣기만 하는 연수에서 한발 나아가 다함께 참여하는 교육훈련의 효과가 어떠한지 우리는 경험을 통해서 잘 알고 있다.

금융회사 직원들을 대상으로 한 강의를 하다보면 연수생들은 대체로 실제 사고사례를 소개하면 비록 졸리운 오후 시간이라도 정신을 집중하게 된다. 그만큼 사례중심의 연수에 대해 연수생들이 민감하게 반응한다는 것을 보여 주고 있다.

직원 교육훈련에 대한 가르침과 경험을 참고삼아 지금 실시하고 있는 금융회사의 연수과정에 잘 접목시켜 볼 필요가 있다. 신입직원 과정에서부터 고급관리자 과정에 이르기까지 사고예방에 관한 주제를 포함시키도록 하고 영업점 자체연수에서도 같은 방법을 활용하도록 한다.

비단 사고사례 뿐만 아니라 감독당국에서 내려 보내는 유의사항 등에 대해서도 영업점의 현실에 대입해 보도록 하자는 것이다. 비록

타 금융회사 직원들에 의해 일어난 사고이지만 그 사건에 대한 해법은 분명히 직원들이 더 잘 알고 있을 것이다. 이러한 교육훈련 방법은 잘 운영하기만 한다면 효과가 매우 클 것으로 확신한다.

내부통제를 주제로 한 다양한 방식의 교육훈련은 분명히 사고를 줄일 수 있는 유효한 처방이 될 수 있다. 사고예방 대책에 관한 연수를 강화하려면 아무래도 비용증가가 수반될 수밖에 없는데 이 점 경영진의 지원과 협조가 필요하다. 그러나 무엇보다 모든 간부직원들이 부하직원 훈련에 대한 책임을 인식하고 적극 동참하는 일이 더욱 중요하다.

(4) 감독당국의 사고유의사항 그냥 넘기지 말아야

사고예방대책 교육의 연장선에서 감독당국의 사고관련 유의사항에 대한 적절한 활용이 필요하다. 우리는 앞서 사고사례에서 같은 유형의 사고가 반복되고 있음을 살펴보았다. 그리고 어떤 시기에 유사사고가 집중되고 또 최근에 와서는 금융권역 구분없이 확산되고 있음도 보았다.

이런 점에서 타 금융회사에서 발생된 사고에 대해 타산지석(他山之石)으로 삼는 지혜가 요청된다. 내부통제는 당해 금융회사의 실정에 맞게 이행되어야 한다. 감독당국이 다양한 사고정보를 알려주더라도 금융회사의 실정에 맞는 지도내용을 잘 가려내어 실제 사고예방 업무에 도움이 되도록 해야 할 것이다.

감독당국이 금융사고 정보를 적기에 보고받는 가장 큰 이유가 유사사고의 확산방지에 있음은 이미 설명한 바이다. 어떤 유형의 사고에 대해서는 신속히 전파할 필요가 있고 또 어떤 사고는 원인을 좀 더 정밀하게 분석해서 나름대로 대응책을 금융회사에 제시해주고 있다.

최근 감독당국은 웹사이트를 통해 '금융사고 자료실'을 운영하는 것도 같은 목적에서다. 감독당국이 사례나 유의사항으로 통보한 내용은 언제 어디서든 발생될 가능성이 있는 사고이다. 유의사항을 통하여 착안사항을 발굴해 내어 우리 회사의 시스템, 우리 영업점에는 똑같은 취약점이 없는지와 그 대응책은 무엇인지를 반드시 점검해야 한다.

5. 감독당국 · 자율규제기관 · 외부감사인 등의 대응

가. 내부통제 기능 강화를 위한 감독당국의 지도

(1) 전담검사역(RM)에 의한 상시감독 강화

전술[63]한 바와 같이 금융감독당국이 금융회사별 전담검사역(RM) 제도를 도입함에 따라 RM이 소관 금융회사에 대한 상시감시, 검사계획 수립, 현장검사 실시, 검사결과조치 등 검사업무전체를 주관하고 있다.

'상시감시(off-site monitoring)'란 금융회사에 대하여 현장검사를 실시하지 아니하는 기간중에 영업실태 분석, 재무상태 관련 보고서 심사, 경영실태 계량평가, 기타 각종 자료 또는 정보의 수집·분석을 통하여 문제의 소지가 있는 금융회사 또는 취약부문을 조기에 식별하여 검사와 연계하는 등 적기에 필요한 조치를 취하여 금융회사의 안전성과 건전경영을 유도하는 감독수단이다.

각 RM은 감독·검사정책 목표를 정확히 이해한 후, 상시감시 과정[64]에서 금융회사의 경영실태 및 리스크 프로파일을 충분히 이해하고 그 결과를 토대로 현장검사에 효과적으로 연계함으로써 상시감시업무를 수행하게 된다. 또한, 기 확보된 감독·검사시스템을 충분히 활용하고, 수집된 정보는 시스템을 통해 지속적으로 축적해 나가면서 RM팀내, RM팀간, 유관부서간 정보를 공유함으로써 상시감시의 효율성을 제고하고 있다.

한편, 금융회사의 수검부담을 경감하면서 양질의 감독수준을 유지하기 위해서는 면담, 조사출장, 서면검사 등을 적절하게 활용할 필요가 있다. 아울러 리스크중심의 감독·검사는 금융회사의 리스크관리 및 내부통제시스템의 원활한 작동이 전제되어야 가능하므로 금융회사 내부통제 기능강화를 위해 적극 지도해 나가고 있다.

(2) 내부통제 기능제고를 위한 지도

내부통제강화를 위한 지속적인 지도·감독에도 불구하고 은행에서 대형 금융사고가 빈번하게 발생함에 따라 내부통제 부문에 대한 별도의 평가체계를 구축함으로써 경영진의 관심도를 제고하고 있다.

경영실태평가시 내부통제 부문의 중요성을 고려하여 경영관리의 적정성(M)에서 내부통제부문 평가반영비율을 상향조정하였다.

또한, 내부통제부문 평가등급이 3등급 이하일 경우 특별한 사유가 없는 한 경영관리의 적정성부문 등급을 내부통제부문보다 2등급 이상 높게 평가하지 않도록 현행 경영실태 평가기준을 개선하였다.

이는 여타의 평가결과가 우수하더라도 내부통제부문의 등급이 낮은 경우 경영관리의 적정성부문에서 일정 등급 이상을 받지 못하도록 함으로써 내부통제의 중요성을 환기시키는 한편 금융사고 예방을 적극 유도하기 위해서이다.

또한, 감독당국은 앞에서 언급한 바와 같이 금융회사 및 자율규제기관의 자체감사업무 수행능력을 제고하기 위한 방안의 일환으로 자체감사요원에 대한 교육을 지속적으로 실시하고 있다.

이러한 교육은 금융회사 감사실무자, 준법감시조직 관계자 등의 책임의식 제고 및 직무수행능력 배양을 통한 금융회사의 자체감사기능 강화에 있다. 그래서 교육내용도 감독검사 정책방향, 감사업무 관련 기초이론, 검사사례 및 금융회사 자체감사사례 등 실무위주의 토론식 교육으로 실시된다.

(3) 내부통제 운영실태 특별점검 강화

감독당국의 금융회사에 대한 검사는 건전성 감독에 입각하여 주로 본점을 대상으로 경영실태평가위주로 실시하고 있다. 즉 금융회사의 자율성을 확대하고 수검부담을 완화할 목적으로 지도위주의 경영실태평가를 위한 검사를 실시하되 영업점에 대해서는 장기간 검사미실시, 상시감시 결과 취약요인이 있는 극소수 점포만을 대상으로 내부통제 점검위주의 부문검사를 실시해 왔다.

그러나 최근의 금융사고가 대부분 일선 영업점에서 일어나고 있어 감독당국의 검사가 없을 것이라는 경계심이 낮아진 영향도 없지 않아 보인다.

따라서 취약시기에는 감독당국도 금융회사 영업점을 대상으로 내부통제 운영실태 점검을 한시적으로 강화할 필요가 있다고 본다. 물론 금융회사 내부통제 부서의 불시검사가 지속 실시되고 있지만 감독당국도 직접 점검에 나선다는 경각심을 제고시키는 효과가 있기 때문이다.

감독당국은 본점의 검사부서 및 준법감시인 등의 내부통제 관련 업무 수행실태 및 취약점을 중점적으로 점검하되 영업점의 내부통제 이행 실태도 병행 점검할 필요가 있다.

한편 감독당국은 내부통제 취약 금융회사에 대한 관리를 강화하는 측면에서 본점에 대한 경영실태평가 결과나 또는 부문검사 등의 과정에서 내부통제 운영상에 취약요인이 확인되거나 금융사고 빈발 또는 대형사고 발생 금융사에 대하여는 확약서·양해각서 등을 체결하여 철저히 시정되도록 지도를 강화해 나가고 있다.

(4) 사고 관련자에 대한 엄중한 책임 추궁

감독당국은 금융사고가 발생한 건에 대한 제재 조치시 사고행위자에 대하여는 원칙적으로 해임권고 또는 면직조치를 요구하고, '특정경제범죄가중처벌등에 관한 법률' 위반행위에 대해서는 금액에 관계없이 모두 사법당국에 검찰 고발·통보토록 함으로써 사고에 대한 책임을 강하게 묻고 있다.

과거 금융회사들은 사고자에 대해 온정적으로 처리하는 경향이 있었으나 최근에는 이 같은 현상은 거의 없어졌다. 금융회사에서 사고관련 업무를 보다 효율적으로 처리할 수 있도록 지난 2003년 7월 권역별 금융협회가 중심이 되어 '금융범죄행위에 대한 고발기준' 을 마련하여 금융사고 범죄자의 형사고발을 원칙으로 하도록 지도한 바 있다.

뿐만 아니라 사고자에 대한 감독책임에 대해서도 보다 엄중하게 조치하고 있다. 사고발생 원인을 규명하여 경영진, 감사·준법감시인 등 감독자의 책임이 확인될 경우 행위책임 수준에 이르는 제재를 부과하되 내부통제시스템의 취약에 기인한 대형 사고발생시에는 회사에 대해서도 '기관경고 이상' 으로 조치하고 있다. 이러한 조치강화는 감독당국의 검사는 물론 금융회사의 자체 사고 조사시에도 적용하도록 지도하고 있다.

사실 제재강화가 사고예방을 위한 능사는 아니지만 감독당국이 보다 적극적인 자세를 보임으로써 금융회사 임직원들이 자기가 한 행위에 대해서는 반드시 그에 상응하는 책임추궁이 이루어진다는 인식을 심어줄 필요가 있다. 특히 사고행위자에 대해서는 사고전력을 철저히 기록·관리토록 하여 다른 금융회사에 재취업이 이루어지지 않도록 하여야 할 것이다.

(5) 금융사고 정보공유시스템 운영

감독당국이 금융사고를 예방하기 위한 유효한 수단으로서 사고정보나 유의사항을 각 금융회사나 관련 금융협회에 신속 전파하는 것과는 별도로 웹페이지 상에 보다 상세한 금융사고 사례 제공을 위하여 지난 2005년 12월부터 '금융사고 자료실'[65]을 개발·운영중이다.

이는 감독당국의 전문검사역(RM)이 금융사고에 관한 주요 사례를 입력해 금융정보교환망에 게시하면 모든 금융회사의 감사실, 준법감시인 등이 이를 열람할 수 있도록 한 것이다. 금융회사는 이러한 사고 자료실을 참고하여 자기 회사의 내부통제시스템을 점검하고 미비점을 보완하기가 매우 편리해졌다.

그리고 금융사고 자료실에 게재된 내용은 감독당국이 주관하는 금융회사 내부통제 담당자 대상의 워크숍에서도 사례중심의 교육자료로 활용할 예정이다. 이러한 감독당국의 배려는 타 금융회사의 사고발생 사례가 자체 감사업무에 큰 도움이 된다는 워크숍 참석자들의 의견을 반영한 것으로 금융사고 예방을 위한 일관된 지도 의지를 엿볼 수 있는 대목이라 하겠다.

(6) 금융사고자금 지급정지 시스템 구축

금융회사에서 발생한 사고관련자금의 출구는 역시 금융회사 창구이다. 그간 거액사고의 대부분이 은행이나 증권사 계좌로 이체되거나 일부는 현금으로 인출되는 경로를 거치고 있다.

감독당국은 이 점에 착안하여 금융회사간의 공동협조 시스템을 구축토록 하여 사고자금의 출금경로를 신속하게 추적 차단하기 위한 방안을 마련하여 '금융사고자금 지급정지 시스템' 구축에 필요한 공동협약 제정을 전국은행연합회에 요청하였다.

이에 따라 은행연합회 주도하에 '금융사고예방을 위한 공동협약'을 마련하고 2006년 1월 4일 22개 회원은행(신용보증기금, 기술신용보증기금, 주택금융공사 등 3개 기관 포함)이 최종 체결함으로써 협약이 발효되었다. 2006년 1월부터는 수기형태로 먼저 시행하고 이어서 온라인 형태로 운영되도록 전산 지원할 수 있는 전산시스템이 개발되었다.

통상 사고자금은 금융공동망을 통해 신속하게 타 은행 등에 분산 이체되고 있는 점을 고려할 때 사고피해를 입은 금융회사의 개별적인 지급정지 요청이나 법원에 의한 가처분 명령으로는 시간적으로 사고자금의 출금을 막는 것은 역부족이었다.

그러나 새로운 시스템에 의하면 특정은행에서 금융사고 발생할 경우 사고은행은 금융공동전산망을 통해 다른 금융회사(증권, 보험사일 경우 주거래은행)에 지급정지를 요청하면 상대 금융회사는 지체없이 지급정지 조치를 취하게 된다. 또한 통보받은 계좌에서 또

496

다시 타금융사로 이체될 경우 이체관련 정보를 즉각 제공하게 된다.

이렇게 되면 금융회사에서 횡령사고가 발생하더라도 관련자금의 이체 정보가 인출개연성이 있는 금융회사간에 즉각 전달, 지급정지가 이루어짐으로써 사고자금의 퇴로를 차단할 수 있게 된다.

당초 이 시스템은 은행만을 대상으로 구축하기로 하였으나 사고자금이 권역 구분 없이 빠져나가고 있는 현실을 반영하여 증권, 보험사도 포함될 수 있도록 하였다. 다만, 소액 금융사고까지 무조건 지급정지 시키면 혼란이 있을 수 있으므로 지급정지 요청 대상을 일정금액 이상으로 정하고 있다.

(7) 개인신상정보 노출자 인적사항 정보공유 추진

앞서 사고사례에서 살펴보았듯이 금융회사의 내외부에서 고객의 개인신상정보가 유출되는 사고가 더러 발생하였다. 유출 또는 도난된 정보는 사례에서 보듯이 범죄혐의자 등에게 악용되어 고객의 피해가 현실화되기도 하였다.

고객의 신상정보 관리는 지금의 금융환경에서 아무리 강조해도 지나침이 없다. 그래서 감독당국은 금융회사에서 유출되었거나 유출된 것으로 인지된 개인의 신상정보를 도용한 금융범죄의 피해 확산을 방지하기 위하여 금융정보교환망(FINES)[66]을 통한 노출자 인적사항 정보공유시스템 개발을 추진중이다.

'개인정보 노출자 사고예방 시스템'을 통하여 특정 고객에 관한 정보가 관련 금융회사에 '금융사고 우려' 등의 메시지 형태로 전파됨으로써 마치 사고신고된 예금의 지급정지 조치처럼 고객의 예금이나 자산이 부당하게 인출되는 것을 막을 수 있다.

그동안 외부인의 위조신분증에 의한 사고가 적지 않았는데 앞으로 이런 범죄성 예금인출 사고예방에 기여할 것으로 본다. 감독당국의 사고예방을 위한 노력은 계속되고 있다. 이는 금융회사들이 적극 협조하고 자발적으로 나설 때 더욱 큰 효과를 거둘 수 있을 것이다.

유출 신상정보 공유 시스템 흐름도

정보 유출 금융 회사

↓ ① 신상정보 노출자 인적사항
   통지(유출 인지 즉시)

금융감독원

↓ ② 인적사항을 금융회사로 통지
   (FINES 이용)

금융회사

↓ ③ 금융회사전산망에 입력하여
   인적사항 DB화

금융회사 일선창구

↓ ④ 개인정보 노출자 명의 신규
   거래시 영업점 모니터에
   '개인정보 노출자'임이 표시
   되어 본인확인 철저 이행

* 각 금융협회 전산망 등을 통하여 금융회사간 정보공유 체계가 마련될 때까지 운영

금융사고예방을 위한 공동협약 및 동협약시행세칙의 주요 내용
(2005년 12월 30일)

1. 적용 대상

▶금융기관에 직접적인 금전적 피해를 초래하는 금융사고로 사고자금이 타 은행에 이체된 경우

- '금융기관'은 금융실명거래및비밀보장에관한법률에 적용받는 금융기관으로 하되 은행연합회 사원은행이 아닌 금융기관은 특별회원으로 관리
  - 필요시 협약 운영 등에 필요한 비용도 부담 가능토록 조치
- '금융사고'는 사고피해예상금액이 3억 원 이상인 금융감독원 보고대상 금융사고로 제한

2. 지급정지 절차

▶지급정지 요청

- 동 규약에 적용되는 금융사고에 한하여 다른 금융기관에 예금 등에 지급 정지를 요청
- 지급정지 요청은 금융결제원의 금융공동망을 통해 전산으로 실시간 처리하고 전산 장애시에는 지급정지 의뢰서로 요청
  - 전산으로 요청하는 경우라도 서면으로 통지서를 송부하여 금융사고 정보를 공유하고 공동대처

▶지급정지 의무

- 다른 금융기관으로부터 예금 등에 지급 정지를 요청받은 때에는 지체없이 조치
- 지급정지는 전산으로 자동 처리하고 그 결과를 당해 은행의 Hot-Line에 통지

▶조치결과 통지

- 금융기관이 예금 등에 지급 정지를 조치한 때에는 지급정지 요청기관에 조치결과를 전산으로 통지

▶정보의 비밀 유지

- 금융사고 관련 정보를 협약의 목적이외에 사용하거나 해당 금융사고와 관련 없는 제3자에게 제공 금지

▶지급정지 기간

• 지급정지한 날로부터 10 영업일 이내로 제한하고 동 기간중 정상적인 법적 절차*에 의해 사고 처리

*법원의 가처분 또는 가압류 명령에 의한 방법 등으로 사고발생기관에서 신청

▶지급정지 철회 및 해지

• 금융사고와 관련이 없다고 판단되는 즉시 지급정지 조치를 철회

• 금융사고 관련사항이 해소된 경우에는 사고발생기관의 요청에 의해서 지급정지 해지

3. 고객의 보호

▶선량한 예금주의 보호를 위해 예금지급 정지에 대한 적정한 통보 및 이의신청 절차를 마련

* 사고발생기관을 대리하여 고객의 이의신청 절차를 접수하고 사고발생기관과의 분쟁의 해결을 협조

• 예금지급을 정지한 때에는 각각의 은행이 고객에게 유선으로 지급정지 사실과 이의신청 절차를 안내

• 사고자금과 관련된 금액 내에서 지급정지

(8) 전자금융시스템의 안정성 확보를 위한 노력

감독당국은 그동안 어느 부문보다 전자금융시스템의 안정성 확보와 이용자 보호를 위해 노력해왔다. 2000년 9월 '전자금융 종합안전기준'을 수립하여 암호화, 전자인증서 사용, 침입차단시스템(firewall) 등을 통해 인터넷뱅킹, 사이버 증권거래, 보험거래에 있어서의 보안취약점에 대응하도록 촉구하였다.

같은 해 12월에는 전자금융감독규정을 제정하여 전자금융업무의 안전성 및 건전성을 확보하고 전자금융거래 이용자의 보호를 감독·검사의 근거를 마련하였다.

뿐만 아니라 2003년 2월에는 전자금융 안전성 제고 대책반 및 금융권역별 Task Force를 구성하여 기존의 전자금융거래 안전성 대책을 대폭 강화하고 사후적인 소비자 보호대책을 정비하는 등 종합적인 감독·검사방안을 수립·시행하였다.

아울러 2003년 12월에는 IT부문의 업무위탁 증가에 대응하여 아웃소싱업체에 대한 감독당국 및 금융회사의 관리 감독 강화, 아웃소싱업자의 업무중단에 대비한 IT부문 비상대책 마련 등을 주요내용으로 하는 아웃소싱 감독강화방안도 강구되었다.

2004년 1월 말 텔레뱅킹 및 인터넷뱅킹업무의 보안을 강화하기 위하여 전자금융거래 내역 휴대폰 문자 메시지 통보제 도입, 텔레뱅킹 이용 전화번호 제한 등의 방안을 마련함과 아울러 금융소비자를 대상으로 '전자금융 10계명'[67]도 제시하였다.

한편, 2005년 9월 금융감독원은 저간의 사정을 감안하여 최신판

'전자금융거래 안전성 강화종합대책'을 발표하였다. 동 대책은 해킹방지, 전자금융, 전자상거래 및 공인인증서 관련 등 4개 부문별 안정성 강화방안을 마련하고, 금융권역 공통부문, 은행, 증권, 보험, 신용카드 등 부문별 의무사항 및 권고사항이 제시되었다.

아울러 2005년 12월에는 금융이용자들의 전자금융거래의 사고방지를 위한 적극적인 협조를 요청하기 위해 '전자금융 이용자 정보보호수칙'을 마련하였다. 동 정보보호 수칙은 최근 발생한 해킹, 피싱 등 전자금융 사고의 주요 형태 및 원인 등을 분석하여 이용자들이 준수 또는 유의해야 할 10대 수칙을 담고 있다

지금까지 국내 감독당국과 금융회사의 IT 및 전자금융의 발달에 상응하여 거래의 안전성 확보를 위한 노력이 하루도 쉬지 않고 이루어져 왔음을 살펴보았다. 이러한 노력은 국내뿐만 아니라 국제적으로도 이루어지고 있다. 일례로 2001년 바젤위원회는 3개 범주 14개 항목의 준칙으로 구성된 '전자금융업리스크관리준칙(Risk Management Principles for Electronic Banking)'을 제시한 바 있다.

그러나 준칙이든 기준이든 감독당국의 가이드라인은 표준화되는 과정을 거쳐야 하기 때문에 아무래도 시의성이 떨어질 수밖에 없다. 따라서 지금까지 발생된 사고에서 보듯이 감독기관이 제시한 기준이나 대책 등에서 한발 나아가 금융회사가 더욱 철저하게 대비해야 한다는 점이다.

경우에 따라서는 감독당국이 보안을 지나치게 중시한 나머지 전

전자금융 이용자 정보보호 수칙(금융감독원 2005년 12월 6일)

수칙	내 용
1	**금융회사에서 제공하는 보안프로그램을 반드시 설치하기** 전자금융거래를 위해 금융회사의 홈페이지에 접속하면 해당 금융회사에서 제공하는 보안프로그램이 자동적으로 설치됩니다. 이 때, 임의로 설치를 중단하거나 설치된 보안프로그램의 실행을 중지시키지 않아야 합니다. 또한 자동적으로 설치가 되지 않을 경우에는 설치 안내에 따라 수동으로 보안프로그램을 꼭 설치한 후에 전자금융거래를 해야 합니다. 이는 금융거래 내용을 타인에게 노출되지 않도록 하기 위함입니다.
2	**전자금융에 필요한 정보는 수첩, 지갑 등 타인에게 쉽게 노출될 수 있는 매체에 기록하지 않고 타인에게(금융회사 직원을 포함) 알려 주지 않기** 전자금융 거래에 필요한 정보가 타인에게 알려지는 일이 없도록 분실가능성이 있는 수첩, 지갑 등에는 관련 정보를 기록하지 말아야 합니다. 또한, 타인에게 절대 전자금융거래 관련 정보를 알려주지 말며, 특히 은행 직원을 사칭하여 정보를 취득하는 경우가 있으므로, 은행창구가 아닌 곳에서는 은행직원이라고 말 하더라도 금융정보를 알려주지 말아야 합니다. 금융회사에서는 전화나 메일 상으로 개인의 금융정보를 요구하지 않습니다.
3	**금융 계좌, 공인인증서 등의 각종 비밀번호는 서로 다르게 설정하고 주기적으로 변경하기** 비밀번호는 본인확인을 위한 수단이므로 생일, 전화번호 등과 같이 타인이 알기 쉬운 번호를 사용해서는 안 됩니다. 또한, 가능한 범위내에서 비밀번호 자릿수를 최대한 늘리고, 영문자도 혼합·사용하며, 각각 다른 번호를 사용하고, 주기적으로 변경하여 타인이 비밀번호를 예상하지 못하도록 해야 합니다.
4	**금융거래 사이트는 주소창에서 직접 입력하거나 즐겨찾기로 사용하기** 스팸메일 본문이나 게시판, 대출사이트 등에 링크되어 있는 URL을 그대로 클릭할 경우 개인정보나 금융정보를 빼내 가려는 해당 기관의 사칭사이트로 연결될 수 있기 때문에 금융거래 사이트는 주소창에 올바른 주소를 직접 입력하거나 즐겨찾기에 추가하여 사용해야 합니다.
5	**전자금융거래 이용내역을 본인에게 즉시 알려주는 휴대폰 서비스 등을 적극 이용하기** 금융회사에서는 신용카드 사용내역, 계좌 이체내역 등 전자금융거래 이용내역을 실시간으로 휴대폰 SMS나 메일을 통해 알려주는 서비스를 제공하고 있으니, 이를 적극적으로 활용하시어 타인이 무단으로 전자금융거래를 이용하였을

	경우 곧바로 이를 신고하여 피해를 예방할 수 있도록 해야 합니다.
6	**공인인증서는 USB, 스마트카드 등 이동식 저장장치에 보관하기** 공인인증서는 신원확인 및 거래사실 증명 등을 위해 사용되는 중요한 거래 수단이므로, 해킹위험을 예방하고 공인인증서를 보다 안전하게 이용하시기 위해서는 하드디스크에 저장하여 사용하는 것보다는 이동식 저장장치를 활용하시는 것이 좋습니다. 또한, 이동식 저장매체를 이용하면 어느 PC에서든 공인인증서를 편리하게 이용하실 수 있습니다. 단, 이동식 저장장치를 분실하지 않도록 유의해야 합니다.
7	**PC방 등 공용 장소에서는 인터넷 금융거래를 자제하기** 여러 사람이 사용하는 공용 PC는 바이러스나 트로이목마 등 악성코드가 설치되기 쉬워 해킹 당하기 쉽습니다. 또한 공용 PC에서 공인인증서를 다운받아 전자거래를 이용할 경우 개인정보나 비밀번호 등 금융거래 정보의 노출 위험이 있습니다. 따라서, 공용장소에서는 가급적 전자금융 거래 이용을 하지 않는 것이 좋습니다.
8	**바이러스백신, 스파이웨어 제거프로그램을 이용하고 최신 윈도우보안패치를 적용하기** 백신프로그램과 스파이웨어 제거프로그램은 PC의 보안을 위해 꼭 설치하며, 컴퓨터가 시작되면 자동 실행 및 자동 업데이트 되도록 설정합니다. 또한 윈도우즈 취약점을 이용한 해킹이나 웜바이러스를 막기 위해 윈도우 보안패치를 설치하고, 최신 업데이트를 유지하기 위해 자동 업데이트 기능을 이용하도록 합니다. 자세한 설정방법은 정보보호실천수칙1(http://www.boho.or.kr/hacking/1_4_1.jsp) 참조
9	**의심되는 이메일이나 게시판의 글은 열어보지 말고, 첨부파일은 열람 또는 저장하기 전에 백신으로 검사하기** 출처가 불분명하고 본문 내용이 본인과 직접적인 관련이 없는 경우 메일이나 게시물은 삭제하거나 무시하고, 꼭 필요한 경우에는 실행하거나 저장하기 전에 반드시 백신으로 점검하여 바이러스나 악성코드에 감염되지 않았는지 여부를 확인하여야 합니다.
10	**선수금 입금 요구, 상식수준 이상의 대출 조건을 제시하는 경우 해당 금융회사에 동 대출 취급여부를 직접 확인하기** 최근 인터넷 포털 사이트 등에 신용에 관계없이 즉시대출을 해준다는 등 상식수준 이상의 대출 조건을 제시하는 광고를 게재한 후 이를 통해 급전이 필요한 사람에게 접근하여 은행직원을 사칭, 거래실적이 필요하다면서 돈을 입금토록 하는 등 선수금 입금을 요구하는 사기 금융사고가 발생하고 있으므로 이에 유의해야 합니다.

자금융거래의 기술발전을 저해하지 않는가 하는 정도의 공격적인 대비책을 업계 스스로 마련해야 한다고 본다.

전자금융거래의 책임부분은 지금까지 그래왔지만 앞으로도 논란거리가 될 것으로 전망된다. '전자금융거래법' 시행으로 금융회사와 금융소비자의 책임과 의무를 분명히 하되, 금융회사로서는 전자금융거래의 안전성과 함께 정보관리문제를, 금융소비자는 개인 컴퓨터보호에 대한 책임과 유의사항 준수라는 대명제에 각자 충실해야 할 것이다.

나. 자율규제기관의 역할 요청

(1) 자율규제기관의 역할 제고

국내 금융관련업종의 자율규제기관으로는 전국은행연합회, 한국증권업협회, 생명보험협회, 대한손해보험협회, 자산운용협회, 한국선물협회, 여신금융협회, 상호저축은행중앙회, 신용협동조합중앙회 등의 권역별 협회가 있다. 이들 기관은 일차적으로 회원사의 이익대변자 역할을 우선시하고 그 다음으로 자율규제 역할을 담당하고 있다.

각 협회는 특성에 따라 자율규제업무의 범위는 차이가 있는데 한국증권업협회의 경우 영업행위관련 분쟁조정에서 금융감독원이 위탁한 검사업무의 수행까지 위탁받음으로써 광범위한 자율규제기능을 수행하고 있다.

일반적으로 금융회사의 리스크에 대한 관리 · 감독은 당해 금융회사, 감독당국, 시장규율 등 3자의 역할 분담과 상호 보완적 협조가 공고하게 이루어질 때 더욱 효과적인 것으로 기대된다.[68] 따라서 금융회사의 내부통제 기능을 강화하고 금융사고를 예방하기 위해서는 금융권역별 협회도 그 역할을 일정부분 담당할 필요가 있다.

이를 위해 금융권역별 협회는 금융회사의 공시업무를 강화하고 각 권역별 · 회사별 상황을 감안한 모범사례(best practice)를 제시 · 전파하는 등 다음과 같은 일에 대한 적극적인 노력이 요청된다.

(2) 내부통제 모범사례 적극 전파

또한, 금융회사의 공시업무를 강화하도록 해야 한다. 현재 우리나라의 국내 금융권역별 협회는 경영통일공시기준의 제정 등 금융회사의 공시에 관한 업무를 담당하고 있다. 이러한 업무의 연장선에서 각 협회는 회원 금융회사가 재무상태와 업무내용을 적절하게 공시하도록 유도하여야 한다.

"햇빛이 가장 좋은 방부제이며, 전기조명은 가장 효과적인 경찰"이라는 루이스 브랜디스(Louis Brandeis, 19세기 말 미국의 대법관)의 말이 있듯이 투명한 공시이행은 금융회사의 건전한 금융시스템 구축에 있어 매우 중요한 역할을 하는 것이다. 그러므로 협회의 노력은 궁극적으로 금융회사 내부통제 개선에도 크게 기여하게 될 것이다.

다음으로 자율규제기관은 내부통제와 관련하여 권역별 · 회사별

상황을 반영하여 모범적인 사례를 수집하여 널리 전파하는 노력이 요청된다. 금융관련 법규에서 정한 내부통제기준에 관한 사항은 선언적이거나 형식적인 요건에 치중되어 있고 또 감독당국에서 제시하는 모범규준도 보편성에 입각한 것이어서 개별회사에 적용하기는 어려운 부문이 많다.

따라서 각 협회는 다양한 사례를 발굴하여 전파함으로써 금융회사의 내부통제시스템 개선에 도움을 주도록 해야 할 것이다. 특히, 소규모 금융회사의 경우 이러한 자율규제기관의 지원이 크게 도움이 될 것으로 본다.

(3) 금융인 교육에 대한 관심 제고

마지막으로 자율규제기관은 금융회사 직원들에 대한 교육을 강화하는 데에도 적극 협조하였으면 한다. 현재 각 협회에서는 투자자교육 과 같은 금융소비자 교육을 업계 실정에 따라 실시하고 있다.

여기서 한발 나아가 금융업무에 종사하고 있는 직원을 대상으로 교육을 늘렸으면 한다. 예컨대 해당 금융회사 직원들이 불공정거래 등에 연루되지 않도록 교육하는 일이나 윤리부문에 관한 교육을 협회차원에서 지원하는 것을 고려해 볼 수 있을 것이다. 이러한 시도는 금융권역 전체의 평판리스크를 관리하는 길이기도 하다. 아울러 전문성 강화차원에서 해당 금융업종의 전문가를 육성하는 데에도 관심을 기울여야 한다.

금융회사 직원들에게 전문자격증 취득을 유도할 필요가 있다. 왜냐하면 전문자격증을 보유한 직원은 관련 부문의 전문가로서 중추적인 역할을 수행할 수 있을 뿐만 아니라 이들이 내부통제 관련부서에 배치되어 감사업무나 리스크 관리업무에서도 크게 역량을 발휘할 수 있을 것이기 때문이다.

최근의 금융환경이나 감독여건은 일정부분 자율규제기능의 역할을 더욱 강조하고 있는 추세이다. 금융이 점차 국제화·복합화 되는 상황에서 권역별 협회는 회원사의 이익대변자로서 뿐만 아니라 전문협회로서 역할을 담당함으로써 금융회사의 내부통제시스템의 개선에 일익을 맡을 수 있을 것으로 본다.

참고 7-8

자율규제기관별 설립목적 및 주요업무			
기관명	설립근거	설립목적	주 요 업 무
전국은행연합회 ('28.11. 1)	민법 §32	▶금융산업 발전 ▶건전신용질서 확립 ▶금융인 지위 향상	▶회원사간 업무협조 ▶신용정보 집중관리 및 평가 ▶기타 재정경제원장관의 승인을 얻은 업무
생명보험협회 ('50. 2.20)	보험업법 §175	▶회원이익 증진 ▶생보사업 건전발전	▶회원사간업무협조 ▶보험모집인에 대한 연수 및 등록관리 ▶정부 또는 감독기관으로부터 위임받은 업무
손해보험협회 ('46. 8. 1)	보험업법 §175	▶손보사업 건전발전	▶손해보험에 관한 공동업무 ▶회원사와의 협정에 의한 보험업무 ▶기타 위임업무
여신전문금융업협회 ('98. 3.30)	여전법 §62	▶여전업 건전발전	▶회원에 대한 지도와 권고 ▶이용자보호를 위한 업무방식의 개선 권고

상호저축 은행 중앙회 ('73. 9.17)	상호저축 은행법 §25	▸회원의 발전 ▸회원간 업무협조 ▸신용질서 확립 ▸거래자 보호	▸회원사간 업무협조 ▸회원으로부터의 예탁금 및 지준예탁 금의 수입 및 운용 ▸회원에 대한 대출 및 지급보증 ▸회원의 회계·업무방법 등에 관한 표 준화 및 지도·교육 ▸국가기관, 지방자치단체 등의 위탁 업무
한국증권업 협회 ('53.11.25)	증권거래법 §162	▸회원간 업무질서 유지 ▸투자자 보호 ▸증권산업 건전 발전	▸자율규제업무 ▸협회 중개시장의 개설 및 운영 ▸회원의 위규사항에 대한 조사 및 제재
한국선물 협회 ('97. 2. 3)	선물거래법 §75	▸회원 권익보호 ▸회원간 업무질서 유지 ▸투자자 보호 ▸선물업 건전발전	▸회원사간 업무협조 ▸자율규제업무 ▸정부 또는 감독기관 위임 업무 ▸회원의 위규사항에 관한 조사
자산운용 협회 ('96. 5. 3)	간접투자 자산 운용업법 §160	▸회원 권익보호 ▸회원간 업무질서 유지 ▸수익자 보호 ▸투자신탁 건전발전	▸자율규제업무 ▸운용전문인력 등록업무 ▸신탁재산운용 관련 조사, 지도, 권고 ▸투자신탁의 과장광고, 과당경쟁 규제 ▸정부 또는 감독기관 위임 업무

다. 외부감사인의 역할 제고

외부감사인은 주로 금융회사가 작성·공표하는 재무제표가 회사
의 재무상태와 경영성과, 기타 재무정보를 기업회계기준에 따라 적
정하게 표시하고 있는지에 대하여 독립적으로 의견을 표명하는 역
할을 담당하고 있다.

이를 위해 외부감사인은 재무제표 적정성 여부를 입증할 수 있는

증거를 수집하는 감사절차를 수행하며 이 과정에서 회사의 내부통제운영의 적정성에 대해서도 평가[71]하고 있다.

아울러 외부감사인은 내부통제, 기업여신, 데이터 처리 등 특정분야에 대한 평가 및 자문 등 다양한 서비스를 제공하고 있다. 이러한 외부감사인의 기능을 고려할 때 금융회사의 내부통제 기능을 강화하고 금융사고를 예방하기 위한 지도업무에 기여할 수 있는 여지가 매우 많다고 본다.

(1) 감사절차의 엄격한 운영

먼저, 정기 회계감사나 M&A를 위한 실사과정 등에서 실물 확인 및 통제절차를 보다 강화해야 한다.[70] 외부감사인의 평가업무는 금융사고와 같은 재무손실 행위에 직접적으로 연관되어 있다. 즉, 횡령과 같은 사고는 필연적으로 재무제표에 영향을 미치게 되므로 외부감사인으로서는 그 내용을 확인하지 않을 수 없는 일이다.

재무제표 작성에 대한 최종책임은 회사의 경영진에 있지만 외부감사인은 회계부정이나 오류는 물론 사고취약요인을 발견하기 위한 적절한 감사절차를 마련·수행해야 한다.

앞서 소개된 사고사례에서 본다면 모 캐피탈사의 횡령 사고[71]의 예를 들 수 있다. 동 캐피탈사는 자금담당 간부의 5년여에 걸친 횡령으로 472억 원의 손실이 발생하였는데 회사는 회계법인을 상대로 손해배상 청구를 했고 외부감사인은 회사내부의 묵인이나 방조를 통해 감사를 방해하였다며 맞소송을 제기한 사례가 있다.

소송의 결과를 떠나서 이 사례는 외부감사인도 잔액대사 등을 소홀히 함에 따른 책임에서 자유로울 수 없다는 것을 보여주고 있다.

(2) 내부통제 취약요인 발굴 및 지도

아울러, 금융회사의 내부통제 취약점을 확인하고 문제점을 경영진이나 내부통제조직에게 알려주는 노력을 경주해야 한다. 특히, 2004년 4월 '주식회사의 외부감사에 관한 법률'에 의거 내부회계관리제도에 대한 외부감사인의 평가가 의무화 되면서 외부감사인의 이러한 역할이 더욱 강조되고 있다.

외부감사인은 회사가 신뢰할 수 있는 회계정보의 작성 및 공시를 위하여 필요한 내부회계관리시스템을 구축하였는지 여부와 이를 적절하게 운영하고 있는지 여부를 평가하고 이에 대한 종합의견을 감사보고서에 표명하게 되어 있다.

따라서 외부감사인은 스스로 내부회계관리제도 등 내부통제 평가에 있어 일정한 품질 수준을 유지하기 위해 노력하여야 하며 금융회사 또한 감사활동에 적극 협조하는 자세가 필요하다.

마지막으로 외부감사인은 감독당국과 긴밀한 의사소통과 협조관계를 유지하여야 한다. 금융회사의 업무가 복잡·다양해지면서 감독당국이 금융회사에 대한 모든 업무를 감독하기가 어려워졌다. 감독당국으로서는 효율적인 감독을 위해 외부감사인의 내부통제제도 운영에 대한 평가 등 외부감사인의 감사활동 결과를 적극 활용할 필요가 있다.

이를 통해 감독당국은 보다 리스크가 큰 부문을 중점적으로 점검함으로써 검사의 효율성을 높일 수 있다. 따라서 외부감사인은 감사활동과정에서의 주요 발견사항, 문제점 등을 감독당국과 협의할 필요가 있다. 내외부 감사인과 감독당국의 다원적인 협조관계를 통해 공동관심사항에 대한 상호 이해를 증진시키고 나아가 금융회사에 대한 내부통제제도 운영의 질적 수준 제고를 기대할 수 있을 것이다.

라. 금융이용자의 관심과 협조

(1) 금융이용자의 권한 향상과 민원

오늘날 기업이 살아남기 위해서는 고객을 극진히 응대하여야 한다는 것은 철칙이 되었다. 금융회사 또한 무한경쟁의 파고 속에서 고객 모시기가 핵심적인 영업활동으로 부각되고 있다.

한편 생각해 보면 금융업무는 근본적으로 금융회사와 소비자간의 사적계약을 토대로 한 거래행위가 주축이다. 금융거래에 있어서 은행을 비롯한 대다수 금융회사는 거대한 기업조직으로서 소비자라는 금융이용자에 비해 우월적 지위에 있다는 것이 사실이다.

그래서 금융거래상 우월적인 지위의 남용이나 부당한 강요 행위 등을 방지하기 위하여 표준적인 거래약관을 만들어 금융회사로 하여금 이를 지키도록 하고 있다. 또 불편부당한 사안에 대해서는 감독당국이나 소비자보호원 등에 민원을 제기할 수 있도록 하고 있다.

시대가 변하고 금융환경이 달라지면서 금융회사 스스로 고객응대를 중시하는 풍토의 정착에 더불어 금융이용자의 권익도 크게 향상된 것으로 볼 수 있다. 그러나 오늘날 금융업무와 관련하여 감독당국에 민원사항을 제기하는 사례가 줄어들지 않는 것을 보면 과연 무엇이 달라졌는가에 대한 의구심이 들 때가 있다.

사실 아래의 민원처리 통계에서 보듯이 우리나라처럼 이렇게 많은 금융민원이 발생하는 나라는 없다고 본다. 안타까운 일이 아닐수 없다. 제기된 민원사항은 당사자간에 해결이 이루어지지 아니하면 결국 당국이 나서서 중재하거나 시시비비를 가리게 마련이다.

그런데 민원사항의 상당수는 금융이용자가 스스로 지켜야 할 책임과 의무를 소홀히 하거나 금융회사에 대한 무리한 요구 때문에 야기되고 있기도 하다. 이러한 민원통계를 접하면서 금융회사는 물론 금융소비자들도 금융거래에 있어서 권리와 의무, 나아가 각자의 역할을 되돌아보는 계기가 되었으면 한다.

금융관련 민원처리 현황 추이							단위: 건
구 분	1999	2000	2001	2002	2003	2004	2005
은행 · 비은행	6,954	7,421	10,645	19,784	38,764	44,890	36,627
증권 · 투신	2,469	3,140	2,378	2,771	2,702	2,433	2,051
보 험	8,009	9,294	10,807	11,097	13,634	16,537	21,243
계	17,432	19,855	23,830	33,652	55,100	63,860	59,921

자료 : ≪민원백서≫, 금융감독원, 2006년 3월

(2) 금융이용자의 역할 기대

금융관련 민원처리의 연장선에서 금융이용자가 조금만 더 관심을 기울이고 협조할 경우 금융사고를 줄일 수 있다는 것을 강조하고 싶다. 즉, 그간 발생된 금융회사 내외부인에 의한 다수의 금융사고는 애초에 금융이용자가 조금만 주의를 기울였다면 사고로 이어지지 않았을 수도 있다는 것이다.

이에 대한 예를 들어 보자. 금융회사 직원의 예금중도 해지후 횡령, 고객의 통장이나 인감을 이용한 자금횡령이나 부당대출, 사적 금전대차, 유가증권 포괄 일임매매거래와 관련한 분쟁, 설계사 등에게 지급한 보험료의 미입금 등은 금융이용자의 무관심에서 비롯된 사고의 예이다.

아울러 통장에 비밀번호를 기입해 두는 일, 예금과 유가증권 투자계좌의 비밀번호를 같은 번호 사용, 인터넷 뱅킹이나 사이버 거래 등 전자금융업무에 있어서의 안전장치나 신상정보 관리 소홀, 계좌번호와 비밀번호 등이 기재된 출금전표를 찢지 않고 버리는 일, 운전면허증이나 주민등록증의 분실 등 금융이용자의 부주의가 범죄성 사고의 단초가 되는 예가 적지 않다는 점을 상기하였으면 한다.

그런 점에서 금융사고 발생을 예방하기 위해 일정부분 금융이용자 에게 적극적인 관심과 협조를 당부하고 싶다.

먼저, 금융상품을 선택하여 거래를 개시하기 전에 계약상대방으로서 권리뿐만 아니라 책임과 의무사항도 살펴보아야 한다. 계약상 당연히 계약자가 행사할 권리를 금융회사 직원에게 위임하거나 본인 책임하에 관리하여야 할 증서나 신상 정보를 소홀하게 관리하는 일이 없도록 해야 한다.

금융이용자들이 약간은 불편하더라도 금융거래상 본인의 책임과 의무를 다할 경우 불필요한 분쟁은 물론 불미스러운 사고까지도 막을 수 있다는 점을 이해하였으면 한다.

둘째, 고객 스스로 금융자산에 대해 지속적으로 관심을 가지고 있어야 한다. 당연히 금융회사를 믿어야 하겠지만 스스로 단속하는 태도도 일정부분 필요하다고 본다. 고객예금의 무단인출, 고객계좌의 주식 임의매도, 보험료 납입금 횡령 등의 사고를 방지하기 위해서는 정기적인 잔액조회 시스템을 잘 활용할 필요가 있다.

특히, 인터넷 뱅킹 등 전자금융거래에 있어서는 고객의 주의가 절대적으로 필요하다. 사고예방도 예방이지만 나중에 문제가 되었을 때의 번거로움을 피할 수 있는 일이기도 하다.

셋째, 금융이용자들은 무리한 수익확보나 부당한 이득행위에 연루되지 않도록 하여야 한다. 고수익을 주겠다며 예금 또는 투자를 유치하고서 자금을 사적으로 유용하거나 투자실패로 인해 고객자금을 상환하지 못하는 사고 사례가 적지 않았다.

또 정상적인 금리보다 더 많이 주겠다며 사적 금전대차에 연루될 경우 고객책임도 묻게 되어 금전적 손실이 발생할 수도 있다.

넷째, 금융이용자들은 업무 처리과정에서 규정이나 절차를 존중하는 등 기다리는 문화에 익숙하여야 한다. 고객이 편법적인 업무처리를 종용하거나 금품수수, 향응 제공 등 대가를 미끼로 신속한 처리를 종용하거나 회유해서는 안된다.

정당한 절차가 존중되는 풍토 하에서는 당연히 금융종사자들도 내부통제의 원칙과 절차를 따를 수밖에 없다. 이렇게 하는 것이 금융사고의 개연성을 사전에 차단하는 일이다.

모름지기 고객이 금융거래에 있어서 상전처럼 대우받고자 한다면 고객 스스로 의연하고도 지혜로운 처신이 요청된다. 금융이용자에 대한 당부와 협조요청은 일견 사소한 것 같지만 크고 작은 금융사고를 예방하는데 적지 않게 기여할 것으로 확신한다.

1.

우리나라의 경제규모는 세계 11위 수준이다. 한때 식민시대와 분단전쟁을 겪은 상태에서 경제협력개발기구(OECD)에 가입한 유일한 나라이다. 폐허나 다름없던 거친 토양 위에서 이렇게 짧은 기간 동안 성장한 나라도 없다.

중화학공업, 조선, 철강 등 소재산업, 다양한 부문의 제조업의 발전을 기초로 반도체, 컴퓨터, 휴대폰 등 IT산업에서 초일류 제품을 만들어내고 있는 것은 이미 세계가 인정하고 있는 일이다.

뿐만 아니라 용광로처럼 뿜어 나오는 특유의 열기로 문화나 스포츠 분야에서도 우리가 몰랐던 한국인의 힘을 한껏 보여주고 있다.

그런데 우리 금융산업은 어떠한가. 세계 100대 은행에 서너 개 은행이 포함될 뿐이며 규모나 경쟁력 면에서 여타 산업의 국제적 위상에 비해 현저하게 뒤떨어져 있다. 증권, 보험업도 마찬가지다.

금융업의 본격적인 시동이 늦은데다 내외부 여건도 우호적이지 못하였던 것이 과거의 현실이었음을 우리는 너무나 잘 알고 있지만 현재의 위상에 대해서는 여전히 아쉬움이 많다.

그러나 지금 많은 사람들은 믿고 있다. '대한민국은 언젠가 금융강국이 될 수 있다' 는 것을. 지난 30년간 실물경제의 급속한 성장이 하드웨어 측면이라면 이제 소프트웨어 측면에서 금융과 같은 서비스 산업도 우리가 역량을 집중하기만 한다면 크게 도약할 수 있을 것이라고 믿는다.

국내 1,2위권 금융회사들이 국내에서의 리딩 금융회사에 만족하지 않고 경쟁력을 더 높여 아시아를 비롯한 세계 어디에 내놓아도 부끄럽지 않은 수준에 이르는 때가 머지않아 올 것으로 확신한다. 그러기 위해서는 금융종사자나 감독당국에 주어진 책임이 결코 가볍지 않다.

초일류 금융회사와 국제적인 경쟁력을 갖춘 금융산업으로 발전해 나가기 위해서는 각 금융회사의 소중한 인적자산인 우수한 인력이 단지 회사를 위해 존재하는 부품이 아니라 각자의 꿈과 삶이 엄연히 존재하는 한 인간임을 이해하고 조직구성원의 힘을 극대화시켜야 한다.

그러면서 금융회사의 리스크관리 역량을 한층 키워나가고 특히 내부통제 실패에서 비롯되는 전근대적인 금융사고를 획기적으로 줄이는 노력이 그 어느 때보다 필요하다. 이는 모든 금융종사자의 투철한 직업의식과 도덕 재무장을 통해서만이 이루어질 수 있는 일이라 하겠다.

'내부통제' 하면 마치 내부통제부서와 같은 제3의 조직이나 다른 누군가가 자신이 소속된 부서의 업무활동에 대해 통제를 수행해주는 것으로 인식하기 쉽다. 내부통제라는 용어는 표현 그 자체가 자기책임의식을 희석시키는 소지를 내포하고 있는 것 같다. 그러나 엄격한 의미의 내부통제는 감사부서나 준법감시실과 같은 내부통제조직이 통제활동을 대신해 주는 것이 아니다.

'내부통제는 곧 스스로에 대한 통제' 여야 한다. 자신이 소속된 사업부문, 영업점, 팀조직, 최종적으로 개인 스스로의 통제가 바로 내부통제의 핵심이다. 모든 금융종사자들이 '내부통제 = 자기통제' 라는 명제를 철저히 인식할 때에 비로소 금융회사의 내부통제 수준이 한층 향상될 것으로 기대하는 바이다.

2.
처음에 이 책은 금융감독 업무에 오랫동안 종사하면서 겪고 들은 사고사례와 사고예방대책 등에 대한 소견을 편안한 마음으로 다루려고 하였다. 그래서 이 부문에 정통한 선후배 검사역들과 의논하고 다양한 의견도 수렴하였다.

이 과정에서 기왕 금융회사 내부통제에 대해 다루기로 한 이상 현실적 상황을 내부통제이론과 최대한 연계함으로써 각 금융회사의 내부통제담당자는 물론 모든 금융 종사자들에게 도움이 될 수 있는 쪽으로 방향을 잡았다. 그러다 보니 다루게 된 주제의 범위도 넓어졌다.

그런 의미에서 이 책은 결코 완성품이 아니고 금융인 스스로 보완해 나가는 진행형 프로그램으로 볼 수 있다. 앞으로 금융회사의 내부통제에 대해 보다 넓고 때로는 더 깊은 주제를 가지고 다양하게 접근함으로써 이 책의 부족한 부분을 계속 보완해 나갈 것으로 믿는다.

끝으로 지금까지 시도되지 아니한 분야를 집필하는 과정에서 나름대로 고충이 있었고 또 용기도 필요하였다. 그러나 선후배, 동료들이 누군가 한번은 이런 자료를 역사적으로 정리해야 한다면서 따뜻한 격려를 보내 주었기에 큰 힘이 되었다. 그리고 자료수집, 정리, 교정 등을 하면서 금융감독원 총괄조정국 권태훈 선임, 이장훈 선임을 비롯하여 안용섭 팀장, 설태환 수석, 박영규 수석, 김년담 수석의 도움이 적지 않았다. 이 자리를 빌어 다시 한번 감사의 인사를 남기고 싶다.

참고문헌

〈1980년 이후의 주요 금융사고〉, 금융감독원, 1992.12

〈21세기 금융환경과 금융감독〉, 금융감독원, 2004.4

〈감사와 감사위원회제도〉, 권종호, 상장회사협의회, 2004.9

〈경기순환에 대응한 감독방안〉, 한국금융연구원, 2004.12

〈경제위기 전후 금융산업과 노동〉, 안주엽 · 김동배 · 전병유 · 김주섭 공저, 한국노동연구
    원, 2004.5

〈공적자금백서〉, 재정경제부 공적자금관리위원회, 2004.9

〈권역별 검사업무 매뉴얼〉, 금융감독원, 2005.9

〈금융감독원 연차보고서〉, 각 년도

〈금융기관 자점감사론〉, 이국영, 1994.2

〈금융기관 전자금융업무 감독규정 해설〉, 금융감독원, 2001.10

〈금융논단 모음집〉, 금융연구원, 2005.12

〈금융사고 및 부실여신 사례집〉, 우리은행, 2004.11

〈금융정보분석원 연차보고서〉, 각 년도

〈금융회사 감사업무를 위한 실무지침서〉, 금융감독원, 2003.7

〈금융회사의 내부통제기능 정착 방안〉, 한국금융연구원, 2005.12

〈내부통제자체평가(CSA)〉, 변중석 외 번역, 한국금융연수원, 2005.10

〈리스크 중심 감독 · 검사 체제〉, 금융감독원, 2005.2

〈바젤은행감독위원회의 국제은행업에 대한 주요 감독기준〉, 금융감독원, 2004.10

〈바젤은행감독위원회의 효과적인 은행감독을 위한 핵심준칙 및 방법론〉, 금융감독원,
    2004.10

〈상법강의 요론〉, 정찬형, 2002.3

〈신BIS기준 자기자본비율 산출기준(안)〉, 금융감독원, 2004.10

〈안전한 전자금융거래를 위한 역할과 책임에 관한 연구〉, 권한용, 2003.5

〈외환위기 5년, 한국경제 어떻게 변했나〉, 삼성경제연구소, 2003.6

〈우리나라의 금융시장〉, 한국은행, 2004.2

〈우리나라의 보험사기로 인한 보험금누수규모 추정 및 보험사기 적발에 따른 예방효과 분석〉, 보험개발원, 2005.12

〈워크아웃 5년〉, 금융감독원, 2003.4

〈월간 공인회계사〉, 2005.1월호

〈위기극복의 성과와 교훈〉, 금융연구원 · 금융감독원, 2002.12

〈위험관리론〉, 오세경 · 김진호 · 이건호 공저, 1999.2

〈은행여신관행 혁신〉, 금융감독원, 1999.2

〈주요국의 금융감독 프로세스와 우리나라 금융감독 선진화 방안〉, 금융감독원, 2005.1

〈주요국의 회계감독제도〉, 금융감독원, 2004.10

〈캐나다의 금융감독 및 리스크평가 체제〉, 금융감독원, 2004.11

〈한국의 자금세탁방지제도〉, 금융정보분석원, 2002.11

〈IT부문 경영평가 및 검사기법〉, 금융감독원, 2002.10

Claudio Borio, "Towards a macroprudential framework for financial supervision and regulation?", BIS Working Papers, No.128, 2003.2

Claudio Borio, Craig Furfine, Philip Lowe, "Procyclicality of the Financial System and Financial Stability: Issues and Policy Options", BIS Papers, No.1, 2001

Core Principles for Effective Banking Supervision, BIS, 1997.9

Core Principles Methodology, BIS, 1999.10

Customer Due Diligence for Banks BIS, 2001.10

Essential Elements of a Statement of Cooperation between Banking Supervisors, BIS, 2001.5

Financial Market Behavior and Appropriate Regulation over the Business Cycle, FRB Chicago, 2002.5

Management and Supervision of Cross-Border Electronic Banking Activities, BIS, 2003.7

Thomas M. Hoeing, "Exploring the Macro-Prudential Aspects of Financial Sector Supervision", 2004.4

1) 최용식, 2005년 3월, 리더스북 발행.

2) 대우계열의 경우 1999년 6월 말 현재 총부채는 78조 원이었으며 워크아웃 채권신고액 외에 외화채무가 12조 원(99억 달러)이었다.

3) 연체기간 등 과거 실적에 기초한 자산건전성 분류에서 탈피하여 금융회사의 신용리스크 관리 기능을 제고하고, 부실채권 발생의 사전예방적 기능을 강화할 수 있도록 연체기간, 부도여부 등 과거실적뿐만 아니라 차주의 미래 채무상환능력까지 종합적으로 감안하여 자산건전성을 분류할 수 있는 체제로 1999년 12월부터 은행권에 적용되었다.

4) 1990년대 초 영국에서 부실기업 처리를 위해 중앙은행인 영란은행이 비공식적인 조정자로서 채권자인 금융회사와 채무자인 기업간의 채무 등을 조정 · 중재하였던 구조조정방식이다.

5) Loan To Value ratio(담보가치 주택가격 대비 대출비율, 주택담보대출 비율). 은행들이 주택을 담보로 대출을 해줄 때 적용하는 담보가치 대비 최대 대출가능 한도.

6) ≪경기순환에 대응한 감독방안≫, 한국금융연구원, 2004년 12월

7) ≪*Creating sound supervision Practices over the Business cycle*≫, Richard Spillenkothen, Board of Governors of the Federal Reserve System(FRS), 2002. 5.

8) 하마다 가즈유키 저, 감창남 역, 2005년 9월 비즈니스북스 발행.

9) 안주엽 등 공저, 경제위기 전후 금융산업과 노동, 2004.5월, 한국노동연구원, p52.

10) 국민은행 51위, 우리은행 87위, 신한지주 88위, 농협 96위 〈The Banker〉 2006년 7월 호.

11) 이는 증권업이 성장기회를 놓친 것은 구조조정의 방향이 은행, 보험사 등에 치중된 영향도 있었으나 업계 특성상 오너 중심의 소유 경영으로 인해 대형화 기회를 놓친 탓도 있는 것으로 평가되고 있다.

12) 금융회사가 예금, 대출, 지급결제 등의 업무를 전자매체를 통하여 수행하는 것을 지칭하며 전화,컴퓨터,휴대전화, 텔레비전 등을 이용하여 자금이체 등의 업무를 자동화하여 금융서비스를 네트워크화 하는 것을 의미(미국 FFIEC, IT검사핸드북)인데 오늘날 virtual banking, cyber banking, remote banking, ubiquitous banking 등 다양한 용어를 사용하고 있다.

13) 금융회사 등의 웹사이트나 거기서 보내온 메일로 위장하여 개인의 인증번호나 신용카드번호, 계좌정보 등을 빼내 이를 불법적으로 이용하는 사기수법. 개인정보(private data)와 낚시(fishing)를 합성한 조어라는 설, 그 어원은 fishing이지만 위장의 수법이 '세련되어 있다

(sophisticated)'는 데서 철자를 'phishing'으로 쓰게 되었다는 설, 비밀번호 수집 낚시 (password harvesting fishing)의 준말이라는 설 등이 있다.

14) 1998년 11월 채권시가평가제 시행, 1999년 4월 선물거래소 개장, 2001년 외환거래자유화 실시 등.

15) 2004년 말 현재 국민연금 132조 원, 외환보유고 2,000억 달러, 부동자금 400조 원 등이 국내 자산운용 대상이다.

16) 확정급여형퇴직연금(Defined Benefit Retirement Pension : DB형) : 근로자가 받을 연금급여(산정방식)가 사전에 확정되고, 사용자가 부담(적립)할 금액은 적립금 운용결과에 따라 변동될 수 있는 연금제도.

17) 확정기여형퇴직연금(Defined Contribution Retirement Pension, DC형) : 사용자의 부담금이 사전에 확정되고 근로자가 받을 퇴직급여는 적립금의 운용실적에 따라 변동될 수 있는 연금제도.

18) 업계에서는 퇴직연금 시장 규모가 약 50조 원~70조 원에 이를 것으로 추정.

19) 내국세법 조항 401(k)에 따르는 미국의 확정기여형 기업연금제도로 근로자와 기업주가 부담하는 적립금액을 미리 확정 지은 다음 일정한도 내에서 소득공제 등 세제상 지원을 주도록 돼 있다. 연금적립금액이 개개인의 퇴직계좌에 적립돼 운용성과에 따라 받을 수 있는 연금액이 달라지는 것이 가장 큰 특징이다. 1980년에 도입되었으며 기존의 확정급여형을 추월해 현재는 미국의 대표적 퇴직연금으로 성장하였다.

20) 자본적정성(BIS자기자본비율 등) 및 경영실태평가(CAMELS) 결과에 따라 부실화 소지가 있는 금융회사에 대하여 부실화가 진전되기 이전에 적절한 경영개선조치를 취함으로써 조기에 경영을 정상화하는 한편 경영정상화 가능성이 없는 은행은 퇴출을 유도하여 부실 금융회사의 원활한 정비를 도모하려는 제도이다.

21) 개별 금융회사의 경영부실 위험을 적기에 파악·대처하는 한편 금융시스템의 안정을 제고시키기 위하여 금융회사의 경영상태를 체계적이고 객관적으로 평가하는 제도. 자본적정성 (capital adequacy), 자산건전성(asset quality), 경영관리의 적정성(management), 수익성 (earnings), 유동성(liquidity), 시장리스크에 대한 민감도(sensitivity to market risk) 등 6개 부문을 평가하고 부문별 등급을 토대로 종합평가 등급을 산출한다.

22) RBS를 위해서는 리스크 규모 및 관리방법에 대한 평가가 매우 중요하며 이를 위해 감독당국에서 은행권역에 대해서는 리스크중심 상시감시체제(RADARS: Risk Assessment and Dynamic Analysis Rating System), 보험권역에 대해서 리스크평가제도(RAAS: Risk Assessment and Application System), 증권권역에 대해서 차별화된 리스크중심감독 방안을 마련중에 있다.

23) 영국 베어링그룹의 싱가포르 현지법인인 베어링 선물회사 직원인 Nick Leeson의 투기적 옵션거래 등으로 10억 달러 이상의 손실을 입고 파산(1995년)하였다.

24) 운영리스크 관리체계를 3단계로 구분하여 1차 책임은 단위사업부문, 2차 책임은 독립적인 리스크관리부문, 3차 책임은 감사조직에 두고 있다.

25) 자세한 내용은 후술하는 전사적 위험관리(ERM) 및 리스크자가진단(CSA) 참조.

26) 투자금융(corporate finance), 트레이딩과 매매(trading & sales), 소매금융(retail banking), 기업금융(commercial banking), 지급과 결제(payment & settlement), 대행서비스(agency services), 자산관리(asset management), 소매중개(retail brokerage).

27) 내부 사취, 외부 사취, 고용 및 사업장 안정, 고객·상품 및 영업, 유형자산손실, 영업 부진 및 시스템 실패, 집행·전달 및 절차의 관리.

28) 국내의 경우 신한, 우리, 하나, 외환, 한국씨티, 국민, 기업은행 등 총 7개 은행이 운영 리스크 산출시 고급측정법을 사용할 예정이다.

29) COSO(The Committee of Sponsoring Organizations of the Treadway Commission)는 기업윤리, 효율적인 내부통제 운영, 기업지배구조 개선을 통해 재무보고의 질적 향상을 도모하기 위해 관련단체들이 공동으로 1985년에 설립한 민간단체이다. COSO는 연구활동을 통해 여러 분야의 요구에 부응하는 공통적인 내부통제기준을 제시하고 있으며, 이러한 기준은 일반기업은 물론 국제 금융감독기구의 금융회사내부통제 지도업무에도 널리 활용되고 있다.

30) ≪은행의 내부감사기능 및 감독당국과 감사인간의 관계≫(Internal Audit in Banks and the Supervisor's Relationship with Auditor, BIS, 2001년 8월

31) 2002년 금융감독원 지도하에 각 금융권역별 협회가 주관하여 만든 모범규준.

32) 금융감독원에서 2005년 6월~8월 중 은행, 증권, 보험, 자산운용, 여전사, 저축은행, 종금사 등 94개 금융회사 임직원 1,100여 명을 대상으로 설문 및 면접조사를 실시한 바 있다.

33) 관련규정 : 은행업감독규정 제33조, 증권업감독규정 제2-31조, 보험업감독규정 제7-14조, 상호저축은행업감독규정 제45조 등

34) 감사위원회 제도는 OECD에서 발표한 기업지배에 관한 원칙(Principles of Corporate Governance)에서도 핵심적인 사항으로 제시된 바 있다.

35) 2005년 8월, 금융감독원 조사연구실의 실태조사 및 설문결과를 중심으로 기술.

36) 관련법규상 총위원의 2/3 이상을 사외이사로 구성하여야 한다.

37) 현행법규상 감사위원의 선임요건으로 결격사유만 규정되어 있으며, 감사직무표준안에서는 내규에 감사위원의 자격요건을 명시하도록 권고하고 있다(적극적 자격요건 예시 – 변호사, 회계사, 공인감사인 등 전문자격증을 소지한 자로서 관련 업계에서 5년 이상의 실무경험이 있는 자 등).

38) 동일인이 여러 위원회의 위원으로 참석하는 경우 중복 집계.

39) 은행업감독규정 제59조의2 및 제59조의3.

40) 재경부고시 〈은행업무 중 부수업무의 범위에 관한 지침〉 참조.

41) 은행 – 2002년 9월 제정, 2006년 1월 개정, 증권 – 2003년 3월 제정, 보험 – 2003년 12월 제정.

42) 상법은 감사선임시 발행주식총수의 3% 이상 소유주주의 초과분에 대해 의결권을 제한하는

규정(§409②)이 있으나, 감사위원 선임시에는 미준용.

43) 금융기관검사및제재에관한규정시행세칙 §67.

44) 은행이 한국은행금융결제망(BOK-Wire)을 통하여 은행간 자금이체 거래 등의 실행하는 경우 권한이 부여된 책임자의 승인이 필요한 중요거래에 대해 책임자가 사용할 일회용 비밀번호를 발생시키는 보안기기로 일종의 보안카드 기능을 한다.

45) 다른 금융회사로부터 초단기자금을 차입키로 하는 계약 등을 체결한 은행(자금차입은행)이 상대기관(자금대여은행)으로부터 자금을 수취해야 하나, 영업마감시간이 지나 당일중 자금수취가 불가능할 경우 자금차입은행이 자금대여은행 등 앞으로 발행하는 자금청구서.

46) 자기앞영수증 등을 통한 자금결제시 자금차입은행은 당일 수취해야 할 자금을 익영업일에 수취함에 따라 손해를 보게 되는 데 이 손해를 보전해 주기 위해 자금대여은행이 어음교환 당일에 영수증금액과 함께 손해일수에 해당하는 적수금액(은행간조정자금)을 무이자로 제공한 후 그 다음 영업일에 회수한다.

47) Parking, 금융회사가 한도초과 등을 회피하기위하여 상대방으로부터 재매수할 것을 약정하고 채권을 매도하는 거래로 매매의 형식을 취하는 사실상의 명의신탁.

48) 추측 가능한 비밀번호를 사용하지 말 것, 비밀번호를 정기적으로 변경할 것, 공인인증서를 하드디스크에 저장하지 말 것, 전자금융정보를 수첩에 기록하지 말 것, 전자금융 이용정보를 즉시 본인에게 알려주는 서비스를 사용할 것, PC백신프로그램을 설치할 것 등.

49) '제7장 금융사고 대책' 중 표 참조.

50) 통제환경 및 통제문화, 리스크 평가, 통제활동, 회계 · 정보 · 의사소통시스템, 자기진단 및 모니터링.

51) 국내에서는 CAATs로 ACL(Audit Command Language)을 주로 사용한다.

52) 영업점의 후선업무를 집중화센터(전국 및 지역센터)에서 수행토록하고 영업점은 판매와 마케팅중심의 조직을 운영하도록 하는 업무프로세스의 재구축 사업으로 업무의 효율성, 생산성 향상을 도모하고 있다.

53) 고객의 전체 계좌에 대하여 법인등록번호 또는 사업자등록번호를 기준으로 은행조회서(또는 통합잔액증명서)를 전산 발급하고 기발급된 은행조회서(또는 통합잔액증명서)의 진위여부를 인터넷을 이용하여 확인할 수 있는 시스템이다.

54) 사용자가 네트워크나 컴퓨터를 의식하지 않고 시간과 장소에 상관없이 자유롭게 네트워크에 접속할 수 있는 정보통신 환경. 라틴어로 '언제 어디서나 존재한다' 는 뜻이다.

55) 카드에 장착된 집적회로(Integrated Circuit)에 대용량의 정보를 담을 수 있는 미래형 카드로 '스마트 카드' 라고도 불리며 우리나라에서는 2008년까지 기존 신용카드의 IC카드로의 전환을 추진중이다.

56) 2007년 1월 1일부터 시행될 전자금융거래법은 위 · 변조, 해킹, 전자적 전송 · 처리과정상 사고로 인해 이용자의 손해가 발생하는 경우 원칙적으로 금융회사 또는 전자금융업자가 책임을 부담한다는 내용을 담고 있다.

57) 신용정보의 보호 및 이용에 관한 법률 제2조.

58) 자금세탁(Money Laundering) 용어는 1920년대 미국 알 카포네 조직이 세탁소에 현금거래가 많다는 점을 이용하여 도박, 불법주류판매자금을 그들의 영향력 아래에 있는 이탈리아인이 운영하는 세탁소의 합법적인 수입으로 가장한 것에서 유래.

59) Financial Action Task Force on Money Laundering, 국제 자금세탁방지기구에 관한 기구로서 회원수는 미국, 일본 등 31개 국가와 유럽위원회 등 2개 국제기구이며 우리나라는 아직 가입하지 아니하였다.

60) 고액현금거래보고기준금액은 단계적으로 하향: 5,000만 원(2006년~) 3,000만원(2008년~) 2,000만 원(2010년~)

61) 테러를 사전에 신속하게 예방하기 위하여 금융시스템을 정비하고, 테러자금 조달에 관여한 자에 대하여 엄격한 제재를 가할 수 있도록 하는 법률로 테러자금의 개념 정의, 테러자금조달의 범죄화, 테러자금의 몰수·동결에 관한 내용이 반영될 것이다.

62) 김위찬·르네 마보안(Renee Mauborgne), 하버드대학교 경영대학원 출판사.

63) '제2장 금융환경과 내부통제 여건변화' 중 7. 금융감독환경의 선진화.

64) 금융환경변화에 따른 리스크 인식 및 대응, 재무상황 및 경영실태 분석, 리스크 규모 및 리스크 관리수준 분석 및 평가 등.

65) 금융사고 자료실은 http://fines.fss.or.kr에서 로그인한 후 상단메뉴바의 '금융사고예방' 하단메뉴바의 '금융사고자료실' 클릭하면 이용할 수 있다.

66) Financial Information Exchange System, 금감원과 금융회사간 연결되어 있는 인터넷망으로 금융회사의 보고서 수신, 문서 송·수신 등을 통한 원활한 정보 공유를 위해 2003년 1월부터 가동하고 있다.

67) 미주 48) 참조

68) 바젤위원회의 〈운영리스크 관리·감독에 관한 건전한 실무지침〉(2003년 2월)과 〈신BIS자기자본비율 산출기준〉(2005년 11월)에 따르면 금융회사의 리스크관리 등 관리·감독은 금융회사, 감독당국 및 시장규율의 3분법에 의하여 역할이 분담되고 상호 보완될 때 효과적이라고 권고하고 있다.

69) 외부감사인은 내부통제에 대한 평가결과 등을 고려하여 재무제표의 적정성에 대한 입증절차의 방법, 범위 및 시기를 결정.

70) 2005년 12월 금감원 회계감독국에서는 CD관련 금융사고와 CD를 이용한 분식회계의 문제가 발생하자 '양도성정기예금증서(CD) 등 무기명으로 유동되는 금융자산의 실재성 등 확인을 위한 감사절차'에 관한 회계감사에 관한 실무의견서를 발표하였다.

71) '비은행부문 금융사고 사례2' 참조

금융사고

펴낸날 2006년 8월 1일 초판 1쇄
              9월 15일   5쇄

지은이 정창모
펴낸이 김석규
펴낸곳 매경출판(주)
등   록 2003년 4월 24일(No. 2-3759)
주   소 우)100-728 서울 중구 필동1가 30번지 매경미디어센터 9F
전   화 02)2000-2610~2, 2630(기획팀) 02)2000-2645(영업팀)
팩   스 02)2000-2609
이메일 publish@mk.co.kr

ISBN 89-7442-404-5

값 24,000원